ERICH FOLLATH
Die Kinder der Killing Fields

Buch

Angkor Wat, die eindrucksvollste Tempelanlage der Welt, war schon immer der Ausgangspunkt für alle Triumphe und Tragödien Kambodschas – und ist heute ein Touristenmagnet. Beim Anblick der berühmten Tempel, die in eine paradiesische Landschaft eingebettet sind, erscheint der Horror der jüngeren Geschichte kaum vorstellbar. Doch fast jeder vierte Kambodschaner fiel Ende der Siebzigerjahre dem Terror der Roten Khmer zum Opfer, 1,7 Millionen Menschen.

Mehr als dreißig Jahre nach dem Ende des blutigen Regimes beginnt ein Internationaler Gerichtshof damit, den Massenmord zu sühnen. Pol Pot, der „Bruder Nummer eins", ist tot, aber sein Vize Nuon Chea sitzt auf der Anklagebank von Phnom Penh, gemeinsam mit vier anderen ehemaligen Führern der Roten Khmer.

SPIEGEL-Autor Erich Follath sprach mit Tätern, Mitläufern und Überlebenden des Genozids sowie mit Anwälten und Richtern des Tribunals. Auf seinen zahlreichen Reisen durch Kambodscha erlebte er ein Land, das durch die Gräuel der vergangenen Jahrzehnte ebenso geprägt wurde wie durch seine jahrtausendealte Geschichte. Das ergreifende Porträt einer traumatisierten Nation, die ihren Weg in die Moderne sucht.

Autor

Erich Follath, geboren 1949 in Esslingen, ist promovierter Politikwissenschaftler und bekannter Sachbuchautor. Der Diplomatische Korrespondent des SPIEGEL hat lange in Asien gelebt und zahlreiche Titelgeschichten und Reportagen über China, Südostasien und Indien geschrieben. Zuletzt erschein von ihm die Biografie über den tibetischen Gottkönig („Das Vermächtnis des Dalai Lama"), die zum Bestseller wurde.

Erich Follath

Die Kinder der Killing Fields

Kambodschas Weg
vom Terrorland
zum Touristenparadies

Mit einem Vorwort
zur Taschenbuchausgabe

GOLDMANN

FSC
Mix
Produktgruppe aus vorbildlich
bewirtschafteten Wäldern und
anderen kontrollierten Herkünften

Zert.-Nr. SGS-COC-001940
www.fsc.org
© 1996 Forest Stewardship Council

Verlagsgruppe Random House FSC-DEU-0100
Das FSC-zertifizierte Papier *München Super* für dieses Buch
liefert Arctic Paper Mochenwangen GmbH.

1. Auflage
Vollständige Taschenbuchausgabe November 2010
Wilhelm Goldmann Verlag, München,
in der Verlagsgruppe Random House GmbH
Copyright © der Originalausgabe 2009
by Deutsche Verlags-Anstalt, München,
in der Verlagsgruppe Random House GmbH,
und SPIEGEL-Verlag, Hamburg
Karte: © Peter Palm, Berlin
Umschlaggestaltung: UNO Werbeagentur, München
in Anlehnung an die Umschlaggestaltung
der Hardcoverausgabe (Büro Jorge Schmidt, München)
Umschlagabbildung: © Corbis – The Sites
of Angkor Vat, Baphuom and Ta Prohm
KF · Herstellung: Str.
Druck und Bindung: GGP Media GmbH, Pößneck
Printed in Germany
ISBN: 978-3-442-10224-2

www.goldmann-verlag.de

Für meine Enkelkinder
Janis und Maya

INHALT

Vorwort zur Taschenbuchausgabe   11

ERSTES KAPITEL   21
DIE ZEUGEN
»Unser schönes, schreckliches Leben«

Das Paradies heißt Kambodscha – »Nur die Stummen und die Tauben werden überleben« – Der Mann, der im Foltergefängnis um sein Leben malte – »Meine Fotos können sich immer noch sehen lassen«, sagt der Dokumentar der Roten Khmer – Teestunde bei einem Totschläger – »Ich glaube, meine Opfer haben mich verstanden« – Warum Monsieur Bizot nie mehr nach Kambodscha zurückwill

ZWEITES KAPITEL   65
DAS ERBE
»Angkor ist Glanz, Größe und Grausamkeit«

Kambodscha im Jahr zwei nach den Roten Khmer – »Diese Scherben kann keiner mehr kitten« – Das rätselhafte Lächeln auf den Gesichtern aus Stein – »Erbaut von einem Michelangelo« – 13. November 1295: Ein Tag im Leben des alten Angkor, der größten mittelalterlichen Stadt der Welt – Somerset Maughams Demut oder: Wenn große Schriftsteller verstummen – Hilfe, die Franzosen kommen

DRITTES KAPITEL 105
DER KÖNIG
»Bin ich nicht der einzig vorzeigbare Kambodschaner?«

Zu Gast beim Monarchen in Peking – »Mögen Sie Champagner oder soll es lieber etwas Langweiliges sein?« – Selbstironie und Größenwahn eines politischen Chamäleons – Nixon, Kissinger und die brutale »Operation Frühstück« – Der Steinzeitkommunist und der Playboy-Prinz – »Ich wusste: Wenn mich die Roten Khmer nicht mehr brauchen, werden sie mich ausspucken wie einen Kirschkern.«

VIERTES KAPITEL 150
DER MASSENMÖRDER
»Verbrennt eure Bücher, zerstört eure Tempel, bespitzelt eure Eltern!«

Ein Treffen mit Pol Pots Bruder – Spurensuche in Paris – »Schick mir Geld, das Leben in Frankreich ist so teuer« – Fast jeden Tag auf einer Demo – Begeisterung für Rimbaud und Robespierre – Der Wahn vom neuen Menschen – »Lieber ein Dutzend Unschuldige verhaften als einen Schuldigen davonkommen lassen« – Ein Mord zu viel – Wie die Roten Khmer die Leiche des »Bruder Nummer eins« entsorgen

FÜNFTES KAPITEL 192
DIE VERGELTUNG
»Das Tribunal kann Last sein – oder Befreiung vom Trauma«

Ein Tribunal mit vielen Feinden – »Was hat das alles noch mit Recht zu tun?«, fragt ein Nebenkläger – Das »Kaffeekränzchen« der Massenmörder – Ortstermin auf den Killing Fields – Herr Duch kann sich fast nichts mehr erklären – Verteidigungslinie: Befehlsnotstand – Was ist das Menschliche an einem Monster? – »Gerechtigkeit, wenigstens ein bisschen«

SECHSTES KAPITEL 232
DER ANWALT
»Ich, Jacques Vergès, Advokat des Teufels«

Warum ein Maître das Böse liebt – »Moral ist etwas für Spießer«: Besuch beim Advokat des Teufels – Was Klaus Barbie, Carlos und Khieu Samphan verbindet – Acht Jahre wie vom Erdboden verschwunden: War Vergès bei den Roten Khmer? – Ein Staranwalt erklärt, dass das Tribunal von Phnom Penh »versagt und keine Chance hat« – Freispruch für den ehemaligen Staatschef der Roten Khmer?

SIEBTES KAPITEL 273
DER KAMPF
»Kambodscha vergisst nicht, aber es verzeiht – vielleicht«

Eine Überdosis Genozid – Wie man ein Land untereinander aufteilt: Hun Sen und seine korrupte Clique – »Ich verdiene den Friedensnobelpreis«, meint der Staatschef – Kambodscha am Tropf der UNO – Gut gemeint und schiefgegangen: Das Kreuz mit den Hilfsorganisationen – Bananenopfer für die Geister – Das Geheimnis der schnell erschlossenen Traumstrände – Hat der Euthanasie-Tourismus eine Zukunft?

ACHTES KAPITEL 308
DIE HOFFNUNG
»Unser Kampf zwischen Bordell, Bühne und Boardroom«

»Mein Weg aus der Kinderprostitution und der Kampf gegen die Sex-Mafia« – Das unglaubliche Leben der Somaly Mam zwischen Gosse und Glamour – Warum sich der Bundespräsident verneigt und ein Unternehmensberater einen Millionen-Preis vergibt – Besuch im Betreuungszentrum für verkaufte Mädchen – »Sechs Jahre alt, vergewaltigt, Aids-infiziert« – Die fremde Welt der Apsara-Tänzerinnen

NEUNTES KAPITEL 335
DIE ZUKUNFT
»Fräulein Pol Pot mag nicht erinnert werden«

Der letzte Wille des »Bruder Nummer eins« – Ein vorbildlicher Sekretär: Herr Tep Khunnal erklärt, warum er sich scheiden ließ und die Witwe des Massenmörders heiratete – »Sitha kennt Pol Pot als einen liebevollen Vater« – Die Tochter des Khmer-Rouge-Chefs interessiert sich nicht für die Killing Fields – »Sie soll an die beste private Universität« – Wem Fräulein Pol Pot so den Kopf verdreht

Karte	360
Danksagung	363
Literaturverzeichnis	367
Personenregister	371
Bildnachweis	377

VORWORT
zur Taschenbuchausgabe

An diesem Tag, dem 26. Juli 2010, wird durch das erste Urteil des Internationalen Gerichtshofs von Phnom Penh Geschichte geschrieben, für Kambodscha, für Asien, für die ganze Menschheit – eine Zäsur bei der Aufarbeitung des Völkermords durch die Roten Khmer, dem in der Zeit zwischen 1975 und 1979 über 1,7 Millionen Menschen zum Opfer fielen. Doch in den Triumph und die Erleichterung über diese erste Sühne des Genozids mischen sich Bitterkeit und Zweifel, Zorn und Verstörung; auch Angst darüber, wie es weitergehen soll. Und so gibt es eigentlich nur eins, was die Menschen an diesem feuchtheißen, denkwürdigen Morgen in dem Land am Mekong eint – dass es sich beim Schuldspruch gegen Kaing Guek Eav, ehemals Chef des Foltergefängnisses Tuol Sleng, erst um den Anfang in einem langen, schwierigen Prozess der Aufarbeitung handeln darf, nicht um sein Ende.

Wie so oft in seiner Geschichte ist Kambodscha auch in diesen Stunden nach dem Urteil tief gespalten. Stoisch und ruhig wirkt nur der Angeklagte selbst: Kaing Guek Eav, besser bekannt unter seinem Revolutionsnamen »Duch«, nimmt die Worte des Richters gefasst entgegen. Hinter dem kugelsicherem Glas des Gerichtsgebäudes streicht er sein ohnehin makellos sitzendes blaues Hemd zurecht, zupft ein wenig an der Bügelfalte der schwarzen Hose. In seinem zerfurchten Gesicht ist keine Regung abzulesen, der drahtige Körper strafft sich nicht einmal, als der kambodschanische Gerichtsvorsitzende Nil Nonn auch im Namen der westlichen Mitglieder des Tribunals den Schuldspruch verkündet: 35 Jahre Haft, davon würden aus formalen Gründen fünf Jahre abgezogen, die gesamte bisherige Haftzeit von elf Jahren angerechnet. Das ist weniger als die Staatsanwaltschaft forderte, weit weniger als die mögliche lebenslange Haftstrafe. Bleiben bei guter Führung knapp 19 Jahre.

Kühl bis ans Herz ist Duch sein Leben lang gewesen, ein hochbegabter Mathematiklehrer, ein skrupelloser Funktionär, der verstand, die Dinge gegeneinander abzuwägen: Pflicht und Risiko, Ideologie und Karriere, Hinrichten und Überlebenlassen. Vielleicht rechnet der ehemalige Chef-Folterer des Regimes in diesem Moment schon einmal durch, was das für ihn bedeuten könnte. Freiheit mit 86 Jahren. Machbar. Ein Sundowner in einer Bar am großen Fluss; oder eine Rückkehr ins Heimatdorf nahe des großen Sees. Wiedereingliederung des Massenmörders in die kambodschanische Gesellschaft – eine Entwicklung, die das Gericht ausdrücklich als nicht unmöglich deklarierte.

Jenseits des Glaskastens mit dem regungslosen Duch haben Angehörige der Opfer, Khmer-Journalisten und internationale Beobachter auf der Tribüne die Worte des Gerichts gespannt verfolgt. Auf einer großen Leinwand vor dem Sondertribunal am Rand der Hauptstadt ist das Geschehen live zu erleben, vom kambodschanischen Rundfunksender übertragen bis in den letzten Winkel des ganzen Landes. »Wir sehen es als erwiesen an, dass der Angeklagte schockierende und abscheuliche Taten begangen hat. Er verlangte von seinen Vernehmungsbeamten in Tuol Sleng die Anwendung physischer und psychischer Folter. Die Gefangenen dieses Lagers S-21 waren zur Exekution bestimmt«, sagt Richter Nil Nonn in seiner einstündigen Urteilsbegründung. Duch sei für den Tod von mindestens 12 273 Menschen verantwortlich, er sei der Verbrechen gegen die Menschlichkeit und des Bruchs der Genfer Konvention überführt. Strafmildernd rechnet das Tribunal dem Angeklagten seine Kooperation mit dem Gericht, die »Zwänge des Khmer-Rouge-Regimes« und »in Grenzen gezeigte Reue« an.

Als dann klar wird, dass der mörderische Funktionär womöglich nicht für immer hinter Gittern verschwindet, sind die Emotionen nicht mehr zu bremsen. »Das darf doch nicht wahr sein«, ruft tränenüberströmt das Opfer Saodi Ouch, die ihren Bruder auf den Killing Fields verloren hat. »Wie ein Schlag gegen mein Gesicht«, empört sich, die Fäuste ballend, Chum Mey, einer der nicht einmal ein Dutzend Exhäftlinge von Tuol Sleng, die mit dem Leben davon gekommen sind. Folteropfer Vann Nath, der das Lager nur durch unglaubliches Glück und wegen seiner vom Regime so überraschend benötigten Porträt-Malkünste überstand, spricht von einem »sehr milden Urteil«. Dem schließt sich auch die deutsche Anwältin Silke Studzinsky an, sie zeigte sich enttäuscht: Von Reparationen für die Opfer, wie von ihr gefordert, war keine Rede. Immerhin hat sie, gemeinsam mit anderen internationalen Juristen, ein Novum erreicht. Erstmals in der Rechtsgeschichte sind vor einem internationalen Gericht Opfer als Nebenkläger zugelassen worden; der Richter verlas ihre Namen mit großer Sorgfalt.

Man kann diesem Rote-Khmer-Tribunal viel vorwerfen: Es hat in diesem Fall 001 sehr lange ermittelt, es ließ sich von den kambodschanischen Machthabern in seinen Möglichkeiten einschränken, es gab offenen Streit zwischen den einheimischen und den internationalen Richtern, Korruptionsvorwürfe wurden unzureichend untersucht. Aber was die Milde betrifft: Das Urteil im Rahmen dessen, was nach rechtsstaatlichen Kriterien möglich war. Das Verfahren mag von vielen als eine Abrechnung, als eine Art »kambodschanisches Nürnberg« gedacht gewesen sein. Anders als beim Prozess gegen die Nazi-Kriegsverbrecher wird schon in den Statuten der »Außerordentlichen Kammern in den Gerichtshöfen Kambodschas« (ECCC), wie das hybride Tribunal offiziell heißt, die Todesstrafe ausdrücklich ausgeschlossen. Die Staatsanwaltschaft hätte lebenslang fordern können, beschränkte sich in ihrem Plädoyer nach 77 Tagen Verhandlung und 55 aufgerufenen Zeugen auf einen Antrag für 40 Jahre Haft. Das »Kambodschanische Zentrum für Menschenrechte« zeigt in den Stunden nach der Urteilsverkündung großes Verständnis für die Enttäuschung der Opfer, aber lobt, »dass auch das Recht eines von so vielen so sehr zu Recht Gehassten respektiert« worden sei. Duchs frühere illegale Inhaftierung habe angerechnet werden müssen, dass dies geschah, sei »ein gutes Beispiel für unsere kambodschanischen Gerichte, die längst nicht den Standard wie das ECCC haben«.

»Das mag so sein, und doch hätte ich Duch gerne, sehr gerne leiden sehen, ich hätte ihm gewünscht, dass er einmal, nur ein paar Minuten lang die Folter ertragen muss, so wie die Opfer damals«, sagt Buon Chan, die Gymnasiallehrerin, deren Tochter in Tuol Sleng eines qualvollen Todes starben. »Wie kann dieser Mann so unanständig sein, sich beim Rückblick auf seine Taten selbst als Opfer einer höheren Macht zu stilisieren? Das Tribunal mag Recht gesprochen haben – aber wo bleibt die Gerechtigkeit?«

Wer das historische Verfahren gegen Duch beobachtet hat, musste sich manchmal an ein anderes historisches Verfahren erinnert fühlen – das gegen den Obersturmbannführer Adolf Eichmann 1961 in Jerusalem. Beide gaben vor Gericht nur zu, was ohnehin nicht zu leugnen war, sie hatten ja mit zahlreichen Aktenvermerken ihre Taten stolz dokumentiert. Beide zeigten sich als überzeugte Diener einer Ideologie und sahen sich nur als kleine Rädchen im Getriebe eines großen politischen Apparats. Beide bemühten zur Rechtfertigung den Befehlsnotstand und betrachteten ihre Schuld allenfalls als peripher – als »Schreibtischtäter« hätten sie gehandelt, soufflierten ihnen auch ihre cleveren Anwälte. Doch beide logen dreist, als sie behaupteten, sie hätten als Handlanger des Apparats so gar keinen Handlungsspielraum gehabt. Der Nazi-Funktionär Eichmann hat bis zum Schluss alles dafür getan, den Vernichtungsfeldzug gegen die Juden zu perfektionieren, sein Soll zu übererfüllen. Und auch der kambodschanische Lagerkommandant Kaing Guek Eav verfasste einen Vorschlag an seine Parteichefs, wie das »reinigende Blutbad« intensiviert werden könnte. »Der finale Plan« nannte Duch sein Pamphlet – unverkennbar schon die sprachliche Nähe zur »Endlösung«. Dass sich der Khmer bewusst an die Nazi-Terminologie angelehnt hat, erscheint zweifelhaft. Aber verblüffend war denn seine Wortwahl vor Gericht schon: »Ich war ein Instrument der Rote-Khmer-Führung, meinen Chefs so treu ergeben wie ein deutscher Schäferhund.«

Eichmann hat bei seinem Prozess in Jerusalem auf »nicht schuldig« plädiert, Reue sei »etwas für kleine Kinder«. Er starb

1962 am Strang. Duch hat bei seinem Prozess in Phnom Penh die »Grausamkeiten des Regimes« tränenreich bedauert, sich bei seinen Opfern angebiedert (»Ich sende der Seele Ihres Gatten meinen Respekt«), auf seine »Läuterung« durch den Übertritt zum christlichen Glauben verwiesen – und das Sondertribunal in seinem Schlusswort mit der Forderung nach sofortiger Freilassung verblüfft. Da war nur noch der kambodschanische Verteidiger Kar Savuth an seiner Seite; sein internationaler Rechtsbeistand, der erfahrene Jurist François Roux, hatte seine gesamte Prozessführung auf gezeigte Reue und ein möglichst mildes Urteil beim offensichtlichen Schuldspruch ausgerichtet.

Noch ist es zu früh zu sagen, welche langwierigen Auswirkungen das erste Urteil in einem Prozess gegen einen Rote-Khmer-Funktionär für die ganze kambodschanische Nation haben wird. Während der Direktübertragungen hörten die Menschen in den Städten und Dörfern, die dem so aufwändigen, so teuren und für sie so undurchschaubaren Procedere in den »Kammern« von Phnom Penh lange Monate mit mäßigem Interesse gefolgt waren, durchaus gespannt zu. Aber bald ebbte das Interesse dann wieder ab. »Sie müssen das verstehen. Wir in Kambodscha kümmern uns zuallererst ums Überleben, um das tägliche Essen für unsere Familien, da gerät alles andere in den Hintergrund. Und die Missetäter werden nach unserer Überzeugung sowieso in ihrem nächsten Leben in der Hölle wiedergeboren, in der Welt von Hunger und Übel oder als Tiere«, sagt der Mönch Monychenda Heng vom Kloster Wat Anlongvil in Battambang. Er hat die Schreckensjahre nur durch Flucht überlebt, in Harvard dann später Verwaltungsrecht studiert und leitet heute in Kambodscha eine politisch-religiöse Bewegung »Buddhismus für Entwicklung«. »Bei uns steht die Liebe an erster Stelle. Dann kommt das Mitleid. Dann der Gleichmut. Und erst dann die Gerechtigkeit.«

Frühere Rote-Khmer-Kader reagieren auf das Duch-Urteil betont gleichmütig. Kong Duong, ein Exoffizier der Bewegung und heute Direktor des Informationsamts der kambodschanischen Provinz Pailin, meint gegenüber der Zeitung »Phnom Penh Post«: »Warum bloß wollen die Leute, dass Duch sein Leben hinter Gittern verbringt? Solche Art von Rache ist unangebracht.« Und Yim Phim, ehemals Militärkommandant der Schreckensherren und heute Chef der »Royal Cambodian Armed Forces Brigade 8«, sagt, er habe von dem Gerichtsverfahren »gehört«, es aber nicht näher verfolgt. Die von ihm geleitete Brigade stehe am Tempel Preah Vinear, in einer von Thailand beanspruchten Zone, Übergriffe des »Feindes« seien an der Tagesordnung. Seiner Meinung nach sei das ganze Tribunal überflüssig und so lange Premier Hun Sen an der Macht sei, bestünde auch keine Gefahr, dass er oder andere ehemalige Kader mit ihrer Verhaftung rechnen müssten.

Aller Voraussicht nach hat der Mann Recht. Der kambodschanische Premier, der selbst einmal ein Rote-Khmer-Kader war, bevor er an der Seite der Vietnamesen sein Land befreien half, hat kein Interesse an einer allzu umfassenden Aufarbeitung alter Zeiten. Einer seiner Minister diente dem 1989 verstorbenen Pol Pot, dem »Bruder Nummer eins« als Übersetzer, andere hochrangige Politiker der Regierungspartei haben eine vergleichbare Vergangenheit. »Wenn das Tribunal noch mehr frühere Khmer-Rouge-Kader anklagen will, muss es Premier Hun Sen überzeugen, sagt der Premier, der von sich selbst gern in der dritten Person spricht. »Hun Sen ist dazu da, einen Bürgerkrieg zu verhindern und die Einheit der Nation zu bewahren.«

Bleiben die vier Hauptangeklagten. Bleibt der Fall 002. Rotes-Khmer-Tribunal gegen Nuon Chea, ehemaliger Chefideologe und »Bruder Nummer zwei«; gegen Khieu Samphan, ehemaliger Staatschef im sogenannten »Demokratischen Kamputschea«, noch lange nach der Entmachtung der Bewegung vom Westen hofiert; gegen Ieng Sary, Exaußenminister des Regimes, und schon einmal von Hun Sen begnadigt; gegen Ieng Thirith, Exsozialministerin der Khmer Rouge. Die Ermittlungen gegen das Quartett sind im Sommer 2010 abgeschlossen, die Anklage soll nach Vorstellung der Staatsanwaltschaft auch auf »Genozid« lauten. Der Prozessbeginn ist für das Jahr 2011 geplant. Aber nicht nur der Gesundheitszustand und das Alter der vier (zwischen 78 und 84) lassen daran zweifeln, dass dieser Prozess noch zu einem Ende kommen wird. Duch war der leichte Fall, seine Schuld gut dokumentiert. Der Lagerkommandant und Folterknecht hat sich zwar entsetzlicher Verbrechen schuldig gemacht, aber er gehört so wenig in die erste Reihe der Völkermord-Verdächtigen wie sein Alter Ego Adolf Eichmann. Die Führungsspitze ist viel schwerer zu überführen. Sie hat sich anders als Duch die Hände nicht selbst schmutzig gemacht, clevere Anwälte könnten womöglich sogar Freisprüche für die Angeklagten erreichen.

Es ist ein Wettlauf gegen die Zeit – und gegen die Interessen heutiger kambodschanischer Spitzenpolitiker. Premier Hun Sen hat schon klargemacht, dass weder er noch führende Regierungsmitglieder vor dem Tribunal aussagen werden; auch Exkönig Norodom Sihanouk, der so lange mit den Roten Khmer kooperiert hat und dann von ihnen »ausgespuckt wie ein Kirschkern« wurde, denkt gar nicht daran, dem Gericht mit seinem Erscheinen zu helfen. Ohne einen erfolgreichen zweiten Prozess aber wird das Rote-Khmer-Tribunal nur eine Fußnote der Geschichte bleiben, das Verfahren gegen Duch nicht viel mehr als eine von der Weltgemeinschaft viel zu teuer bezahlte Farce. Die juristische Aufarbeitung der Rote-Khmer-Zeit hat gerade erst begonnen. Geht der Prozess nicht in seine zweite, entscheidende Runde, ist er gescheitert.

Sollte der Druck der internationalen Geldgeber auf Premier Hun Sen zunehmen, könnte er das Tribunal auch platzen lassen, auf westliche Entwicklungshilfe verzichten – und sich ganz seinem besten neuen Freund zuwenden: China. Ungeachtet aller Appelle von Menschenrechtsorganisationen und auch des Hochkommissariats der Vereinten Nationen hat Kambodschas Regierung Ende 2009 eine Gruppe uigurischer Flüchtlinge in die Volksrepublik zurückgeschickt, in den fast sicheren Tod. Die 20 Muslime gelten der KP-Führung als terroristische Aufständische, sie sollen an den Unruhen in Xinjiang beteiligt gewesen sein. Sie wehrten sich mit Händen und Füßen gegen ihre Abschiebung, wurden in Phnom Penh mit einer chinesischen Sondermaschine abgeholt. Die unwürdige Szene hat sich wenige Tage vor dem Besuch des chinesischen Vizepräsidenten Xi Jinping in Kambodscha abgespielt – ein Kotau Hun Sens vor dem großen Bruder im Norden. Die Volksrepublik investiert am Mekong im großen Stil. Allerdings nicht nur in Projekte, die Arbeitsplätze schaffen und den Khmer so wenigstens im Ansatz zugute kommen. China kauft auch große Anbauflächen von Reis auf, eine neue Form der Kolonialisierung.

»Same Same But Different« – dass alles in Kambodscha so wie immer weitergeht, aber eben doch ein bisschen anders: Der Titel von Detlev Bucks Kambodscha-Film könnte ein Motto sein für die knapp zwei Jahre, die zwischen dem Ersterscheinen dieses Buches und dem Veröffentlichungstermin der vorliegenden Taschenbuchausgabe vergangen sind. Die deutsch-asiatische Love-Story nach einem Buch des Hamburger Journalisten Benjamin Prüfer war bei Kritik wie Publikum 2010 ein großer Erfolg. Wohl vor allem deshalb, weil sie ein ungeschminktes, realistisches Bild des Landes zeigte, mit Prostitution, mit Aids, mit Drogen. Der eindrucksvolle Film zeigt weitgehend die Armenviertel Phnom Penhs. Und vermittelt doch viel von der Vitalität, dem Stolz, der Lebensfreude der Khmer.

Same Same But Different: So hat sich auch das Leben der in diesem Buch porträtierten Kambodschaner in den vergangenen beiden Jahren entwickelt. Der Maler Vann Nath, Tuol-Sleng-Überlebender, hat seine Skepsis gegenüber dem Tribunal überwunden und ausgesagt; nun kann er vielleicht auch wieder etwas anderes als Folterszenen auf die Leinwand bringen. Der Tuol-Sleng-Fotograf und Anlong-Vizegouverneur Nhem En hat mächtig Wirbel gemacht, um sein Rote-Khmer-Museum nebst Pol-Pot-Erlebnispark voranzubringen; bis jetzt mit wenig Erfolg, aber immerhin soll jetzt ein früheres Haus Pol Pots in der Kleinstadt an der thailändischen Grenze unter Denkmalschutz gestellt und – gegen Gebühr – zur Besichtigung freigegeben werden. Fräulein Pol Pot studiert weiter unter ihrem Decknamen; ihr Stiefvater, der ehemalige Sekretär von Bruder Nummer eins, weiß immer noch nicht, was er bereuen sollte. Pol Pots Bruder Saloth Nhep ist Anfang 2010 in seinem Heimatdorf am Tonle Sap gestorben. Der Mann, der wohl wirklich nichts von der Verantwortung seines

Verwandten wusste, wurde eingeäschert und von buddhistischen Mönchen nach jahrtausendealten Ritualen gesegnet.

Verglichen mit der Dauer dieser Tradition war das drei Jahre, acht Monate und 20 Tage währende Reich der Roten Khmer nur ein Wimpernschlag der Geschichte.

Hamburg, im August 2010

ERSTES KAPITEL

DIE ZEUGEN

»Unser schönes,
schreckliches Leben«

Was immer für den Garten Eden vorgesehen gewesen sein mag, um Frau und Mann zu erfreuen, welche Landschaften, welche Wasser, welche Tiere, welche Pflanzen, welche Früchte; welches von Menschen geschaffene Wunder schließlich man sich vorstellen kann, aus Holz geschnitzt, in Stein gehauen, um für diese Pracht im Gegenzug den Göttern zu danken und sie zu beeindrucken: Die westlichen Schwärmer, die dieses Land besuchten oder sich sogar, fasziniert von seinen Schönheiten, hier niederließen: Sie fanden – Kambodscha hat es.

Tropische Regenwälder im westlichen Kardamom-Gebirge, dampfend vor Hitze, in denen sich Gibbonaffen mit wilden Papageien in kreischender Lebensfreude messen; steil auftürmende Felswände im Norden bei Preah Vihear, über deren Höhen gravitätisch die Greifvögel kreisen und aussehen, als würden sie die Schöpfung unter ihnen bewachen; tosende Wasserfälle und puderzuckerfeine, von Palmen gesäumte, noch jungfräuliche Sandstrände im Süden, teils an der Küste gelegen, teils auf Inseln im glasklaren Meer wie Koh Tonsey; einen großen, fischreichen See in der Mitte namens Tonle Sap und einen mächtigen Strom Mekong, der das Land durchfließt und fruchtbar macht und seine smaragdgrünen Reisfelder bewässern hilft.

Seltene Tiere leben hier, deren Lebensraum bis heute erhalten blieb: Nashörner, Tiger, Braunhirsche, Wildrinder. Pirole üben ihren verführerischen Paarungsschrei und im Osten tummeln sich die letzten Süßwasser-Delfine der Erde, die von den Einheimischen »Payapi« genannt werden, »Halbmensch-Halbfisch«, und ein wenig muten die putzigen blaugrauen Wesen tatsächlich so an, wenn sie im Rudel auf Jagd gehen oder mit ihren Kleinen spielen. Das Besondere und das Betörende – Kambodscha hat es.

Paradiesisch das Land, extrem freundlich seine Bewohner: So empfand es beispielsweise der französische Anthropologe und Religionsforscher François Bizot. Er beschrieb, Anfang der Sechzigerjahre des vergangenen Jahrhunderts nach Fernost gekommen, die Kambodschaner als geradezu vorbildlich friedlich, ihre alltäglichen Rituale als beruhigend: »Nichts geschieht hier ohne Kunst, ohne Poesie, ohne Geheimnis, die Geister der Verstorbenen hauchen dem Wandel der Jahreszeiten ihren ewigen Atem ein«, schreibt er euphorisch. »Kein Bauer ist zu arm, um nicht die feinsten Früchte seines Gartens den Insassen der Klöster und Einsiedeleien anzubieten. In prächtigen Zeremonien wird das Leben gefeiert. Jede Familie präpariert dafür schon lange im voraus Ornamente, Lampen, Blumen und kleidet sich am Feiertag festlich.«

Und so sah nicht nur der begeisterte Bizot, der schon bald eine Khmer geheiratet hatte, eine Tochter bekam und sich in der Nähe von Angkor niederließ, dieses Land. Auf den ersten Blick hat sich an diesem »ewigen« Kambodscha, an der Faszination, die dieses Land ausübt, wenig geändert, Kontinuität scheint es zu prägen.

Heilige Männer schlendern immer noch in safranfarbenen Roben und knallgelben Sonnenschirmen durch Dörfer, deren Holzhäuser auf Stelzen stehen. Die Mönche betteln nicht etwa um Essen, sondern erweisen den Gläubigen die Gunst, ihren Reis als Opfergabe anzunehmen. In blütenweiße Blousons und schwarze Schuluniform-Röcke gekleidete Mädchen kichern schüchtern, falten die Hände zum Gruß und bieten dann, kecker geworden, den Fremden einen ihrer zur Wegzehr mitgebrachten Bananenkuchen an. Weiche Klänge von Gongs und Zimbalen wehen aus einer der zahlreichen Pagoden über die Felder, eine festliche Prozession zieht vorbei. Gold ist eingewoben in die Kleider der Frauen, die Kinder sind mit Girlanden aus Orchideen geschmückt. Im ersten Augenblick ist es schwer zu erkennen, ob da eine Geburt gefeiert wird, eine Trauung zelebriert oder ein Verstorbener zur letzten Ruhe getragen – es erscheint auch fast gleichgültig, da die sanfte

Religion, die dieses Land prägt, auf Wiedergeburt setzt und alles friedlich eingebunden wirkt in einen ewigen Kreislauf.

An den einfachen Hausaltären der Dörfer lässt sich das ebenso empfinden wie in den prächtigen Tempeln. In den fast unbekannten und schwer zugänglichen, die noch versteckt vom Massentourismus liegen wie Banteay Chhmar im Nordwesten. Oder in denen von Angkor im Norden, der größten sakralen Anlage der Erde, einem Weltwunder, so atemberaubend und geheimnisvoll, dass noch fast jeder, der einmal hier war, sich geschworen hat wiederzukommen und diesen einmaligen Platz seinen besten Freunden zu zeigen.

Eingebettet in die klassische Architektur der Khmer, sie manchmal perfekt ergänzend, trotzen alte französische Kolonialvillen dem Verfall und prägen verträumte Provinzstädte wie Kampot, Kep und Kratie oder aufstrebende Zentren wie Battambang. Selbst die Hauptstadt dieses Landes, das angrenzt an die drei anderen fernöstlichen Schönheiten Thailand, Vietnam und Laos, ist mit ihren Palästen und Pagoden, ihren Märkten und Museen ein Anziehungspunkt, noch nicht überlaufen von Touristen und doch schon weit mehr als ein Geheimtipp. Zwei Millionen Menschen besuchten im vergangenen Jahr das Land und seine Hauptstadt Phnom Penh. »Fahren Sie jetzt hin«, rät die *New York Times* im Jahr 2008 ihren Lesern. »Es könnte Ihre letzte Chance sein, den besonderen Charme zu genießen, bevor die Perle Asiens sich zu einer boomenden Metropolis verwandelt. Auch heute schon scheint die Stadt von dem Gefühl zu vibrieren, dass diese niedrigen, elegant geschwungenen Gebäude, die gemächlich über Kreuzungen wandernden Kühe und die lächelnden Mönche dazwischen nicht mehr lange vorhanden sein werden.«

Es ist nicht schwer, sich in dieses Land zu verlieben. Es ist vielmehr schwer, ja fast unmöglich, es nicht zu mögen. Versteckte Schönheiten und offensichtliche Attraktionen, dieses gewisse Etwas – Kambodscha hat es.

Und doch gibt es in der Vorgeschichte auch eine düstere, eine unheimliche Warnung der Götter, eine angesichts der Pracht und Reichtümer schwer verständliche Prophezeiung, deren Quelle

Jahrhunderte zurückreicht. »Tiefe Dunkelheit wird sich über die Menschen dieses Volkes legen«, heißt es in den alten Schriften. »Es wird zwar weiter Häuser geben, aber keine Menschen darin, Straßen, aber keine Reisenden. Das Land wird regiert werden von Barbaren, die keine Religion kennen. Die Wogen von Blut werden so hoch schwappen, dass sie den Bauch eines Elefanten erreichen. Und überleben werden nur die Stummen und die Tauben.«

Kambodscha hat eine problematische Vergangenheit: Im Mittelalter begehrten die Nachbarn im Westen wie im Osten das Land und besetzten es; in der neueren Geschichte kamen die Eindringlinge über die Ozeane, und die Kolonialherren aus dem fernen Frankreich waren nicht weniger aus auf Fremdbestimmung und Unterjochung. Kambodscha wurde in den Vietnamkrieg gezogen, von Bürgerkriegsparteien zerrissen, von Amerikanern bombardiert. Aber es gibt nur eine Epoche, auf die jene düsterste aller Prophezeiungen zutrifft, und zwar in erschreckender Genauigkeit: die Alptraumjahre unter den Roten Khmer.

Choeung Ek ist heute ein besonderer Platz in diesem ganz besonderen Land. Choeung Ek liegt etwa zwölf Kilometer südlich der Hauptstadt Phnom Penh. Wenn man die Vororte hinter sich gelassen hat, fährt man vorwiegend durch glitzernde Reisfelder. In der Regenzeit, wenn der erst purpurne und dann anthrazitschwarze Himmel grelle Blitze schleudert, um dann die letzten Sonnenstrahlen durchscheinen zu lassen, bricht sich das Licht wie in millionenfachen Spiegeln. Aufgeregt flatternde Paradiesvögel tauchen ihre Schnäbel in sprudelnde Bäche, zwischen schattenspendenden Banyan- und Tamarind-Bäumen schütteln sich Palmen im aufkommenden Abendwind. Fette Hühner picken zwischen den Grasnarben und an den Wasserkuhlen nach Würmern, gemächlich fast, als seien sie sich ihrer Ausbeute schon sicher. Choeung Ek ist ein anziehender Platz, ein Ort, an dem die Schöpfungsgeschichte begonnen haben könnte: so friedlich, so freundlich, so unschuldig.

Choeung Ek aber steht in der jüngeren Geschichte für etwas ganz anderes: für Massenmord. Choeng Ek ist Synonym für die »Killing Fields«. Choeung Ek symbolisiert das bedrohliche, abstoßende Kambodscha. Das düstere Schattenreich der Roten Khmer und ihres Anführers Pol Pot, der sich auf einer Stufe neben Stalin und Hitler einreiht unter die schlimmsten Massenmörder des 20. Jahrhunderts. Es steht für die Schreckensherrschaft der Männer, die Ströme von Blut tatsächlich »bis an den Unterleib der Elefanten« schwappen ließen. Für die Zeit der Barbaren, die jede Religion verfolgten und in deren Epoche man am besten stumm und taub war – oder vorgab, es zu sein –, um überleben zu können.

Die Killing Fields sind heute eine offizielle staatliche Gedenkstätte, eine Touristenattraktion, geöffnet von 7.30 Uhr bis 17.30 Uhr, zwei Dollar Eintritt. »Keine Waffen auf dem Gelände erlaubt, kein Drogenhandel. Gebeine mitzunehmen ist verboten«, klärt eine Tafel die Besucher über die Regeln auf. Und empfiehlt: »Ruhe bitte« an den Gräbern. Eine überflüssige Mahnung, denn das Vernichtungslager Choeung Ek ist ähnlich wie Auschwitz ein Ort, der einem den Atem verschlägt, die Sprache raubt.

Das Erste, was auffällt, wenn man den kleinen Pepsi-Cola-Stand hinter dem Eingang rechts liegen gelassen hat, ist der Erinnerungs-Stupa. In dem schlanken weißen Monument, nach oben von einem golden gestrichenen Dach begrenzt, sind die Knochen der Hingerichteten aufbewahrt. Aufeinander geschichtet und nur von Glas geschützt, liegen hier auf verschiedenen Ebenen die Überreste von 8985 Menschen, sonnengebleichte Schädel und Knochen als Mahnmal eines irrwitzigen, aber präzise geplanten Völkermordes. Nur 86 der 129 Massengräber sind geöffnet, was gemeinsam mit anderen Hinweisen darauf hindeutet, dass die Zahl der hier Ermordeten um die 14 000 gelegen haben dürfte; Choeung Ek ist das größte der Khmer-Rouge-»Extermination Camps«, aber bei weitem nicht das einzige; über das ganze Land existierten mehr als 150, rechnet das Dokumentationszentrum für den Genozid in Phnom Penh.

Wo die Erde voller Leichen liegt, hat sich die Natur besonders gut entwickelt. Gräser sprießen, die Blätter der Maulbeerbäume wirken noch grüner, noch satter als anderswo. Zu einigen der Massengräber führen Hinweisschilder. Nur wenige Namen der Ausgelöschten sind auf den Tafeln genannt, stellvertretend für all die anderen: Phoung Ton, der Juraprofessor, dessen Intellektualität die führenden Roten Khmer störte; Hu Nim, der ehemalige Informationsminister aus den eigenen Reihen, dessen vorsichtige Widerrede zum mörderischen Kurs dem »Bruder Nummer eins« nicht passte; David Scott, der australische Student, der einfach zur falschen Zeit am falschen Ort war – auch vor Ausländern machte die Mordmaschinerie nicht Halt. Praktisch alle Todgeweihten wurden aus dem zentralen Gefängnis S-21 in Phnom Penh zur Exekution hierher gebracht, sie wurden gefoltert und hatten unter schlimmsten Qualen »Geständnisse« abgelegt, bevor sie in Lastwagen zu den Killing Fields gefahren wurden. Die Hinrichtungen fanden nachts statt. Bevor die Mörder zuschlugen, erfassten sie ihre Opfer penibel genau, Gefangenen-Nummern wurden in einem Buch eingetragen, Namen verglichen. Für dieses Procedere ließen die Roten-Khmer-Chefs extra Elektrizität auf die Killing Fields verlegen.

»Hier wurden hauptsächlich Frauen umgebracht«, verkündet der lapidare Text auf einer der Schautafeln, die an einer rund sechs mal sechs Meter großen, dreißig Zentimeter tiefen Erdkuhle angebracht ist. Nicht weit davon ein kleiner Glaskasten mit Gebeinen, ohne Erklärung. Verloren steht er zwischen den mächtigen Tamarindbäumen, als habe man nicht gewusst, wohin mit den winzigen Menschenresten, den Überbleibseln: Waren sie zu klein für den Erinnerungs-Stupa, oder sind sie von so kleinen Menschen? Die Täter jedenfalls, so viel weiß man von ihren präzisen Aufzeichnungen, haben Gewehrkugeln gespart. Die Erwachsenen mussten niederknien und wurden dann von hinten mit Eisenstangen und Schaufeln erschlagen. Bei den Kleinsten machten die Killer nicht einmal das Gerät schmutzig, ihre Köpfe wurden gegen einen mächtigen Stamm geschleudert. »Killing Tree for Children« steht an dem entsprechenden Baum, als handele es sich um eine botanische Besonderheit und nicht um den Ort eines ungeheuerlichen Verbrechens.

Auf eine Einordnung des Geschehenen verzichtet die Gedenkstätte Choeung Ek fast vollständig. Schuldig am kambodschanischen Holocaust sei »die Clique der Pol-Pot-Kriminellen« heißt es nur einmal. Das steht auf einer der größeren Schautafeln am

Eingang zu den Killing Fields, bei dem man nach dem kurzen Rundgang über die Gräber wieder landet, »sie haben alles dafür getan, um den Charakter des Khmer-Volkes zu pervertieren«.

Welcher Charakter genau ist gemeint? Wie hat er sich in der Vergangenheit geäußert und warum konnte er sich dem Bösen nicht entgegenstemmen? Sind die Roten Khmer unter ihrem »Bruder Nummer eins« Pol Pot einfach vom Himmel gefallen (oder aus der Hölle gekrochen), nur so, ohne Hintergrund, ohne Helfer? Hatten sie, um eine Formulierung Bertolt Brechts zu benutzen, nicht einmal einen Koch dabei, der ihnen beim Massenmord zur Hand ging, der ihnen als Spitzel half, der als Mitläufer des Regimes gezielt wegschaute? Und was machen diese Schuldigen verschiedenen Grades im Kambodscha von heute, sind sie integriert unter ihren ehemaligen Opfern, werden sie von deren Nachfahren angefeindet – sollen Schuld und Sühne oder Vergeben und Vergessen das Zusammenleben der Menschen prägen?

Drei, acht, zwanzig. Fast jedes Kind, zumindest aber die Älteren in Kambodscha, kennen diese Zahlenfolge und wissen damit genauso viel anzufangen wie ein Amerikaner mit dem Kürzel »Nine-Eleven«: Drei Jahre, acht Monate und zwanzig Tage haben die Roten Khmer das Land beherrscht, in der Zeit vom 17. April 1975 bis zum 6. Januar 1979. Sie haben ihren Staat in das wohl wahnwitzigste Experiment der Menschheitsgeschichte gestürzt. Abgeschottet von der Außenwelt, unterstützt nur von Maos China, weitgehend negiert vom Westen versuchten sie, im Zeitraffer und mit Brachialgewalt, die alte Ordnung ihres Landes radikal umzustürzen und nichts weniger als einen »neuen Menschen« zu schaffen. Einen Menschen, nur noch ausgerichtet auf seine Grundbedürfnisse – und auf die Partei.

Die Führer der Roten Khmer, die selbst Stadtkinder waren und größtenteils in Frankreich studiert hatten, trieben die »Verweichlichten« aus den Städten, fegten schon Stunden nach der Machteroberung Phnom Penh leer, trieben die Menschen hinaus auf die Dörfer und Felder und zwangen sie unter primitivsten Bedingungen zur Umerziehung, zum Dammbau und zum Reisanpflanzen. »Steinzeitkommunismus« haben das manche genannt, ein hilfloser Begriff für ein in seiner Radikalität und seiner Konsequenz ungeheuerliches Vorhaben. Die Roten Khmer wollten ein autarkes Land errichten, zurück in die mythische Vergangenheit eines idealisierten Khmer, eines Vorbilds-Menschen, der aller Welt als Beispiel dienen sollte; vorwärts in eine Zukunft des Noch-nie-Dagewesenen.

Um neue Strukturen aufzubauen, mussten die alten radikal ausgerottet werden. So zerstörten die Roten Khmer Bibliotheken, Museen und Universitäten, sie schafften das Geld ab und sprengten oder schlossen alle Banken, sie brannten Kloster und Tempel nieder. Sie rotteten den »Klassenfeind« systematisch aus, und Klassenfeind war jeder, der nicht zum »unverdorbenen« einfachen Bauernvolk gehörte, dazu alle Angehörigen ethnischer Minderheiten, alle Intellektuellen. Wer eine Fremdsprache konnte, wer studiert hatte, ja auch schon jeder, der eine Brille trug, war als intellektueller Abweichler verdächtig und damit vogelfrei.

Schwarz sollten alle tragen, und Schwarz trugen sie, die Roten Khmer, die aus dem einst blühenden, fruchtbaren Land in Südostasien einen endlosen Schreckensteppich machten. Die Familie galt nichts mehr; sie wurde zerschlagen und ersetzt durch »Angkar«, die »Organisation« – an ihrer Spitze stand der geheimnisvolle Pol Pot, den kaum einer im Land kannte, als »Bruder Nummer eins«. Es folgten die übrigen Brüder, ZK-Mitglieder einer stramm stalinistischen Partei, durchgezählte Spitzenkader. Weil sich die Roten Khmer für die Avantgarde der Welt hielten, beneidet von anderen, glaubten sie, dass überall Spitzel, Abweichler und Feinde lauerten. Immer stärker richtete sich der Terror gegen die eigenen Reihen. Fast keiner mehr war zur Endzeit der Khmer-Rouge-Herrschaft vor der großen Säuberung gefeit. Als die Vietnamesen, Erbfeinde der Khmer und immer wieder durch Übergriffe im Grenzgebiet provoziert, schließlich einmarschierten und dem Spuk ein Ende bereiteten, war ein erheblicher Teil der Kambodschaner dem Menschen-Experiment zum Opfer gefallen. Verhungert, von Krankheiten dahingerafft, ausgelöscht in einem Blutrausch.

Als die Roten Khmer die Macht ergriffen, lebten in dem Land, etwa halb so groß wie Deutschland, 7,7 Millionen Menschen. Nach einer Uno-Schätzung waren es drei Jahre, acht Monate und zwanzig Tage später 1,7 Millionen Menschen weniger; nach Angaben der heutigen Regierung in Phnom Penh sogar drei Millionen. Das heißt: Knapp jeder vierte Kambodschaner – vielleicht jeder Dritte – wurde zum Opfer des Regimes. Ganze Sippen wurden ausgerottet; Großväter, Mütter, Brüder, Enkel, Nichten, ganz Alte und sehr Junge, besonders sie, die Greise und Babys, wurden dahingerafft. So gut wie keine Familie blieb verschont vom Genozid.

Niemand bestreitet heute, dass es ein Völkermord war. Weil er sich aber, anders als andere Völkermorde der Geschichte, hauptsächlich gegen das eigene Volk richtete, erfand die Fachwelt einen neuen Begriff für dieses Verbrechen, so hilflos wie das Wort vom »Steinzeitkommunismus«: »Auto-Genozid«. Lange hat niemand die Verantwortlichen für dieses Kapitalverbrechen gegen die Menschlichkeit belangt, ein erster Prozess kurz nach der Übernahme der Macht durch die Vietnamesen und in Abwesenheit der geflohenen Haupttäter fand wegen der offensichtlichen Einseitigkeit der Sieger keine internationale Anerkennung und blieb auch sonst ohne Folgen.

Der Westen konnte sich nicht dazu überwinden, die vietnamesischen Invasoren als Befreier zu sehen oder auch nur als neue Landesherren anzuerkennen – im Kalten Krieg galt das von der Sowjetunion unterstützte, gegen die USA siegreiche Vietnam als Feind. Und so hielt Washington, wie auch ganz Europa, an einer von den Roten Khmer bestimmten kambodschanischen Uno-Vertretung fest: ein bleibender Schandfleck für die westliche Welt. Als sich der Bürgerkrieg hinzog und die Roten Khmer im Untergrund wieder zu erstarken drohten, erfuhren die Massenmörder von der internationalen Staatengemeinschaft sogar noch eine weitere Aufwertung und durften – obwohl das Ausmaß ihrer Verbrechen schon bekannt war – 1991 in Paris als eine von drei gleichberechtigten kambodschanischen Partnern an den Verhandlungen über einen Friedensvertrag teilnehmen. Erst ihre Weigerung, wie mit den Vereinten Nationen verabredet, die Waffen abzugeben und sich an den von der Uno überwachten freien Wahlen teilzunehmen, machte die Bewegung zum politischen Paria. Diese Ereignisse führten schließlich dazu, dass nach und nach einige der wichtigsten Khmer-Rouge-Führer zu den neuen starken Herren überliefen. Ein Jahr nach dem Tod Pol Pots kam schließlich 1999 das endgültige Aus der furchtbaren Utopisten.

Es waren dann vor allem politische Streitigkeiten innerhalb der neuen Machtelite von Phnom Penh, die so lange die juristische Aufarbeitung hinauszögerten. Der wendige Machtpolitiker Hun Sen ist schon kurz nach dem Einmarsch der Vietnamesen als 28-Jähriger Außenminister und 1985 dann Premier geworden, ein Amt, das er nach verschiedenen mehr oder (meist) weniger demokratischen Wahlen bis heute verteidigt hat. Früher selbst ein Roter Khmer, hat er frühzeitig die Seiten gewechselt und sich Hanoi angedient; er ist unverdächtig, an den großen Säuberungen unter Pol Pot teilgenommen zu haben. Aber ob aus taktischen Gründen oder aus tief sitzender Sympathie hat er immer wieder Deals mit den Radikalkommunisten gemacht und einige der – angeblich geläuterten – hohen Kader von früher in seine Regierung geholt. An einer umfassenden Aufklärung der alten Zeiten lag ihm deshalb nie; ebenso wenig wie dem schillernden langjährigen Monarchen Norodom Sihanouk, der zwar ein Dutzend Familienmitglieder durch die Roten Khmer verlor und lange von Pol Pot unter Hausarrest gehalten wurde, allerdings immer mal wieder, wenn es ihm und seinen chinesischen Freunden opportun erschien, mit den Kommunisten paktierte.

Erst nach langem Zögern und unter dem Druck der Weltöffentlichkeit freundete sich Hun Sen mit der Idee eines Tribunals gegen die roten Politik-Verbrecher an. Er blieb aber in zwei wesentlichen Punkt kompromisslos: Nur die Führungsspitze von einst sollte sich verantworten müssen. Und der Gerichtshof durfte nicht allein von der Weltgemeinschaft ausgerichtet und bestimmt werden. Hun Sen setzte sich durch. Im Juni 2003 beschlossen die Vereinten Nationen und die kambodschanische Regierung die Einsetzung der »Extraordinary Chambers in the Courts of Cambodia«, ein Tribunal als Zwitter, eingebettet in Uno-Gerichtsbarkeit wie in kambodschanisches Recht.

Im Mai 2006 wurde dann die Liste der 17 kambodschanischen und 13 internationalen Richter und Staatsanwälte verabschiedet; jedem Angeklagten stehen ein einheimischer wie ein internationaler Verteidiger zu. Damit Schuldsprüche rechtskräftig werden, müssen sich die kambodschanischen Richter und die Juroren aus zehn Staaten von Frankreich bis Sri Lanka, Neuseeland bis Kanada, einig sein. Um ihr Leben müssen die Delinquenten nicht fürchten. Die Todesstrafe ist in Kambodscha abgeschafft.

Nach immer neuen Verzögerungen, nach Korruptionsvorwürfen und hauptsächlich von der internationalen Gemeinschaft zugeschossenen Millionen – der ursprüngliche Etat von 43 Millionen Dollar ist längst überzogen und inzwischen auf weit über 150 Millionen Dollar angeschwollen – soll nun im März 2009 die entscheidende Prozessphase beginnen. Das erste Hauptverfahren der »Außerordentlichen Kammern« wird gegen Kaing Guek Eav alias Duch eröffnet, den Chef des größten Folterlagers S-21 in Phnom Penh und Herren der Killing Fields. Der ehemalige Mathematiklehrer ist 66 Jahre alt und damit der bei weitem jüngste der fünf Angeklagten. Die internationale Presse, stets um Vergleiche bemüht, hat ihn den »kambodschanischen Heinrich Himmler« getauft.

Die Prozesse gegen die politischen Schwergewichte dürften nach Abschluss des Duch-Verfahrens frühestens Ende 2009 folgen. Angeklagt sind: Nuon Chea, 82 Jahre alt, Pol Pots Chefideologe und »Bruder Nummer zwei«; Ieng Sary, 83 Jahre alt, Ex-Außenminister der Roten Khmer und Pol Pots Schwager; Sarys Ehefrau Ieng Thirith, 76 Jahre alt, ehemalige Sozialministerin; Khieu Samphan, 77 Jahre alt, ehemaliger Staatschef des »Demokratischen Kampuchea«, wie das Land in Khmer-Rouge-Zeiten hieß. Als Einziger war Duch längere Zeit inhaftiert. Die anderen lebten bis kurz vor Prozessbeginn noch von der Öffentlichkeit zurückgezogen, aber von den Behörden unbehelligt, in ihren Villen.

Kambodscha bekommt also sein Nürnberg – genau drei Jahrzehnte nach der Vertreibung der Roten Khmer, über ein Jahrzehnt nach dem Tod Pol Pots (der zwar entmachtet und unter Hausarrest, aber doch friedlich in seinem Bett starb). Besser spät als nie, argumentieren viele. Andere meinen, man dürfe die alten Wunden nicht aufreißen, die Menschen hielten das nicht aus. Wie sollten sie den Massenmördern, die so lange nach ihren Taten unter ihnen lebten, denn gegenübertreten: als Zeugen, als Zuschauer, als zugelassene Nebenkläger?

Es ist ein Wettlauf gegen die Zeit. Das Schlimmste für die Strafverfolger wäre wohl, wenn ihnen die Angeklagten unter den Händen wegstürben. Die Fünf sind seit Anfang Dezember 2007 in hübschen Bungalows am Rande des Gerichtsareals in der Nähe des Flughafens Phnom Penh untergebracht. Rund um die Uhr werden sie von Ärzten überwacht; Khieu Samphan, Ieng Sary und Ieng Thirith mussten zwischenzeitlich – schwer bewacht – wegen akuter Leiden kurzfristig im Krankenhaus behandelt werden. Ihren Klagen über das Essen wurde sofort entsprochen: Es gibt jetzt neben Fisch und Fleisch immer auch ein vegetarisches Alternativgericht. Die Hocktoilette in seiner Zelle bereite seinen Knien Schmerzen, monierte der Angeklagte Nuon Chea; seitdem sind alle Toiletten »American Standard«.

In Sichtweite des Luxusgefängnisses hasten derweil Ermittler aus einem Dutzend Nationen über die Flure des Tribunalhauptgebäudes – darunter im Jahr 2007 auch als Berater der Staatsanwaltschaft die deutsche Juristin Pamela Reusch, danach ihr Hamburger Kollege Jürgen Aßmann und, als Vertreterin der Nebenkläger, die vom Deutschen Entwicklungsdienst (DED) angestellte Rechtsanwältin Silke Studzinsky. Übersetzer präparieren sich. Jede Zeugenaussage, jede Bemerkung eines Beschuldigten und natürlich die Anklageschriften müsse in den drei Gerichtssprachen Khmer, Englisch und Französisch festgehalten werden.

Zu besonderen Anlässen fliegen auf Uno-Kosten auch die internationalen Rechtsbeistände der Angeklagten ein. Star des Teams ist der legendäre französische Jurist Jacques Vergès, der schon den Nazi-Schlächter Klaus Barbie und den Terroristen Carlos verteidigt hat und jetzt den früheren Staatschef Khieu Samphan vertritt. Der Maître, ein wahrer Connaisseur des Grauens, liebt es zu provozieren, er gilt als langjähriger Freund und intimer Kenner der Roten Khmer. Vergès erwägt, Henry Kissinger in den Zeugenstand zu holen, den US-Politiker, der gemeinsam mit Präsident Richard

Nixon für das völkerrechtswidrige Bombardement Kambodschas verantwortlich war – ohne die zigtausenden Opfer unter den Zivilisten, ohne den so geschürten Hass auf den Westen und auf die von ihm gestützte korrupte Regierung, sagen Historiker, seien der Aufstieg von Pol Pot und Co. und die Machtübernahme der Roten Khmer 1975 kaum denkbar gewesen.

Wie schnell die Dinge aus dem Ruder laufen können, zeigte sich schon bei einer der ersten Anhörungen vor Gericht. Da beklagte sich ein Anwalt des Folterlager-Kommandanten Duch darüber, dass dessen »Menschenrechte« durch die Haft verletzt würden. Die Kambodschaner auf den Zuschauerbänken im Gericht lachten; so wie sie es häufig tun, wenn ihnen etwas peinlich ist, wenn sie bei einer Beleidigung nicht weiter wissen. Meinungsumfragen zeigen, dass etwa drei Viertel der kambodschanischen Bevölkerung das Rote-Khmer-Tribunal »generell« für eine »gute Idee« halten. Aber viele der prinzipiellen Befürworter verstehen nicht, warum nur fünf Angeklagte vor Gericht stehen, warum die Anklage nicht wenigstens auf die frühere Führungsspitze ausgedehnt wird. Und kaum einem Kambodschaner außer den Gebildetsten sind die – völlig legalen – juristischen Winkelzüge der Verteidiger, ihre Anträge zur Haftverschonung, ihr Verweis auf technische Irregularitäten verständlich zu machen.

Kambodscha unter Hun Sen ist ein außergewöhnlich korrupter, verrotteter Vetternwirtschafts-Staat: Die Organisation »Transparency International« setzt ihn in ihrem Internationalen Korruptionsindex im Jahr 2008 weltweit auf Rang 144, eine weitere Verschlechterung gegenüber dem Vorjahr; in Asien gilt den neutralen Experten nur noch das diktatorische burmesische Regime als korrupter. Dementsprechend schlecht ist der Ruf der kambodschanischen Justiz. Wer einen Richter nicht schmiert, hat in Phnom Penh kaum eine Chance – und schon gleich gar nicht in der Provinz. So beobachten viele auch das Rote-Khmer-Tribunal misstrauisch, die Arroganz des ausländischen Personals, das undurchsichtige Posten-Geschachere auf der kambodschanischen Seite. Dass alles so lange dauert, ist für die meisten nicht Ausdruck einer gründlichen juristischen Vorbereitung, sie vermuten absichtliche Verschleppung. Sie glauben, die einheimischen und die ausländischen Juristen hätten sich gut eingerichtet in ihren Dauerdiskussionen und vertrauten trotz aller deklarierten Finanzengpässe auf die nie versiegenden Geldströme der internationalen Gemeinschaft. Das Tribunal als eine Art Perpetuum mobile: Viele junge Leute – zwei Drittel der heute knapp 14 Millionen Kambodschaner haben keine direkte Erinnerung mehr an die Khmer-Rouge-Zeiten – betrachten den Gerichtshof eher als Kuriosum.

Was aber denken die unmittelbar Betroffenen, die Menschen vom Lager S-21, die wenigen überlebenden Opfer des zentralen Khmer-Rouge-Foltergefängnisses? Was denken die Mitläufer von damals, die Schuldigen aus der zweiten Reihe, die damaligen Mordgesellen des grausamen Herrn Duch? Was bedeutet der Prozess für ihr Zusammenleben innerhalb der kambodschanischen Gemeinschaft – befriedigte Suche nach Sühne, beklagenswertes Aufbrechen von Narben, bedrohlicher Streit mit schon befriedeten Nachbarn?

Ich habe einige der Zeitzeugen von damals aufgesucht, die heute quer über das Land verstreut leben: Opfer, Mitläufer, Mörder. Den Maler Vann Nath in Phnom Penh, der ein Jahr lang im Foltergefängnis schmachtete und wie durch ein Wunder freikam – nur sieben kennt man, die überlebten, von insgesamt mehr als 14 000 Insassen; den Fotografen Nhem En im nördlichen Anlong Veng, der im berüchtigten S-21 die Todgeweihten für die Akten abgelichtet hat; den Tuol-Sleng-Sicherheitschef Him Huy im südlichen Kandal, der Dutzende auf den Killing Fields eigenhändig umbrachte. Dies ist ihre Geschichte.

Das kleine Restaurant »Kith Eng« in Phnom Penh, knapp zwei Kilometer entfernt vom früheren Foltergefängnis S-21, gleicht hunderten anderen in der aufstrebenden Hauptstadt mit ihrem Baufieber und dem hektischen Verkehr: ein paar Tische mit Plastikstühlen, ein buddhistischer Hausaltar und die Bilder des Königs an der Wand, Neonlicht und Cola-Reklame. Weil der schmale Bürgersteig vor dem Restaurant wie fast immer und überall in Phnom Penh vollgeparkt ist, hat jemand seine Honda direkt in die Imbiss-

Stube gestellt. Viele Kunden kommen in der Mittagspause oder schauen direkt nach Dienstschluss beim »Kith Eng« herein: Das Lokal hat einen guten Ruf, die Küche ist lecker und preiswert; die Currys kosten um die drei Dollar. Es bedienen Familienmitglieder des Inhabers Vann Nath, manchmal der Chef selbst.

Der 63-Jährige bittet um Entschuldigung, dass er es heute nicht tut. In letzter Zeit hat sich sein Gesundheitszustand wieder verschlechtert. »Die Nieren machen nicht mehr mit«, sagt der Mann mit den dichten schneeweißen Haaren und den eingefallenen Wangen. Buschige Augenbrauen stehen wie Schutzschilde über wässrigen Pupillen, unter denen sich ausgeprägte Tränensäcke drücken. Die Augen sind immer in die Weite gerichtet, als gäbe es nichts in der unmittelbaren Umgebung, nichts in der Gegenwart, das sich zu betrachten lohne. »Ich komme von der Blutwäsche«, sagt Vann Nath. »Aber die Behandlung scheint nicht mehr so richtig zu helfen. Ich fühle mich sehr schwach.«

Soll ich später wiederkommen? Nein, nein, sagt er, es gehe schon. Er wolle nur erst mal einen Tee trinken, einen Moment ausruhen, sich sammeln, wenn die Schmerzen nachlassen. Vielleicht seien das die Spätfolgen der Folter von damals, vielleicht einfach Altersleiden. Er zuckt mit den Schultern, als interessiere ihn Ursache und Wirkung schon lange nicht mehr, als habe er resigniert. Aber manchmal habe er auch gute Tage. Er schweigt. Er sieht zur Decke, und richtet den Blick dann wieder ins Nirgendwo, vielleicht in die Zukunft, wahrscheinlicher in die Vergangenheit. Denn Vann Nath existiert hauptsächlich in der Vergangenheit. Wer seine Geschichte kennt, der wundert sich, wie er das überhaupt geschafft hat mit dem Überleben. Und heute: mit dem Weiterleben.

Er braucht keine Fragen. Er will nichts auslassen, auch seine eigenen Fehler und Schwächen nicht. Er hat keine Lust, mit seinem Ärger und seinen Vorwürfen hinterm Berg zu halten. Er ist niemandem Rechenschaft schuldig. Er ist mit sich im Reinen. Und so beginnt er zu erzählen, stockend zuerst, gepresst die leise, melodiöse Stimme, dann immer flüssiger und gegen Ende wie befreit: die Geschichte seines Lebens.

Seine Eltern besaßen einen kleinen Bauernhof am Rande der Provinzhauptstadt Battambang, 250 Kilometer nördlich von Phnom Penh am Fluss Sangker und in der Nähe des großen Tonle Sap-Sees gelegen. Die Böden der Provinz, der »Reisschüssel des Landes«, gehörten immer schon zu den besten und fruchtbarsten Kambodschas, sie ernährten die Familie gut. Die Sippe genoss ihren bescheidenen Wohlstand. Weil Vann Nath als Junge ein wenig zu übermütig war, gaben ihn die Erzieher für drei Jahre in die Obhut eines buddhistischen Klosters, was damals durchaus üblich war. Er lernte Disziplin und inhalierte die überlieferten Werte der Khmer: Achtung vor der Familie, Ehrfurcht vor dem Alter, Harmonie der Sozialgemeinschaft. Ganz wie es das Sprichwort sagt: »Ein Reicher soll sich Bescheidenheit bewahren, so wie ein Rock den Körper von außen umschließt. Ein Gelehrter soll sich seiner Unwissenheit bewusst sein, so wie sich ein Boot im Wasser auf seine Planken stützt. Eine hohe Persönlichkeit soll die niedrigen Stände respektieren, so wie es alter Brauch ist.«

Vann Nath war von den Mönchen beeindruckt und »gezähmt«; aber seine künstlerische Ader konnten die heiligen Männer ihm ebenso wenig austreiben wie die Eltern: Der Junge wollte Kunstmaler werden. Er lernte das Gewerbe bei einem Meister in der Stadt von der Pike auf, pinselte Filmplakate von Honoratioren, für den Besuch in der Stadt auch das des Prinzen Norodom Sihanouk, der das Werk ausdrücklich lobte. Da endlich waren seine Eltern, die ihn ursprünglich lieber als Nachfolger auf dem Hof gesehen hätten, ganz von seiner Begabung überzeugt und gaben ihm ihren Segen für die Berufswahl. Vann Nath gründete 1969 eine kleine Firma, Plakate und Kunstwerke Inc., und schlug sich recht erfolgreich durchs Geschäftsleben. Als er auch noch die Frau fürs Leben fand – Kith Eng heißt sie, später, in einem anderen Leben, wird er ein Lokal nach ihr benennen – und einen Sohn bekam, schien sein kleines Glück perfekt.

Doch die Zeiten waren nicht so, erzählt Vann Nath mit seiner zurückhaltenden, leisen Stimme. »Als der rechtsgerichtete General Lon Nol 1970 putschte und die Monarchie stürzte, begann ein Bürgerkrieg zu toben, der auch Battambang erfasste. Die neue Regierung zog in den Städten so viele junge Männer ein, wie sie nur finden konnte. Die andere Fraktion, die der Roten Khmer, verbarg sich in den Wäldern und ging nicht minder brutal vor – beide machten Unbeteiligte zu ihren Schachfiguren.« Er konnte sich mit Mühe heraushalten. Er entging den amerikanischen Bombenangriffen, die den Khmer Rouge galten und im ganzen Land auch so vielen Unschuldigen das Leben kostete. Und als er von Freunden am 13. April 1975 hörte, dass der Machtkampf entschieden sei und die Roten in die Hauptstadt eingezogen wären, da empfand er wie so viele im Land nur ein Gefühl: Erleichterung. Nun muss doch alles besser werden.

Doch es wird alles schlimmer, viel schlimmer. Die neuen Herren tolerieren kein privates Glück, keine bürgerlichen Existenzen. Wie die Hauptstadt wird auch Battambang von Kalaschnikow schwingenden, schwarz gekleideten Soldaten, manche erst 13, 14 Jahre alt, leer geräumt. Vann Naths Familie verfrachten sie in die Landkommune Nummer Fünf. Er schuftet beim Dammbau, sammelt nachts Holz. Und hilft beim Ausheben von Gräbern, immer mehr Gräbern: Die Roten Khmer zwingen in ihrem Wahn, die »Verweichlichten der Städte« zu Landarbeitern zu machen, die Menschen zur Fronarbeit, zwölf Stunden am Tag müssen sie schuften, und wenn der Mond genug Helligkeit spendet, sind es 18 Stunden.

Viele von Vann Naths Bekannten aus Battambang sterben an Krankheiten oder verhungern. Zunächst hat er noch Glück: Er kann mit Frau und Kind zusammenbleiben, was unter der Herrschaft der Roten Khmer eher eine Seltenheit ist. Die Familie heißt nun Angkar, und dieser Partei-Organisation, so lernen die Kinder bei der allabendlichen Indoktrination, müssen sie gehorchen wie früher Vater oder Mutter. Wann immer ihnen etwas an ihren leiblichen Eltern auffalle, so wird ihnen eingetrichtert, sollen sie es Angkar melden. Vor allem, wenn sie ihr Arbeitspensum nicht schafften oder gar heimlich Reiskörner von den Feldern mitnähmen. Vann Nath magert stark ab. Seine Frau, gleichfalls sehr geschwächt, bringt wie durch ein Wunder noch einen gesunden Sohn zur Welt. Durchhalten, ich muss durchhalten, sagt sich der Maler und zeichnet abends heimlich mit Zweigen auf dem Boden kleine »Gemälde«, um nicht aus der Übung zu kommen. Seinen Beruf hat er den Schergen verschwiegen. Jede besondere Begabung macht einen bei den Partei-Apparatschiks verdächtig, besonders eine so »bourgeoise«, so überflüssige wie die Malkunst. Vann Nath duckt sich weg.

Als sie dann an einem Dezembertag 1977 kommen und ihn abholen, als sie ihn zusammenbinden »wie ein Stück Vieh, das zum Schlachthof soll«, weiß er nicht, wie ihm geschieht. Bis heute hat Vann Nath keine Ahnung, ob seine Verhaftung nur ein Irrtum war oder ob ihn jemand – wofür auch immer – angeschwärzt hat. Nach einer mehrtägigen Lkw-Fahrt landet er schließlich in einem von Stacheldraht eingezäunten Gebäude in der Hauptstadt, von dem ihm die Mitgefangenen zuflüstern, es heiße Tuol Sleng, Parteikürzel S-21. Und er solle sich auf alles gefasst machen: Das hier sei die Hölle. Der Tod, wenn er denn rechtzeitig komme, sei noch eine gnädige Erlösung.

Bald weiß er, wovon die anderen reden, was sie fürchten. Man führt ihn mit verbundenen Augen in einen eiskalten Raum, zwingt ihn in Fußfesseln aus schwerem Eisen; mit mehr als 30 Mithäftlingen teilt er sich das kahle Zimmer – »wie in einer Galeere aneinander geschmiedet«, sagt er, und man merkt ihm an, wie schwer ihm gerade dieser Teil seiner Erzählung fällt. Doch er möchte keine Gesprächspause mehr. Er will alles loswerden, sich befreien von der schrecklichen Erinnerung, weil ihm das vielleicht Erleichterung gibt, Erlösung von den Dämonen, und wenn sie auch nur noch so kurze Zeit anhält.

Er hat damals Anstaltskleidung bekommen, dünnes, löchriges Tuch, und gehört damit schon zu den Privilegierten, viele andere sind nackt. Er wird verhört, Schläge prasseln auf ihn ein. »Glaubst du, Angkar kennt deine Verbrechen nicht?«, fragen ihn die Vernehmer, einer brutaler als der andere. Die Organisation mag seine »Verbrechen« kennen, er hat keine Ahnung, was sie meinen, wenn sie von Spionage und CIA und Klassenfeinden reden, aber wenn sie wollen, ist er bald bereit, alles zuzugeben. »Überleg dir, wann du's tust«, flüstert ihm eine der anderen verlorenen Seelen in seiner Zelle zu, heimlich in der Nacht, denn Sprechen ist den Gefangenen strengstens verboten. »Denn wenn du dein Geständnis unterschrieben hast, holen sie dich ab und führen dich hinaus zur Exekution.«

Vann Nath wird immer wieder ohnmächtig. Aber er will durchhalten. Seiner Familie wegen. Immer wieder sieht er in seinen Träumen die Frau, die beiden Söhne. Er will alles tun, um sie wiederzusehen. Aber er weiß, wenn die Aufseher mit den schlimmeren Foltermethoden beginnen, von dem ihm die anderen zuraunen, wenn sie ihn zwingen werden, Kot zu essen und ihn von einem Holzgestell herab kopfüber ins Wasser tauchen, bis kurz vors Ertränken, die Genitalien unter Starkstrom setzen – dann wird er nicht mehr durchhalten können.

Er sieht Zellengenossen, die viel schlimmer zugerichtet sind als er. Manche sterben über Nacht, die Leichen werden mitunter 24 Stunden lang liegengelassen. Läuse befallen Vann Naths Körper, eitrige Wunden brechen auf. Doch das Schlimmste sind die endlos langen Stunden in der Zelle, die Wartezeiten bis zum nächsten Verhör – und der Hunger. »Dass die Roten Khmer mich darauf reduziert haben, an nichts anderes mehr denken zu können als an die nächste Schale Reis, das nehme ich ihnen am meisten übel«, sagt Vann Nath. Und erzählt von einem entwürdigenden Kampf der Gefangenen um die Grashüpfer, die gelegentlich von der Zellendecke fielen und die sich jeder hastig in den Mund zu stecken versuchte, bevor es ein anderer merkte.

Vann Nath hat fast schon aufgegeben, als die Wärter plötzlich eines Morgens seine Fußfesseln lösen. Nur untergehakt und stolpernd vor Schwäche, kann er ihnen in das Büro des Tuol-Sleng-Chefs folgen. Duch heißt der Mann, »Dudsch« gesprochen, gefürchtet und verhasst bei den Delinquenten. Schon der Klang des Namens jagt allen Schrecken ein. »Du bist also der Maler«, sagt der Boss. »Kannst du auch ein schönes Bild nach einem Foto machen, eine exakte Reproduktion?«

Zögernd nickt Vann Nath. Man zeigt ihm ein Foto, das einen gut aussehenden, lächelnden Mann zeigt. Khieu Samphan, vermutet der Maler zuerst, er ist das Gesicht aus der Führungsriege der Roten Khmer, das er kennt. Aber der da sieht anders aus, den hat er noch nie gesehen. »Das ist Pol Pot, der Bruder Nummer eins«, klärt ihn Duch schließlich auf. »Ran an die Arbeit.« Und so beginnt Vann Nath, mit Extraportionen Reis aufgepäppelt, von seinen Fesseln befreit und in ein bequemeres Zimmer verlegt, fieberhaft und mit zunächst sehr zittriger Hand zu malen. Um sein Leben zu malen. Denn er ahnt: Enttäuscht er Duch, misslingt das Porträt, wird er keine zweite Chance bekommen.

Zu seiner riesigen Erleichterung gefällt dem Chef des Foltergefängnisses das Bild. »Gut, aber streng dich bloß weiter an«, murmelt Duch. Der Künstler hätte diesen Augenblick seiner Rettung noch mehr genießen können, hätte er in diesem Moment nicht Schreie gehört, die aus dem Hof zu ihm ins bequeme Chefbüro heraufhallen, die Verzweiflungsschreie der Gefolterten. Und hätte er nicht kurz darauf wieder diese Lastwagen gesehen, die mehrmals in der Woche abends vorfahren und auf denen sie mit Augenbinden versehene Gefangene abtransportieren, von denen jeder in der Anstalt S-21 weiß: Sie kommen nicht mehr zurück.

Vann Nath arbeitet fast rund um die Uhr, gegenüber seinen Mitgefangenen immer vom schlechten Gewissen ob seiner Privilegien geplagt, für die Todgeweihten betend und von seiner Familie träumend. Er produziert dutzende Pol Pots und dann auch Porträts anderer Rote-Khmer-Führer. Als ihm ein Assistent zur Seite gestellt wird, ertappt sich der Maler bei der Überlegung, ihn zu täuschen oder jedenfalls nicht die beste Technik zu zeigen: Falls der Neue zu gut wird, macht er sich da nicht selbst überflüssig? Andererseits: Lässt er ihn ganz ins Leere laufen, unterschreibt er nicht das Todesurteil dieses Mannes?

Die Künstler sollen schließlich auch Statuen Pol Pots anfertigen, erst in Gips, dann in Silber: »Bruder Nummer eins«, so lange unerkannt im Hintergrund, denkt offensichtlich daran, einen Führerkult à la Mao zu beginnen. Doch dazu kommt es nicht mehr. Eines Tages im Januar 1979 bricht Hektik aus, die Wächter scheuchen die Maler ins Freie, die Vietnamesen stehen schon in Phnom Penh, die Führungsspitze der Roten Khmer ist mit dem Helikopter in ihr im Norden gelegenes Ersatzhauptquartier ausgeflogen. Davon weiß Vann Nath nichts. Aber der Überlebenskünstler kann das Chaos nützen, er kann fliehen. Auf den Tag genau ein Jahr nach seiner Gefangennahme ist er wieder frei. Er irrt über die Felder, rettet sich in ein Dorf, weiter, Richtung Battambang. Er fragt verzweifelt, ob jemand etwas von seiner Familie gehört hat. Nichts. Er fragt weiter. Es muss sich doch gelohnt haben, dass er durchgehalten hat. Sein Wunder erlebt eine Fortsetzung: nach monatelanger Suche findet er seine Frau. Sie fallen sich in die Arme. Und die Söhne? Nein, sagt sie verzweifelt. Die haben es nicht geschafft. Seine beiden Kleinen, fünf Jahre alt war der Größere, als er ihn verlassen musste, sechs Monate der Benjamin, haben nicht überlebt.

Woher Vann Nath die Kraft genommen hat, mit seiner Frau noch einmal eine Familie zu gründen, weiß er nicht. Aber er hat heute drei gesunde, hübsche, lebensfrohe Kinder: Simen, 27 Jahre alt, Sineth 24 und Narung 17. Er hat sich gleich nach der Befreiung den neuen Herren als Soldat zur Verfügung gestellt. Aber die hatten bald eine andere Aufgabe für ihn: Vann Nath sollte mithelfen, aus S-21 eine Gedenkstätte zu machen. Und so kehrte er in das alte Foltergefängnis zurück, von Erinnerungen gepeinigt. Erst jetzt erfuhr er, dass Tuol Sleng früher ein Schulgebäude war, benannt nach der bitteren Frucht eines heimischen Baumes. Das Gelände war von den Vietnamesen nach ihrem Einmarsch abgeriegelt und in seinem Zustand belassen worden. So fand Vann Nath noch alles vor, was seine Folterer in Panik zurückgelassen hatten: Papiere mit Geständnissen, Folterinstrumente. Hastig hatten die Sieger nur einige frische Gräber im Hof gegraben und die letzten Opfer der Schreckensstätte bestattet – ein Dutzend Gefangene, die Duch und seine Schergen noch in den letzten Stunden mit Benzin übergossen und angezündet hatten.

Vann Nath, fand die neue Regierung, sollte das tun, was er am besten konnte: malen. Aber diesmal nicht Pol Pot, sondern Gefangenen-Szenen aus seiner Erinnerung. Er war nicht sicher, ob er das konnte. Doch dann brachten sie ihm Pinsel, Farben und Leinwand und gaben ihm einen ruhigen Raum im zweiten Stock des Gebäudes D, in dem er einst gefesselt war. Und wieder malte Vann Nath. Diesmal nicht für sein Leben, sondern gegen das Vergessen. Am 7. Januar 1980 wurde das »Tuol Sleng Genozid-Museum« eröffnet, mit Vann Naths ersten Gemälden an der Wand, zu denen in den folgenden Jahren weitere hinzukamen. Es ist bis heute neben den Killing Fields die zentrale Gedenkstätte des kambodschanischen Völkermords.

»Ich bin stolz auf meinen Beitrag«, sagt Vann Nath. »Haben Sie die Aquarelle schon gesehen, soll ich Sie Ihnen zeigen?« Ja, ich habe das Museum schon öfter besucht; aber natürlich würde ich mich von ihm gern noch einmal durch die Räume führen lassen. Ist er sicher, dass er das wirklich will, dass es für ihn körperlich und mental nicht zu anstrengend ist? Er packt mich als Antwort nur am Arm. Gemeinsam fahren wir mit einem Tuk-Tuk, wie die Motorrad-Rikschas in Kambodscha heißen, zur Gedenkstätte.

Die Fahrt geht durch eine moderne Stadt, die alles bietet: moderne Boutique-Hotels wie das besonders umweltfreundliche »Quai« an der Uferfront (»carbon friendly luxury«), vor dessen Eingang man allerdings nachts über Bettler steigen muss, die auf ihren Pappkartons schlafen; den Königspalast und in Sichtweite davon ein riesiges Casino; gediegene Bars wie der »Foreign Correspondents Club«, wo sich die unzähligen Mitarbeiter westlicher Hilfsorganisationen bei der Happy Hour vergnügen und dubiose Bars wie das »Heart of Darkness«, wo oft dieselben Helfer und viele Touristen sich zu später Stunde eine der zahlreichen Schönen der Nacht anlachen; moderne Spas mit Aromatherapie gegen die Müdigkeit wie das »Bliss« und eine »Chocolate Boutique«, die nach alten Rezepten dunklen Kakao mit dem berühmten einheimischen Pfeffer mischt, verführerisch und scharf und laut Werbung des Hauses »die süßeste Art, Kambodschas Vergangenheit zu genießen«.

Die Beamten des Genozid-Museums begrüßen Vann Nath respektvoll, man kennt sich, tauscht Freundlichkeiten aus. Tuol Sleng ist für den Tag schon geschlossen, so dass wir die Räume für uns allein haben. Vann Nath zeigt sein Selbstporträt, das ihn verzweifelt und bis auf die Rippen abgemagert in der Zelle darstellt; die Gemälde mit den Folterungen, Schauplätze, die sich in seine Erinnerungen eingebrannt haben. Weitere Szenen, wie sie ihm die anderen Überlebenden von Tuol Sleng erzählt haben und die er noch rechtzeitig befragen konnte – von den sieben namentlich bekannten Davongekommenen sind inzwischen drei verstorben.

Einmal konnte Vann Nath einen seiner Peiniger im Genozid-Museum mit den Bildern konfrontieren, den Chefaufseher Him Huy. Er traf ihn durch einen Zufall, beobachtete den Mann lange, bis er sich ganz sicher war. Dann sprach er ihn an – und sein Gegenüber leugnete nicht, dass er damals zur anderen Seite gehört hatte. So standen sie sich gegenüber, einige Sekunden schweigend. Dann zeigte Vann Nath auf seine Bilder. »War es so?«, fragte er den Mann, den er als einen der schlimmsten Peiniger in Erinnerung hatte, der aber jetzt erklärte, nur ein kleines Rädchen im Getriebe gewesen zu sein. »Ja, du hast es gut hingekriegt«, sagte der Schlächter anerkennend. »Und gar nichts ist übertrieben?«, fragte der Maler noch einmal, mit Blick auf die Gemälde, die er nach der Erinnerung anderer gemalt hatte. »Nein, es gab solche Szenen, und manche waren noch brutaler als das da.«

»Und wie war das mit den Babys, warum mussten die sterben?«

»Ehrlich gesagt, hauptsächlich deswegen, weil sie mit ihren Eltern da waren und wir nicht wussten, wohin mit ihnen – sie störten.«

Vann Nath hat eine Broschüre über sein Leben geschrieben; »A Cambodian Prison Portrait« wird im Museums-Kiosk verkauft und er bietet das kleine Buch für 20 US-Dollar in seiner »Galerie«, einem Nebenraum seines Restaurants, an. Dort hängen auch einige seiner übrig gebliebenen Horror-Gemälde. Er hat in den letzten Jahren noch andere Motive zu zeichnen versucht, Landschaftsgemälde, einige Entwürfe für ein Altersheim. Sie sind ihm nicht besonders gelungen. Tuol Sleng ist das Motiv seines Lebens. Doch immer seltener greift er heutzutage zu Leinwand und Pinsel, er fühlt sich ausgebrannt. Was für ihn zähle, sei seine Familie, sagt er. Und wie denkt er über das Tribunal, will er nicht sein Recht als Nebenkläger gegen den angeklagten Lagerkommandanten Duch ausüben? Auf diese Weise Sühne erzwingen, so wie seine Mitüberlebenden von S-21, die sich der Staatsanwaltschaft zur Verfügung stellen?

Vann Nath hat im Prozess ausgesagt, als Zeuge. Mehr will er nicht. Er glaubt nicht mehr so recht an das Tribunal, nach all den

Verzögerungen und juristischen Winkelzügen. Er versteht nicht, warum man nur fünf Rote Khmer angeklagt hat und mehrere namentlich bekannte Schlächter von Tuol Sleng laufen lässt. Und doch – wenn Duch abgeurteilt wird und ein Leben lang hinter Gittern verschwindet, einen Hauch von Befriedigung wird es ihm verschaffen. Vann Nath kennt das Papier aus den Akten von Tuol Sleng, das sein Schicksal und das seiner Mithäftlinge bestimmt hat. Duch hat da an den Rand eines Zettels mit den Namen seiner Zellengenossen geschrieben: »Alle auslöschen« – und dann einen Zusatz: »Nur den Maler noch nicht, vorläufig noch nicht«.

Vann Nath, im Foltergefängnis wie die anderen auch seines Namens beraubt und auf eine Nummer reduziert (719–55), hat sich dieses Dokument in Kopie besorgt, es steckt immer in seiner Brieftasche. »Ich habe mich damit abgefunden, dass es keine absolute Gerechtigkeit geben wird«, sagt er. »Aber ein bisschen Gerechtigkeit wäre schon nicht schlecht.« Ansonsten träumt er nur noch von einem: keine Alpträume mehr zu haben. Nicht mehr jede Nacht die widerwärtigen Gesichter der Folterer sehen zu müssen. Auch nicht mehr das Antlitz des jungen Fotografen, der ihm bei der Ankunft in S-21 die Augenbinde abnahm und ihn anherrschte: »Geradeaus sehen, keine Bewegung, keine Fragen!« Und der, als Vann Nath noch gar nicht draußen war, schon die nächste Nummer aufrief.

Die Fahrt zum Dokumentar des Schreckens führt über eine holprige Lehmstraße in den äußersten Norden Kambodschas, nach Anlong Veng. Rund 350 Kilometer von seiner ehemaligen Wirkungsstätte entfernt und fast in Sichtweite der thailändischen Grenze, arbeitet Nhem En – der Haupt-Fotograf des Foltergefängnisses S-21 ist heute stellvertretender Distriktgouverneur in dem Gebiet, in dem die Roten Khmer ihr letztes Hauptquartier hatten und von wo aus sie ihr finales Gefecht führten. In dem Gebiet, in dem Pol Pot gestorben ist und verbrannt wurde. Der 49-jährige Nhem En ist ein Politiker auf dem Sprung nach oben, in den Büros der Regierungspartei von Phnom Penh spricht man voller Respekt von ihm. Besonders lobt man seine Unternehmungslust und, mehr noch, seine unbedingte Loyalität. Es sind zwei Charakterzüge, die ihn immer in seinem abenteuerlichen Leben begleitet und ihm auch in schwierigen Zeiten weitergeholfen haben.

Sein breites Gesicht überzieht ein Dauerlächeln, sorgfältig gekämmt ist der Mittelscheitel des schwarzen, vollen Haars, der Kopf braucht keinen Nacken, geht nahtlos in den Rücken über. Die Augen wandern in alle Richtungen, als witterten sie permanent Gefahr. Der gedrungene Körper mit den muskulösen Armen verleiht Nhem En etwas von einem Boxer, der weiß, dass er nach Punkten zurückliegt und der den Knockout suchen muss.

Er begrüßt mich freundlich, fast unterwürfig. Lauernd, ob ihm etwas droht durch den Besuch, forschend, ob er durch ihn profitieren kann. Ein Gast aus Deutschland, na so was, das sei ja wohl ganz weit entfernt, und ja, er kenne die deutschen Diplomaten in Phnom Penh, das seien alles höchst ehrenwerte und auch hilfsbereite Leute, wenngleich angesichts der kambodschanischen Geschichte und Gegenwart vielleicht nicht hilfsbereit genug. Aber darauf wolle er später noch ausführlich zu sprechen kommen. Zuallererst wolle er mich und meinen Übersetzer zum Essen einladen. Nein, keine Widerrede. Er bestehe darauf zu zahlen; der Tisch in dem bescheidenen, aber besten Restaurant der Kleinstadt sei schon festlich gedeckt.

Nhem En bewohnt ein gemütliches, geräumiges Holzhaus an einem großen Teich am Stadtrand. Seine Frau betreibt mit Hilfe der sechs Kinder einen Gemischtwarenladen im Erdgeschoss, neue Honda-Motorräder stehen auf dem Hof. Sie haben Hühner, sie fischen im Teich. Mit dem Gehalt als Vizegouverneur – vermutlich aufgebessert durch Zuwendungen lokaler Größen, die mal hier für eine Baugenehmigung, mal da für eine Lizenz etwas zuschießen – lässt es sich auskommen. Es fehle ihm an nichts, sagt Nhem En. Nur an gesellschaftlicher Anerkennung, an Ruhm. Diesen ihm zustehenden Ruhm würde der »bedeutende Zeitzeuge« (Nhem En über Nhem En) gerne nutzen für ein grandioses, für das ganze Land wichtiges Projekt. Er möchte ein »Khmer-Rouge-Versöhnungsmuseum« bauen. Bestücken will er es mit alten Kampfanzügen, Gewehren, Kameras, Dokumenten und weiteren Memorabilia aus seinem Privatbestand.

Vor allem aber mit seinen Fotos. 1200 Bilder habe er insgesamt, nicht nur von den Delinquenten im Foltergefängnis Tuol Sleng, sondern auch von der gesamten Führungsspitze der Roten Khmer. Stolz zeigt er seine Alben, in denen fein säuberlich seine Werke eingeklebt sind: Pol Pot in allen Lebenslagen, im Untergrund beim Kampfeinsatz, während Ansprachen, aber auch bei privaten Anlässen mit Frau und Tochter. Porträts von Ieng Sary, Nuon Chea, Duch. Und seinen eigenen Rote-Khmer-Ausweis. 60 000 Dollar soll das Museum in der Aufbauphase bekommen, 320 000 Dollar insgesamt – ein Spottpreis angesichts der »historischen Relevanz«, wie der Fotograf meint. Einen idealen Platz für das Museum habe er auch schon gefunden, nahe Anlong Veng, 27 Hektar Land habe er von seinem eigenen Geld bereits erworben.

Allerdings: Das Projekt stockt. Es fehlen die Sponsoren. Die kambodschanische Regierung würde sich, glaubt er, mit einem symbolischen Beitrag beteiligen, aber den Großteil der Mittel müsse das reiche Ausland beisteuern. Beispielsweise Deutschland. »Können Sie einen Brief an Ihre Botschaft schreiben, vielleicht auch die EU-Vertretung von diesem wichtigen Vorhaben unterrichten?«, fragt Nhem En. Er wäre auch bereit, als Museumsdirektor zu arbeiten. Oder, wenn ihm das seine politische Karriere zeitlich nicht erlaube, zumindest regelmäßig Vorträge in dem Erinnerungsgebäude zu halten: »Über unser schönes, schreckliches Leben.«

Nhem En war noch nicht einmal zehn Jahre alt, erzählt er, als die Roten Khmer ihn im Jahr 1970 im ländlichen Norden des Landes rekrutierten. Seine Familie galt als eine der ärmsten im Dorf, sein Vater war froh, einen Esser weniger am Tisch zu haben. Doch er warnte seinen Jungen, es den Rebellenführern recht zu machen und impfte ihm für seinen Lebensweg ein altes kambodschanisches Sprichwort ein: »Die Reispflanze entwickelt kein Korn, wenn sie kerzengerade steht im Wind, sie trägt aber sehr wohl die Frucht, wenn sie sich biegt im Wind.« Aber Anpassung musste den Kleinen niemand lehren, der Gehorsam gegenüber Autoritäten, die Geschmeidigkeit im Umgang mit Oberen schienen ihm geradezu angeboren zu sein.

Nhem En wird von den Khmer Rouge als Trommler eingeteilt. Wann immer sie in ein neues Dorf kamen, um die Aufmerksamkeit der Bauern zu erwecken und sie zu ihren Agitationsveranstaltungen zu locken, wirbelte er die Taktstöcke über sein viel zu großes Instrument: ein Rattenfänger im Dienste der Revolution.

Die Streifzüge mit den Guerilleros sind für den Jungen ein einziges Abenteuer, die Kämpfer werden zu seiner neuen Bezugsgruppe, zu seinem Clan. Er lernt auch seine Lektionen in Sachen Disziplin. Noch heute ist Nhem En beeindruckt von der Moral und Zucht der Truppe. »Da waren alles gute, von der Sache überzeugte Leute um mich herum, kein Alkohol, keine Glücksspiele, keine Bordellbesuche – die Roten Khmer lebten so keusch wie Mönche.« Die Anerkennung ist beidseitig. Die Rebellenführer sind so beeindruckt von dem anstelligen Knaben, dass sie beschließen, ihn 15-jährig mit einer Delegation nach Shanghai zu schicken und ihn dort einen Kurs als Fotograf machen lassen.

Als er nach Phnom Penh zurückkommt, steht das Lon-Nol-Regime kurz vor dem Zusammenbruch. Und Nhem En macht sich im Dienste der vorrückenden Roten Khmer weiter sehr nützlich: Der junge Mann riskiert es bei Nacht und Nebel mehrfach, mit wichtigen Botschaften durch die feindlichen Linien zu gehen. Den siegreichen Einzug erlebt er in Phnom Penh. Während die Stadt von den Khmer Rouge leergeräumt wird, während selbst die Schwerbehinderten aus ihren Krankenhausbetten gezerrt werden und so viele alles verlieren, bekommt er von den neuen Herren ein Geschenk: das erste Fahrrad seines Lebens. Er erledigt Kurierdienste. Und bei einer dieser Fahrten lernt er dann Duch kennen.

Die beiden mögen sich auf Anhieb. Der junge Mann bewundert die natürliche Autorität des Mannes, von dem geflüstert wird, er sei den Allerhöchsten in der Partei ganz nahe. Der gestandene Revolutionär mag ganz offensichtlich die bedingungslose Unterwürfigkeit, die Wendigkeit, den Einsatzwillen des Teenagers. Duch gibt Nhem En einen Spitznamen, »A Khmao«, der »Schwarze«, was wohl auf dessen dunkle Hautfarbe anspielt; und manchmal nennt er ihn auch »A Keum«, was einen Menschen umschreibt, der für einen persönlich oder für eine Sache sehr wichtig ist: den »Essenziellen«.

Als Duch S-21 übernimmt, will er den Jüngling, der nun offensichtlich schon fast wie ein Ziehsohn für ihn geworden ist, nah bei sich haben. Er hört, dass Nhem En eine Fotografenausbildung durchlaufen hat. Er macht den gerade erst Achtzehnjährigen zum Chef-Fotografen des Lagers. Nhem Ens Aufgabe ist es, von jedem Neueingewiesenen ein Bild für die Akten zu machen. Denn die Roten Khmer schämen sich nicht dafür, was sie in der ehemaligen Schule Tuol Sleng alias S-21 tun; sie halten es für vorbildlich und wollen alles für ihre revolutionären Annalen und für die Nachwelt dokumentieren. Und Duch kontrolliert jedes Foto, studiert jedes Verhörprotokoll, trifft alle wesentlichen Entscheidungen über verschärfte Folter oder Liquidierung der Delinquenten.

Sie werden von Lastwagen heruntergezerrt und, durch Augenbinden geblendet, in Nhem Ens Fotografenzimmer abgeladen. Dann ist er allein mit jedem einzelnen Gefangenen. »Fast alle haben mich gefragt: Warum bin ich da? Was machen Sie hier mit mir? Aber ich durfte ja nicht antworten.« Nhem En weiß schon sehr bald, was mit den Gefangenen geschieht, obwohl er nie in die Zellen geht. Er spricht mit den Wärtern und Vernehmern, er hört nachts die Schreie. Er sieht die Lkw zum Abtransport auf die Killing Fields. Er schweigt. Er macht einen Job, und er konzentriert sich darauf, ihn so gut wie möglich zu machen. Er kontrolliert die Dunkelkammer, wo ihm zwei Assistenten zugeteilt werden, die ihm zur Hand gehen; er fertigt persönlich die Abzüge an. Er entwickelt, wie er sagt, »einen professionellen Stolz, die Fotos können sich heute noch technisch sehen lassen«.

Und – kein Mitleid? Keinerlei menschliche Regung, kein Gefühl dafür, was die Menschen erlitten, die da, nur durch einen Kamera-Sucher von ihm getrennt, vor ihm standen? Die Frau mit dem Baby im Arm, der Greis, der Zehnjährige, so alt wie Nhem En bei seiner Trennung vom Elternhaus?

Er zögert mit der Antwort. »Nehmen Sie, der süße Reis im Bananenblatt ist hier wirklich köstlich, den müssen Sie versuchen«, sagt er. Beim Festessen in seinem Lieblingslokal in Anlong Veng wird gerade der Nachtisch aufgetragen. Unser Gastgeber verlängert die Pause, indem er meinem Dolmetscher und mir das Dessert selbst vom großen Teller herunter serviert. Er seufzt. Er will offensichtlich nicht, dass der Eindruck entsteht, diese Antwort fiele ihm leicht.

»Ich sah vor mir nur Motive. Ich musste das Berufliche von den Menschen und ihren Schicksalen trennen, anders ging es nicht«, sagt er schließlich, und als er mein ungläubiges Staunen sieht, fährt er mit erhobener Stimme fort. »Man hatte mir gesagt, Tuol Sleng sei ein Zentrum im Kampf für ein neues Kambodscha, das Herz der Bewegung, ohne das die Khmer Rouge den Kreislauf der Nation nicht am Pulsieren halten konnten. Ich glaubte das. Ich dachte, die werden es schon wissen, dieses Lager mit all seinen tödlichen Konsequenzen, es muss wohl sein.«

Nein, sage ich, so einfach kann man es sich doch nicht machen. Es gibt doch eine Mitverantwortung. Sieht er das nicht? Nun läuft Nhem Ens Kopf rot an. Er schreit fast. »Ich hatte doch auch Angst, ich fürchtete immer, etwas falsch zu machen – ich hatte mitbekommen, dass es jeden in Tuol Sleng treffen konnte, auch das Personal, auch Duchs Vertraute.«

Er bewundert damals Duch wie einen Übervater, dessen Organisationstalent, dessen Perfektionismus, nennt ihn respektvoll »Ta« (»Onkel«); er fürchtet aber auch dessen extreme Stimmungsschwankungen. »Duch konnte die Sanftmut in Person sein, etwa wenn ich zu ihm nach Hause eingeladen war, wenn ich seine kleine Tochter und seine Frau fotografieren sollte«, erzählt Nhem En. »Und dann wieder war er wie ein Racheengel, der jedem auf grausame Weise zeigte, dass alle Macht in S-21 bei ihm lag.« So beispielsweise gegenüber dem Chefkoch Sri. Duch war wie von Sinnen, als der eine verdorbene Fischsauce servierte. Der Lagerkommandant unterstellte dem Mitarbeiter, ihn vergiften zu wollen, wütete und brüllte und schlug ihn persönlich mit einer Eisenstange blutig.

Zur Abschreckung anderer musste Nhem En den Bedauernswerten fotografieren. »Sein Körper war schlimm zugerichtet, er sah aus wie eine lebende Leiche. Unter weiteren Schlägen gestand Sri dann, ein CIA-Agent zu sein und wurde dann höchstwahrscheinlich hingerichtet. Aber was für mich noch schlimmer war: Chorn und Srun, zwei nette Jungs, die ich aus meinem Dorf kannte, entfernte Verwandte von mir und als Gehilfen in der Küche von S-21 tätig, traf es ebenfalls. Ich war verwirrt. Ich hatte mir nicht vorstellen können, dass auch sie zu Feinden der Revolution geworden sein sollten.«

Wie schnell die Stimmung im Folterlager umschlagen kann, erfährt Nhem En bei seinen Fotografenkollegen – und dann auch am eigenen Leib. Einer seiner Assistenten verschwindet, weil er in einem Moment der Unachtsamkeit ein Foto verwackelt hat. Und eines Tages wird auch er selbst abgeführt, muss in einem dem Gefängnis angeschlossenen Schweinestall die Tiere füttern. Zwischengeparkt, bis eine »Entscheidung im Fall Nhem« fällt, wie ihm ein kalt lächelnder Duch erläutert. Er erleidet Todesängste, als er den Vorwurf erfährt: Ein von ihm entwickeltes Foto Pol Pots, aufgenommen auf einer Dienstreise, hat einen entstellenden schwarzen Fleck über dem linken Auge des »Bruders Nummer eins« gezeigt: Sabotage? Unachtsamkeit? Fremdverschulden? In der paranoiden Welt der Roten Khmer wird jeder, auch der Loyalste aus den eigenen Reihen, des Verrats verdächtigt.

Nach Tagen dann die Entwarnung. Die Chinesen haben auf Nachfrage zugegeben, dass sie beim Negativ gepatzt haben. Nhem En, treuer Mitläufer und Chronist der Khmer Rouge, wird rehabilitiert und kehrt vom Schweinestall wieder in die Dunkelkammer zurück. »Wenn der Sabotageverdacht an mir hängen geblieben wäre, dann ...«, sagt er und hält sich einen Finger an die Schläfe. Aber nach dem Vorfall sei Duch noch netter zu ihm gewesen und habe seine »methodische, zuverlässige Arbeit sowie das Organisationstalent« mehrfach bei den internen Sitzungen gelobt. Aus einer Laune heraus schenkt ihm der Anstaltsleiter sogar eine Rolex, die einem der Gefangenen aus höchsten Führungskreisen abgenommen worden war.

Nhem En sieht seinen Chef dann am Tag des Regime-Zusammenbruchs zum letzten Mal in Person, sie fliehen in unterschiedlichen Richtungen, als die Vietnamesen schon ganz nahe sind. Die Uhr kommt dem Fotografen aber sehr zupass: Er kann sie gegen mehrere Säcke Reis tauschen, eine Güterabwägung, die Nhem En zwar »geschmerzt« hat, aber die er kühl und pragmatisch vorgenommen hat. Wie letztlich alles in seinem Leben. Er schlägt sich durch die Linien. Er findet Pol Pots Gewährsleute an der thailändischen Grenze. Er vergräbt sich mit ihnen in den letzten Außenposten im äußersten Westen und Norden des Landes, die sie noch fast zwei Jahrzehnte nach der Niederlage in Phnom Penh halten können. Mit seinem Gespür für Macht erkennt Nhem En dann 1997 in Anlong Veng, dass es mit dem »Bruder Nummer eins« und seinen Getreuen zu Ende geht, dass er den Absprung finden muss. Er stellt sich den Regierungstruppen, nutzt das Angebot der Amnestie. Seitdem ist er ein großer Fan der Demokratie.

Politik unter anderem Vorzeichen, Wahlen, bei denen man sich – mit welchen Mitteln auch immer – Stimmen sichern muss, um den Futtertrögen der Macht nahe zu sein: Der gewandte und lerneifrige Nhem En begreift schnell, wie das geht. Zuerst tritt er für eine kleine Oppositionspartei als Kandidat fürs Parlament an – einmal, ein einziges Mal in seinem Leben will er es riskieren, nicht mit dem Strom zu schwimmen. Er scheitert. Spätestens da ist ihm klar: In der kambodschanischen Scheindemokratie hat nur die Regierungspartei Pfründen zu verteilen. Er wechselt die Fronten, wird von der Cambodia Peoples Party aufgestellt, die im letzten Vierteljahrhundert immer die Wahlen gewonnen hat, auf dem weiten Land mit Vierfünftel-, im Staatsparlament sitzt sie seit Juli 2008 mit Zweidrittelmehrheit.

Hun Sen & Co. belohnen ihren bald schon sehr loyalen Diener mit einem Vizegouverneursposten. Stolz zeigt Nhem En uns nach dem Abendessen in Anlong Veng seine neue Armbanduhr, auf dem Zifferblatt prangt ein Porträt des Dauer-Ministerpräsidenten.

Das Tribunal hält der ehemalige Starfotograf der Roten Khmer »an sich« für eine gute Sache. Nur fühlt er seine spezielle Rolle nicht genug gewürdigt. Er hat in Phnom Penh ausgesagt. Aber es gab keine Vorzugsbehandlung für ihn, wie alle anderen Zeugen sollte er sich mit fünf Dollar Tagesgeld begnügen. Nhem En hat diesen Betrag als »unangemessen für einen Spitzenpolitiker« abgelehnt und ist wutschnaubend nach Anlong Veng zurückgefahren. Dass man die großen Porträts der Gefangenen, sein Album des Todes, auf großen Plakaten im Genozid-Museum präsentiert, findet er in Ordnung; dass die Bilder aber vor einigen Jahren im Museum of Modern Art in New York mit der Bemerkung »Fotograf unbekannt« gezeigt wurden, hat ihn gekränkt. Er legt schon Wert auf sein Copyright für die Ikonen des Massenmords.

Solange sein Versöhnungs-Museum in Anlong Veng noch nicht steht, überlegt sich der Vizegouverneur bei der Fortsetzung unseres Gesprächs am nächsten Tag, könnte man die Touristen vielleicht mit anderen Sehenswürdigkeiten in seine Provinzstadt locken. Auf Anhieb ist da wenig Attraktives auszumachen: Anlong Veng ist ein für kambodschanische Verhältnisse eher enttäuschendes Provinzstädtchen mit einem Hauch von wildem Westen. Die windschiefen Häuser sind oft nur Bretterbuden, die schmutzigen und vom Komfort her höchst bescheidenen zwei kleinen »Guest Houses« dienen, dem häufig wechselnden Besucherverkehr nach zu schließen, auch als Stundenhotels. Einen nennenswerten Markt gibt es nur zehn Kilometer außerhalb, direkt an der thailändischen Grenze, an dessen Schlagbaum es lebhaft zugeht: Amerikanische Armee-Sweater kommen von drüben, Baumwolltücher und Körbe wandern von Kambodscha aus auf die andere Seite.

Der geschäftstüchtige Herr Nhem En hat neben seinem Museum zwei Geschäftsmodelle ausgeheckt: Er denkt an den Bau eines Casinos, »so wie sie das in Pailin gemacht haben«, der anderen ehemaligen Khmer-Rouge-Hochburg an der Thai-Grenze, 200 Kilometer Luftlinie westlich: In Thailand ist Glücksspiel nicht erlaubt, in Kambodscha dagegen legal. Aber anders als bei Pailin gibt es jenseits der Anlong-Veng-Grenze kaum dichtbesiedeltes Hinterland. Es erscheint fraglich, ob genug Thais hier die Roulette-Tische stürmen würden, ob sich ein Investor findet. So verlegt sich Nhem En in Sachen Tourismus vorläufig auf das, was er sicher zu bieten hat, auf die ehemaligen Khmer-Rouge-Quartiere. Gegen ein Entgelt von zwei US-Dollar kann man besichtigen: die Reste des Pol-Pot-Quartiers; die Villa des letzten Kommandanten Ta Mok, auch der »Einbeinige« oder »der Schlächter« genannt; die Stätte, an der Pol Pots Leiche eingeäschert wurde. »Für Sie heute alles eintrittsfrei, Sie sind mein Gast«, sagt der Vize-Gouverneur mit einer großzügigen Geste. »Und ich begleite Sie gern.«

Vom Anwesen des ehemaligen »Bruder Nummer eins« ist nichts mehr zu sehen, seine letzte Holzhütte ist verbrannt. Vage zeigt

Nhem En in die Richtung eines schilfigen Sees mit einer kleinen Bretterhütte: »Sein Toilettenhäuschen.« Ta Moks Villa steht noch, die festen, zweistöckigen Betonstrukturen haben den angreifenden und plündernden Regierungstruppen standgehalten. Jegliches Mobiliar fehlt. An den Wänden allerdings sind noch die grandiosen Gemälde zu sehen, die sich der letzte Führer der Roten Khmer an die Wand pinseln ließ: die Tempel von Angkor im blutigroten Sonnenuntergang. Ta Mok wurde 1999 bei der Flucht nach Thailand aufgegriffen, er starb sieben Jahre später im Gefängnis von Phnom Penh, vermutlich an einem Herzinfarkt. Die kambodschanische Justiz hat es nicht geschafft, dem Militärkommandeur der Roten Khmer den Prozess zu machen.

»Ta Mok war ein brutaler Mann, aber seine eigenen Leute hier haben ihn als disziplinierten Wohltäter des Ortes kennen gelernt«, sagt Nhem En, der sich, wie immer vorsichtig, vor einem eigenen Urteil drückt. Dann merkt er instinktiv, dass von ihm noch ein kritisches Wort über den Massenmörder erwartet wird. »Sicher war er alles andere als ein guter Mensch«, sagt Nhem En.

»Höhepunkt« der bizarren Khmer-Rouge-Gedächtsnistour ist Pol Pots Grab. Es liegt auf einem Hügel, am Rande eines Weilers, und kein Wegweiser führt zu der Stätte. Zwischen weit verstreuten Holzhäusern grasen Kühe und gackern Hühner; kleine Jungs spielen Fangen, um eine frei stehende, schlichte Holzkonstruktion herum, die von einem verrosteten Wellblechdach zusammengehalten wird. Abgegrenzt ist das Ganze durch Dutzende in den Boden gerammte alte Milchflaschen. Der Boden des rechteckigen Areals von vielleicht acht Metern auf vier Meter ist sandig und schwarz. Zwischen umherliegenden Plastikbechern kriecht Ungeziefer; eine rosarote Plastikplane, angebracht zu keinem erkennbaren Zweck, flattert im Wind; eine Art Marmeladenglas enthält vier oder fünf schon abgebrannte Räucherstäbchen. Mit einem primitiven Holzscheit in den Boden gerammt, verkündet ein Schild mit Schrift auf blauem Untergrund auf Khmer und in (nicht ganz korrektem) Englisch: »Pol Pot's Was Cremated Here – Please Help To Preserve This Historic Site«. Was es hier am unwürdigen Verbrennungsort eines Massenmörders zu »bewahren« gilt, wird nicht verraten.

Noch kurz vor seinem Tod hat Pol Pot mit Son Sen einen seiner engsten Vertrauten (und unmittelbaren Vorgesetzten Duchs) umbringen lassen. Aber nicht nur er wurde im Juni 1997 niedergemetzelt, sondern seine ganze Sippe, zwölf Familienmitglieder insgesamt, darunter Frauen und Kleinkinder. Angeblich hatte Son Sen, wie schon Ieng Sary vor ihm, geplant, zu den Regierungstruppen überzulaufen. Im paranoiden letzten Sprengel der Roten Khmer war das ein Todesurteil. »Bruder Nummer eins« ließ den früheren »Bruder Nummer acht« aus dem Zentralkomitee, den er in den Achtzigerjahren sogar als seinen Nachfolger vorgesehen hatte, nachts mit Benzin übergießen, anzünden und Son Sens sterbliche Reste dann mehrfach von einem Lastwagen überrollen. Die Tat schreckte sogar Ta Mok auf, der damalige Stellvertreter Pol Pots wusste nun, dass es jederzeit auch ihn treffen könnte. Und so sammelte er seine Truppen um sich, entmachtete Pol Pot und machte dem gesundheitlich Geschwächten einen »öffentlichen Prozess«. Pol Pot wurde von seinen eigenen Leuten in einem absurden Verfahren auf dem Dorfplatz von Anlong Veng zu »lebenslänglicher Haft« verurteilt, was für ihn nicht mehr als Hausarrest bedeutete.

Am 16. April 1998 ist der Massenmörder Nummer eins dann verstorben und wurde von seinen »Genossen« am Tag darauf verbrannt. Sie warfen Autoreifen und Matratzen und alles, was sie kriegen konnten, ins kerosingetränkte Feuer. »Kuhscheiße ist jetzt wichtiger als Pol Pot«, formulierte Ta Mok damals an der Verbrennungsstätte. Ängstlich klammerte sich Sitha an den Arm ihrer Mama, Pol Pots einzige, damals zwölfjährige Tochter. Dann flohen sie, vom Sekretär Pol Pots begleitet, auf die andere Seite der Grenze, in ein thailändisches Lager. Auch Ta Mok konnte sich nicht mehr lange halten. Ein gutes Jahr später war der grausame Spuk auch in Anlong Veng vorbei, dem letzten Khmer-Rouge-Hauptquartier.

»Tja, so ist's gewesen«, sagt der Mitläufer Nhem En. »Und nun müssen wir das Beste aus der Geschichte machen, Touristen anlocken.« In der weiteren Gegend um die Verbrennungsstätte liegen noch viele Minen, nicht ungewöhnlich in diesem Land mit der größten Verminungsdichte der Welt. Sie will der Vize-Gouverneur nun mithilfe speziell ausgebildeter kambodschanischer Suchhunde räumen lassen, um die Attraktion seiner Heimatgemeinde ungefährlicher zu machen.

»Ist zwei Dollar pro Tourist nicht zu wenig, müsste ich nicht wenigstens fünf verlangen?«, fragt Herr Nhem En.

Er besteht darauf, seine Gäste zu einer noch unbekannten, besonderen Attraktion zu bringen. Es soll eine Überraschung sein. Wir wandern einen knappen Kilometer durch ein kleines Dorf. Nhem En erzählt, er überlege sich, in Zukunft an den ausländischen Vertretungen in Phnom Penh, vielleicht auch in den großen Touristen-Hotels Vorträge zu halten. Ein Anfang sei gemacht, die amerikanische Botschaft habe für ihn gemeinsam mit dem Documentation Center of Cambodia 2007 eine Ausstellung organisiert, und wohl weil er weiß, dass bei einer solchen internationalen Veranstaltung auch ein Quäntchen Zurückhaltung, eine Prise Demut, ein Hauch mea culpa nicht schlecht ankommen und womöglich geschäfts- und spendenfördernd wirken, hat er seinen Vortrag »Forgiveness & Reconciliaton« genannt: »Vergebung und Versöhnung«.

Apropos Vergebung: Erinnert er sich an den Maler Vann Nath, einen der Gefangenen von Tuol Sleng? Er schüttelt den Kopf. »Es waren so viele, die ich fotografiert habe. Aber ich glaube, ich habe von seinem Schicksal gehört; er ist doch einer der Davongekommenen.« Und sagt ihm ein Oberaufseher von Tuol Sleng namens Him Huy etwas, den der Maler als einen der Brutalsten im Lager beschrieben hat? »Ja«, sagt Nhem En, dessen Miene sich verdüstert. »Ja, das war einer der Schlimmsten, den müssten Sie übers Dokumentations-Zentrum finden könnten, er lebt irgendwo in der Provinz Kandal. Aber damit will ich nichts zu tun haben.«

Dann sind wir endlich da. Nhem En ruft eine Bäuerin herbei. Wir stehen vor einem Aprikosenbäumchen an einem Gartenweg. Der Vizegouverneur zeigt auf die an der Stelle besonders schwarzer Erde, es könnte sich um Asche handeln. »Das ist die Verbrennungsstätte der von Pol Pot ermordeten Son-Sen-Familie. Sie sind der erste Ausländer, der sie sieht.« Ich sehe gar nichts. Auf meinen zweifelnden Blick hin spricht Nhem En einige Worte zu der Bauersfrau, der offensichtlich der Grund gehört, sie holt eine kleine Harke und kratzt ein wenig an der Bodenoberfläche.

Triumphierend zieht sie ein Knöchelchen aus der schwarzen Erde hervor und streckt es mir hin. »Ein Dollar!«

»Könnte ein Handknochen sein«, sagt Nhem En fachmännisch. »Nehmen Sie's doch!«

Nein, ganz bestimmt nicht.

Kopfschüttelnd begleitet uns der Vizegouverneur zurück zu unserem Landrover. »Sie hätten da ruhig zugreifen können«, sagt der Geschäftstüchtige zum Abschied. »So günstig kommen Sie nie mehr an ein authentisches Rote-Khmer-Souvenir heran. Und vergessen Sie bitte nicht, mein Museumsprojekt der deutschen Botschaft zu empfehlen und um Spendengelder zu werben.«

Der Täter von Tuol Sleng, unter dem das Opfer Vann Nath gelitten (und den er dann gestellt) hat, und mit dem der Mitläufer Nhem En gearbeitet hat, ist gar nicht allzu schwer zu finden. Über Umwege und einen Freund von der Lokalzeitung *Cambodia Daily* erfahre ich die Nummer seines brandneuen Handys. Der technische Fortschritt macht auch nicht vor dem kambodschanischen Bauernland halt, und manchmal kann er helfen, Mörder aufzuspüren.

Eineinhalb Stunden Autofahrt von Phnom Penh, 65 Kilometer in Richtung vietnamesische Grenze liegt inmitten einer idyllischen Reisfelderlandschaft das Dorf Prek Sdei. Es ist ein langgestrecktes, unspektakuläres Kaff mit zwei, drei kleinen Geschäften, die einheimische Kekse und internationale Erfrischungsgetränke verkaufen. »Life is Action« wirbt das Plastik-Werbeschild einer amerikanischen Zigarettenfirma.

Das vorletzte Bauernhaus vor dem Ortsende, etwas zurückgesetzt von der Straße, das müsste es nach der Beschreibung Him Huys sein, der uns stolz mit seinem Mobiltelefon Informationen gab, uns hierher gelotst hat. Und tatsächlich steht da ein drahtiger, kleingewachsener Mann mit Handy am Ohr. »Willkommen«, ruft er. Und sagt dann, als sei es eine Art Ehrenbataillon, auf das er da Bezug nimmt: »Sie sind richtig. Ich bin's, der frühere Kommandant der Wachmannschaften von Tuol Sleng.«

Es ist eines der schöneren Gehöfte der Gegend. Im Parterre des geräumigen Holzhauses ist der Stall, die Bauernfamilie besitzt Kühe, Hühner und Gänse. In Hörweite plätschert ein Bach. Die Felder, erklärt der Hausherr, seien etwas weiter entfernt, Reis baue man an, Bohnen, Erdnüsse. »Die letzten Ernten waren gut, wir sind zufrieden.« Eine Treppe führt in den ersten Stock, wo die Wohnräume liegen. Rote Bastmatten bedecken einen säuberlich gekehrten Holzboden. Auf einem kleinen Tisch steht, mit Seidendeckchen geschützt, der Stolz der Familie: ein Sony-Farbfernseher. Es läuft gerade eine Sport-Sondersendung im TV, die Nationalmannschaft von Kambodscha spielt im Halbfinale der Volleyball-Weltmeisterschaft gegen Jugoslawien – im Behindertensport. »Wir gehören da zur Weltklasse und werden auf jeden Fall eine Medaille holen«, sagt Him Huy, während im Stadion von Phnom Penh gerade wieder ein Einarmiger unter dem Jubel der Zuschauer einen Punkt erschmettert. »Wir haben eine Behinderten-Profi-Liga, und viele Spieler drängen nach. Sie verstehen, die vielen Minen im Land...«

Him Huy, blütenweißes Hemd, adrette schwarze Hose, gibt sich große Mühe, eine ungezwungene Gesprächsatmosphäre herzustellen. Er führt durch den großen Wohnraum, stellt seine Frau vor, erläutert die an den Wänden hängenden Familienfotos. »Meine neun Kinder«, sagt er stolz, während Tee serviert wird. »Sechs Jungs, drei Mädchen – aber Großvater bin ich leider noch nicht.« Der 54-Jährige raucht Kette und bedient sich gern von den Marlboros, die mein Übersetzer anbietet. Wir setzen uns auf den Fußboden. Die Frau des Hauses zieht sich zurück, aber zwei halbwüchsige Kinder wollen bei dem Gespräch zuhören und setzen sich in Hörweite auf den Fußboden. Der Vater hat offensichtlich nichts dagegen. Für sie gibt es keinen Tee, aber sie dürfen sich am Wasserspender aus Taiwan bedienen, der in der Mitte des Raumes steht und die neueste Errungenschaft des Haushalts darstellt. Irgendjemand holt noch Süßigkeiten aus klebrigem Reis, dann setzt man sich im Schneidersitz auf die Matten, barfuß: Gemütlich ist's beim Massenmörder. Oder sollte man Him Huy juristisch korrekter Massen-Totschläger nennen, da er doch »nur« ausführendes Organ der Khmer-Rouge-Führung war?

Him Huy nimmt einen tiefen Zug aus der Zigarette, bläst konzentriert runde Rauchwölkchen Richtung Zimmerdecke. »Es hätte alles nicht so kommen müssen«, sagt er unaufgefordert und etwas kryptisch, das sonnengegerbte lederne Gesicht zur Andeutung eines Lächelns verzogen. »Meine Eltern hätten sich bestimmt eine andere Karriere für mich gewünscht.« Und dann erzählt er, ruhig und ohne erkennbare Emotionen, von seinem Leben, von seinem teuer erkauften Aufstieg in der Partei- und Gefängnishierarchie, von seiner – begrenzten – Reue.

Er ist 17 oder 18, so genau kennt er sein Geburtsdatum nicht, als er sich damals in seinem Heimatdorf den Roten Khmer anschließt. Obwohl er als Sohn eines Aushilfsarbeiters nur vier Jahre Grundschule absolviert hat und bis dahin noch nie in der Hauptstadt war, begreift er schnell und bauernschlau, was die bäuerlichen Revolutionäre hören wollen. »Wir müssen den Kapitalismus und die Privilegien der alten Klasse zerschmettern«, wird der Modell-Proletarier Him Huy in einem frühen Rote-Khmer-Papier des Sektors 25 zitiert. Er imponiert den führenden Genossen durch seinen bedingungslosen Einsatz und Wagemut. Beim siegreichen Angriff auf Phnom Penh wird er 1975 verwundet, Granatsplitter stecken bis heute in seinem Körper. Die vorwärtsstürmenden Genossen lassen ihn nicht in seiner Blutlache liegen, sie verbinden ihn unter eigener Lebensgefahr.

»Ich war der Partei von da an stets sehr dankbar, und ich wollte ihr etwas zurückgeben, das hat mich motiviert«, sagt Him Huy im Rückblick. Aber da war natürlich noch mehr: sein brennender Ehrgeiz, Karriere zu machen, seine skrupellose Bereitschaft, im wahrsten Sinn des Wortes über Leichen zu gehen.

Er kommt im Januar 1977 als einfacher Wächter ins Lager S-21; Anfang 1978 übernimmt er schon die gehobene Stellung eines Oberaufsehers, der die Ankunft und das Ende aller in Tuol Sleng eingelieferten Gefangenen schriftlich dokumentiert; Ende 1978 macht ihn Duch zum Verantwortlichen für alle Sicherheitsfragen im Foltergefängnis, nun soll und darf ihm nichts mehr entgehen, was dort und auf den Killing Fields passiert. Auf Wunsch des Chefs muss er auch selbst Hand anlegen. Him Huy ist nun einer der fünf Top-Leute von S-21.

Wie erklärt er sich im Nachhinein seinen raschen Aufstieg? »Ganz einfach«, sagt er und nimmt einen Schluck Tee. »Nachdem sie all die anderen umgebracht haben, die in der Befehlskette über mir standen, haben sie mich befördert.«

Angst habe er gehabt, jede Minute im Lager um sein Leben gefürchtet. Jeder habe jeden bespitzelt, auch unter den Anstalts-Oberen; und Duch habe jeden ausgeschaltet, den er nicht leiden konnte. Einfach so. »Er nannte sie Verräter, aber was hieß das schon?« Andererseits war Him Huy privilegiert und derart nahe dran an der Anstaltsleitung, dass er nach eigenen Angaben sogar die Anweisungen der Parteispitze an Duch gesehen hat. »Tötet sie alle«, soll es in einer Direktive geheißen haben, die Nuon Chea, der nun vor dem Tribunal angeklagte »Bruder Nummer zwei«, persönlich geschrieben habe. Und Duch selbst zeigte ihm angeblich öfter stolz seine eigenen Aufzeichnungen, sorgfältig katalogisiert, penibel formuliert. »Der finale Plan« hieß eines dieser Dokumente und es bewies, was die Parteispitze wollte und brauchte: einen nie endenden Strom von geständigen Spionen und Parteifeinden, die ein »reinigendes« Blutbad erforderten.

Him Huy sagt, er habe dieses Konzept nie so recht begriffen: »Es war mir zu hoch. Ich war doch nur ein Rädchen im Getriebe und musste funktionieren. Ich habe öfter an Flucht gedacht, weil ich mich unwohl fühlte mit dem, was ich machte, aber es gab keine Chance.« Wie erklärt er sich dann, dass Augenzeugen wie Vann Nath und Nhem En ihn als Sadisten und Schlächter, als einen der Brutalsten im Lager Tuol Sleng, beschrieben haben, als einen, dem der grausame Job sichtbar Spaß machte? »Die liegen falsch«, sagt er. »Ganz falsch.«

Er bittet um eine Pause. Die beiden halbwüchsigen Kinder haben anfangs aufmerksam zugehört, aber es tut sich was bei dem vorentscheidenden Volleyballspiel der Versehrtenweltmeisterschaft. Jetzt gehört der aufregenderen Fernsehübertragung die volle Aufmerksamkeit. Die Kambodschaner haben einen Matchball verschlagen. Die Jugoslawen finden offensichtlich zurück ins Spiel. Him Huy und seine Söhne stöhnen auf. Die behinderten Europäer haben ausgeglichen, zwei zu zwei Sätze, nun muss der letzte Durchgang die Entscheidung bringen, wer ins Finale kommt.

Herr Him Huy, Augenzeugen behaupten, Sie hätten die Todgeweihten von Tuol Sleng eigenhändig auf Lastwagen verfrachtet, Sie hätten auf den Killing Fields selbst Hand angelegt, Sie hätten Tausende erschlagen – wollen Sie das leugnen?

Er wiegt den Kopf hin und her. »Es ist richtig, dass ich die Lastwagentransporte überwacht habe und auf den Killing Fields von Choeung Ek zugegen war«, sagt er. »Und einige Male musste ich tatsächlich selber mit anpacken. Da stand Duch beispielsweise mit einer Eisenstange neben mir, drückte sie mir in die Hand und sagte: ›Los, oder getraust du dich nicht? Dann bist du der falsche Mann ...‹ Aber ich habe höchstens eine Handvoll Menschen erschlagen, vielleicht ein Dutzend.«

Waren es nicht eher 2000 oder mehr, wie er bei einer ersten Vernehmung nach dem Sturz des Regimes angegeben hat, wie es auch Vann Nath in den Akten gelesen hat, der ihn mit der Zahl konfrontierte? Nein, sagt Him Huy, damals habe er nur imponieren wollen und falsche Angaben gemacht.

Die Routine hätte ihm die Sache erleichtert. Alle Exekutionen liefen nach einem bestimmten Schema ab, erklärt Him Huy und beschreibt die Hinrichtungen dann in einer merkwürdig unbeteiligten, fast klinischen, präzisen, monotonen Sprache – als bedeutete das Finden des richtigen Wortes schon eine Art Absolution. »Wir fuhren immer nachts vor. Wir hatten einen Generator aufgebaut, um die Namen und Nummern bei Licht vorlesen zu können. Sie wurden mit den Listen abgeglichen.« Dann führte Him Huy die Delinquenten »zu den sorgfältig ausgehobenen Gruben«. Dann mussten sie niederknien. Dann schlug er von hinten zu, Eisenstange oder Axt gegen Nacken, einmal, manchmal zweimal, je nachdem, was nötig schien. Dann stieß er den Körper in die Kuhle. Dann schnitt unten in der Grube ein Assistent noch sicherheitshalber die Kehlen durch. Dann kletterte der Helfer heraus und sie schütteten Chemikalien über die Leichen, um die Ausbreitung von Seuchen zu verhindern. Und dann waren sie fertig und konnten zum Schlafen in ihre Quartiere zurück ins 15 Kilometer entfernte Tuol Sleng.

Him Huy erinnert sich, dass manche Gefangenen noch etwas gerufen hätten. »Bitte, lasst mich leben«, etwa. Oder auch nur »Oeuy«, was »meine Liebe« oder auch «mein Gott« bedeuten kann. Er hat einmal einem Gefangenen auf den Killing Fields kurz vor dem Axthieb gesagt, wenn er ihn nicht umbrächte, dann würde er selbst umgebracht. Er glaubt, dass ihn dieser Delinquent »verstanden« hat. Besonders das Töten von Kollegen aus dem Kreis des S-21-Personals sei ihm schwer gefallen. »Bevor diese Opfer starben, müssen sie gesehen haben, wie traurig ich war. Ja, ganz bestimmt haben sie das gesehen.«

Als die vietnamesischen Truppen Phnom Penh eroberten, konnte Him Huy fliehen. Für einige Monate sei er »unter den Vietnamesen« im Gefängnis gewesen, sagt er, dann untergetaucht. Später nutzte er das Amnestie-Angebot der Hun-Sen-Regierung und stellte sich. Die Dorfgemeinschaft habe ihn wieder gut aufgenommen, berichtet er. Keine Probleme, man sei nicht nachtragend im Dorf. Him Huy muss heute wohl nicht mehr fürchten, verhaftet zu werden. Er gehört nicht zum ersten Kreis der Kriegsverbrecher. Er ist kooperativ und hat auch gern beim Tribunal als Zeuge ausgesagt. Überhaupt hält er das Tribunal für eine gute Sache: »Endlich kommen die wahren Schuldigen dran.«

Irgendwann gibt es dann an diesem Nachmittag, in diesem Dorf, in diesem Kreis nichts mehr zu sagen. »Noch Tee?«, fragt Frau Him. »Kambodscha hat das Volleyballspiel verloren und muss im kleinen Finale um Bronze kämpfen«, berichten die Söhne. »Schade, ich hätte es unserer Mannschaft gegönnt, denn ich bin stolz auf Kambodscha«, sagt Him Huy und will dann noch eines loswerden: Ein amerikanischer Fernsehsender habe ihm neulich 300 Dollar für ein Interview gezahlt, allerdings nur, wenn er auf den Killing Fields zeige, wie genau er früher zuschlug. Er sei bereit, nach Phnom Penh mitzukommen. Ob wir auch an so etwas interessiert seien…

Nein, danke. Keine Horror-Nachspielszene. »Schade«, sagt Him Huy.

Im Dorf Prek Sdei scheinen die Menschen ihren Mitbürger Him Huy tatsächlich wieder integriert zu haben. Obwohl sie alle wissen, was er getan hat, denken seine Nachbarn, die ich nach dem Interview mit dem Killer befragen kann, nicht, dass man gegen ihn jetzt noch juristisch vorgehen sollte. »Der ist schon in Ordnung, hilfsbereit, seine Kinder spielen mit unseren«, sagt einer, der rechts von ihm wohnt. Allerdings finden sie auch das gesamte Tribunal überflüssig, »eine einzige Geldverschwendung, dabei stopfen sich die Korrupten in Phnom Penh doch nur die Taschen voll«, wie der Bauer links von Him Huys Gehöft meint. Gemeinsam mit der Familie baue man doch den Reis an, feiere Feste und buddhistische Rituale – genau wie früher, in der vorrevolutionären Zeit.

Ob man auch als ausländischer Augenzeuge der Roten-Khmer-Gräuel seinen Frieden mit diesem Land machen kann, hängt wohl von vielen Faktoren ab, der Persönlichkeitsstruktur, der Festigkeit des religiösen Glaubens.

François Ponchaud hat es geschafft, und das ist alles andere als selbstverständlich. Der katholische Missionar, in den Sechzigern nach Fernost gekommen, hatte den Aufstieg der Khmer Rouge und ihre Brutalität schon vor der Machtübernahme in den Dörfern beobachtet. Als Phnom Penh an die Steinzeitkommunisten fiel, sah der Gottesmann dann seine schlimmsten Befürchtungen übertroffen. Bei der Ausreise mit dem Botschaftskonvoi brach er weinend zusammen: »Ich wusste, ich verließ ein Land der lebenden Toten.« Ponchaud hörte nicht auf, Stimmen des Schreckens aus Kambodscha zu sammeln, veröffentlichte 1977 ein erstes Buch, in dem er den Holocaust anprangerte (»Cambodge, Année Zéro«); doch keiner im Westen wollte etwas von den Gräueln hören, man konnte oder wollte ihm nicht glauben. Der Pater zweifelte an Gott. Doch er hat seine Krise überwunden. Längst schon lebt er wieder in Kambodscha. Er kümmert sich in der Provinzstadt Kampong Cham um Waisenkinder. Er verkündet – bei allem Zorn auf die Untaten der Roten Khmer, die »verbrecherischen« Fehler der Amerikaner und aller westlichen Regierungen, »die sich um Menschenrechte einfach nicht kümmern«, bei allem Ärger auch über die heutige

»unglaubliche Korruption der Hun-Sen-Regierung« – geduldig die christliche Botschaft des Verstehens und Verzeihens: ein guter Hirte, unbeirrt.

Anders François Bizot. Als Wissenschaftler und Buddhismusforscher 1965 nach Kambodscha gekommen, hatte er sich mit Haut und Haaren und einer leidenschaftlichen Liebe diesem »sanften, poetischen Kambodscha« hingegeben. Er hatte in der Nähe der Tempelanlagen von Angkor gelebt, eine Kambodschanerin geheiratet und eine Tochter bekommen – bevor er bei einem seiner anthropologischen Feldforschungs-Trips gemeinsam mit zwei einheimischen Helfern 1971 in die Hand der aufständischen Roten Khmer geriet. Das Lager führte damals ein Kommandant namens Duch: der spätere S-21-Chef und heutige Angeklagte vor dem Tribunal. Drei Monate lang lag Bizot in Ketten, verhungerte fast, aber argumentierte nächtelang mit dem ebenso scharfsinnigen wie sadistischen Oberaufseher. Duch fand offensichtlich bei diesem Katz-und Mausspiel, bei diesem intellektuellen Totentanz, den die beiden veranstalteten, einen perversen Gefallen an dem seltsamen Fremden.

Alle anderen im Lager wurden umgebracht, auch die wissenschaftlichen Mitarbeiter des Franzosen; nur Bizot kam frei, dank einer menschlichen Anwandlung seines unmenschlichen Inquisitors. Er blieb noch einige Jahre in Phnom Penh, erlebte 1975 den siegreichen Einmarsch der Roten Khmer in die Hauptstadt und wurde dank seiner Sprachkenntnisse zum wichtigsten Vermittler zwischen ihnen und den Diplomaten sowie den Hunderten in die französische Botschaft Geflüchteten. Er verließ die Stadt mit dem letzten Botschaftskonvoi.

Später hat »dieser Renaissance-Mann und Held wider Willen, dieser Poet mit einer ungezähmten Leidenschaft fürs Leben und einer Faustischen Mission« (so John le Carré über seinen Freund Bizot) noch mit Duch korrespondiert. Er hat sein Lager nach dessen im Gefängnis aufgezeichneten Beschreibungen gesucht und gefunden. Mit Kambodscha, mit den quälenden Erinnerungen, konnte ihn das aber nicht versöhnen. In seiner Autobiografie (»The Gate«) schreibt Bizot von seiner »Bitterkeit, die keine Grenzen kennt«, und den »Monstern, die ihn verfolgen, ständig aufwühlend die teuflische Erinnerung«.

Der Mann, der lange nach seiner Rückkehr an der Sorbonne in Paris als Professor für Südostasiatischen Buddhismus lehrte und heute als in Thailand lebender Pensionär noch gelegentlich Fachaufsätze schreibt, romantisiert Kambodscha nicht mehr – er hat aufgehört, an das Gute im Menschen und eine göttliche Kraft über ihm zu glauben. »Ich bin in das Land zurückgefahren, sobald die Wellen des Terrors endeten. Ich erkannte zu diesem Zeitpunkt, dass das Geschehene irreparabel ist und ich nie mehr in Kambodscha leben könnte. Was meine Augen sahen, war unvereinbar mit den Bildern in meinem Kopf und diese andauernde gespaltene Vision zerrte an mir wie eine schizophrene Krankheit«, schreibt er. »Ich verabscheue die Vorstellung von jeglicher neuen politischen Dämmerung, in der die Gattung des Homo Sapiens sich einbildet, wieder in Harmonie leben zu können. Die Hoffnung, die diese Utopie erweckt, hat die blutigsten Grausamkeiten in der Geschichte gerechtfertigt.«

Selbst Angkor, dessen prächtige Tempel der Professor mit solcher Begeisterung bis in die Details vermessen hat, über dessen Reliefs er bewundernd mit den Fingern strich, ist ihm im Licht des Erlebten unheimlich geworden. Bedrohlich, fremd. Gerade Angkor, das sie alle lieben. Auch diejenigen, die sonst gar nichts geliebt haben: die Roten Khmer.

ZWEITES KAPITEL

DAS ERBE

»Angkor ist Glanz, Größe
und Grausamkeit«

Phnom Penh, November 1980, etwa 22 Monate nach dem Einmarsch der Vietnamesen, nach der Niederlage der Roten Khmer, nach dem Ende der Terrorherrschaft. Kambodscha im Jahr zwei nach der Stunde Null.

Mit einem altersschwachen Peugeot bin ich von Vietnam herübergekommen, über den chaotischen Grenzübergang Moc Bai, wo sich die Lastwagenfahrer anschrieen, wo wilde Affen auf dem Schlagbaum turnten und verzweifelte Mütter mit ihren Babys im Arm um Münzen bettelten, und wo niemand meinen speziellen Passagierschein sehen wollte, auf den ich so stolz war, ausgestellt von einem hohen Beamten in Ho-Tschi-minh-Stadt. Sehr wohl aber waren meine Dollars eine vielbestaunte Attraktion. Die Zöllner riefen die Grenzposten, mit Kalaschnikows bewaffnete, grimmig dreinblickende Herren. Nach einer kurzen Diskussion einigten sie sich, ein Drittel einzubehalten. Neue Devisenvorschriften, hieß es. Es war keine Situation, in der sich Diskussionen angeboten hätten. Ich wollte ja um jeden Preis nach Kambodscha. Ich war der einzige Weiße unter Hunderten vollbepackten, angespannt wirkenden Khmer und Vietnamesen. Das Land blieb in diesen Tagen weitgehend *off limits* für Journalisten, und die Nationalstraße 1 von der Grenze bis nach Phnom Penh, das wusste ich, barg noch genügend »Herausforderungen«, wie es Bekannte diplomatisch formuliert hatten.

Es war dann tatsächlich eine abenteuerliche Fahrt, zehn Stunden, über zerbombte Straßen, notdürftig reparierte Brücken, überwucherte Feldwege. Und als gar nichts mehr ging, aber der Mekong und seine Nebenflüsse überquert werden mussten, warteten zusammengeflickte Fähren aus Baumstämmen und Reifen, die ächzten und lebensgefährlich schaukelten unter ihrer überschweren Last. Svay Rieng und Kampong Trabek und Neak Luong hießen die Orte, durch die wir kamen. Aber die Namen, die so melodisch, so poetisch, so sinnenfroh klangen, erwiesen sich bei näherem Zusehen als Metaphern für das Grauen.

Am Wegrand alte Frauen mit seltsam leeren Gesichtern, auf denen keine menschliche Regung, nicht einmal Leid oder Trauer zu erkennen war. So, als seien in ihnen sämtliche menschlichen Empfindungen ausgelöscht worden oder als hätten sie diese Regungen selbst ausradiert, um tödlichen Nachfragen zu entgehen. Greise Männer, die in seltsam mechanischen Roboterbewegungen und ohne aufzublicken, mit bloßen Händen irgendwelche Wurzeln freilegten. Kinder, die kein Spielzeug hatten – außer kleine Knochen, die es offensichtlich in ausreichender Zahl gab, die sie zu kleinen Türmchen aufeinander schichteten oder eine Art Mühle mit ihnen spielten; Menschenreste, die sie von den Reisfeldern, aus kleinen Gruben und Teichen holten. Von überall dort, wo die Roten Khmer gemordet hatten und sich niemand die Mühe gemacht hatte, die Leichen wenigstens aus dem Weg zu räumen.

Schmerzhaft schön ging die Sonne über den glitzernden Reisfeldern unter. Und da fiel mir auf, was in den kambodschanischen Dörfern, auf den Straßen, in den Feldern fast völlig fehlte: Männer im arbeitsfähigen Alter. Sie waren verschwunden, als hätten sie sich verabredet zu einem Treffen in einer anderen Welt. Und immer wieder Militärposten; Zigarettenpausen, in denen gewarnt wurde: »Vereinzelte Soldaten der Roten Khmer sind immer noch in der Gegend, und manchmal greifen sie unvermittelt an.«

Die Nacht fiel plötzlich über das Land herein. Bedrohlich breitete sie sich über die Felder wie ein riesiges, schwarzes Leichentuch: ein Feind mehr in einer Landschaft mit Feinden. Noch war von der Hauptstadt nichts zu sehen. Auch mein vietnamesischer Taxifahrer wurde zunehmend nervös. Der Ersatzkanister Benzin war aufgebraucht, dass es irgendwo Nachschub gab, schien ausgeschlossen. Kein elektrisches Licht; nirgends. Nur flackernde Feuer, unheimliche Schatten. Die letzten Stunden des Wegs nach Phnom Penh waren wie eine Reise ins Herz der Finsternis. Erst als wir das Hotel Moronom erreicht hatten, eine alte, verwelkte Dame von einem Gasthof, mit bröckelnder, ungeschminkter Fassade, aber immerhin fließendem Wasser, fühlte ich mich sicher. Ich fiel in einen tiefen, traumlosen Erschöpfungsschlaf.

Und nun also Phnom Penh, schon den dritten Tag. Ich bin zum ersten Mal in der kambodschanischen Kapitale. Mein Freund Tiziano Terzani, der Romantiker des alten Asiens, hat mir das Phnom Penh der Vorkriegszeit als eine manchmal etwas verschlafene, gemütliche, aber schöne und lebenslustige Stadt beschrieben. Vom klassischen Ballett und quirligen Bars hat er geschwärmt, von den lokalen Seafood-Restaurants mit ihren frischen Riesengarnelen und den französisch angehauchten Bäckereien mit ihren duftenden Baguettes. Nichts ist davon mehr zu sehen. Die Metropole, einst eine Stadt von über einer halben Million Menschen, hat 1980 wohl nicht einmal mehr die Hälfte seiner früheren Bewohner. Und vieles erinnert immer noch an eine Geisterstadt. Vom Hotel Royal, dem früheren gesellschaftlichen Mittelpunkt, steht nur noch die Fassade, der Pool, an dem sich die Schönen und Reichen der Khmer-Oberschicht – und in Vietnamkriegszeiten die ausländischen Reporter – zum Sundowner getroffen haben, ist mit Schutt gefüllt. Die alten Tempel sind dem Erdboden gleichgemacht. Nichts ist mehr, wie es war. Frauen gehen zu alten Brunnen, aber finden kein Wasser, oder nur noch verseuchtes; auf dem Grund liegen verwesende Körper. Männer säen auf den Feldern Reis und ernten Totenschädel. Nur die Kokospalmen gedeihen, und das liegt an ihrem besonderen Dünger, wie die Menschen sich zuflüstern: den nur knapp unter den Wurzeln verscharrten Leichen, deren Verbrennen die Roten Khmer verboten haben, »weil Holz zu kostbar ist, um es zu verschwenden«.

Das Hauptpostamt ist wieder eröffnet, aber noch sind Briefmarken – von den Khmer Rouge abgeschafft und nun in der Sowjetunion neu gedruckt – Mangelware. Die niedergebrannte Zentralbank hat wieder aufgemacht, auch das Geld – von den Roten Khmer eingestampft – kehrt langsam wieder. Die Tempel von Angkor zeigen die neuen Scheine, das Motiv war auch auf den alten. 60 Riel erhält ein Staatsangestellter, aber die Jobs sind rar. Für einen Riel bekommt man auf dem Markt ein Kilogramm Reis, wenn Reis da ist. Oder einen halben Meter Stoff, wenn Stoff im Angebot sein sollte.

Die Menschen sind in diesem Jahr Zwei der neuen Zeitrechnung froh, dass der Spuk der Roten Khmer vorbei ist, aber sie vertrauen der neuen, fremdbestimmten Ordnung noch nicht. Und die Verluste an Menschenleben sind überall zu spüren. Von den früher 1700 Angestellten der Staatsbank haben sich nur 98 zur Arbeit zurückgemeldet. An der Universität hat nur die medizinische Fakultät ihre Arbeit aufgenommen, elf von früher 70 Professoren sind wieder im Einsatz. Die Staatsbibliothek und das Nationalmuseum, von den Steinzeitkommunisten für nutzlos erklärt, haben wieder aufgemacht. Doch es fehlen fast alle Exponate, was aus Holz war, ist verfeuert; und auch fast alle Bücher landeten auf dem Scheiterhaufen oder wurden auf die Straße geworfen. Und trotzdem sammeln sich, verschüchtert noch, Menschen am Eingang zum Museum und streichen in der Bibliothek liebevoll, fast zärtlich über die wenigen Bücher.

»Seit 1975 habe ich nichts mehr gelesen«, sagt eine Dame auf Französisch. »Nennen Sie mich Chham«, sagt die runzlige Alte, in deren Gesichtszüge sich Furchen eingegraben haben wie die Ringe eines Baumstamms. Sie hat immer noch Angst, ihren Nachnamen zu verraten – »man weiß nie, Monsieur, ich habe nur überlebt, weil ich in den Pol-Pot-Jahren meine Fremdsprachenkenntnisse verschwiegen und meine Brille weggeworfen habe.« Am schlimmsten dran sind die Angehörigen besonders »nutzloser«, weil kultureller Berufe. Von 416 registrierten Bildhauern überlebten nur 14; von 195 Tänzerinnen und Tänzern des Staatsballetts blieben 48 übrig; von 38 Musikern der Oper entgingen gerade einmal neun den Massakern und Hungersnöten.

Es geht auch im Jahr Zwei nach dem Sieg über die Roten Khmer fast nur ums Überleben, um die Organisation der täglichen Reisration. Und darum, die Scherben des Schicksals wiederzufinden, aufzusammeln, und zu kitten, was noch zu kitten ist. Praktisch jede Familie wurde von den Roten Khmer auseinandergerissen.

Männer wurden von ihren Frauen getrennt, Schwestern von Brüdern. Informationen, wer in welcher Provinz gelandet ist – und wer überlebt hat – sind immer noch recht spärlich. Erstaunlich ist da der Mut einiger Musiker, sich wenigstens einmal in der Woche zu einem provisorischen Konzert zu treffen. Aber wie beeindruckend und herzzerreißend das Engagement der Künstler auch ist, so schwierig bleibt ihre Aufgabe: Es existieren kaum Instrumente, und es gehört offensichtlich nicht zu den Prioritäten der vietnamesischen Besatzer, die Rückkehr der Khmer-Kultur zu fördern. Und so ist es, als sei in Kambodscha, diesem gesegneten Land, zu Anfang der Achtzigerjahre alle Schönheit ausgelöscht. Jedenfalls alle menschengemachte Schönheit.

Nach Angkor! Ich muss die Tempel von Angkor sehen, die Größe, den Glanz der alten Dschungelhauptstadt erleben, das Weltkulturerbe, den Stolz der Nation. Diesen Platz, den nicht einmal die Roten Khmer zu zerstören wagten, diesen Ort, den manche sogar – bei all seiner Schönheit – als eine Art kambodschanisches Menetekel sehen, als eine düstere Andeutung aus dem 12. Jahrhundert für die Gräuel des 20. Jahrhunderts. Doch alle raten ab vom Trip in den Norden. Zu gefährlich, sagen die neuen vietnamesischen Herren, Bürokraten wie Militärs. Glaubt man ihren besorgten Berichten, sind einige der Tempelanlagen vermint, andere noch unter Kontrolle von Pol Pot und Ieng Sary, die sich kurz vor dem Zusammenbruch ihres Regimes Mitte 1979 davongemacht haben und jetzt nahe der thailändischen Grenze, und eben auch in der Nähe von Angkor, ihre Resttruppen der Roten Khmer versammeln. Von ihren geheimen Dschungellagern aus einen neuen Guerillakrieg entfachen.

Aber im neuen Kambodscha geht wieder manches mit Geld. Die vietnamesischen Besatzungstruppen, werden schlecht bezahlt. Mit einer Militäreskorte sei die Reise wohl möglich, sagt schließlich einer der Offiziere, mit dem ich mich angefreundet habe, und lächelt verlegen: »Wär's Ihnen das wert, 500 Dollar pro Tag hin, 500 zurück?« Wir einigen uns auf 300 Dollar. Dafür, verspricht der Oberst, stelle er mir einen Jeep und einen Begleit-Lastwagen mit einem Dutzend schwer bewaffneter Soldaten zur Verfügung.

Aufbruch müsse allerdings schon um fünf Uhr früh sein, die Nationalstraße 6 hinauf zur Provinzhauptstadt Siem Reap sei von Kratern übersät und nach Einbruch der Dunkelheit nicht mehr sicher. »Nachts wird sie kontrolliert von den Banden der Roten Khmer.«

Wir brechen auf, acht Soldaten auf einem klapprigen russischen Lkw mit Maschinengewehren im Anschlag und Handgranaten im Rucksack, für mich als »Gast« und für die Offiziere ein stotternder Jeep von undefinierbarer Bauart, mit dem schon Ho Tschi minh an die Front gefahren sein könnte. Und alles wird noch schlimmer als erwartet. Die Straße verwandelt sich gleich hinter Phnom Penh zu einem Hindernisparcours, der Lkw gibt nach sechs Stunden und nicht einmal einem Drittel der Wegstrecke seinen Geist auf. Gott sei Dank kurz vor der Provinzstadt Kampong Thom, wo wir in einem kleinen Hotel einen einigermaßen sauberen Schlafraum mit Moskitonetzen finden. Am nächsten Morgen ist der Lastwagen wieder repariert, wir fahren in aller Herrgottsfrühe Richtung Angkor los. Die Nationalstraße 6, die diesen Namen nicht wirklich verdient, führt durch ein weitgehend menschenleeres Gebiet. Immer wieder müssen wir Trümmer umfahren, Krater umkurven. Zum Glück sind die Brücken über die Bäche und Flüsse, die unseren Weg kreuzen, in Stand geblieben oder wurden nach der Bombardierung wieder zusammengeflickt. Die Militärs haben mir den Rücksitz des Jeeps alleine überlassen und sind zu den Soldaten auf die Lkw-Rampe geklettert – ein bemerkenswert egalitärer Zug, registriere ich respektvoll. Bis ich dann hinter ein Geheimnis komme.

»Warum fährt unser Begleitfahrzeug eigentlich immer hinter uns?«, frage ich die Offiziere in einer Pause. »Wäre es nicht besser und sicherer, Sie führen voran?« Verlegen drückt sich der Mann in Olivgrün und den wohl auch nachts nie abgelegten Orden am Revers, Ranghöchster unserer Begleiter, um eine Antwort herum. Bis er sich dann doch zu einem ehrlichen Satz durchringt: »Wir denken, die Brücken könnten vermint sein.«

Sind sie dann nicht, zu unserem Glück. Oder unser Fahrer mit dem steinernen Gesichtsausdruck, emotionslos, aber immer voll konzentriert, umfährt das gefährlichste Terrain. Die »Schutztruppe« hinter uns bekommt jedenfalls keine Arbeit. Sie muss nicht gegen Rote Khmer kämpfen, weit und breit sind keine Aufständischen zu sehen. Und sie muss auch nicht die Reste eines in die Luft gejagten Jeeps entsorgen. Nach einer endlosen Fahrt entlang der Ausläufer des Tonle-Sap-Sees, durch tropischgrüne und steppenrote Landschaft, flimmert schließlich wie eine Fata Morgana eine größere Ansiedlung am Horizont: Siem Reap, das beim Näherkommen wie eine Garnisonsstadt wirkt. Unsere Militärs vergessen ihre bisherige Zurückhaltung, begrüßen begeistert ihre Kameraden, sie scheinen sich alle zu kennen, rauchen zusammen die filterlosen, scharfen lokalen Zigaretten. Man spricht Vietnamesisch.

Noch scheinen kaum Khmer in die Streitkräfte der offiziellen kambodschanischen Armee integriert. Die siegreichen Invasoren misstrauen offensichtlich weiterhin der einheimischen Bevölkerung. Sie wissen, die Haltung der Menschen in Phnom Penh und Siem Reap ihnen gegenüber ist ambivalent: Nach den Gräueltaten der Roten Khmer tendieren die Sympathien für die früheren Herrscher gegen Null; aber der Hass auf die Verräter am eigenen Volk bedeutet nicht automatisch Sympathie für den Nachbarn, auch wenn der dem grausamen Spuk ein Ende bereitet hat und fast alle Khmer aufgeatmet haben. Die Vietnamesen gelten traditionell als Erbfeinde, die auf das Nachbarvolk herabgeblickt haben, es unterjochen wollten. Kambodschanische Kleinkinder wurden in den Erzählungen ihrer Eltern vor den »bösen Viets« gewarnt wie Kinder in einer anderen Weltgegend vorm »bösen schwarzen Mann«. Solche Stereotypen verschwinden nicht über Nacht – und sie sorgen dafür, dass die neuen Herren vor Saboteuren auf der Hut sind.

Das improvisierte Armeelager liege ganz in der Nähe von Angkor Wat, des größten und berühmtesten der Tempel, sagen die Offiziere. Ich stelle nur kurz das Gepäck ab. Und laufe dann los. Vorbei an alten Frauen, die mit ihren primitiven Messern Kräuter aus dem überwucherten Dschungelboden graben und mir zum Essen anbieten; vorbei an kleinen Jungs, die mit bloßen Fingern und eingerissenen Nägeln die Exkremente von Fledermäusen aus den Steinritzen der Ruinen abkratzen, um sie als Dünger zu benutzen; vorbei an wie in Trance wandelnden alten Männern mit Feldharken, die zwischen mittelalterlichem Gemäuer und in gar nicht so alten Massengräbern nach Kostbarem zu suchen: Gold, sagen sie, Gold, es gibt überall Gold. Das der Urväter ist nach den Berichten unserer Volksdichter irgendwo an den Tempelmauern versteckt, das der Väter muss man aus den Gebissen herausbrechen und dazu die Skelette verrücken, die Totenschädel zwischen den Gebeinen finden und inspizieren, aber erzählen Sie es nicht weiter, Monsieur, denn solche Raubzüge bringen nach unseren Überlieferungen Unglück über die Familien, es ist Frevel, wenn wir die Verblichenen bestehlen, nur, was bleibt uns anderes übrig, als fieberhaft zu graben, was denn, Monsieur?

Sie müssen keine Polizei, kein Militär, keine Tempelwächter auf dem riesigen Areal befürchten. Und doch sind sie immer überwacht. Von riesigen Torbogen blicken überlebensgroße steinerne Gesichter auf die Menschen herunter. Mal spöttisch, mal mitleidig, mal unbarmherzig wirkt der Ausdruck auf ihrem Antlitz. Sie haben Patina angesetzt, grünes Moos wuchert über die halb geschlossenen Augenlider, manche der monumentalen Steine, aus denen ihre Nasen und Münder gehauen sind, haben Sprünge, meist längs der Gesichter, wie Adern sehen die aus – und machen so die Wirkung noch geheimnisvoller: Gesichter von gebrochenen, zerrissenen und dennoch auf unerklärliche Weise überlegenen Persönlichkeiten. Manifestationen einer fremden Macht. Figuren, sehr erdnah und doch aus einer anderen, unheimlichen Schattenwelt, mit der Anmutung des Göttlichen.

Und so seien die Steine auch gedacht, glauben heute viele Wissenschaftler: als Verkörperungen des Lokesvara, einer Figur aus dem Mahayana-Buddhismus, die als Bodhisattva die höchste Stufe der Erleuchtung schon erreicht hat und deshalb auf nichts und niemanden mehr angewiesen ist; die auf der Welt bleibt, um den Irdischen auf dem Weg zum Nirvana, zur ewigen Glückseligkeit zu verhelfen – oder sie, im schlimmsten Fall, der ewigen Verdammnis zu überlassen. Andere Forscher sahen Shiva und Vishnu und die hinduistische Götterwelt in den insgesamt 173 gigantischen Masken und 48 Türmen. Der Bonner Kunsthistoriker Thomas Stuart Maxwell erkennt in den Gesichtern keine individuellen Personen oder Institutionen der konventionellen buddhistischen Mythologie, sondern eine Verschmelzung ihrer verschiedenen Aspekte in religionsübergreifender Funktion: göttliche Wächter, Schreinhüter und Protektoren, in denen die beiden wichtigen Religionen Angkors mit den königlichen Erbauern der Anlage verschmelzen: »Sie bewachten die Gesamtheit der religiösen Kultur der Khmer und den damit verbundenen Kern ihrer nationalen Identität.«

Die Schatzgräber von Siem Reap fühlen sich in jenem Jahr Zwei der neuen Zeit eher überwacht denn bewacht. Nachts, erzählen sie, kommt ihnen das riesige Tempelareal so bedrohlich vor, dass sie sich nicht aus ihren Hütten trauen und die Suche nach allen, für ihr Überleben so dringlichen Kostbarkeiten einstellen. In mondlosen Nächten kämen die Roten Khmer zu den Tempeln zurück und feierten unter den Riesenfratzen blutrünstige, gespenstische Feste, flüstern sie. Nichts sei ihnen heilig gewesen, alles hätten sie verändern wollen – der Stolz auf Angkor, das sei die letzte, die einzige Gemeinsamkeit geblieben zwischen den Schlächtern und den Geschlachteten, den Möchtegernschöpfern des Neuen Menschen und den Bewahrern der früheren, der ewigen Menschlichkeit. So denken die Alten von Siem Reap. Und es bleibt unklar, ob die gläubigen Abergläubischen nur Gespenster sehen oder die Wahrheit berichten. Vielleicht sind die Alpträume und Halluzinationen auch schon längst ihre subjektiv empfundene Wahrheit geworden.

Der Zugang zur Dschungelkathedrale Angkor Wat ist damals, bei meinem ersten Besuch, ganz menschenverlassen. Affen hangeln kreischend durch die Zuckerpalmen, Schwärme von Malariamücken ziehen ihre Kreise, Lotusblüten schwimmen auf den riesigen, durch die Überwucherungen fast wasserlosen Teichen, die das größte sakrale Bauwerk der Welt auf über fünfeinhalb Kilometer umgeben. Ich komme näher. Jetzt sind sie schon zu sehen, die mächtigen und doch so zierlich gezackten Türme, im Gegenlicht wie ein göttlicher schwarzer Scherenschnitt, sehr elegant, sehr einladend und ehrgebietend zugleich. Die Formen einer Lotusknospe sollen den Architekten dieses perfekten Bauwerks Pate gestanden haben, heißt es in den Büchern, aber wer weiß das schon definitiv. Vielleicht haben die Meister auch eine Ananas geschnitzt, als sie auf die Idee des ziselierten Zuschnitts gekommen sind. Fest steht, dass Angkor Wat mit seinen architektonisch so gewaltigen, aber genau berechneten, höchst symmetrischen Dimensionen nichts weniger als die Nachbildung der bekannten Welt sein soll, das Zentrum der Erde, der mystische Berg Meru.

Mit schnellen Schritten, wer weiß, was mir das Abenteuer Angkor im letzten Moment noch verwehren könnte, eile ich über die 150 Meter lange Sandsteinbrücke, die für ihre Erbauer das Urmeer symbolisieren sollte. Durchquere das Eingansportal (durch die Tore rechts und links hatten einst die Elefanten Zugang zum Tempelbezirk), lasse die imposante Vishnu-Statue mit einer Höhe von über drei Metern hinter mir liegen, komme dann auf einen knapp 500 Meter langen Damm, flankiert von einer Balustrade in Form des Schlangenkörpers der Naga.

Immer näher zu den steil aufragenden fünf Türmen. Vorbei an den sogenannten Bibliotheken, in denen man vermutlich Opfergaben aufbewahrt hat, aber über deren genauere Bedeutung auch Experten nur wenig wissen. Hinauf auf die Ehrenterrasse, mit der besonders heiligen Dreimeter-Buddha-Statue, zum zentralen Bau. Diese zweite Ebene ist eine einzige Galerie: über 1600 anmutige, barbusige Apsara-Tänzerinnen grüßen, jede der göttlichen Nymphen ein Unikat, kunstvoll aus Sandstein gehauen. Der Legende nach sind die verführerischen Schönen vor Jahrhunderten auf der Suche nach dem Elixier der Unsterblichkeit einem Ozean aus Milch entstiegen. Ihre Nachfahrinnen waren Tänzerinnen für die königlichen Erbauer von Angkor und viele wurden auch zu deren Konkubinen.

Weiter auf dem Weg zum Höhepunkt. Kein Blick zurück, nur noch hinauf, zum nun ganz nahen und dadurch noch höher wirkenden 55 Meter-Hauptturm, zu dem in den Glanzzeiten des Khmer-Reichs nur der Herrscher und seine obersten Priester Zugang hatten. Aber dann doch noch ein letzter Zwischenstopp, ein Rundgang um den zentralen Tempel. Über eine Länge von 800 Metern bedecken aus Stein gehauene Darstellungen die Wandfläche, auch das ein Weltrekord: Es sind die längsten zusammenhängenden Flachreliefs der Welt, und sie waren dem gemeinen Volk der Khmer als eine Art steinerne »Bibel« zur staunenden Betrachtung freigegeben. Ein Teil der Galerie erzählt die Geschichte des für den hinduistischen Glauben zentralen Mahabharata-Epos. Besonders genau nachgezeichnet wird die blutige Schlacht von Kurukshetra, in der die indischen Prinzen um Pandava gegen ihre Cousins, die Kauravas, um die Macht kämpfen. Die Infanterien beider Seiten marschieren unter Begleitung von Militärkapellen aufeinander zu, Detailreliefs zeigen einen toten Feldherren, getroffen von mehreren Pfeilen und umgeben von trauernden Truppen; einen auf einem Elefanten reitenden Krieger, der mit dem Ablegen seiner Waffen die Niederlage eingesteht.

Ein wahrhaft bildmächtiger historischer »Comic-Strip« auch auf der südlichen Seite des Reliefbogens. Hier sind die Schlachten der Angkor-Periode dargestellt. In deren Mittelpunkt steht der »Hausherr« von Angkor, König Suryavarman II., der sich mit Angkor Wat sein Denkmal und höchst wahrscheinlich auch seine Grabstätte errichtete; seine Regierungszeit währte von 1113 bis zum Jahr 1150 nach Christus. Er reitet, von 15 Sonnenschirme tragenden Dienern flankiert, auf einem besonders geschmückten Elefanten, die majestätische Tiara thront auf dem Kopf, das traditionelle Schlachtbeil funkelt in seiner Hand. Am Ende des Feldes vereinigt sich die militärische Prozession der Khmer mit der im Kampf gegen die Cham (aus dem Kernland des heutigen Vietnam) alliierten Streitmacht der Siamesen. Anders als die Khmer sind die Hilfstruppen nicht mit Brustpanzern geschützt, sondern präsentieren sich mit feminin wirkenden Faltenröckchen und federbesetzten Hüten als eine ausgesprochen schlappe Alternative zu den gestählten Einheimischen.

»Das Quirlen des Milchmeers« mit seinen Göttern und Dämonen sowie »Die Qualen der 32 Himmel und die Freuden der 37 Himmel« vervollständigen die eindrucksvolle Bildergalerie. Schlimme Strafen müssen die Verdammten leiden, verkündet von dem achtzehnarmigen Yama, dem auf einem Stier reitenden Weltenrichter. Im Feuer verbrennen die Sünder, bei lebendigem Leib werden die Schuldigen zerhackt, von Foltern gepeinigt. Mit anderen Worten: Die Grausamkeiten erinnern stark an die Untaten der Roten Khmer – und stehen den Darstellungen in Dantes Hölle, den Gemälden von Breughel und den Fotos von Auschwitz kaum nach. Aber sind sie wirklich Ausdruck kommender Katastrophen, gespenstische Prophezeiungen? Gar »Beleg« für einen besonders brutalen »Nationalcharakter« der Kambodschaner?

Zwölf Stufen noch, besonders steile Stufen, sind es bis hinauf zum Angkor-Himmel. Oben auf dem höchsten Gipfel des Tempels, auf dem Gipfel der Khmer-Welt, bietet sich ein atemberaubender Blick. Und gerade genug Platz ist da, um schwindelnd innezuhalten. Vieles sieht man von hier oben, das man unbedingt noch sehen will. Und einiges, dessen näheren Anblick man vermeiden möchte: Keine vier Kilometer westlich des Tempelareals, in den verrußten Ruinen des ehemaligen Gymnasiums von Siem Reap, liegen nach den Erzählungen der Soldaten die Reste Hunderter Menschen in einem flachen Massengrab. Kinder haben es beim Spielen aufgewühlt, die Knochen verbleichen nun in der sengenden Sonne. Nein, hier oben ist dann doch nicht der Platz, um in Ruhe über das Wunder der Tempel nachzudenken. Und über die möglicherweise prophetische Flammenschrift an der Wand, das Menetekel künftiger Massaker.

Ich steige hinunter, treffe auf einen Mann in Safrangelb, den einzigen Mönch, den ich im neuen Kambodscha bis dahin gesehen habe. Er lehnt an einem Fahrrad. Er legt den Finger auf die Lippen. Er will nichts erzählen. Vielleicht hat er sich wie so viele stumm gestellt in der Zeit der Roten Khmer und hat so überlebt; vielleicht hat er die Sprache nicht wiedergefunden.

Aber für ein paar Münzen ist er bereit, mich auf seinen Gepäckträger zu nehmen und mich zu den weit auseinander liegenden anderen heiligen Stätten zu fahren. Ein Weg, der mich zu Fuß viele Stunden, wenn nicht einen ganzen kostbaren Tag gekostet hätte – und noch weiß ich nicht, ob ich überhaupt 24 Stunden bleiben kann. Zum Bayon-Tempel führt er mich, der aus der Ferne wie ein massiver Felsklotz wirkt und beim Näherkommen mit seinen filigranen Reliefs aus dem täglichen Leben der Khmer und den verwinkelten Erkern, einschließlich der allgegenwärtigen Steinfratzen, doch genauso beeindruckt wie Angkor Wat. Zur Elefantenterrasse radeln wir, mit ihrer in Stein gehauenen Hommage an das Tier, das beim Errichten der Bauwerke so unverzichtbar war wie beim Kampf gegen die Feinde und bei den königlichen Festen. Zur Terrasse des Leprakönigs. Und schließlich zum Tempel Ta Prohm, der gleich beim ersten Anblick, beim Klettern durch die Dschungelbäume, beim Stolpern über die Wurzeln, zu meinem Lieblingstempel wird (und später der Favorit so vieler Reisender, Anziehungspunkt auch für Filmemacher – Angelina Jolie alias Lara Croft dreht hier im Jahr 2003 den Action-Film »Tomb Raider«, verliebt sich so sehr in den Ort und das Land, dass sie nicht mehr davon loskommt, Botschafterin des Uno-Kinderhilfswerks Unicef wird und ein kambodschanisches Baby adoptiert).

Ta Prohm legt wie Angkor Wat und Bayon Zeugnis ab für das Genie der Khmer-Architekten. Der Tempel ist noch mehr, er ist auch ein Beweis dafür, mit welcher Gewalt, und mit welcher Schönheit, sich die Natur der menschlichen Besitznahme entgegenstemmt und sich nach und nach ihr Terrain zurückerobert. Im Heiligtum Ta Prohm kann man – in den Worten des Schriftstellers Tiziano Terzani – »einen Augenblick lang stolz sein auf die Menschheit«, wie in der Andenfestung Machu Picchu, wie am Fuße der ägyptischen Pyramiden, wie beim Anblick des indischen Liebesdenkmals Taj Mahal. Aber im Heiligtum Ta Prohm zeigen sich eben auch die Grenzen der Menschheit, den Kreislauf des Lebens permanent und nachhaltig zu beeinflussen. Wie Tentakeln von Riesenkraken haben sich die mächtigen Wurzeln der Würgefeige in das Mauerwerk der Türme, Portale und Wände gepresst, schieben sich mit der Leichtigkeit einer göttlichen Riesenhand zwischen die Pfeiler, drücken sie auseinander und sprengen sie schließlich. Durch ihre Umklammerung hat die Natur das steinerne Menschenwerk auch lange Zeit vor einem möglichen Einsturz gerettet; sie ist – wie es der hinduistischen Lehre von Vishnu und Shiva entspricht – gleichzeitig Bewahrer und Zerstörer. Und sie schafft ein neues menschlich-natürliches Kunstwerk. In eingestürzten Korridoren, durch die sich Wurzeln schlängeln wie Kobras, wo steinerne Schnitzereien von grünen Flechten überwuchert und von Spinnweben überzogen sind, wo dichtes Blattwerk das Sonnenlicht filtert und dann, unter mächtigen, bedrohlich einsturzgefährdeten Streben immer wieder die Aussicht frei wird auf ein strahlendes, stranguliertes Wunder.

Zeit zur Rast, Zeit für einen historischen Rückblick. Während der mysteriöse Mönch mit Handzeichen verspricht, von einer nahen Quelle Wasser zu holen, setze ich mich auf eine der Terrassen von Ta Prohm und ziehe mein abgegriffenes Büchlein heraus, in dem die Eindrücke von Reisenden früherer Jahrhunderte wiedergegeben sind.

Als westlicher »Entdecker« Angkors gilt Diego do Cuoto, der portugiesische Chronist des fernen Asien. In einem Text aus dem späten 16. Jahrhundert (der erst vor sechzig Jahren wiedergefunden wurde) schreibt der Mann mit dem Lebensmittelpunkt in Goa über seine Eindrücke, die wahrscheinlich nicht auf seine eigenen Erfahrungen, sondern auf den Erzählungen eines Missionars beruhten: »Es erscheint uns angebracht, von einer prachtvollen Stadt zu berichten, die in den Urwäldern des Königreichs Camboja entdeckt wurde und als eines der Weltwunder gelten kann. Nicht nur wirkt die Stadt durch ihre Anlage sehr majestätisch, sondern auch ihre Lage zwischen Hainen und Gewässern ist eine der schönsten der Erde.« Der nächste Chronist war ein japanischer Wallfahrer namens Shimano Kenryo, der sogar detailgetreue Skizzen von Angkor Wat anfertigte; doch der Bericht des Mannes aus Fernost gelangte nicht nach Europa und verschimmelte in japanischen Archiven.

So wurde ein Franzose zum berühmtesten Angkor-Forschungsreisenden. 1858 nahm der junge Botaniker Henri Mouhot Abschied von Frau und Kindern und bestieg ein Schiff nach Asien, um die fremde Vegetation zu erforschen, »in Siam und den angrenzenden Ländern, so wahr mir Gott helfe«. Er kannte den portugiesischen Bericht nicht, als er 1860 bei einem Ausflug ins Khmer-Gebiet förmlich über die alten Heiligtümer stolperte. Mouhot war tief beeindruckt. »Einer dieser Tempel, der mit dem Tempel Salomos konkurrieren könnte und von einem Michelangelo ferner Zeiten erbaut wurde, muss als eines der schönsten Bauwerke der Erde angesehen werden. Er übertrifft alles, was Griechen und Römer uns hinterlassen haben«, schwärmt der Franzose. »Der Anblick lässt den Reisenden alle Strapazen vergessen ... Wie mit einem Zauberschlag wird man von der Barbarei in die Zivilisation geführt, vom Dunkel ins Licht.« Als Mouhot dann nach seiner Rückkehr in der Londoner Royal Geographic Society seine Reise schildert und 1866 sein Buch veröffentlicht, rückt Angkor auf die Karte der Traum-Reiseziele.

Und alle wollen das »Geheimnis der Tempel« ergründen, die Abenteurer, die Möchtegern-Entdecker und natürlich auch die großen Schriftsteller. Angkor eignet sich zur Mystifizierung und Selbstbespiegelung wie vielleicht sonst nur das Grab der Könige in Luxor. Somerset Maugham, der Sprachgewaltige, der das britische Empire mit seinen kolonialen Konflikten seziert hat wie kein anderer, war restlos begeistert – und tödlich erschrocken zugleich, dass es ihm die Sprache verschlug: »Nie zuvor habe ich etwas Schöneres gesehen als Angkors Tempel«, berichtet er über seine Eindrücke. »Doch weiß ich nicht im Geringsten, wie ich sie beschreiben soll. Dem Wort-Virtuosen eröffnet Angkor die einmalige Gelegenheit, gewaltige und sinnliche Prosa zu schreiben. Welche Freude muss er empfinden, die langen Linien der Tempel mit den längsten Sätzen und die kunstvollen Verzierungen mit dem kunstvollsten Vokabular zu beschreiben! Welche Verzauberung muss von einer Sprache ausgehen, die das richtige Wort an die richtige Stelle setzt und den Sätzen einen Rhythmus verleiht, der demjenigen der grauen Steinwunder entspricht! Es wäre ein Triumph, die treffenden, ungewöhnlichen, enthüllenden Worte zu finden – doch leider verfüge ich nicht über das geringste Talent für dergleichen.«

Vielleicht liegt ein Teil der Hilflosigkeit, die auch große Schriftsteller angesichts der Wunder Angkors empfanden, in der Vorstellung, sie seien sozusagen über Nacht entstanden, einmaliger Geniestreich eines sich selbst übertreffenden Volkes – ein Geniestreich aus dem Nichts. Doch Angkor hat eine Vorgeschichte, eine mythische und eine reale, so wie die Machtübernahme und der

Blutrausch der Roten Khmer eine Vorgeschichte haben; und wenn auch die Historie nicht alles erklärt und begreiflich machen kann, so hilft sie doch bei der Einordnung.

Es gibt verschiedene Legenden über die Gründung des Khmer-Reichs. Eine dieser Erzählungen lernen praktisch alle kambodschanischen Kinder im Unterricht (während sie über die Zeit der Roten Khmer auch im Jahr 2009 nur Bruchstückhaftes erfahren und neue Lehrbücher über die jüngeren Geschichte immer noch nicht verteilt sind). Sie geht etwa so: Buddha kam kurz vor seinem Tode in Begleitung seines Lieblingsjüngers Ananda auf eine Insel mit einem großem Thlok-Baum. Auf dem lebte eine Eidechse, die dem Religionsstifter etwas zu essen gab. Buddha sagte der Eidechse im nächsten Leben daraufhin eine glänzende Karriere voraus; sie werde als Königssohn Preah Tong wiedergeboren und über ein großes Reich regieren. Allerdings seien seine Untertanen nicht immer ehrlich, was er aus der gespaltenen Zunge der Eidechse ablas.

So soll es dann auch geschehen sein. Der Prinz verliebte sich in eine schöne Naga-Prinzessin und mit dem Einverständnis des Schwiegervaters durfte er sie zur Frau nehmen. Bei dem großen Hochzeitsfest hat der Naga-König der Legende nach dann aus Freude das ganze Meer zwischen der Insel und dem Festland ausgetrunken: Das erste Khmer-Reich mit dem Namen Krong Kampuchea soll auf diese Weise entstanden sein. Leicht hatte er es nicht, der Urvater der Angkor-Herrscher, dessen Namen Historiker eher von dem brahmanischen Heiligen Kambu ableiten: Seine Bevölkerung soll von Anfang der Annalen an kriegerisch gewesen sein, schwer regierbar, auch mit einem Hang zum Tragischen. Jedenfalls wird im Volksmund seit altersher der Name des Reiches anders abgeleitet: von »Kam« (schlechtes Karma) über »Puch« (Herkunft) zu »Chia« (nicht besser werden). Frei übersetzt: Dieses Volk lebt unter negativen Vorzeichen, von seinen Ursprüngen an, seine Geschichte begann problematisch. Und dann ist es immer noch schlimmer geworden.

Radiokarbon-Untersuchungen von Pfeilen aus der Höhle Laang

Spean im heutigen Nordostkambodscha zeugen von einer Besiedlung der Region schon um etwa 4200 vor Christus. Ethnologen gehen davon aus, dass die Urbewohner Australo-Melanesier waren, die ihren Lebensunterhalt vornehmlich durch Fischen und Jagen bestritten. Im ersten nachchristlichen Jahrhundert waren dann auch zunehmend indische Kultureinflüsse in Südostasien zu spüren. Die »Neuen« kamen auf dem Seeweg. Sie waren friedfertig, kolonisierten weder noch gebrauchten sie militärische Gewalt; allmählich verschmolzen die »Neuen« mit den »Alten«.

Das Volk dürfte schon in dieser Urzeit eine mit dem heutigen Khmer verwandte Sprache gesprochen haben. Und es ging vom Nomadentum zum Reisanbau über, zu Brandrodungen und zu Bewässerungstechniken, die zumindest rudimentär gemeinschaftliches Handeln und damit eine politische Organisation erforderten. Berichten chinesischer Gesandter zufolge existierte in der Region schon im 3. Jahrhundert ein Königreich Funan, das dann im 5. und 6. Jahrhundert eine erste Blütezeit erlebte. Das Territorium umfasste neben dem heutigen Süd-Kambodscha den Golf von Siam und das Mekong-Delta, und damit zumindest Teile des heutigen Thailand und Vietnam (Annam) – das Gebiet der beiden Nachbarn, die später zu erbitterten Rivalen des Khmer-Reichs werden sollten.

Funan hatte jahrhundertelang die Oberherrschaft über kleinere Vasallenstaaten auf dem Gebiet des heutigen Nord-Kambodscha und Laos; sie hinterließen Inschriften in Sanskrit und ab dem Jahr 612 auch in der Khmer-Sprache. Die meisten dieser Dokumente berichten über Schenkungen oder haben einen anderen wirtschaftlichen Hintergrund. Über religiöse oder philosophische Angelegenheiten, über das Denken der Menschen und das, was ihnen wichtig war, geben sie kaum Aufschluss. Im späten 6. und dann im 7. Jahrhundert müssen innere Machtkämpfe mit bürgerkriegsähnlichen Zuständen das erste Khmer-Reich so geschwächt haben, dass die Nachbarn aus dem Norden Funan erobern konnten. Es entstand ein zweites, indisiertes Khmer-Reich mit einer Hauptstadt am Tonle Sap. Doch auch die Herrscher dieser »Chenla« genannten Region konnten ihr Reich nicht lange zusammenhalten, es zerfiel in zwei Teile. Der vitalere Norden, das sogenannte Land-Chenla, hielt sich und nahm sogar diplomatische Beziehungen zur mächtigen chinesischen Tang-Dynastie auf; das südliche Wasser-Chenla ertrank in Streitigkeiten und es dauerte nicht lange, da eroberten Krieger aus Java das zerfallende Südreich und brachten es unter ihre Kontrolle. Es war klar, dass nur eine starke Khmer-Persönlichkeit das Reich zu wirklicher Blüte bringen konnte.

Die Zeit war reif für Jayavarman II. In dessen Regierungszeit von 802 bis 850 fiel nicht nur die Reichseinigung, sondern auch die Gründung der neuen Khmer-Kapitale Angkor (abgeleitet von einem Lehnwort aus dem Sanskrit: »Nokor«, was Stadt bedeutet). Er führte den Gottkönig-Kult ein, schuf eine Armee, einen Gerichtshof, Provinzverwaltungen. Bis zu Jayavarman VII. herrschte eine Reihe erfolgreicher und fähiger Führer über die Khmer. Sie organisierten die Weltstadt Nummer eins ihrer Epoche, die »größte vorindustrielle Siedlung der Erde« (*New Scientist*). Vom 10. bis zum 13. Jahrhundert dauerte die Blütezeit. In dieser Ära entstanden praktisch alle großen Bauwerke von Angkor: Ihre Herrscher – und ihr Volk – schufen eine Hochzivilisation, wie sie damals nirgendwo existierte. Angkor stellte alles, was im damaligen europäischen Mittelalter existierte, um Längen in den Schatten.

Wie aber lebten die Menschen in diesem Angkor, wie nah waren sie ihren Herrschern? Wie konnte die riesige Bevölkerung ernährt werden, welche Feste feierte sie, welchem (Aber-)Glauben hing sie nach? Was war wichtig für die Frauen und Männer dieses Khmer-Reiches?

Aus den Aufzeichnungen des chinesischen Chronisten Chou Ta-Kuan, der als Abgesandter des chinesischen Kaisers im letzten Jahrzehnt des 13. Jahrhunderts Angkor bereiste und einen erstaunlich lebensnahen, detaillierten Bericht über seine Eindrücke verfasste (»Sitten in Kambodscha«, erstmals veröffentlicht 1368), wissen wir vieles über den Alltag und die Höhepunkte im Leben der Khmer. Ergänzt durch die genauen Forschungen der französischen Historikerin Madeleine Giteau (»Angkor«) und der deutschen Wissenschaftlerin Insa Holst (»Megastadt der Gottkönige«), können wir uns ein relativ genaues Bild über das Treiben in Angkor machen.

Hinzu kommen Radarfotos aus dem Weltraum, die ein Expertenteam aus französischen und australischen Wissenschaftlern im Jahr 2007 ausgewertet hat; Stein um Stein wurde vermessen, jede überwachsene Ruine wurde anhand von Differenzierungen auf den Karten »wiederbelebt«.

Die Detektive des »Greater Angkor Projects« kamen mit ihren systematischen Hightech-Forschungen zu sensationellen Ergebnissen: Die Khmer-Kapitale war demnach eine riesige zusammenhängende Stadt mit einer Ausdehnung von über 1000 Quadratkilometer – die mächtige Maya-Stadt Tikal etwa erstreckte sich nur auf 150, das ummauerte antike Babylon gerade mal auf 9 Quadratkilometern (und auch eine moderne Stadt wie etwa das Bundesland Groß-Berlin wirkt mit seinen heutigen 891 Quadratkilometern im Vergleich dazu wenig beeindruckend). 74 neue Tempel wurden durch die Recherchen aus dem Weltraum ermittelt, mehr als 1000 bisher unbekannte, künstlich angelegte Teiche und regulierte Bewässerungskanäle. Sie bildeten die Basis für ein »durchgehend verflochtenes städtische Netzwerk für mehrere hunderttausend, vielleicht sogar eine Million Menschen«, wie der Wissenschaftler Damian Evans von der Universität in Sydney in einer neuen Studie der wissenschaftlichen Fachzeitschrift *Proceedings of the National Academy of Sciences* formuliert.

Und so könnte er ausgesehen haben, ein Tag im Leben von Angkor, ein Tag im Leben der Diener und Reisbauern, der Bambustischler und der Priester, der Minister – und des Königs mit seinem Gefolge. Sagen wir: der 13. November 1295.

Schon wenn die Morgendämmerung den Schleier über dem Tonle Sap aufreißt, wenn die Sonne das Land nördlich des »Großen Sees« mit ihren ersten Strahlen wärmt, herrscht überall im Weichbild von Angkor Bewegung. Hierher, ins Herz des Reiches, zieht es Pilger und Händler und viele, die Verwandte besuchen wollen und heute womöglich zum ersten Mal die Kapitale der Khmer sehen. Wasser, das ist der überwältigende Eindruck. Überall Wasser, sprudelndes, lebensspendendes Nass. Zum größtenteils ist dieses Wasser von Menschen geleitet, das ist das Erfolgsgeheimnis von Angkor: Kanäle führen in größere Teiche, aus denen wird das Wasser dann kunstvoll auf Felder umgeleitet. Und in die Pools, über die fast jedes der strohbedeckten Häuser hier in den Vororten Angkors verfügt.

Aus dem Dunst steigen Dammstraßen auf, zwischen denen riesige Reisfelder in sattem Grün schimmern. Es ist das Ende der Regenzeit. Die schönste Zeit des Jahres. Die Zeit der Feste und der Dankesbezeugungen gegenüber den Göttern und ihrem Stellvertreter auf Erden. Aber auch in den Wintermonaten wird fast rund um die Uhr gearbeitet. Und so beobachten die Pilger und die Händler, die in Richtung Zentrum unterwegs sind, auf den Feldern Hunderte von Frauen und Männern in geordneter Formation: Sie stehen, die Rücken tief gebeugt, bis zu den Waden im erdbraunen Wasser, drücken die zartgrünen Setzlinge in den Schlamm. Reishalm um Reishalm. Auf diese Weise beginnt der Tag, auf diese Weise wird er sich für die Bauern bis zum Abend fortsetzen, nur unterbrochen von einer Mittagsrast. Freundlich, ja ehrfürchtig grüßen die Pilger und Händler die Landarbeiter auf ihren quadratischen Parzellen: Die meisten wissen und schätzen, welch elementaren Anteil die Reisbauern – neben den genialen Architekten des Kanalisierungssystems dieser erstaunlichen »Cité Hydraulique« (Giteau) – am Erfolg des blühenden Khmer-Gemeinwesens und ihrer prächtigen Hauptstadt haben: Der Reichtum Angkors erklärt sich hauptsächlich aus den vier Reisernten pro Jahr, die es sonst nirgendwo auf der Welt gibt und die zu den Überschüssen geführt haben, mit denen sich Handel treiben lässt.

Die Reisenden bilden um diese Tageszeit einen langen und breiten Strom, Gegenverkehr müssen sie kaum fürchten: Alles strebt hinein nach Angkor. Und obwohl die schlimme Feuchtigkeit des Sommers längst gewichen ist, haben die Temperaturen bereits kurz nach Sonnenaufgang um die 30 Grad erreicht, die nackten Oberkörper der Reisbauern glänzen, die vorwärts eilenden Besucher wischen sich den Schweiß von der Stirn. Viele sind voll bepackt, balancieren ihre schweren Lasten auf Stöcken über der Schulter. Die besser Situierten haben kleine Wagen an Ochsenkarren gespannt oder lassen sich von ihren Dienern auf Sänften tragen; nur die wahrhaft Reichen reiten, auf Pferden oder Elefanten.

Einige haben sich eine Nacht der Ruhe kurz vor den Toren Angkors gegönnt, in einem der Rasthäuser, »luftigen Hütten, die an den Dammstraßen stehen, zum Schutz vor den Fluten der Regenzeit auf Pfeiler gesetzt« (Holst). Manchmal stockt der Verkehr, so überfüllt sind die Zufahrtstraßen; und mancher fragt sich, ob er nicht besser den Wasserweg gewählt hätte. Denn an den Kanälen und Flüssen den Damm entlang gleiten Boote ohne Unterbrechung und Halt: größere Handelskähne, beladen mit Elfenbein und Tropenhölzern, Kokosnüssen und Bienenwachs, Granatäpfeln und Lotusknollen. Kleinere Ruderboote, »Pilan« genannt, sind zur Imprägnierung mit Fischpaste bestrichen – das Holz wurde mithilfe von Feuer biegsam gemacht und ausgedehnt, so dass die Pilan in der Mitte breit und an den Enden schlank sind. Elegante Einbäume schlängeln sich an den anderen Gefährten vorbei; sie sind die schnellsten auf dem Weg ins Zentrum, das nun durch immer mehr Obstgärten und Häuser geprägt ist.

Und dann sehen die Reisenden Angkor, dessen Symbole sich wie ein gewaltiger Fingerzeig aus dem flachen Schwemmland erheben: Paläste der Götter, Türme der Menschen. Doch nicht jeder kommt durch das Stadttor, den Eingang zur Kapitale der Khmer. Wächter kontrollieren an der mächtigen Mauer aus Laterit, einem rot schimmernden, eisenreichen Stein. Hunden beispielsweise ist der Zugang generell verboten. Und bei den Männern gilt der Blick vor allem den Füßen: Abgehackte Zehen deuten auf eine staatliche Bestrafung hin, und ehemalige Häftlinge sind in Angkor unerwünscht. Dagegen zeigt sich Angkor offen für Händler auch aus der Fremde: Chinesische Seeleute »desertieren häufig, um hier dauerhaft zu leben, merken sie doch, wie einfach es ist, an Reis zu kommen, Frauen zu überzeugen, Häuser zu bauen, Möbel zu erlangen und Geschäfte zu machen« (Ta-kuan).

Kaum irgendwo sonst auf der Welt ist die religiöse Toleranz so ausgeprägt wie hier: Verschiedene Religionen leben friedlich miteinander und mischen sich, Hindus, Buddhisten sowie Daoisten mit ihren mystischen Ahnengeistern – und das zu einer Zeit, da in Europa gerade erst die gnadenlos intoleranten Krieger der Kreuzzüge ihre Waffen niedergelegt haben. Noch etwas fällt auf: die Abwesenheit von Prüderie, eine frivole Leichtigkeit des Seins. Frauen baden nackt in aller Öffentlichkeit, Sex vor der Heirat gilt als normal. »Jeder, mit dem ich sprach, sagte, die kambodschanischen Frauen seien sehr lüstern. Wenn ein Ehemann wegen Geschäften unterwegs ist, ertragen sie seine Abwesenheit eine Weile, doch ab dem zehnten Tag etwa ist die Frau geneigt zu sagen: Ich bin kein Geist, wie kann man von mir erwarten, allein zu schlafen?« (Ta-kuan)

Doch die allermeisten Menschen sind an diesem Morgen des 13. November 1295 nicht unterwegs, um sich zu vergnügen. Sie suchen nach materieller oder geistiger Nahrung; sie wollen zu den zentralen Märkten – oder zu den Tempeln. Sie lassen die achteinhalb Kilometer lange, etwa sieben Meter hohe Stadtmauer mit ihrem großen Graben rasch hinter sich, eilen vorbei an Giganten aus Stein, die ihren Weg zur Stadtmitte säumen und die ihnen Mut machen, aber auch Respekt einflößen sollen: 54 mild lächelnde Gottheiten linkerhand, 54 grimmig dreinblickende Dämonen rechterhand, mit den Leibern neunköpfiger, unheimlicher Schlangen. Über fünf Toren sind gigantische Buddha-Köpfe gruppiert, vier von ihnen blicken in die Himmelsrichtungen Süd und Nord, Ost und West; der fünfte Kopf, schimmernd vor Gold, hält eine zentrale Position. Flankiert wird das alles von steinernen Elefanten.

An den großen öffentlichen Plätzen im Zentrum haben die Cleveren unter den Fremden schnell erkannt, dass sie einen einheimischen »Fixer«, einen Fremdenführer, brauchen, der sie in die lokalen Gewohnheiten einweist und ihnen den Handel erleichtert. Genauer gesagt: eine Fixerin. Denn in der Khmer-Geschäftswelt bestimmen die Frauen.

Es ist nun schon zehn Uhr geworden, höchste Zeit für die Anreisenden, ihre Waren auszubreiten. Doch so einfach ist das nicht, auch wenn überall Matten für die Händler ausliegen: Der Angkor-Markt ist gut organisiert, da darf man sich nicht einfach irgendwo niederlassen. Einheimische Geschäftsleute haben ihre fest angestammten Plätze, für die sie an die Staatsbeamten Mieten bezahlen. Und drängelt sich ein Fremder an eine prominente Marktstelle, gibt es Streit. Ordnungshüter greifen mit ihren Knüppeln schnell ein und schaffen wieder Ordnung. Schließlich finden auch die Fremden freie Plätze – allerdings nicht, ohne der Staatsmacht einen festen Obolus zu entrichten.

Reis, Obst und Fisch sind die gefragtesten Waren, Bauchfleisch vom Krokodil gilt als Delikatesse. Gemüse existiert im Überfluss: Zwiebeln, Auberginen, Kürbisse und Gurken, Salz wird durch das Kochen von Meerwasser gewonnen. Aber es gibt noch viel, viel mehr zu kaufen als Lebensmittel, das Marktangebot ist vielfältig: Eisennägel, mit denen sich die Balken zwischen den Strohwänden der Häuser festklopfen lassen; Baumwollkleider und Sonnenschirme, Bastmatten und geflochtene Körbe, Bambusnetze und Holzkämme, Eisentöpfe und Kupferbecher. In einer gesondert bewachten Ecke des Marktes wird lautstark auch um das kostbare, weil in Kambodscha selbst kaum vorhandene, Gold und Silber gefeilscht. Für die Güter des gehobenen Wohlstands sind die Chinesen zuständig: Sie holen aus ihren mitgebrachten Truhen, Kisten und Säcken so begehrte Schätze wie knallrote Seidenstoffe aus Suzhou, pechschwarze Lackschalen aus Wenchou, smaragdgrüne Celadon-Porzellanschalen aus Tschuanchou; ferner Süßwasserperlen, Sandelholz, Salpeter – und Papier.

Mittagszeit. Um zwölf schließt der Markt, der wie an jedem anderen Tag schon um sechs Uhr früh aufgemacht hat. Es ist heiß geworden an diesem Tag, dem 13. November 1295. Zeit für eine Siesta.

Die Einheimischen ziehen sich in ihre Häuser zurück, die meist auf Stelzen gebaut sind, aus Holz und Bambus. Gedeckt sind sie mit Stroh. Nur hohe Beamte und Adlige dürfen in der strengen Hierarchie der Khmer-Gesellschaft Ziegel verwenden, Stein ist ein Material, das den Göttern und Königen vorbehalten bleibt. Wasser dagegen ist für alle da, es ist das Lebenselixier, das die Khmer lieben und sich teilen. Mehrmaliges Baden am Tag gilt als selbstverständlich. Fast jede Familie hat ihr eigenes Bassin, angeschlossen an die

Hütte. Ausgewiesene öffentliche Badehäuser existieren nicht, weil keiner sie benötigt. Auch wer nicht zu Hause planschen kann, findet ohne Probleme in einem der vielen Teiche zum erfrischenden Nass. »Männer und Frauen gehen nackt dort hinein; wenn jedoch Eltern oder ältere Personen baden, bleiben die jüngeren draußen, umgekehrt genauso. Wenn alle Badenden etwa gleich alt sind, werden die zeremoniellen Vorschriften aufgehoben. Die Frauen verbergen ihr Geschlecht mit der linken Hand, wenn sie das Wasser betreten. So einfach ist das!« (Ta-kuan) Anschließend legen sich die meisten Bewohner zum Mittagsschlaf hin, auf Matten, die im Schatten der Hütten ausgebreitet sind, oder auf flache, mit flauschigen Strohkissen abgefederte Bettgestelle, die neueste, aus China importierte Mode.

Auch bei den Khmer der Mittelklasse kocht die Hausfrau nicht selbst. Fast jeder Haushalt hat Bedienstete. Diese »Unfreien« stammen aus den Bergen, sie sind für die Angkor-Residenten Menschen zweiter Klasse. Auch die Sklaven werden auf dem Marktplatz gehandelt, allerdings diskret. Für einen jungen kräftigen »Chuang« (der Begriff für die Angehörigen der Bergstämme bedeutet auf Khmer zugleich »Wilde« oder auch »Straßenräuber«) müssen die Interessierten im »Materialien-Austausch« etwa hundert Kleidungsstücke ausgeben; schwächliche und ältere Bedienstete sind nur mehr 30 bis 40 Kleider wert. Die Chuang können das Haus ihrer Herrschaft nur auf Anfrage verlassen, sie hausen unter dem Boden der Hütten und dürfen die Wohnräume nur zur Arbeit betreten und nachdem sie sich im Niederknien verneigt haben. Wenn sie für etwas gescholten werden, neigen sie ihren Kopf und nehmen Schläge ohne jede Regung hin. Wer einen Ausbruchsversuch gewagt hat und wieder eingefangen wurde, muss sich ein blaues Zeichen auf die Stirn tätowieren lassen – so ist er für jedermann und immer als unzuverlässig gezeichnet. Sexuelle Beziehungen darf ein Bediensteter nur mit seinesgleichen unterhalten; immerhin ist es den Sklavenkindern erlaubt, die Herrschaften als »Vater« und »Mutter« anzureden. Sie gehören, wie unterdrückt auch immer, zur Familie.

Das Mittagessen besteht meist aus Reis, Gemüse und Fisch. Diese Grundnahrungsmittel werden über einer offenen Feuerstelle gegart, die scharfe Sauce aus säuerlichen Baumblättern und Lotusknospen bereiten die Frauen in einem Ofen. Alkoholische Getränke sind weit verbreitet. Angkor kennt vier verschiedene Weinsorten, die aus metallenen Kelchen getrunken werden. Essen ist eine fast heilige Handlung, erfordert alle Sinne und, zumindest um die Mittagszeit, auch höchste Konzentration. Feuchtfröhliche Gelage sind allerdings eine Seltenheit. Bei den Mahlzeiten, die auch Mittelklassefamilien auf dem Fußboden einnehmen – Möbel besitzen nur die wirklich Wohlhabenden –, wird wenig geredet. Die Angkorianer schöpfen Reis aus Kokosnuss-Schalen, essen von Bananenblättern, meist mit den Fingern. Nur für die Saucen gibt es Löffel, die aus Palmblättern geformt sind. In einem der Restaurants, die Besuchern Essen servieren, stöhnen die chinesischen Händler: Sie halten die Khmer nicht gerade für Gourmets, untereinander sprechen sie sogar von den »primitiven« Speisen Angkors; aber den Menschen aus dem Reich der Mitte gilt ja jede nicht-chinesische Küche als ungehobelt und zweitrangig.

Früher Nachmittag an diesem 13. November 1295. Die Chinesen und die anderen Händler aus den Provinzen des Khmer-Reichs versuchen sich in der sengenden Hitze zu entspannen, vertreiben sich die Zeit bei Mahjong-ähnlichen Brettspielen. Die Händler und anderen zugereisten Gäste können nur einen bestimmten Ausschnitt des Lebens in der Hauptstadt erfassen. Sie haben keinen Zugang zu den wirklich Reichen und Mächtigen der Stadt. Zu denen, die in der Regel über hundert Bedienstete beschäftigen; die ihre großzügigen Ziegelhäuser mit kostbaren Tiger- und Hirschfellen ausgelegt haben und sich stolz mit chinesischen Luxus-Importwaren schmücken; die Tische und Stühle benutzen; die rund um die Uhr Köstlichkeiten auf Gold-, Silber- und Celadon-Tabletts serviert bekommen. Die Angehörigen der Elite wissen, wo sie in der Rangliste von Angkor stehen. Aber das heißt nicht unbedingt, dass sie Vorurteile gegenüber Kranken oder Armen hätten.

Überall in der Hauptstadt leben Menschen, deren Körper von Geschwulsten gezeichnet, deren Finger und Zehen zu Stummeln deformiert sind. Sie werden nicht ausgegrenzt wie in anderen Teilen der Welt: Die Khmer wissen, dass auch einer ihrer Gottkönige an Lepra litt, sie zollen den Bedauernswerten Respekt. Und mache ihrer Monarchen waren in Sachen »Krankenversicherung« fürs Volk ihrer Zeit weit voraus. Etwa Jayavarman VII., von 1181 bis zum Jahr 1219 oberster Herrscher des Khmer-Reichs und Erbauer einiger der spektakulärsten Angkor-Tempel: Er ließ über hundert Krankenhäuser errichten. Ärzte und ihre Assistenten verabreichten den Patienten Kräuter gegen Fieberanfälle und Tinkturen, aus Kardamom und Pfeffer gemischt, gegen Hämorrhoiden. Nicht alles half. Aber dass sich ein Herrscher so um das Wohlbefinden seines Volkes sorgte, fand hohe Anerkennung. »Unter den Gebrechen seiner Untertanen litt er mehr als unter seinen eigenen. Und so soll es sein: Der Schmerz des Volkes ist der Schmerz der Könige«, heißt es anerkennend (und sicher etwas PR-mäßig übertrieben) in einer Tempelinschrift.

Es ist sechs Uhr nachmittags an diesem 13. November 1295. Die Sonne verliert langsam etwas von ihrer erdrückenden Kraft, die Schatten werden länger, der Abend naht. Die feinen Damen von Angkor machten sich zurecht fürs Ausgehen, zum Sehen und Gesehenwerden. »Für die korpulenten Edelfrauen ebenso wie für die eleganten jungen Mädchen ist die Toilette das wichtigste Ereignis des Tages. Stundenlang sitzen sie mit ihren Spiegeln da, während Dienerinnen sie schminken und das Haar mit Palmöl salben, es ordnen und dann wie einen Heiligenschein um das Gesicht schlingen, wenn sie es denn nicht mit goldenen Nadeln zu einem Knoten vereinigen.« (Giteau) Kahlgeschorene Mädchen auf den Straßen sind sofort als Dienerinnen zu erkennen.

Als vornehm gilt die Blässe der Haut, die mit Puder betont wird. Aber auch an anderen Äußerlichkeiten lässt sich die soziale Hierarchie erkennen: »Entscheidend ist, welches Tuch sich die Einwohner um die Hüften legen« (Holst) und wie sie in der Öffentlichkeit auftreten. Minister, Generäle und Sternenkundige stehen ganz oben auf der Rangleiter. Die höchsten Staatsdiener dürfen Sänften mit goldenen Schäften benutzen, mittlere Beamte werden auf einfachen Holzsänften durch die Stadt getragen. Vor allem aber unterscheidet der Stoff – und der Sonnenschirm: Prinzen und Adlige tragen Seidenkleider mit Blumenmustern, die Rangniederen müssen sich mit einem einfachen Blumenmuster begnügen. Top-Funktionäre lassen sich von Schirmen mit Goldgriffen beschützen; mittlere Ränge halten die Sonnenstrahlen mit silberbeschlagenen Schirmen ab; die Beamten der dritten Klasse können sich nur noch farblich vom gemeinen Volk unterscheiden. Ihre Sonnenschirme sind aus rotem chinesischen Taft gefertigt, mit zum Boden fallenden Volants.

Die frühen Abendstunden sind auch die Zeit, die Toten zu bestatten, die Zeit, die Neugeborenen zu bestaunen und die Jugendlichen ins Erwachsenendasein einzuführen. Während die Sonne über den Zuckerpalmen und Würgefeigenbäumen untergeht, zieht eine Trauerprozession durch die Straßen von Angkor, hinaus aus der Stadt, an einen möglichst einsamen Ort. Der Tote wird nicht in einen Sarg gelegt, sondern auf einer Bastmatte zur letzten Ruhestätte getragen, in seinen Festtagskleidern. Die Angehörigen schwenken Fahnen oder verteilen von zwei mitgetragenen Kochplatten aus gebratenen Reis unter den Passanten, Musikanten trommeln. Man lässt die Toten für die Tiere zurück – und sieht nach einigen Tagen noch einmal nach ihnen. Haben Geier und wilde Hunde ganze Arbeit geleistet und den Kadaver schon weitgehend verschlungen, ist das gut: Ein Mensch, so sagt man, bei dem das so schnell gegangen ist, hat viele Verdienste erworben. Wird das Fleisch von den Tieren hingegen nicht angetastet, gilt das als böses Omen und als ein Zeichen für Fehlverhalten im früheren Leben.

Wie nahe Freud und Leid beieinander liegen, zeigt sich auch in den Abendstunden des 13. November 1295. Der Trauergemeinde mit ihrem klagenden Tremolo begegnet in den Straßen von Angkor eine fröhlich feiernde Familie: Ihr wurde eine Tochter geboren. Mädchen zählen in der Khmer-Gesellschaft genauso viel wie Jungs, und die Glücklichen, die ihre Nachricht von der Geburt der Kleinen herausschreien, werden mit guten Wünschen überhäuft. »Möge die Zukunft ihr hundert, tausend Ehemänner bringen«, heißt der Standardspruch.

Andere Eltern bereiten in der einsetzenden Dunkelheit die Zeremonie der Defloration für ihre elf- bis zwölfjährigen Töchter vor. Sie haben einen Priester ausgewählt, einen Buddhisten oder

Daoisten ihrer Wahl, dem sie die Mädchen anvertrauen. In einem Pavillon, behängt mit glänzender Seide und bespielt von einer Musikband, trifft der Priester mit den jungen Damen zusammen – und entjungfert sie hinter dem Vorhang. Die Eltern müssen ihre Töchter mit Geschenken »zurückkaufen«. Sie dürfen sie dann, auf Sänften gebettet, mit nach Hause nehmen. Jetzt ist der Zeitpunkt gekommen, ab dem die Mädchen nicht mehr mit den Eltern zusammen in einem Zimmer schlafen müssen. Den Entjungferten mag die Zeremonie Schmerz und Demütigung zugefügt haben. Aber sie besitzen die Freiheit, sich künftig auch auf eigene Faust in der Stadt umzusehen und Bekanntschaften mit Jungen zu schließen.

Acht Uhr abends in Angkor. Noch in den letzten Minuten hat lautes Hämmern und Klopfen die Straßen durchdrungen, wurde geschmiedet und lackiert. Die Weber und die Bildhauer versuchten sich mit ihrem abendlichen Fleiß zu übertrumpfen: jeder Handwerker, jeder Künstler in seiner eigenen, von den Kollegen getrennten Werkstatt. Jetzt aber ist Ruhe. Jetzt ist Zeit für geistige Einkehr. Jetzt gilt es für Fremde wie für Einheimische, sich dem magischen Zentrum des Reiches zu nähern, einen Blick auf den Gottkönig des Khmer-Reiches und seine Entourage zu erhaschen. Und für das weitere Gedeihen des Khmer-Reichs zu beten und zu opfern.

König Srindravarman ist erst Anfang dieses Jahres 1295 an die Macht gekommen. Er ist der Schwiegersohn des früheren Herrschers. Man munkelt in der Stadt, er habe den traditionellen Thronfolger, den Erstgeborenen, mit Hilfe seiner Ehefrau ausgestochen und das traditionelle Goldene Schwert, das Amtssiegel, heimlich entwendet. Wie immer er auch an die Macht kam, das Volk mag seinen Monarchen. Denn er hat mit einem Brauch seiner Vorgänger gebrochen. Während sich die großen Khmer-Könige wie Rajendravarman VII. (944 bis 986 an der Macht, Erbauer der Banteay Srei-Tempelanlage), Udayadityavarman II. (1050 bis 1066, Erbauer des Baphuon), Suryavarman II. (1113 bis 1150, Erbauer des Angkor Wat) und Jayavarman VII. (1181 bis 1219, Erbauer von Angkor Thom und Ta Prohm) trotz einiger sozialen Wohltaten als unnahbare Gottkönige verstanden, gibt sich der neue Herrscher volksnah. Er hängt nicht mehr wie sein Vorgänger dem traditionsbeladeneren Mahayana-Buddhismus an, sondern der Theravada-Variante der Religion. Deren Anhänger streben vor allem die eigene Erleuchtung an. Deshalb zeigt sich der König häufig seinem Volk, er verlässt seinen Palast zu einem kurzen Gebet und gibt nach seiner Rückkehr im Thronsaal gelegentlich auch öffentliche Audienzen. Wann genau, das wird nicht angekündigt, als Vorsichtsmaßnahme. Aber die Neugierigen scheinen über besondere Informationskanäle zu verfügen. Und so spricht sich herum, dass es an diesem Abend des 13. November 1295 wieder soweit sein soll. Alles strömt zum Bayon.

Der pyramidenförmige Bau, den Fackeln in ein unheimliches Licht tauchen, ist in der Vorstellung der Khmer die Heimat der Götter, der Sitz ihrer Könige und die Achse der Welt. Seine Umfassungsmauern stehen für die Gebirgsketten, die das bekannte Universum begrenzen; jenseits davon toben in der Vorstellungswelt der damaligen Khmer nur noch die Ur-Ozeane. Unter dem Dach des riesigen Tempels mit seinen Galerien und Gängen, Türmen und Treppen wohnen der Legende nach die Gottheiten und verschmelzen so mit ihren irdischen Stellvertretern. Aber dieser König des ausgehenden 13. Jahrhunderts ist »modern«. Er hört nicht nur auf göttliche Stimmen, sondern auch auf seine irdischen Ratgeber, die Mönche, die Sternendeuter, die Spitzenbeamten. Gibt es Warnsignale, die gegen seine Ausfahrt sprechen, wird er seinen Palast nicht verlassen. Heute Nacht gibt es keine solchen Zeichen.

Ein Raunen geht durch die Menschenmenge. Die Palasttore öffnen sich. Das Erste, das man sieht, sind Soldaten, deren Hellebarden im Feuerschein schimmern. Dann die Flaggenträger und die Musiker, mit ihren Tamburinen und Trommeln. Als Nächstes die Dienerinnen, wohl an die 300 der insgesamt 2000 im Palast schreiten feierlich durch die Straßen, mit Blumen in den Haaren und Kerzen in den Händen. Noch einmal eine Reihe junger Damen, die rituelle Gold- und Silbergefäße schwenken. Als Nächstes die Palastwachen, die Schilder und Lanzen halten. Gefolgt werden sie von den Triumphwagen der Minister und Prinzen, die von Pferden gezogen werden, mit scharlachroten Sonnenschirmen als Zeichen von Prestige und Macht. Dutzende der 3000 Konkubinen, die dem

Herrscher dienen, sowie seine fünf offiziell angetrauten Ehefrauen, sind als Nächstes an der Reihe. Und dann, endlich: Er. Jubel brandet auf, als die Untertanen den Herrscher sehen, aufrecht auf einem Elefanten stehend, in einer Hand das goldene Schwert, Insignium seiner Macht. Es ist ein eindrucksvoller Anblick, »der Elefant, mit goldumhüllten Stoßzähnen, wird durch Träger von 20 weißen Sonnenschirmen mit Goldgriffen begleitet« (Ta-kuan). Wer den Monarchen erblickt hat, sollte sich niederknien und die Erde mit seiner Stirn berühren. Lässt er es an dieser Ehrerbietung fehlen, kann ein alles beobachtender Zeremonienmeister sehr ungemütlich werden. König Srindravarman und sein Gefolge zieht es zu einer nahe gelegenen Pagode, vor der eine goldene Statue Buddhas steht.

Hier, beim Zwiegespräch von Monarch und Stellvertreter, haben nur engste Vertraute Zugang. Nach einer halben Stunde erscheint der Herrscher wieder und kehrt auf dem gleichen Weg zum Palast zurück. Neun Uhr abends, es werden kleine Erfrischungen gereicht. Der Terminplan muss eingehalten werden: Es ist Zeit für die Audienz. Die am Tag vorher bestimmten Bittsteller dürfen auf dem Boden im Palast Platz nehmen, der Monarch bleibt hinter einem Vorhang verborgen. Bläser mit Muschelschalen kündigen schmetternd den Auftritt des Herrschers an. Die Anwesenden sehen am Fenster nur den Kopf des Monarchen, der mit einem Diadem geschmückt ist, um den Hals trägt er eine Perlenkette. Dass er auf einer Löwenhaut sitzt, glauben manche der Anwesenden mit »Palastverbindungen« zu wissen. Gesehen hat das noch keiner, ebenso wenig wie das rote Henna, das angeblich seine Fußsohlen bedeckt.

Zuerst werden Staatsangelegenheiten verhandelt, dann geht es um Fragen des täglichen Rechts. Ganz gleich ob Mord oder Diebstahl oder Streit unter Nachbarn, nach einem kurzen Murmeln – der Herrscher, so heißt es, hole sich göttlichen Rat ein – fällt der Urteilsspruch. Wer etwas gestohlen haben soll, muss die rechte Hand in siedendes Wasser tauchen. Er gilt als überführt, wenn sich die Haut sofort ablöst, als unschuldig, wenn dies nicht gleich der Fall ist. Manche Delinquenten verurteilt Srindravarman zu drakonischen Strafen, etwa der Amputation eines Fußes oder auch der Nase. Ehebruch oder Glücksspiel gelten als lässliche Delikte. Immerhin darf der gehörnte Ehemann seinem Rivalen die Füße zwischen zwei Holzschienen quetschen lassen und – je nach Häufigkeit und Intensität des Fremdgehens seiner Frau – dem Liebhaber auch dessen Vermögen abnehmen. Bei besonders schweren Vergehen wie bei Mord verhängt der König die Todesstrafe. Der Delinquent wird weder geköpft noch stranguliert, sondern in einer eigens jenseits des Westtors außerhalb der Stadt ausgehobenen Grube bis zum Kopf eingegraben und dann gesteinigt. (Eine besonders brutale, barbarische, allerdings auch heute noch in einigen islamischen Staaten wie dem Iran nicht abgeschaffte Strafe.)

Ende der Audienz. Nun senkt sich die Nacht über Angkor, über die Teiche und Dammwege, über das strohbedeckte Häusermeer zwischen den Tempeln, das sich bis zum Horizont erstreckt. Einige junge Leute vergnügen sich noch bei Ballspielen, bei denen es darum geht, möglichst viele Treffer in einem hochgehängten Korb zu versenken. Die Frauen eilen zum Abendessen nach Hause, die Männer diskutieren, an den Straßenecken zu Grüppchen versammelt, noch heftig: Sie sind in der Khmer-Gesellschaft dieser Zeit hauptsächlich zuständig für Tratsch und Gerüchte. Einige wichtigtuerische Beamte in Seidenstoffen ziehen sich an der Seite kahl geschorener, in Safrangelb gekleideter Mönche zur Verfertigung des abendlichen Protokolls zurück. Sie schreiben auf schwarz eingefärbtem Pergament aus Hirschhaut.

Viele Pilger aus weiter Ferne, aber auch zahlreiche Einheimische wollen noch nicht nach Hause gehen. Sie zieht es zu einer Abendandacht zum Tempel aller Tempel, dem Angkor Wat, in den Südteil der Stadt, in die Nähe des großen Tores. Dorthin, wo sich etwa um das Jahr 1150 der große König Suryavarman II. begraben ließ. Priester rezitieren auf den Treppen des Heiligtums fromme Texte. Sternenkundige murmeln etwas von Prophezeiungen. Gelehrte und Schüler notieren mit einem kreideähnlichen Pulver das Wichtigste mit. Aber die Menschen sind nicht nur gekommen, um zuzuhören. Sie wollen auch selbst etwas beitragen. Sie opfern Tücher und Reis, Honig und Früchte, um die Götter milde zu stimmen – gleichgültig, ob es hinduistische Heilige sind, zu denen sie flehen, buddhistische höhere Wesen oder die Ahnengeister. Die Religionen vermischen sich, ergänzen sich. Aber da ist noch etwas, was die Menschen an diesem Abend zusammengebracht hat, Spannung liegt in der Luft. Sollen sich die Ungläubigen und Ahnungslosen schon in die Moskitonetze hüllen und dem nächsten Tag entgegendämmern: Sie wissen nicht, was sie noch versäumen werden. Denn für all diejenigen, die ihre Rituale kennen, ist es klar, dass an diesem 13. November 1295 in Angkor noch etwas Besonderes, etwas Spektakuläres passiert.

Fast jeden Monat im Jahr wird in der Kapitale der Khmer ein Fest gefeiert. Im fünften Monat etwa werden die Buddha-Figuren gereinigt und anschließend lassen die Menschen Heiligenfiguren aus Pappmaché unter Kerzenschein über die Teiche schwimmen; im sechsten Monat findet ein Bootsrennen statt, eine große Gaudi, bei der nicht nur die schnellsten, sondern auch die am schönsten geschmückten Schiffe prämiert werden; im siebten Monat ist das große Reis-Festival an der Reihe, da dünsten und braten die Frauen und verteilen ihre möglichst raffinierten Gerichte unter den Männern, lassen sich kokett für ihre Fähigkeiten preisen; in Monat acht gehört alles dem Tanz, dem »ai-lan«, in dem sich die Paare im Kreise drehen, begleitet von blutigen Wettkämpfen zwischen aufgehetzten Keilern und wütenden Elefanten. Doch das Fest zum Ende der Regenzeit, im November veranstaltet, das schlägt alle anderen. Es ist ein Freudenfest, gekrönt von einem spektakulären Feuerwerk.

Schnell sind die Holzgerüste am Rande des Angkor Wat hochgezogen, zwischen Wächtern mit Affengesichtern, Wassermonstern, Folterern auf den Reliefs, die ihren dürren Gegnern Nägel in den Körper treiben und so gar nichts gemeinsam zu haben scheinen mit der ebenfalls abgebildeten Gegenwelt der lieblichen Apsara-Tänzerinnen. Das Spektakel zum Ende der Regenzeit ist gesponsert. Reiche Familien, unmissverständlich vom König zu Spenden aufgerufen, haben das Wunder finanziert und warten nun gespannt mit dem gemeinen Volk, ob auch alles funktioniert. Die mächtigen Feuerwerkskörper, »so groß wie Schwenkwaffen« (Ta-kuan), werden auf den Spitzen von Stöcken montiert – und dann unter begeisterten Rufen der Bevölkerung, unter lauten Ahs und Ohs, gezündet. Zischend steigen die Raketen in den Nachthimmel und tauchen die Szenerie in grelles, künstliches Licht, das wohl an die 20 Kilometer weit zu sehen ist. Explosionen erschüttern die ganze Stadt, sie vibriert. Nichts ist wie dieses Angkor, werden die Gäste später, nach ihrer Rückkehr in China oder in der kambodschanischen Provinz, tief beeindruckt erzählen. Und stolz gehen die Bürger der Hauptstadt einmal mehr an diesem Abend nach Hause – sie wissen sich am Mittelpunkt der Welt, in der lebenswertesten Kapitale ihrer Zeit.

Es ist kurz vor Mitternacht, der 13. November 1295 neigt sich seinem Ende entgegen. Ob vielleicht einige der Khmer schon damals ahnen, dass ihre Stadt, ihr Reich, den Höhepunkt erreicht, vielleicht sogar schon überschritten hat? Und wie kam es zum Niedergang, so geheimnisvoll und so gewaltig wie der Aufstieg des Khmer-Reiches? Was ließ die größte vorindustrielle Stadt der Welt, dieses Wunderwerk von Kanälen und bewässerten Reisterrassen, so sang- und klanglos von der Bildfläche der Weltpolitik verschwinden?

Ein Rempler bringt mich zurück in die Gegenwart, freundlich zwar, aber nichtsdestoweniger erschreckend, weil spürbar aus dem Heute, aus dieser Welt. Ein strahlendes Lächeln. Wasser. Der Mönch mit dem Fahrrad hat tatsächlich zwei Flaschen Wasser aufgetrieben und zum Ta-Prohm-Tempel gebracht, wo ich – in Bücher vertieft, in Gedanken versunken an diesem Novembertag 1980 – nun wohl schon stundenlang auf einer großen Wurzel sitzend ausgeharrt habe. »You are okay, Mister?«

Vielleicht war schon Ta Prohm, Anfang des 13. Jahrhunderts fertiggestellt, der Wendepunkt; womöglich überforderte der letzte der aufwändigen und verschwenderischen Prunkbauten der Khmer-Könige die Staatskasse, hielt die Arbeiter von Diensten ab, die für das Gemeinwesen wichtiger, ja überlebensnotwendig gewesen wären. 80 000 Menschen sollen bei der Entstehung des Klosterkomplexes mitgewirkt haben; 12 000 Bedienstete bewachten und unterhielten die Gebäude, 2700 Mönche und 615 Tänzer lebten hier permanent. Zur Verschwendungssucht kamen wahrscheinlich menschengemachte und natürliche Umweltkatastrophen hinzu. Der extreme und stets steigende Bedarf der hydraulischen Großstadt erforderte, dass immer mehr Waldflächen gerodet und in bewässerte Felder umgewandelt werden mussten; massive Probleme wie das Auslaugen des Oberbodens und Erosion könnten die Folge gewesen sein. Die »kleine Eiszeit«, die Meteorologen im 14. und 15. Jahrhundert ausmachten und die fast alle Monsunregen dieser Ära ungewöhnlich schwach ausfallen ließen, könnte zu einer zunehmenden Nahrungsmittelknappheit beigetragen haben. Und dazu gesellte sich die hohe Geburtenrate: Das Erfolgsmodell Angkor zog immer mehr Menschen vom Land an, ließ die Familien in prosperierenden Zeiten beliebig wachsen. Alle diese Faktoren trugen wohl zum rasanten Abstieg Angkors bei. Erschwerend hinzu kam eine Abfolge schwacher, saturierter Herrscher, die sich durch ihre Zuwendung zur Theravada-Spielart des Buddhismus zunehmend nach innen kehrten; die das individuelle Glück für sich und ihre Untertanen, die persönliche Bereicherung, dem Wohlergehen des Gemeinwesens voranstellten.

Was immer sich da auch über Angkor zusammenbraute, es erwies sich als eine fatale Mischung. König Srindravarman konnte sich zwar noch gegen Angreifer behaupten, regierte bis zum Jahr 1308. Doch seine Nachfolger richteten gegen die erstarkten Siamesen nicht mehr viel aus. 1369 fiel Angkor erstmals gänzlich in die Hände der Feinde aus dem heutigen Thailand. Zweimal noch ist es den Khmer-Herrschern gelungen, die fremden Heere zu vertreiben. Doch dann, zu Beginn des 15. Jahrhunderts, musste die Kapitale am Tonle Sap endgültig aufgegeben werden. Die Könige zogen sich in den Süden zurück, in ein neues Machtzentrum am unteren Mekong; Phnom Penh wurde Hauptstadt, aber sah sich bald ebenfalls vom Nachbarn im Osten, den aggressiven Vietnamesen bedroht. Die Tempel von Angkor verfielen nach und nach, versanken im Dunkel der Geschichte.

Das Reich der Khmer geriet in den Zangengriff der Nachbarn, interne Streitigkeiten beschleunigten seinen Niedergang. Und dann kamen auch noch neue Mitspieler: die Europäer, zuerst die Portugiesen, dann die Franzosen. Die fremden Kolonisatoren fanden spätestens im 19. Jahrhundert kein unabhängiges Khmer-Reich mehr vor; Thais und Vietnamesen hatten sich Kambodscha weitgehend einverleibt. Sie machten aus dem einst so stolzen Land einen Vasallenstaat, dem sie auch kulturell ihre Hoheit aufzwangen (was entscheidend zum späteren und bis heute noch so deutlich spürbaren Hass auf die Nachbarn beitrug). Für die Franzosen hingegen war Kambodscha in Indochina immer ein Nebenkriegsschauplatz, und das oft im wahrsten Sinn des Wortes. Ihr Hauptinteresse galt Vietnam, und deshalb taten sie für die Entwicklung des Landes, das sie 1863 unter ihren »Schutz« stellten, nicht mehr als unbedingt nötig.

Und die Franzosen holten alles für sich heraus, was möglich war: Sie diktierten dem schwachen lokalen König Norodom (1859 bis 1904) einen Vertrag, der Paris das Recht einräumte, die Bodenschätze des Landes nach Belieben auszubeuten. Die Chinesen, die schon Jahrhunderte vor den Franzosen den Handel in Kambodscha entscheidend mitbestimmten, wurden von den Kolonialherren kaum behelligt. Es kam zu lokalen Aufständen, die von der Kolonialmacht brutal niedergeschlagen wurden. Paris war schockiert über diese Gegenwehr der Einheimischen, die Kambodschaner hatten ihnen bis dahin als zu träge und individualistisch, als zu »sanft« gegolten, um sich zu organisieren oder gar mit protestierender Gewalt zuzuschlagen – womöglich haben sich damals die ersten weitsichtigen Denker in Europa gefragt, ob sie wirklich alles über Indochina, die Bedürfnisse der dortigen Völker, ihren »Nationalcharakter« wussten und die politischen Verhältnisse richtig einschätzten. Die Franzosen zwangen jedenfalls den Monarchen, die Rebellen zur Kapitulation aufzurufen. Norodom sank in den Augen seiner Landsleute noch tiefer, als er den Franzosen unter Zwang sogar die Besetzung aller entscheidenden Verwaltungsposten gestattete – und die Europäer sich dafür hauptsächlich Vietnamesen aussuchten, deren Abneigung gegen die lokale Bevölkerung sie sehr wohl gespürt hatten: Divide et impera.

Auf Norodom folgte ein König namens Sisowath (1904 bis 1927), und auf den dann ein Monarch namens Monivong (1927 bis 1941), sein Sohn, ebenbürtig in Schwäche. Sie wurden für ihre Willfährigkeit gegenüber der Kolonialmacht von Paris mit der prunkvollen Ausstattung des Palastes, großzügigen Apanagen und jeder Menge Opium versorgt. Das Volk litt währenddessen unter der zunehmenden Steuerlast und unter den mangelnden Aufstiegschancen. Die einzigen Bildungseinrichtungen waren die Klöster. Nur eine Handvoll Kambodschaner erhielt eine Universitätsausbildung, und das meist in Saigon. Erst im Jahr 1936 hat in Phnom Penh eine Hochschule eröffnet, das Lycée Sisowath. Langsam erwachte damals ein nationales Selbstbewusstsein. Es wurde auch unterstützt durch die Gründung einer unabhängigen Zeitschrift, die zwar einige erste nationalistische Töne enthielt, aber damals noch keinen antifranzösischen Zungenschlag riskierte. Ihr Name ist sicher kein Zufall: *Angkor Wat*.

Wer sich gegen die Kolonialmacht mit Gewalt auflehnte, musste mit harten Strafen rechnen. Standrechtliche Erschießungen, wohl auch Praktiken in der Art, wie sie die Kolonialmacht Frankreich später in Algerien angewendet hat bis hin zur Folterung von Genitalien – das alles dürfte in den Gefängnissen von Phnom Penh vorgekommen sein. Empfanden die unterdrückten Khmer die Brutalität der Fremden als Fortsetzung dessen, was sie von ihren früheren Herrschern kannten? Sind die durchbohrten, zerstückelten, im Feuer verbrennenden Menschen, dokumentiert auf den Flachreliefs von Angkor, Vorboten der Verrohung, die sich in den Taten der Kolonialmacht fortsetzte und die dann in den Blutrausch der Roten Khmer, in den Völkermord an der eigenen Nation mündete? Sind sie Ausdruck einer »normalen« mittelalterlichen Bestrafungs- und Verfolgungspraxis, wie sie sich im Europa der Hexenverbrennungen und Inquisition nicht minder brutal manifestierte?

Oder ist das, was die Schergen des Pol Pot auf den Killing Fields und in den Foltergefängnissen wie Tuol Sleng mit ihrer grausamen Vernichtungsmaschinerie selbst an Babys und Greisen anrichteten, von einer anderen Dimension, von einer, die nur noch mit Auschwitz und Treblinka in einem Atemzug zu nennen ist?

Mein kambodschanischer Begleiter schreckt mich aus meinen Gedanken. Ich weiß erst nicht, was er will. Immer wieder, immer heftiger zeigt er auf mein Handgelenk und dann hinauf zum Himmel. Dann begreife ich: Er macht sich Sorgen, dass die Sonne untergeht, dass auf die rätselhaften Steingesichter und die liebreizenden Tänzerinnen des Tempels Ta Prohm, so viele im strangulierenden Griff der Wurzeln von Würgefeigen, kein Licht mehr fällt, dass meine Armbanduhr schon fünf Uhr nachmittags zeigt. Er hat Recht: Es ist Zeit, Angkor zu verlassen. Gut, dass ich einen Führer habe, der mich auf seinem Fahrrad kenntnisreich durch die überwucherte Dschungellandschaft navigiert. Hinüber zur schlaglochübersäten Straße, die ins Städtchen Siem Reap führt. Dorthin, wo ich mich mit meiner gut bezahlten vietnamesischen Schutztruppe verabredet habe.

Die Militärs mögen mich nicht besonders zuverlässig vor Landminen schützen, die unter Brücken versteckt sind, aber als ich sie an diesem Novemberabend 1980 wiedersehe, überkommt mich doch ein Gefühl der Erleichterung. Ein letzter Blick zurück zu den Tempeln, die jetzt nur noch in Umrissen zu erkennen sind, Scherenschnitte im Schatten, Fledermäuse in der Ferne. In einigen Stunden patrouillieren hier womöglich die Roten Khmer.

Die Alpträume aus der Vergangenheit mischen sich mit der Hilflosigkeit in der Gegenwart. Die Soldaten bringen mich an diesem Abend zu einem Militärlager inmitten der Garnisonsstadt Siem Reap. Sie vertrauen den Einheimischen nicht, verdächtigen sie, tagsüber mit ihnen zu kooperieren und nachts in die umliegenden Dörfer zu verschwinden und den neu gruppierten Roten Khmer Informationen zu liefern. Die Vietnamesen verlassen ihre Kasernen nicht und raten auch mir von einem abendlichen Rundgang ab. Doch einige Schritte muss ich tun, um mir von der Situation im »neuen« Kambodscha ein Bild zu machen. Was für ein niederschmetternder Gegensatz zu dem, was ich von der Größe und Pracht der einstigen Khmer-Kapitale gesehen habe, was wir von ihrem Leben, ihren sozialen Errungenschaften, ihren eindrucksvollen Festen wissen.

Siem Reap, dort gelegen, wo wohl das unendliche Häusermeer der Millionenstadt Angkor noch hingereicht hat, ist im Jahr Zwei nach dem Sturz der Steinzeitkommunisten ein trostloser Ort.

Feuer werfen ein fahles Licht auf kleine Märkte, an denen Menschen ihre kümmerlichen Waren tauschen: Gemüse, Kleiderfetzen, ein paar Hühner, auch erlegte Ratten, die wohl als Ersatz für anderes Fleisch in den Kochtöpfen landen. Halbnackte Kinder spielen zwischen Bergen von Abfall. Wo einst Pagoden standen, liegen nur noch Scherben zerbrochener Buddha-Köpfe. Ein alter Mann flüstert mir auf Französisch zu, ich könnte »für hundert Dollar« auch einen antiken Khmer-Kopf haben, sein Freund besitze eine Motorsäge und beste Beziehungen und scheue sich nicht, nachts zum Angkor Wat, zum Preah Khan oder zum Ta Prohm oder zu einem anderen Tempel meiner Wahl zu gehen. Für ein paar Dollar mehr auch hinüber zur 30 Kilometer entfernten Roluos-Gruppe und zum Banteay Srei, »dem Höhepunkt unserer Kunstwerke und zur Zeit noch kontrolliert von den Roten Khmer…« Er ist enttäuscht über meine Absage, wirft dann die Hände nach oben. So, als wolle er sagen: Selber schuld, es werden noch genug andere kommen, die interessierter sind am Ankauf unserer Schätze.

Nach einer unruhigen Nacht, gelegentlich unterbrochen von fernen Schüssen, brechen wir im Morgengrauen auf und fahren zurück nach Phnom Penh. Keine Panne, alles läuft diesmal glatt. Der Offizier verteilt einige kleinere Scheine aus dem Honorar an seine Soldaten, den Rest behält er wohl selbst. Oder er teilt mit seinem Boss, der den Trip und das Abstellen der Fahrzeuge hat genehmigen müssen. »Angkor, très bon«, sagen die vietnamesischen Militärs zum Abschied und halten die Daumen nach oben, als hätten sie die Tempel selbst gebaut. »Ah, Sie waren in Angkor«, sagen meine kambodschanischen Gesprächspartner in Phnom Penh und über ihre sonst so ernsten Gesichter huscht ein stolzes Lächeln, als teile man nun ein Geheimnis mit ihnen.

Ich weiß damals im Jahr 1980, dass ich wiederkommen werde, dass ich Angkor wiedersehen muss. Und es lässt sich trotz Khmer Rouge und anderer Hindernisse ahnen: Diese Weltsehenswürdigkeit wird eines Tages auch dem internationalen Tourismus zugänglich sein. Dass sich Angkor eine Generation später zu einem der begehrteste Reiseziele der Welt entwickeln wird, dass eine boomende, weit über Hunderttausend Einwohner zählende Stadt Siem

Reap im Jahr 2009 durch Direktflüge mit Bangkok und Singapur, Tokio und Hanoi, Ho-Tschi-minh-Stadt und Vientiane verbunden sein wird, dass eine Laser-Show Angkor Wat zur Silvesterfeier in den Morgenstunden des ersten Tages im neuen Jahr in alle Regenbogenfarben tauchen wird und man sich um die 60-Dollar-Plätze zur Lightshow am Tempel regelrecht balgen muss – das habe ich nicht einmal im Ansatz geahnt. Eher schon, dass aus dem »Antiquitätenhändler« von damals ein reicher Mann werden wird, der die Tempelköpfe höchst lukrativ an Schwarzmarkthändler verscherbelt.

Angkor war, ist und bleibt Kristallisationspunkt kambodschanischer Träume und Karrieren, Stolz der Nation, Ort der Identifikation. »Der Wissende betrachtet das Leben als ein flackerndes Licht, bewegt von einem heftigen Wind«, steht an einer seiner Tempelwände. Ob man dies als ein Menetekel für Rote-Khmer-Massaker, als eine Warnung für kommende Generationen auffassen muss oder kann, erscheint mir höchst zweifelhaft, aber es ist für Interpretationen offen – jeder kann es selbst entscheiden. Für Pol Pot war Angkor jedenfalls das letzte, das einzige verbliebene Tabu. Warum das so ist, kann womöglich noch am ehesten eine Spurensuche in seinem Leben erklären, eine Recherche zu seinem Werdegang einschließlich seiner prägenden Zeit als Student in Paris, ein Besuch bei seinen verbliebenen Weggefährten – und bei seinen Verwandten. Es soll einen Bruder geben, der in einem Dorf am Tonle Sap lebt, sagen schon damals die Gerüchte. Und später kommt noch eine Information dazu: Auch Pol Pots zweite Frau lebe noch, es gebe eine gemeinsame Tochter.

Es müsste sich lohnen, diesen Information nachzugehen, die Menschen im Umfeld des schrecklichen kambodschanischen Schicksalsgottes zu treffen. Aber vorher möchte ich noch den Mann kennenlernen und interviewen, der an vorderster Front und so tragisch mit dem Aufstieg und der Herrschaft der Roten Khmer verstrickt ist. Den Mann, der 1941 zum König ausgerufen wurde und – neben dem Massenmörder Pol Pot – zur zweiten prägenden Gestalt des neuzeitlichen Kambodscha wurde: Norodom Sihanouk.

Er war 19 damals, als ihn die Franzosen auf den Thron hievten, vorgezogen anderen, für das Amt näher liegenden Kandidaten aus der königlichen Familie. Die Herren in Paris trafen diese Entscheidung bewusst, weil sie sich von dem jungen Mann, besser bekannt für seine Kenntnisse des Nachtlebens als für ernsthafte politische Ambitionen, keine eigenständigen oder gar antikolonialistischen Gedanken erwarteten. Weil sie sich sicher waren, einen weiteren pflegeleichten Satrapen, einen Schwächling an ihre Seite geholt zu haben.

Doch von wegen Schwächling – sie werden diese Entscheidung in Paris noch oft bereuen. Norodom Sihanouk erweist sich als ein äußerst cleverer, gewiefter, weitsichtiger Politiker. Als eine eindrucksvolle, schillernde, aber letztlich auch als eine tragische Gestalt.

DRITTES KAPITEL

DER KÖNIG

»Bin ich nicht der einzig vorzeigbare Kambodschaner?«

Die Einladung ist nobel, auf feinstes Büttenpapier gedruckt. »Seine Majestät freut sich, Sie zu einer Audienz in Peking begrüßen zu dürfen«, steht da unter dem Datum des 16. März 1981, Absender handgeschrieben: »Norodom Sihanouk, Le Roi du Cambodge«.

Endlich. Das ist die lang erwartete, ersehnte Nachricht von dem Mann, der Kambodschas neuere Geschichte geprägt hat wie kein anderer, von vielen Khmer geliebt, geradezu angebetet, von einigen wenigen bis aufs Blut gehasst und verfolgt. Ein Mann der in sich vereinigten Gegensätze: Playboy und Politprofi, Träumer und Tatmensch, überraschend gewiefter Kämpfer für die Unabhängigkeit seines Landes und gleichzeitig sein berühmtester, durch und durch exzentrischer Filmemacher, Chansonnier und Dichter. Jahrzehntelang schillernder Staatsmann unter den Großen der Welt, cleverer Schaukelpolitiker zwischen Ost und West, auch bei Niederlagen nie abzuschreiben. Ein Stehaufmännchen, das sich und die Nation stets gleichgesetzt hat, Symbol für das, was sich in Kambodscha an Positivem und Negativen kombinieren kann. Einer, der meist allein und auf eigene Rechnung handelte, aber manchmal in besonders tragischen, weil von Hoffnung getragenen Zeiten, auch an der Seite des grausamen Khmer-Rouge-Chefs Pol Pot stand. Seinem Gegenspieler, den er wegen seiner gnadenlosen Durchsetzungsfähigkeit bewunderte und den er gleichzeitig verabscheute, weil dieser Pol Pot ein Dutzend seiner Familienmitglieder, darunter Söhne und Töchter und auch einige der königlichen Lieblingsnichten, hinrichten ließ.

Norodom Sihanouk: das Quecksilber-Thermometer einer Nation mit Ausschlägen von himmelhoch jauchzend bis zu Tode betrübt. Ein Prinz für Licht und Schatten.

Dass er mich in diesem Jahr 1981 nach Peking bittet, hängt natürlich mit der großen Politik zusammen, wie fast alles in seinem Leben. Peking ist häufig seine Exil-Station gewesen, mit der Zeit so etwas wie eine zweite Heimat geworden (die dritte war erstaunlicherweise das nordkoreanische Pjöngjang, wo er mit dem Diktator Kim Il Sung eine enge Freundschaft pflegte und wo er sich wiederholt monatelang aufhielt – was für ein Paar für einen historischen Tango, der frugale Stalinist und der flamboyante Weltmann!). Anfang der Achtziger hofieren die Chinesen Sihanouk. Sie wollen, dass der Monarch sich mit den verbliebenen linken Kämpfern der Roten Khmer und den ehemaligen Rechten zu einer großen Koalition zusammenschließt, nach Kambodscha zurückkehrt und seine Heimat mit Waffengewalt zurückerobert. Peking sieht die vietnamesischen Streitkräfte, die Phnom Penh erobert haben und jetzt gemeinsam mit einer kambodschanischen Marionettenregierung das Land regieren, als strategische Bedrohung an seiner Südflanke. Die chinesischen Machthaber haben beschlossen, Hanoi eine Lektion zu erteilen – Maos Mannen wollen gegen den Erzfeind Vietnam kämpfen, wenn es sein muss, bis zum letzten Kambodschaner. Deshalb ist Sihanouk Ehrengast in der Hauptstadt der Volksrepublik China. Es ist wieder einmal das alte Spiel, das sich durch Sihanouks Leben wie der sprichwörtliche rote Faden zieht: Eine Großmacht sieht den Prinzen als Marionette; er aber glaubt, die Fäden selbst zu ziehen.

Einfahrt zur früheren französischen Residenz in Peking, die jetzt als Sihanouks Gästehaus dient. Chinesische Wachen salutieren. Ein weiter, gepflegter Park öffnet sich, zum Eingang des Palastes führt ein roter Teppich. Im Empfangssaal prangen Lüster, schwere Brokatvorhänge lassen nur wenig Tageslicht durchschimmern. Ein Sekretär läutet ein Glöckchen. Er sagt, er werde mich jetzt gleich »Seiner Majestät« vorstellen. So ähnlich, denke ich, muss es in Versailles gewesen sein, bei Ludwig XIV. Erst jetzt fällt mir auf, dass in dem Raum neben alten Wandteppichen französischer Provenienz auch ein gesticktes Bild mit einem Kambodscha-Motiv hängt, mit dem Kambodscha-Motiv schlechthin: Die Türme von Angkor Wat thronen über der Pekinger Sihanouk-Residenz. Dieses Privileg hat er sich nicht nehmen lassen. Auch im Exil erinnern und gemahnen ihn die Vorbilder an Kambodschas Glanz und Gloria.

Und dann kommt er. Kleiner noch, als die Fernsehbilder vermuten lassen, gerade mal über einssechzig. Aber eine Persönlichkeit, die sofort den Raum füllt, auch diesen großen, mit Möbeln so sparsam bestückten Saal. Er sprüht erkennbar vor Energie und Unternehmungslust. »Enchanté«, sagt Seine Majestät mit seiner hohen Fistelstimme, nimmt ganz gegen jedes royale Protokoll meine beiden Hände in seine, so als begrüße er einen engen, nach Jahren wieder aufgetauchten Freund. »Was für eine Freude! Willkommen in meiner bescheidenen Hütte hier in Peking – entschuldigen Sie, dass ich Ihnen nichts Besseres bieten kann, alles ist im Übergang, alles ist im Fluss.« Er zögert einen Moment. Dann setzt er hinzu: »Es ist eigentlich wie immer.« Und kichert, was in ein Glucksen übergeht, woraus dann ein regelrechter Lachanfall wird.

Er sieht aus, als käme er von den Pariser Modewochen. Schwarzer Maßanzug, Cardin-Krawatte, Seidenhemd, Golduhr Marke Omega. »Champagner«, sagt er zu dem wartenden Sekretär, der den Befehl an einen aus dem Nichts aufgetauchten Lakaien weitergibt. Und dann, zu mir gewandt: »Oh, ich hatte gar nicht gefragt, aber ich gehe davon aus, dass Sie nicht Tee haben wollen oder so etwas anderes Langweiliges …« Aber nein, Champagner ist schon in Ordnung. Genau das, was man zur Auflockerung des Gesprächspartners braucht.

Sihanouk rückt das Spitzendeckchen auf dem klobigen chinesischen Tisch zurecht, versinkt fast in den geschmacklosen roten Polstersesseln, für das Mobiliar trägt er hier offensichtlich nicht die Verantwortung, sonst hätte er es schon entsorgt. Denn Stil und Geschmack hat dieser Mann ohne Zweifel, und er zeigt auch gern sein »Savoir vivre«. Wie er prüfend und dann wohlwollend das Etikett des gerade gereichten Jahrgangs-Champagners aus dem Hause Krug betrachtet, bedächtig einen ersten Schluck nimmt, die kleinen Foie-Gras-Happen goutiert: Hier ist ein Mann, der sich seines Rufs bewusst ist; ein Mann, der auch in den kommenden zweieinhalb Stunden unseres Gesprächs stets den Eindruck erweckt, als wolle er dankbar und gerne jedes Klischee über sich selbst bestätigen.

Dieses Klischee, das Oscar Wilde einmal so formuliert hat: »Ich kann auf alles verzichten, außer auf Luxus.«

»Worüber wollen wir denn heute reden?«, fragt der Monarch nonchalant, mit einer Handbewegung, als liege ihm die Welt – oder zumindest jede Weltthematik – zu Füßen. Er nimmt einen zweiten Schluck des eisgekühlten Champagners.

»Über Ihr Leben, Monseigneur. Über Ihre Bedeutung für Kambodscha. Über Ihre merkwürdigen Allianzen.«

»Gut«, sagt er. Wieder dieses heisere, kieksige Kichern. »Ich dachte schon, es ginge um etwas Uninteressantes.«

Samdech Preah Norodom Sihanouk wird am 31. Oktober 1922 als Sohn eines Prinzen und einer Prinzessin geboren, die unterschiedlichen Zweigen der königlichen Familie angehören. Durch seine Herkunft ist ihm eine Karriere am Hof vorgezeichnet, ein Leben in Bequemlichkeit. Doch er ist nicht prädestiniert für die Thronfolge, da kommen nach der komplizierten Familienhierarchie mindestens ein halbes Dutzend andere eher in Frage. Er habe als Junge unter der mangelnden Nähe zu seinen Eltern gelitten, erzählt er. Denn die beiden überlassen die Erziehung des Kleinen weitgehend der Urgroßmutter und einem Onkel. Sihanouk erklärt sich die fehlende Wärme seiner Mutter, die er ein Leben lang verehrt, aber auch fürchtet, heute hauptsächlich durch deren starken Aberglauben. Der Astrologe, den sie bei seiner Geburt befragt hat, soll Folgendes prophezeit haben: »Dieses Kind ist zum Höchsten berufen, niemand in Kambodscha wird über ihm stehen, aber er wird viele Feinde haben. Um zu verhindern, dass er jung stirbt, müssen Sie sich von ihm trennen, denn wenn Sie ihn aufziehen, wird ihm ein Unglück geschehen.« Die Mutter gehorchte dem Orakel. Und der Vater? »Der war auch selten da. Immerhin förderte er meine musische Ader. Er schlug mir vor, Geige zu lernen. Ich aber entschied mich für das Saxophon und später die Klarinette.«

Von der merkwürdigen Beziehung der Eltern untereinander bekommt der aufgeweckte Kleine schon bald mehr mit. »Im Prinzip liebevoll« seien sie miteinander umgegangen, sagt er. Aber eben nur im Prinzip. »Mein Vater hatte als echter Khmer einen Hang zum Schürzenjäger. Wenn er das Alter von 40 Jahren erreicht habe, versprach er meiner Mutter, werde er treu sein.« Doch dann kam diese Zeit, ging vorbei, Papa war vierzig-plus und immer noch ein Playboy. Norodom Sihanouk lauschte eines Tages an der Schlafzimmertür. Er vernahm einen – sehr gesitteten – Streit, der ihm jedoch so nahe ging, dass er ihn bei unserem Interview immer noch wörtlich wiedergeben kann. »In Ihrer Eigenschaft als Vater und in Ihrer politischen Position als Landwirtschaftsminister sollten Sie sich nun mit Liebschaften zurückhalten, doch Sie sind immer noch so flatterhaft. Wann soll das denn aufhören?« Auf den milden Vorwurf der Mama entgegnete der Vater: »Meine Liebe, ich habe nun schon mehr als die Hälfte des Lebens hinter mir. Wollen Sie denn, dass ich ohne ein wenig Vergnügen in den Tod gehe? Soll ich etwa ins Kloster eintreten?«

Glaubt man Sihanouk, wird er als Kind nicht gerade verwöhnt. Es bedrückt ihn, kein Fahrrad zu besitzen, wo doch die Jungs um ihn herum schon längst eines haben. Seine Eltern stecken ihn zunächst in eine französische Schule in Phnom Penh. Er erinnert sich daran, dass die meisten in seiner Klasse älter gewesen seien und dass sie ihn als »weibisch« hänselten, weil er noch keine Barthaare hatte und ein merkwürdiges Hobby pflegte – er ging in jeder freien Minute ins Kino. Auch die Eltern sind sehr gegen diese »unproduktive« Leidenschaft und beschließen, ihren merkwürdigen Sprössling schließlich mit zwölf Jahren ganz aus seiner gewohnten Umgebung zu reißen: Sie geben ihn in ein Internat, weit weg von Phnom Penh, im fernen Saigon. Auch dort spielt die Politik in seiner Erziehung keine große Rolle, Sihanouk glänzt in den Fächern Musik und Theater, engagiert sich bei den Pfadfindern. Von seinen Ferienaufenthalten in der Heimat erinnert er sich an Gesangsabende im Familienkreis – und an Theateraufführungen. Onkel Monireth beauftragt den damals 16-jährigen Sihanouk mit der Regie. Der Einfluss der kolonialen Kultur ist dabei durchschlagend: »Neben klassischen kambodschanischen Stücken spielten wir vor allem Molière, allerdings meist nicht auf Französisch, sondern auf Khmer.«

Ein wenig beeinflusst zu Anfang des 20. Jahrhunderts die kambodschanische Kultur damals auch die französische – oder beeindruckt sie zumindest. König Sisowath hat im Mai 1906 mit einem Gefolge von Dutzenden Prinzessinnen und Prinzen, vor allem aber mit über hundert Tänzerinnen des königlichen Balletts ein Schiff Richtung Marseille bestiegen. In der französischen Hafenstadt und dann bei ihren Auftritten in Paris versetzten sie Kritiker wie Publikum in Entzücken. Der berühmte Bildhauer Auguste Rodin schrieb: »Diese Kambodschanerinnen haben uns alles gezeigt, was das Altertum ausgemacht haben könnte. Die Friese von Angkor erwachten vor meinen Augen zum Leben. Unvorstellbar, dass jemand die menschliche Natur zu solcher Vollkommenheit führt – das konnten nur sie und die Griechen.« König Sisowath war von der französischen Gastfreundschaft und von dem, was er in Paris gesehen hatte, so überwältigt, dass er nach seiner Rückkehr von Frankreich als »Paradies auf Erden« sprach, dem es nachzueifern gelte, »die einzige Möglichkeit, sich entschlossen auf den Pfad des Fortschritts zu begeben«. Doch der arme Monarch erfuhr bald, welchen wahren Stellenwert er und Kambodscha für Paris hatten: Das Kolonialministerium forderte wenige Monate nach dem Trip das fernöstliche Königshaus auf, die durch die Reise entstandenen Kosten zu übernehmen. Der König sollte die überreichten Geschenke wieder zurückgeben – und die Opiumpfeifen nebst dem »Stoff« bezahlen, die ihm während seines Aufenthalts in der Präfektur zur Verfügung gestellt worden waren. Sisowath gehorchte. Er starb 1927, enttäuscht, ausgezehrt, geistig verwirrt.

Von diesem Sisowath, seinem Urgroßvater, weiß Sihanouk nur aus den Büchern. Dessen Sohn Monivong, den Nachfolger auf dem Thron und Opa mütterlicherseits, lernt er dagegen persönlich gut kennen. Gelegentlich darf er ihn im Palast besuchen, wenn er sich bei seinem Heimaturlaub von Saigon gut genug betragen hat. Er mag Monivong, aber er ist von ihm wenig beeindruckt. »Unsere Monarchen waren zu dieser Zeit nur das, was man im Volk ›Papageien‹ nannte. Sie plapperten nach, was die Kolonialverwaltung ihnen aufgetragen hatte. Ich nannte meinen Opa im Scherz einmal einen ›Unterschriftenautomat‹. Er hat es mir nicht einmal übel genommen.«

Warum Unterschriftenautomat?

Sihanouk schaut erstaunt auf. »Ist das nicht klar?«, sagt er dann, beginnt seine lebhaften Ausführungen wieder mit Gesten zu unterstreichen, so, als wolle er die ganze Welt umarmen. Oder erdrücken. »Dass ich ihn einmal beim Regieren gesehen hätte, kann ich nicht sagen. Er schien mir immer Freizeit zu haben, unterhielt sich mit seinen Favoritinnen, oder mit seinen zahlreichen Kindern, oder mit einem der gut ein Dutzend anderen Enkel. Er wirkte glücklich und entspannt, lag meist in seiner Hängematte. Und plötzlich kam ein Bote rein, die gute Laune war weg. Er zog die Augen zu schmalen Schlitzen zusammen. Er musste arbeiten. Die offizielle Post wurde ihm zur Unterzeichnung gereicht – er machte sich nicht einmal die Mühe, sie zu lesen. Dort, wo die Kolonialherren sein Zeichen sehen wollten, hatten sie mit dem Rotstift ein kleines ›v‹ gemacht. Das gefiel mir, ich nannte es das Vögelchen. Einige Jahre später sollte ich dann dran sein mit dem Vögelchen, aber davon hatte ich damals noch keinen blassen Schimmer.«

Norodom Sihanouk erhält in seinem Gymnasium in Saigon eine ordentliche Erziehung, doch Geschichte oder Politik stehen dabei nicht im Vordergrund. Im April 1941 ist er achtzehn Jahre und sechs Monate alt und steht zwei Monate vor dem ersten Teil seiner Reifeprüfung. »Man hat die Examina unterbrochen und mir gesagt, ich sei König. Meine erste Reaktion war Angst und Schrecken. Ich brach in Tränen aus. Ich wollte Lehrer werden, Theaterregisseur oder Filmregisseur, aber doch nicht Staatsoberhaupt mit all diesen Verpflichtungen.« Sihanouk ahnt, dass er in dem schwierigen Job als König von Kambodscha kaum reüssieren kann – und dass ihn die Franzosen an so vielen Söhnen und älteren Enkel vorbei im Wesentlichen aus einem Grund ins Amt gehievt haben, weil sie ihn als Spielball ihrer Interessen sehen, leicht zu manipulieren, leicht ruhigzustellen. Aber er ist auch eitel genug, noch einen zentralen Grund zu sehen: »Warum bevorzugte Admiral Decoux nicht den Prinzen Suramarit, sondern den kleinen Sihanouk? Weil ich ihm gefallen hatte, ihm und seiner Gattin. Sie hatten mich, den jungen Gymnasiasten, einmal zum Essen in den Gouverneurspalast von Saigon eingeladen und Madame Decoux kriegte sich gar nicht mehr ein: Wie hübsch der Junge ist, sagte sie immer wieder über mich. Wie hübsch ...«

Die abergläubische Mutter sieht im Tränenausbruch des Sohnes ein schlimmes Vorzeichen für die Regentschaft; es bleibt nicht das einzige böse Omen. Die riesige Siegeskerze, die jeder Khmer-König entzünden muss, auf dass sie seine ganze Amtszeit lang brenne, erlischt schon in der zweiten Nacht. Schnell verbreitet sich die Nachricht in Phnom Penh und man munkelt nun überall von dem Fluch, der über dem jungen König liegt.

Sihanouk bekommt Privatlehrer, die seine klassische Bildung vertiefen. Und parallel dazu »Erziehung zum König«, wie er sagt. »Höfische Sitten, Benehmen, Auftreten. Lektionen in politischem und gesellschaftlichem Small Talk. Man wollte mir auch Bridge beibringen, aber ich fand das zu langweilig und spielte viel lieber weiter Monopoly.« Auch sonst zeigt sich der kaum volljährige Herrscher eher exzentrisch und verspielt denn politisch interessiert oder gar aufmüpfig gegenüber den Kolonialherren. In seinen ersten Amtsjahren begnügt er sich, wie er selbst formuliert, »mit der Rolle eines Playboy. Ich ritt, ich ging ins Theater und viel ins Kino, ich fuhr Wasserski und ich spielte Basketball, ganz zu schweigen von meinen zahlreichen Sexabenteuern.« Immerhin zeigt der junge Monarch so viel Interesse für sein Land, dass er alle Provinzen bereist und sich – in einigermaßen offenen Gesprächen, auch mit den Bauern – einen Überblick verschafft.

Kambodscha leidet Anfang der Vierzigerjahre vor allem unter der ungerechten Verteilung des Wohlstands. Und unter den hohen Steuern, der doppelten Besetzung im Zweiten Weltkrieg durch die militärisch stärker werdenden Japaner, die in Kambodscha bald alle Truppenbewegungen kontrollieren, und den Franzosen, die – gelenkt von der Vichy-Regierung des General Pétain – weiterhin die Verwaltungspositionen innehatten. Aber Kambodscha leidet nicht nur, es liebt auch. Das Volk hat eine fast abgöttische Zuneigung zum König, den es als Erben der großen Baumeister von Angkor sieht. »Diese große Sympathie zu Sihanouk war überall zu spüren«, sagt Sihanouk, der gern von sich in der dritten Person spricht. Der Glanz der Tempel und die Pracht des Königshauses beginnen sich, wie ein zeitgenössischer Beobachter schreibt, in einem ausgeprägten Nationalstolz zu »kristallisieren«.

Die Arroganz der Franzosen trägt zur Politisierung des jungen Monarchen nicht unwesentlich bei. »Zuerst kam die Sache mit dem Alphabet. Man wollte meinem Volk den Gebrauch der Khmer-Schrift verbieten und das Sanskrit durch das lateinische Alphabet ersetzen. Ich protestierte. Dann kam die Geschichte mit dem Fischtran, den wir plötzlich zu hundert Prozent exportieren sollten, obwohl der Tran auf dem Land unersetzlich war, auch als Brennstoff für Lampen. Ich protestierte. Anschließend das Ding mit dem Kapokbaum, aus dem man Pirogen machen kann, aber auch diesen Grundstoff, den man in Matratzen steckt und in Kissen stopft. Mit dem man weben kann. Plötzlich zwangen uns die Kolonialherren dazu, alle Kapok-Produkte auszuführen. Dachten sie, die Kambodschaner sollten künftig nackt herumlaufen, auf harten Betten schlafen? Ich protestierte. Wieder ohne Erfolg. Und so hat mich ein Teil des Volkes als aufrechten Kritiker der Kolonialherren wahrgenommen, bei einem anderen, kleineren Teil der kambodschanischen Nation aber wurde ich zunehmend unbeliebt – ich galt ihnen als Marionette der fremden Herrscher.«

Der junge König beschließt, dagegen etwas zu unternehmen. Er lässt sich von seinem Gespür leiten. Er verfolgt dabei einen Weg, dem er ein Leben lang treu bleiben sollte. Er versucht, die Kontrahenten gegeneinander auszuspielen, die Schwäche des Ohnmächtigen zu überspielen, wenn möglich sogar zur Stärke umzuwandeln: Sihanouk als politisches Chamäleon, das je nach Bedarf die Farbe wechselt.

Als Erstes bekommen seine Taktik die Japaner und die Franzosen zu spüren. Der Monarch zeigt sich beiden gegenüber freundlich. Erzählt den Abgesandten aus Paris, er bevorzuge ihre Gesellschaft; erzählt denen aus Tokio, er stünde auf ihrer Seite, wenn sie denn seinem Land mehr Freiheiten ließen. Als die Japaner am 9. März 1945 die französische Indochina-Armee entwaffnen, klatscht der Prinz Beifall und wird von den fernöstlichen Herren mit dem Angebot der Unabhängigkeit – freilich unter Bajonetten – belohnt. Als sich abzeichnet, dass die Franzosen nach der japanischen Kapitulation fünf Monate später wieder einmarschieren würden, macht der wandelbare Prinz gute Miene zum bösen Spiel und heißt die Pariser Repräsentanten nicht weniger herzlich willkommen. Allerdings nur unter der Bedingung größerer kambodschanischer Souveränität. Im Januar 1946 macht Frankreich erste Konzessionen. Die Armee unter dem Zeichen der Trikolore hat andere Probleme, sieht sich in Vietnam einer starken kommunistisch-nationalistischen Guerillabewegung gegenüber. Und die Kämpfe mit den Vietminh nehmen an Heftigkeit noch zu, als die Truppen Mao Zedongs in China den Bürgerkrieg für sich entscheiden. Im November 1949 unterzeichnen Staatspräsident Vincent Auriol und ein Beauftragter des Königs dann in Paris einen Vertrag über einen Autonomiestatus Kambodschas innerhalb der Französischen Union. »Unsere fünfzigprozentige Unabhängigkeit«, nennt Sihanouk die Vereinbarung in unserem Gespräch. »Das konnte es natürlich noch nicht sein.«

Frankreich, obwohl in Phnom Penh zunehmend kritischer gesehen, bleibt das Referenzland der Khmer, ein Objekt der kambodschanischen Hassliebe. Sihanouk selbst hat für einige Wochen im französischen Saumur eine militärische Ausbildung erhalten. Die wenigen Studenten, die ein königliches Stipendium erhalten, gehen zum Studium selbstverständlich nach Paris. Zu denen, die König Sihanouk 1949 mit einem Handschlag in der Khemarin-Halle des Palastes verabschiedet, denen er einen Umschlag mit 500 Piastern übergibt, gehört auch ein gewisser Saloth Sar – später sollte er sich den Kampfnamen Pol Pot geben. Und er ist nicht der einzige Spitzenvertreter des späteren Terror-Regimes, der in Paris studiert hat: Auch Khieu Samphan und Ieng Sary beschafften sich erst in Europa das ideologische Rüstzeug für ihr mörderisches Konzept vom »neuen Menschen«.

»Ich habe sicher ein paar Worte mit ihnen gewechselt, aber ich erinnere mich aus der damaligen Zeit an keinen dieser Männer, die uns später so viele Schwierigkeiten machen sollten«, sagt ein nachdenklicher Sihanouk und nippt noch einmal am Champagnerglas. 26 Jahre alt ist er damals gewesen, als er Pol Pot die Hand schüttelte, fünf Jahre älter nur als der Bauernsohn, der sein großer Gegenspieler werden sollte. Unfertig und unsicher, aber frei in seinem Drang nach Bedeutung der eine; auf dem Weg in ein fernes, unbekanntes Land mit unbekannten Chancen und ideologischen Herausforderungen (und ledig: Pol Pot); mit allen Palastintrigen und politischen Winkelzügen vertraut, anerkannt und reich; aber in seiner Funktion schon festgelegt wie in einem goldenen Käfig der andere (und bereits mit acht Kindern: Sihanouk).

Ein Teilerfolg in Sachen Unabhängigkeit entspricht dann Anfang der Fünfzigerjahre ganz und gar nicht mehr den Ambitionen des Monarchen. Er steht auch unter dem Druck neu gegründeter politischer Gruppierungen – und einer radikalen Untergrundbewegung. Die sogenannte »Demokratische Partei«, ein Sammelbecken der einflussreichen Familien und bald für ihre Korruption berüchtigt, gewinnt die ersten Parlamentswahlen. Aber ihre vermutete Nähe zum Königshaus hilft Sihanouk wenig. Und in den lange Zeit von Thailand okkupierten Nordprovinzen haben sich Guerillakämpfer unter dem Namen Khmer Issarak (»Die Freien Khmer«) zusammengeschlossen, ein bunter Haufen teils antikolonialer, teils kommunistisch angehauchter Widerständler mit losen Verbindungen zu den Vietminh im Nachbarland – aus manchen der »Freien« werden später »Rote« Khmer.

Sihanouk startet 1952 einen »königlichen Kreuzzug für die vollständige Souveränität« Kambodschas. Er reist quer durchs Land, um ein Gefühl für die Volksmeinung zu bekommen. Viele Untertanen verehren ihn, doch manche Intellektuelle sehen ihn als zu kompromissbereit gegenüber den Franzosen, als Hindernis auf dem Weg zur Loslösung von der Kolonialmacht. Es sollen auch Stimmen laut geworden sein, die ihn wegen seines luxuriösen Lebensstils, wegen seiner ausschweifenden Frauengeschichten angriffen, behaupten westliche Historiker.

»So, so, behaupten sie das«, sagt Sihanouk, und der Ärger über solche Vorwürfe lässt seine hohe Stimme noch einen Tick schriller werden. »Unfug, totaler Quatsch. Ein paar Linksradikale haben mir da was missgönnt und mich angeschwärzt, angeblich ließen mir die Frauen keine Zeit für die Regierungsgeschäfte. Ich schickte meine Mutter los, um die Stimmung zu erkunden. Sie sagte mir, kein Problem an dieser Front, beim Durchschnitts-Khmer. Sechs Frauen hat der arme Prinz nur, sagten sie Mama, wie hält er es bloß mit so wenig Frauen aus? Denken Sie doch an König Monivong, der hatte sechzig und bewältigte die Regierungsgeschäfte dennoch.« Tatsächlich begegnet ihm Anfang der Fünfziger mit der bildhübschen und klugen Monique, einer Kambodschanerin mit französisch-italienischen Wurzeln, die Liebe seines Lebens. Die Frau, die er heiratet, die ihn zähmt – und die er bis heute anbetet.

Noch ist es kein blutiges Spiel, das der junge König spielen muss; es ist eher wie eine Schachpartie. Sihanouk laviert, macht kühne Angriffszüge, dann wieder kleine taktische Rückzüge. Mal versucht er es mit der Auflösung des Parlaments, mal stellt er sich an dessen Spitze. Bei einem Besuch in Washington schwärzt er die Franzosen an und bittet die Amerikaner um Mithilfe bei seinem »antikolonialen Kampf«. Bei den Pariser Statthaltern bekräftigt er seine Sorge über den kommunistischen Untergrund in Indochina. Gegenüber dem eigenen Volk gibt er sich kämpferisch und opferbereit. Und schlägt überraschende Volten: Im Juni 1953 begibt sich Sihanouk ins Exil, ausgerechnet nach Thailand, und schwört, erst nach der zugesagten Unabhängigkeit in seine Heimat zurückzukehren. Der clevere König kennt keine permanenten Freunde oder dauerhafte Feinde. Er kennt nur Interessen – seine persönlichen und die Kambodschas. Für ihn ist schon damals selbstverständlich, dass sich beide hundertprozentig decken, dass sie eins sind. »Ich war immer und ich werde immer der Vater der Nation sein«, formuliert er bei unserem Gespräch, in einem Ton, der nicht einen Hauch von Selbstzweifel verrät. Aber Stolz, viel Stolz. »Der König ist ein Verrückter, hat damals der französische General Langlade über mich gesagt. Aber er ist ein genialer Verrückter!«

Aus dem thailändischen Exil verhandelt er hart. Einschränkungen der Unabhängigkeit, wie sie Paris immer noch hinsichtlich der Armee und der Außenpolitik formuliert, akzeptiert er nicht. Er spürt die Schwäche des Gegners, und er verschätzt sich nicht. Am 9. November 1953 kann Sihanouk im Triumph nach Phnom Penh zurückkehren und den Oberbefehl der Truppen übernehmen. Auch die Polizei, das Justizwesen und die bis zuletzt umstrittenen außenpolitischen Kompetenzen liegen nun ganz bei ihm. Der

König ernennt den 9. November zum Tag der nationalen Unabhängigkeit des Königreichs Kambodscha.

Nach der entscheidenden französischen Niederlage im vietnamesischen Dien Bien Phu im Mai 1954 bringt die Genfer Indochina-Konferenz den nächsten großen Einschnitt. Sihanouk ist nicht selbst in die Schweiz gefahren. Aber er lässt sich, wie er sagt, »fast stündlich« berichten. Er ahnt, dass in Genf viele Weichen für die Zukunft seines Landes gestellt werden. Das Ergebnis ist dann aus Phnom Penhs Sicht durchaus erfreulich. Jeder Teilnehmerstaat – neben den Amerikanern, Franzosen, Briten und Russen ist auch die Volksrepublik China dabei – verpflichtet sich, die Souveränität und territoriale Integrität Kambodschas zu respektieren (wie auch die von Laos und Vietnam). Die Königliche Regierung legt sich im Protokoll auf Wunsch der anderen außerdem auf etwas fest, was sie sowieso dringend will: Sie verpflichtet sich, »nie an einer Angriffspolitik teilzunehmen, nie zuzulassen, dass ihr Territorium für solche Zwecke verwendet wird«. Und wichtiger noch: Sihanouk und seinen Verhandlungsführern gelingt es, die Vietminh-Aktivitäten in Kambodscha generell als eine fremde Aggression darzustellen – dass auch einheimische Kommunisten und »Freie Khmer« in den Dschungel geflohen sind und gegen das Königshaus kämpfen, wird unter den Teppich gekehrt. Tatsächlich hält sich Vietnam vorübergehend an die Vereinbarungen und zieht die etwa 5000 Mann starken Vietminh-Truppen fast vollständig aus Kambodscha ab.

Der außenpolitische Erfolg Sihanouks ist umfassend und mit seiner nachfolgenden Politik der »aktiven politischen Neutralität« kann er weiter punkten: Sein Konzept besteht darin, von den USA umfangreiche Militärhilfe und von kommunistischen Staaten wirtschaftliche Unterstützung einzufordern. In der Atmosphäre des Kalten Krieges gelingt es ihm, mit dieser Schaukelpolitik zunächst große Erfolge zu erringen und sein kleines Land aus den sich abzeichnenden großen Konflikten herauszuhalten.

Innenpolitisch läuft es für Sihanouk nicht ganz so gut. Er muss – wie in Genf vereinbart – 1955 Wahlen abhalten. Neben den konservativen Demokraten nimmt auch die kommunistische

»Volkspartei«, die Pracheachon, am Urnengang teil. »Um in der Politik kein Krüppel zu werden, musste ich eine ungewöhnliche Entscheidung treffen. Ich trat zurück und setzte meinen Vater auf den Thron. Aus dem Monarchen Sihanouk wurde vorübergehend der Bürger Sihanouk.« Und der Neu-Bürgerliche gründet eben mal im Handumdrehen eine eigene Partei, die Sangkum, die »Sozialistische Volksgemeinschaft«. Man wolle einen »buddhistischen Sozialismus« in Kambodscha einführen und sich auf die »stolzen Traditionen Angkors« besinnen, heißt es auf den Wahlplakaten. Es bleibt schwammig, was das sein soll. Klarer als die Ziele der Partei sind ihre Vorgehensweisen: Die Parteimitgliedschaft wird von oben verordnet. Beamte, die sich nicht dem neuen, königlich geförderten Bündnis anschließen wollen, verlieren ihren Job; wer gegen die Sangkum agitiert oder gar offen demonstriert, muss damit rechnen, zusammengeschlagen oder sogar unter einem Vorwand ins Gefängnis geworfen zu werden.

Und Sihanouk? Wie kann er, der sanfte Philosoph, der »Papa« seines Volkes, solch brutale Einschüchterung, solch ein Klima der Angst billigen? Sihanouk setzt sein Angkor-Lächeln auf, das geheimnisvoll vieldeutige »Sourire Khmer« der steinernen Tempelgötter. »Gewalt? Ich weiß, dass mein friedfertiges Volk zu überraschenden Ausbrüchen fähig ist. Aber ich wollte diese Gewalt nie.« Auch später hat er sie nicht angeordnet, als die kommunistischen Gegner in seinem Namen zu Dutzenden gefoltert, gequält, schließlich geköpft wurden?

»Aber ich bitte Sie, Monsieur. Ich bin doch ein zivilisierter Herrscher, so etwas hätte ich nie gebilligt. Vielleicht waren da einige meiner übereifrigen Anhänger am Werk... Ich war in meinem Denken und Fühlen immer ein Demokrat.« Bei der Septemberwahl 1955 gewinnt Sihanouk mit seiner neuen Sangkum-Partei, die alle anderen einschüchtert, über 80 Prozent der Stimmen (und es fällt nicht schwer, den »lupenreinen Demokraten« Wladimir Putin mit seiner aus dem Boden gestampften Partei »Einiges Russland« als einen Sihanouk-Wiedergänger zu erkennen). 1958 steigert Norodom Sihanouk den Stimmanteil auf über 99 Prozent, die konkurrierenden »Demokraten« hat er kurzerhand verbieten lassen. Es gibt in Phnom Penhs Parlament keine Opposition mehr.

Kambodscha wird immer mehr zur Sihanouk-One-Man-Show. Als sein Vater stirbt, macht er seine Mutter zur Königin. Er selbst lässt sich viermal hintereinander in einem Zeitraum von 18 Monaten zum Ministerpräsidenten wählen, übernimmt zusätzlich auch das Amt des Außenministers. Dann richtet er sich 1960 die neue Position eines »Staatschefs« ein, mit noch mehr Machtfülle ausgestattet; 1963 wird daraus das »Staatoberhaupt auf Lebenszeit«. Innenpolitisch beginnt er eine Annäherung an Elemente der kambodschanischen Linken. Er nimmt einen Sozialisten, den er noch für die gemeinsame Sache zu gewinnen glaubt, als Handelsminister in seine Regierung auf, einen Mann, der später an Pol Pots Seite zu trauriger Berühmtheit gelangen sollte: Khieu Samphan. Die offizielle kommunistische Partei Pracheachon bekämpft Sihanouk weiter aufs schärfste. In meinem Pekinger Interview erinnert er sich an eine seiner Geheimreden vom Beginn der Sechzigerjahre, zitiert sie wörtlich: »Eine kommunistische Regierung könnte womöglich einschneidendere, schnellere Veränderungen in Kambodscha erreichen als wir, aber sie würde dabei dem einzelnen Khmer alles wegnehmen, was ihm lieb und teuer ist, seine bürgerlichen Freiheiten und seine Freuden des Familienlebens. Die Kommunisten würden den Menschen in eine Maschine verwandeln, aus der dann nach und nach alle menschlichen Werte herausgesaugt sind.«

So präzise hat er die kommende Katastrophe vorausgesehen?

»Ja, Sihanouk war eben auch schon immer ein Prophet«, sagt Sihanouk. Aber der Mann von der Spitze der Welt, der so oft die Aura des Triumphalistischen um sich pflegt, wirkt bei dieser Aussage überraschend niedergeschlagen. Denn wenn er den Blutrausch der Roten Khmer vorausgeahnt hat, dann macht das seine historische Schuld nur noch größer. Er hat nichts gegen die Khmer Rouge unternommen; in mancher Hinsicht förderte er sogar ihren Aufstieg.

Zunächst sucht er außenpolitisch noch Rückendeckung gegen die USA; intern beschuldigt er Washington, ihm »Schrottwaffen« zu liefern, misstraut generell den Absichten der Amerikaner. Er kann nicht verhindern, dass die klassischen Feindschaften Kambodschas zu den Nachbarn im Westen und Osten wieder aufbrechen. Weder die Thais noch die Vietnamesen erkennen den Grenzverlauf zu Kambodscha an und okkupieren immer wieder kambodschanische Provinzen. Sihanouk entschließt sich zu einem Befreiungsschlag: Er kündigt Ende 1963 den Militärpakt mit den USA auf und stellt sich auf die Seite der Chinesen. Peking und auch Moskau liefern nun künftig über den Hafen Sihanoukville (das umgetaufte Kampong Som) Waffen an Kambodscha. Aber der schlaue Staatschef in Phnom Penh will sich den neuen Busenfreunden nicht völlig ausliefern: Ausgerechnet die ehemalige Kolonialmacht Frankreich bittet er erfolgreich um neue Wirtschaftshilfe.

Zunächst sind es nur Scharmützel, mit denen sich der große Krieg in Kambodscha ankündigt. Von US-Beratern angeführte südvietnamesische Truppen dringen im Frühjahr 1964 in einige Weiler der Provinz Svay Rieng ein und töten 17 Dorfbewohner; im Oktober bombardieren südvietnamesische Flugzeuge erstmal eine Grenzregion, eine Entschuldigung aus Saigon und Washington folgt. Am 2. März 1965 beginnt Washington mit seinen ersten Flächenbombardements Nordvietnams. Sihanouk versucht verzweifelt, eine internationale Konferenz einzuberufen, in der Kambodschas Neutralität garantiert würde. Doch längst geht es um mehr als um einen Stellvertreterkrieg zwischen Großmächten, Vietnam weitet sich zum Flächenbrand. Die Welt interessiert sich da nur wenig für das kleine, unbedeutende Reich zwischen den Fronten; Kambodscha wird nicht mehr zum Austarieren benötigt, es wird als Aufmarschfeld benutzt. Und in diesem Kontext muss der Schaukelpolitiker Sihanouk schmerzlich erkennen, dass er bei seinem Drahtseilakt zwischen Ost und West auf verlorenem Posten steht.

Am 3. Mai 1965 bricht Sihanouk die Beziehungen zu den Vereinigten Staaten ab. Gedrängt von seinem neuen Bündnispartner China, stimmt er wohl im Jahr darauf bei Geheimverhandlungen zu, dass die Nordvietnamesen für ihren Waffennachschub auch kambodschanisches Gebiet nutzen dürfen – sofern sie die kambodschanische Zivilbevölkerung aus dem Krieg heraushalten und die Armee des Nachbarstaats nicht behelligen. Noch einmal feiert Sihanouk einen diplomatischen Erfolg: General Charles de Gaulle unterstützt Kambodscha bei seinem Staatsbesuch in Phnom Penh und warnt die USA vor einer Ausweitung des Konflikts auf Kambodscha. Im Überschwang umarmt der kleine Präsident den Großgewachsenen aus Europa, nennt ihn auch bei unserem Gespräch »sein ewiges Vorbild und einen echten Freund meiner Nation« – er erkennt nicht, dass de Gaulle das Schicksal des fernöstlichen Volkes weniger interessiert als Frankreichs »Gloire«, die ein Gegengewicht zur amerikanischen Supermacht erfordert.

Bei den Wahlen im September 1966 versagen Sihanouks Instinkte, er wird sich das, wie er sagt, »für immer« übelnehmen. Selbstzweifel sind nicht seine Stärke, aber in dieser Sache gestattet er sie sich: »Mein größter Fehler – mein vielleicht einziger Fehler – besteht darin, dass ich keine Kritik ertragen kann und dass ich ihr dann manchmal zu großes Gewicht beimesse. Die internationale Presse, vor allem die US-Magazine *Time* und *Newsweek* hatten eine regelrechte Kampagne gegen mich entfacht, ich sei ein Diktator, ich bestimme alles in meinem Land und erlaube den Menschen keine Freiräume. So ließ ich die Zügel schleifen.« Was Sihanouk meint: Er kümmert sich nicht darum, wie sonst gewohnt, die Kandidaten seiner Partei selbst aufzustellen. Er lässt den extrem konservativen Flügel seiner Sangkum-Partei zum Zug kommen. Lon Nol wird zum starken Mann. Der Rechtsaußen-General ist gegen den Bruch mit den USA, die Verbindungen zu den Nordvietnamesen sind ihm suspekt, die »Anbiederung« gegenüber Peking gilt ihm »fast schon als nationaler Verrat«. Und er weiß einen Großteil der Wirtschaftselite des Landes hinter sich, wenn er die Verstaatlichung entscheidender Wirtschaftszweige durch Sihanouk anprangert.

Der Konflikt zwischen den beiden Männern ist programmiert. Und der Präsident zeigt auch auf der linken Flanke Blößen, er sieht die Linke zunehmend als »trojanisches Pferd, das mit ihrem radikalen Sozialismus meinen gemäßigten Sozialismus zu unterwandern sucht«: Er entlässt seinen Handelsminister Khieu Samphan, der es nicht geschafft hat, die rapide ansteigende Inflation in den Griff zu bekommen und den er 1967 – vermutlich zu Recht – beschuldigt, mit den Extremisten im Untergrund zusammenzuarbeiten. »Khmer Rouge« nennt Sihanouk die Männer, die sich im undurchdringlichen Dschungel nahe der vietnamesischen Grenze ihre Basis aufgebaut haben, in einer besonders armen Region, die unter dem Nepotismus und der Korruption in der Hauptstadt am meisten leidet. Damals weiß noch keiner außerhalb der linken Bewegung, dass der ehemalige Pariser Student Saloth Sar sich einen Kampfnamen gegeben hat und als Pol Pot die straff organisierte, aber schlecht ausgerüstete Truppe anführt.

Anfang 1968 versucht Sihanouk die Roten Khmer mit einer brutal geführten Militäroffensive auszuschalten. Vielleicht wäre ihm das gelungen, hätte nicht der Vietnamkrieg eine dramatische Wendung genommen. Die kommunistische Tet-Offensive führt zu schweren Verlusten unter den Vietkong, die sich nun im kambodschanischen Grenzgebiet verstärkt mit den Roten Khmer zusammentun, denen sie lange nicht vertraut haben (was umgekehrt gleichermaßen gilt). Washington ist empört. Der neue US-Präsident Richard Nixon und sein scharfmacherischer Sicherheitsberater und späterer Außenminister Henry Kissinger planen, die amerikanischen Truppen langfristig aus Südostasien abzuziehen; sie möchten aber nicht als Verlierer dastehen und planen deshalb, das südvietnamesische Regime – koste es an Menschenleben, was es wolle – zu »stabilisieren«. Sie beginnen am 18. März 1969 mit gezielten, großflächigen Bombenangriffen auf Kambodscha. »Operation Breakfast« nennen die amerikanischen Militärs die B-52-Flüge auf den »Angelhaken«, das Gebiet an der Grenze zu Südvietnam. Es ist der Beginn einer langen und blutigen Kampagne mit dem zynischen Gesamtnamen »Menu«, die bis zum März 1970 dauern sollte. 3630 Einsätze werden geflogen, geschätzte Opfer unter der Zivilbevölkerung: 50 000, vielleicht auch 250 000 Menschen.

Unmittelbar nach den ersten Angriffen nimmt der kambodschanische Staatschef wieder diplomatische Beziehungen zu Washington auf – macht er einen Deal? Hat Sihanouk gar den amerikanischen Angriffen zugestimmt, wie manche Historiker meinen?

Hat er sie zumindest stillschweigend gebilligt, wovon die meisten Experten ausgehen?

Schon die Fragestellung empört ihn. Über die ersten Angriffe gegen mutmaßliche Vietkong-Stellungen äußert er sich nicht, aber eine Komplizenschaft mit den Amerikanern – nein, diesen Verdacht will er nicht auf sich sitzen lassen. Seine Augen blitzen, und bei jedem seiner schnell hervorgestoßenen Sätze spricht er praktisch das Ausrufezeichen mit. »Ich habe bei den Amerikanern mehrfach und in aller Schärfe gegen die Bombenangriffe protestiert! Die meisten dieser Attacken trafen nicht vietnamesische Kämpfer, sondern kambodschanische Schulen, Krankenhäuser, Garnisonen, Reisfelder! Und sie töteten meine Landsleute!«

Warum haben die Amerikaner seiner Meinung nach so gnadenlos, so umfassend Kambodscha bombardiert?

»Sie wollten mich weghaben. Sie sahen mich als einen unangenehmen Politiker, der ihnen Schwierigkeiten machte. Sie liebten Sihanouk nicht, sie wollten lieber den handzahmen General Lon Nol, den Mann, den ich zwischenzeitlich zu meinem Premier gemacht hatte. Sie bereiteten eine Staatsstreich in Phnom Penh vor.«

Bis heute ist ungeklärt, ob die CIA wirklich den Coup im Frühjahr 1970 inszeniert hat; amerikanische Spitzenpolitiker wie Henry Kissinger bestreiten jede direkte Verwicklung. Dass der amerikanische Geheimdienst aber zumindest hinter den Kulissen von Phnom Penh aktiv geworden ist, gilt als wahrscheinlich. Sihanouk macht es den Verschwörern leicht. Inmitten einer schwelenden Staatskrise beschließt er, sich in Frankreich einer längeren Entfettungskur zu unterziehen. Monique, er und das Gefolge sind Mitte Januar 1970 kaum in Grasse an der Côte d'Azur angekommen, da brauen sich in Phnom Penh Gewitterwolken gegen ihn zusammen. Amerika-Freund Lon Nol hetzt seine Gefolgsleute gegen Sihanouk auf, lässt seine Geheimdienstsoldaten, in Zivil gekleidet, die Botschaft Nordvietnams überfallen und viele der in Kambodscha lebenden Vietnamesen als »Landesverräter« hinrichten. Französische Politiker informieren Sihanouk ebenso wenig über den Ernst der Lage wie seine Anhänger in Phnom Penh. In aller Ruhe fährt Sihanouk nach seiner Fastenkur weiter zu einem offiziellen

Besuch nach Moskau. Dort überrascht ihn die Nachricht von der Machtübernahme Lon Nols. Der Staatschef Sihanouk habe »im Dienste ausländischer Interessen das Vaterland verraten«, heißt es nach dem Putsch; die neue Regierung unter Lon Nol wird von Washington umgehend anerkannt. Es ist der Tiefpunkt in der Karriere des politischen Chamäleons: Norodom Sihanouk ist nun ein König-ohne-Land und selbst er, der Meistertaktierer, der immer einen Plan B in der Tasche hat, scheint einen Moment ratlos.

»Dass ich mein Vertrauen an Lon Nol verschwendet hatte, das traf mich sehr«, sagt Sihanouk. »Im Grunde wollte ich nach dem Staatsstreich gegen mich am liebsten privatisieren. Mich in ein Häuschen an der Sologne zurückziehen und am Wasser sitzend philosophieren. Oder nach Angkor zurückkehren und dort zwischen den Tempeln residieren, frei von allen Pflichten der Macht.« Doch Sihanouk kokettiert mit solchen Sprüchen wohl nur – jedenfalls fasst er sich nach den ersten Stunden des Schreckens wieder und überdenkt seine politischen Optionen. Er glaubt, diese Interessen allein mit der Hilfe Moskaus und Pekings verwirklichen zu können, den weltpolitischen Gegnern der Vereinigten Staaten. Aber Sihanouk weiß, dass sich die beiden großen kommunistischen Staaten trotz gemeinsamer Interessen in Vietnam misstrauisch beäugen, dass sie ideologisch miteinander konkurrieren. Er bekommt bald einen Vorgeschmack auf die Rivalität zwischen Russen und Chinesen.

»Die Russen waren herzlich zu mir, ich traf die ganze Führungsspitze, Podgorny, Breschnew, Kossygin. Sie rieten mir, so bald wie möglich nach Phnom Penh zurückzukehren, sie boten mir sogar ein Sonderflugzeug an und stachelten mich zum Kampf gegen die Lon-Nol-Putschisten und deren amerikanische Drahtzieher an. Aber mit Waffenlieferungen, die ich sofort verlangte, waren sie weit zögerlicher als mit Worten. Wenn ich mich denn erst in Phnom Penh durchgesetzt hätte, dann könnten sie in sechs, sieben Monaten Panzer und Raketen schicken. Bis dahin bin ich längst tot, sagte ich. Sie entgegneten: Ach was, seien Sie doch nicht so zögerlich, die kambodschanischen Soldaten gehorchen Ihnen doch!« Als Sihanouk erzählt, dass er auch in Peking um Hilfe ersuchen wolle, merkt Außenminister Kossygin kühl an, er solle sich von den chinesischen Machthabern nicht zu viel erwarten. »Das sind reine Machtpolitiker, jetzt, da Sie gestürzt sind, wird Peking sich zurückhalten und keinen Finger für Sie rühren!«

Sihanouk hat die Auswüchse der Kulturrevolution Ende der Sechzigerjahre in der Volksrepublik China mehrfach kritisiert; er ist sich nicht sicher, was ihn in Peking erwartet. Doch Premier Tschou En-lai heißt ihn herzlich willkommen. Der Chinese gibt dem Kambodschaner eine Frist von 24 Stunden. Er soll sich überlegen, ob er wirklich den »harten und langwierigen Kampf gegen die Imperialisten« aufnehmen will. In diesem Fall stünde Peking an seiner Seite. Falls nicht, könne Sihanouk ja auch ein bequemes Leben im Exil wählen. In der Tat hat der Gestürzte aus Frankreich das Angebot erhalten, sich als politischer Flüchtling an der Côte d'Azur niederzulassen.

Sihanouk sagt bei unserem Interview, er habe die 24-Stunden-Frist nicht gebraucht, er habe »allenfalls einige Sekunden überlegt«: Sihanouk kann sich Kambodscha nicht ohne Sihanouk vorstellen, und auch für ihn ist ein Leben ohne seine Heimat unvorstellbar. Sein Land und er – das sind für Monseigneur Synonyme. Und mit Lon Nol hat er ein klares Feindbild, der General treibt seinen Vorgänger zur Weißglut. Er setzt gleich nach der Machtübernahme auch die Mutter Sihanouks als Königin ab, lässt im Juli 1970 das ehemalige Staatsoberhaupt von einem Militärgericht zum Tode verurteilen und alle Güter der königlichen Familie konfiszieren. Lon Nol ruft die Republik aus. Sihanouk kennt nun keine Hemmungen mehr. Für die antiamerikanische Sache, für den Lon-Nol-Sturz, ist ihm jedes Mittel recht – auch die Kooperation mit den Roten Khmer.

Die Radikalkommunisten arrangieren im Auftrag Pekings ein Treffen mit dem König im Exil. Staunend hört Sihanouk von den Entbehrungen und einem »mehrere Monate dauernden Fußmarsch entlang des Ho-Tschi-minh-Pfads«, den der Untergrundkämpfer Ieng Sary auf sich genommen hat.

Sihanouk, der mit dem sprichwörtlichen goldenen Löffel im Mund zur Welt kam, ist tief beeindruckt, träumt von eigenen Heldentaten im Untergrund – beim Volk im Dschungel, in den Hütten weit jenseits der Paläste, die bisher sein Leben prägten. Zusammen mit Ieng Sary und den anderen Roten Khmer um Khieu Samphan und den damals noch weitgehend unbekannten Pol Pot gründet er die Func, die »Kambodschanische Nationale Einheitsfront«. Der Buddhismus soll Staatsreligion bleiben, bis auf den »antiimperialistischen Kampf« gegen die USA finden sich in dem Programm kaum marxistische Züge. In der bald darauf ausgerufenen Exilregierung halten sich die Posten für die Vertreter Sihanouks und die der Roten Khmer in etwa die Waage.

Nichts deutet auf die kommende Katastrophe in Kambodscha hin, aber die Saat dafür ist gelegt. Der Monarch und die Steinzeitkommunisten haben sich gefunden: eine Verbindung mit weitreichenden und tragischen Folgen.

Sihanouk glaubt, dass er gemeinsam mit seinen Leuten und den neuen kommunistischen Partnern eine Revolution in Phnom Penh anzetteln kann, die nicht nur Lon Nol und dessen CIA-Freunde aus dem Amt fegt, sondern auch ihn selbst an die Macht zurückkatapultiert. Doch die Roten Khmer haben ganz andere Pläne: Sie sehen den Ex-Monarchen als eine Art nützlichen Idioten, der ihnen endgültig die Zustimmung aller Teile der Landbevölkerung bringen kann. Während Sihanouk in Peking die »Gastfreundschaft« der Männer um Mao genießt, agitieren Pol Pot & Co. mit Einverständnis der Chinesen bereits gegen den Bündnispartner. In den sogenannten »befreiten Gebieten« zeigen die Khmer Rouge schon im Jahr 1972 Anti-Sihanouk-Filme, agitieren gegen die Mönche, verdammen die elterliche Autorität als »Konzept von gestern«. Sie formen die jungen Leute in speziellen Erziehungslagern zur militanten Speerspitze ihrer Bewegung. Die Khmer Rouge übernehmen dabei viel vom maoistischen Entwicklungsmodell des »Neuen Menschen«, herangezogen in streng kontrollierten »Volkskommunen«, aber sie ergänzen das Konzept mit kambodschanischen Besonderheiten: Viel konsequenter als die Chinesen sehen sie die durch die Kolonialherren aufgeblähten Städte als »parasitäre Fremdkörper«. Sie verherrlichen zudem ihre eigene Khmer-Zivilisation mit dem zentralen Bezugspunkt Angkor als Maß aller Dinge.

Sihanouk weiß im Exil von alldem wenig. Er ahnt nichts von der um sich greifenden Brutalität der Roten Khmer. Aber er kennt die

Verbrechen der Amerikaner. Nach dem Besuch Henry Kissingers bei Lon Nol in Phnom Penh nimmt Washington Anfang Februar 1973 seine Bombenangriffe gegen Vietkong- und Khmer-Rouge-Stellungen in Kambodscha wieder auf – noch härter, noch umfangreicher, noch grausamer als je zuvor. Allein in den wenigen Wochen bis Mitte August 1973 regnen 257 465 Tonnen Bomben auf das neutrale Land herab – eineinhalbmal so viel wie im gesamten Zweiten Weltkrieg auf Japan. Die amerikanische Fiktion, es würden nur Militärstellungen getroffen, lässt sich längst nicht mehr aufrechterhalten. Die Tod bringenden Waffen treffen Schulen, Krankenhäuser, ganze Dörfer. Flüchtlinge erzählen von Menschen, die wie brennende Fackeln aus ihren Hütten stürzen, verzweifelt ihren Schmerz herausschreien. Kinder, Frauen, Greise. Sie halten ihre eigene Regierung, die mit den Amerikanern gemeinsame Sache macht, für mitverantwortlich für die Katastrophe. Und so bekommen die Radikalen immer mehr Zulauf.

Sihanouk kann sich im Frühjahr 1973 davon selbst ein Bild machen. Die Chinesen fliegen ihn in die von den Roten Khmer befreiten Zonen in Kambodscha. Der Ex-König, in das schlichte schwarze Tuch der Rebellen gewandet, ist beeindruckt von der Widerstandskraft seines Volkes. Er hört nichts von antimonarchistischer Hetze, von Übergriffen gegen Mönche. Der einst so brillante Stratege lässt sich zum Teil einer Propaganda-Show machen – und merkt es nicht einmal. Denn er sieht nur eins, und das erfüllt ihn, wie er sagt »mit tiefer Zufriedenheit, ja, zugegebenermaßen auch mit Gefühlen der Rache«: Er sieht Lon Nols Niedergang. Das Regime des Nixon- und Kissinger-Freundes versinkt trotz der 200-Millionen-Dollar Finanzspritze aus Washington immer mehr in Korruption und Chaos. Am 1. April 1975 verlässt Lon Nol an Bord eines US-Helikopters das Land. Am 12. April wird die amerikanische Botschaft in Phnom Penh evakuiert, der US-Gesandte John Gunther Dean trägt das Sternenbanner aus dem Haus, in dem sich auch noch ausländische Journalisten aufhalten (und der kambodschanische Mitarbeiter der *New York Times*, der zurückbleiben muss und dessen Schicksal später das Drehbuch zum Hollywood-Film »Killing Fields« liefert). Am 17. April 1975 um 9.30 Uhr marschieren die siegreichen Roten Khmer im Triumphzug in die kambodschanische Hauptstadt ein – 13 Tage vor der Kapitulation Saigons.

Mit welchen Gefühlen hat Norodom Sihanouk diesen Sieg seiner Verbündeten erlebt? Welchen Eindruck hat er von Pol Pot gewonnen, dem Mann, dem er, zwei Jahre zuvor, im Dschungelhauptquartier begegnet ist?

»Ich habe Pol Pot als einen sehr charmanten Mann kennen gelernt, damals, als ich einen Monat lang in den befreiten Gebieten zu Gast war«, sagt er. Kopfschüttelnd erzählt Sihanouk von den »surrealen« Wochen im Busch. Monique und er und Pol Pot und Ieng Sary sind unter dem Schutz einer Hundertschaft des Vietkong den Ho-Tschi-minh-Pfad entlanggezogen, gefahren von Chauffeuren in russischen Jeeps, begleitet von Dienern, Köchen und einem ganzen Team von Ärzten. Jeden Abend wurde ein französisches Essen serviert, und morgens sorgte jemand mitten im Busch für frische Baguettes. Sihanouk erzählt, wie sie in einer Nachtfahrt zu den Angkor-Tempeln aufbrachen und dort unter den geheimnisvoll lächelnden Steinfratzen ein gemeinsames Foto-Shooting mit den Revolutionären absolvierten. Alles sei sehr harmonisch gewesen, weiß Sihanouk zu berichten. Und behauptet doch:»Ich habe schon damals geahnt – wenn die Roten Khmer mich nicht mehr brauchen, werden sie mich ausspucken wie einen Kirschkern.«

Wirklich? Oder blufft er da? Sieht er sich in seiner Eitelkeit im Nachhinein nicht viel weitsichtiger als es der Wahrheit entspricht?

Mit einer ärgerlichen Handbewegung schiebt er die Frage weg. »Ich hasse es, unterschätzt zu werden«, sagt er zu mir, und will diesen rätselhaften Satz nicht weiter ausführen. So, als erklärten diese Worte alles.

Nach ihrem Einzug in Phnom Penh evakuieren die Roten Khmer die Hauptstadt innerhalb weniger Stunden. Sie nehmen weder Rücksicht auf Kranke noch auf Schwangere. Sie exekutieren 54 kambodschanische Offiziere, und deren Familien gleich noch dazu. Sie errichten eine Schreckensherrschaft. Und sie verhängen eine Nachrichtensperre, so dass das ganze Ausmaß ihrer Grausamkeit außerhalb Kambodschas vorerst verborgen bleibt. Auch Sihanouk erfährt in seinem chinesischen Exil zunächst wenig über die Ereignisse in der Heimat, die sich jetzt »Demokratisches Kampuchea« nennt. Und auch seine Gastgeber informieren ihn nicht – die Chinesen sind wohl die Einzigen, die sich schnell ein Bild von dem Ausmaß der Menschenrechtsverletzungen in Kambodscha machen können, denn die Roten Khmer verehren die Maoisten, versuchen ihnen nachzueifern und sie in ihrer furchtbaren Konsequenz noch zu übertreffen. Sie sind stolz auf ihre Taten. Dem Großen Vorsitzenden Mao imponieren sie; bei einem Geheimtreffen mit Pol Pot in Peking, etwa acht Wochen nach der Machtübernahme der Roten Khmer, lobt er (nach einem später aufgetauchten Protokoll): »Genossen, Ihr habt einen gewaltigen Sieg errungen. Ihr habt mit einem Schlag alle Klassen beseitigt. Kampuchea stellt auch unsere Zukunft dar.« Der chinesische Premier Tschou En-lai, schon während der Kulturrevolution eine der letzten Stimmen der Vernunft und Mäßigung, soll dagegen zu Khieu Samphan gesagt haben: »Ihr könnt den Kommunismus nicht in einem Schritt verwirklichen. Bitte macht viele kleine Schritte, geht langsam, aber sicher vor.«

Weder Mao noch Kim Il Sung, die Sihanouk zu seinen Freunden zählt, benachrichtigen ihn über ihre Treffen mit den führenden Khmer-Rouge-Kadern – dabei geht es in den Gesprächen unter anderem um seine Zukunft. Sihanouk ist damals immer noch ein Politiker, der in der Dritten Welt einen guten Ruf genießt. Peking und Pjöngjang raten dazu, ihn einzubinden. Die Roten Khmer kommen diesem Wunsch eher achselzuckend nach. Sie sind nun überzeugt davon, den Prinzen nicht mehr zu brauchen. Sie wollen dem ehemaligen König allenfalls noch eine formale Rolle zubilligen. Als Mao schließlich Sihanouk zu sich kommen lässt, um ihn zur Rückkehr in die Heimat zu überreden, sagt der Große Vorsitzende: »Sie werden nicht mit der Harke auf dem Feld arbeiten müssen, allenfalls mal einen Besen in die Hand nehmen.« Sihanouk hält das für einen Scherz und kichert pflichtschuldigst.

Am 9. September 1975 trifft Sihanouk in Kambodscha ein. Das Pol-Pot-Regime hat sich ins Zeug gelegt, damit der Ex-König nicht misstrauisch wird: Potemkin regiert an diesem Tag in Phnom

Penh. Sihanouk wird am Flughafen von Khieu Samphan empfangen; einige Rote Khmer hat man in safrangelbe Mönchskutten gesteckt, in Ermangelung echter buddhistischer Geistlichkeit, die längst umgebracht wurde. Schwarzgekleidete kleine Mädchen werfen Blumen auf den Heimkehrer, belohnt werden sie anschließend, was er nicht sieht, mit einer Handvoll Reis. Rote-Khmer-Soldaten salutieren. Dann wird Sihanouk in einem Wagen mit schwarzen Fenstern zum Palast chauffiert, damit er die verlassenen Straßen und die heruntergekommenen Häuser nicht sieht. Im königlichen Anwesen ist das Nötigste hergerichtet: Gänseleber, Trüffel und Champagner, mit einem Flugzeug tags zuvor angeliefert aus Peking.

Sihanouk ist angetan. Er bemerkt zwar mit Entsetzen, dass einige der junge Männer die zeremoniellen Goldketten aus dem Thronraum als Hundeleinen benutzen, aber er schreibt es – angesichts der Mühe, die sie sich mit ihm geben – gnädig ihrer Unkenntnis zu. Er darf die traditionellen Totenriten für seine verstorbene Mutter durchführen. Er bekommt bei einem Bankett von Khieu Samphan zunächst noch einmal die Zusicherung, als zeremonielles Staatsoberhaupt auf Lebenszeit für sein Land wirken zu können.

Der Prinz hält seinen Teil der Vereinbarungen: Im Oktober reist er zu den Vereinten Nationen nach New York und nimmt dort von den Repräsentanten der Drittwelt-Staaten stehende Ovationen für seine antiamerikanische Rhetorik entgegen. Die folgenden sechs Wochen tourt er durch Afrika, Nahost und Europa, stets in Verteidigung der Roten Khmer.

Doch langsam kommen ihm Zweifel, ob »das seltsame Idyll von Phnom Penh« der Wirklichkeit entspricht. In Frankreich erreichen ihn geheime Depeschen aus der Heimat, die von Massakern sprechen; erste Journalisten berichten ebenfalls von Gräueln. Sihanouk will von Khieu Samphan die Wahrheit erfahren. Er erhält eine beunruhigende Antwort: Nichts sei dran an den Vorwürfen, aber Sihanouk solle sich genau überlegen, »ob er eine falsche Richtung einschlagen« wolle, »dabei hätte er alles zu verlieren«. Noch einmal, gegenüber kambodschanischen Studenten der Pariser Universitäten, übt Sihanouk öffentlich Solidarität mit den Roten Khmer; gegenüber seiner Entourage ist er ehrlicher. Er wisse nicht wirklich, wie es um seine Heimat bestellt sei, sagt er seinen Begleitern. Nach der impliziten Drohung der Roten Khmer sei ihm auch seine eigene Zukunft unklar. Die Hälfte seiner Entourage beschließt darauf, im Ausland zu bleiben. Er aber kehrt zurück. Diesmal wird er in Phnom Penh nicht von Safrangelben, nicht von Blumenmädchen, nicht von Salutierenden empfangen, sondern von einem schwarzgekleideten, blutrünstige Lieder intonierenden Revolutions-Chor.

»Es war kafkaesk«, sagt Sihanouk, der Schöngeist, als er bei unserem Gespräch diese Tage noch einmal Revue passieren lässt. »Mein Lächeln gefror. Ich ahnte Schlimmes – und fühlte mich doch verpflichtet, meiner Heimat zu dienen.«

Zunächst stören ihn die Kleinigkeiten. Dass im Palast so viel Porzellan geklaut wird. Dass die Klimaanlage so oft ausfällt. Dass die Qualität des Essens nachlässt und es schließlich keinen Rum mehr gibt für seine geliebten »bananes flambées«. Dann zwingen ihn die Roten Khmer zu zwei Reisen in die Provinzen, um ihm »die Fortschritte des Volkes« zu zeigen. Obwohl ihm mit Khieu Samphan an seiner Seite sicherlich die schlimmsten Exzesse erspart bleiben, beobachtet er nun – mit wieder wachen, geöffneten Augen – Tausende ausgemergelte Gestalten, die an neuen Dämmen bauen. »Meine Landsleute waren zu Lasttieren umgewandelt worden, zu gequälten Kreaturen. Meine Augen sahen einen Wahnsinn, den ich mir nicht hatte vorstellen können«, sagt er im Rückblick auf die Fahrten in den Norden des Landes. Aber Sihanouk wäre nicht Sihanouk, würden ihm auf dem Land nicht noch andere Merkwürdigkeiten auffallen und störten ihn nicht Dinge, die man als Beobachter von außen als eher nebensächlich einordnen würde: etwa die von ihm monierten »unerhört schlechten Tischgewohnheiten« der Khmer-Rouge-Kader. Oder der »empörende Verfall« von ehemals prachtvollen Gebäuden, »in denen ich einst Prinz Raimondo Orsini aus Italien oder den deutschen Schauspieler Curd Jürgens bewirtet hatte«.

Sihanouk mag ein Paradiesvogel sein, aber er ist auch – und vielleicht zuallererst – ein Patriot. Im April 1976 ist er es leid, von den Roten Khmer als Aushängeschild missbraucht zu werden. Er verzichtet auf seinen Posten als nominelles Staatsoberhaupt. Die Roten Khmer stört das wenig. Sie sind inzwischen kaum mehr an Außenwirkung interessiert; sie nutzen die Demission für eine Art Befreiungsschlag. Khieu Samphan übernimmt den Posten des Staatspräsidenten. Pol Pot, längst der wirklich starke Mann, ist Premier und »Bruder Nummer eins«. Er erklärt bei seiner ersten Kabinettssitzung, nun sei endgültig Schluss mit einer »Mischregierung« und dem Feudalismus. Die Roten Khmer trügen jetzt die alleinige Verantwortung und man sei stolz darauf.

Sihanouk geht mit seiner Entscheidung ein großes persönliches Risiko ein. Er weiß nicht, ob er ohne internationale Aufmerksamkeit noch seine Familienmitglieder schützen kann, ob er selbst am Leben bleiben wird. Die nächsten drei Jahre verbringt er weitgehend unter Hausarrest, abgeschnitten von der Welt, wie er sagt. »Nein, ich habe nichts von den Killing Fields und den Massenmorden gehört«, betont er bei unserem Gespräch erregt. »Gar nichts. Ich lebte doch völlig isoliert, wenngleich mit einem gewissen Komfort, in meinem alten Königspalast. Ich war gefangen. Ausländischen Politikern, die mich besuchen wollten – darunter der jugoslawische Präsident Tito –, wurde, wie ich später erfuhr, einfach erzählt, ich sei zu beschäftigt.« Gelegentlich kann Sihanouk mit seinem alten Grundig-Radio das Programm der BBC empfangen. Er lauscht staunend und ungläubig und fröstelnd den politischen Kommentatoren, die von Massakern sprechen, freilich weitgehend auf Hörensagen angewiesen sind. Was die königliche Sippe angeht, werden sich Sihanouks schlimmste Befürchtungen später bestätigen: Fünf seiner Kinder und 14 seiner Enkel sollten den Khmer-Rouge-Horror nicht überleben. Sie werden ausgelöscht wie 1,7 Millionen andere Khmer.

Pol Pot und Khieu Samphan haben den einsamen Mann im Palast nicht vergessen. Als ihnen bewusst wird, dass dem Regime Gefahr aus dem Nachbarland Vietnam droht, nehmen sie wieder Kontakt mit Sihanouk auf. Plötzlich kommt ein Korb mit Lychee-Früchten an, Absender »Bruder Nummer eins«; Präsident Khieu Samphan schaut persönlich im isolierten Palast vorbei. Man verlegt den kaltgestellten König in eine neue, luxuriöse Villa, angeblich um Entführungsversuchen der Vietnamesen vorzubeugen. Man hält sich Sihanouk in Reserve – damit er wie ein Kaninchen aus dem Hut gezaubert werden kann, sollten es die Umstände erzwingen.

Und sie tun es. Wie die Welt erst sehr viel später durch die Recherchen des Pol-Pot-Biografen Philip Short erfährt, bekommt »Bruder Nummer eins« bei einem Geheimtreffen mit der chinesischen Führung in Peking den dringenden Rat, Sihanouk zu reaktivieren. Längst ist auch dem großen Verbündeten der Roten Khmer aufgefallen, wie sehr das Regime der Steinzeitkommunisten aus dem Ruder gelaufen ist. Die Radikalen um Mao und seine Viererbande sind auf dem Rückzug; Deng Xiaoping, der Pragmatiker, steht vor seinem Comeback und ahnt wohl schon, dass sich das Pol-Pot-Regime nicht mehr lange halten kann. So sehr Deng die Menschen-Experimente der Roten Khmer aber auch persönlich verabscheuen mag: Vietnam soll nicht wieder eine große Regionalmacht werden und sich mit Kambodscha und dann möglicherweise auch Laos ganz Indochina einverleiben. Es soll kein möglicher Konkurrent an der Südflanke des Drachen entstehen. Das ist Pekings Interessenlage – und sie fordert eine weitere, wenngleich nicht unbedingt militärische Unterstützung der Roten Khmer. Die beste Option liegt nach chinesischer Ansicht wieder in dem vertrauten, Vertrauen erweckenden Gesicht eines »Neutralen«: in Sihanouks Gesicht.

Doch dann geht es mit den Khmer Rouge in Phnom Penh überraschend schnell zu Ende. Monseigneur, wie sind Sie eigentlich damals im Januar 1979 aus Phnom Penh herausgekommen, als der Sturm losging? Wie sind Sie den vietnamesischen Eroberern entwischt?

»Das war ganz einfach. Khieu Samphan besuchte mich, und wir gingen gemeinsam zum »Bruder Nummer eins«. Bei einer kurzen Begegnung sagte Pol Pot dann zu mir: Monseigneur, Sie werden gebraucht. Sie müssen Kambodscha bei den Vereinten Nationen vertreten. Sie müssen hingehen und unser Vaterland gegenüber den vietnamesischen Aggressoren verteidigen. So bin ich mit der letzten regulären chinesischen Verkehrsmaschine nach Peking geflogen. Es waren also im Grunde die Invasoren, die mich befreit haben. Ja, man könnte sich totlachen: Die Vietnamesen haben mich befreit.«

Aber nicht nur Sihanouk entkommt den Vietnamesen. Auch die ganze Führungsspitze der Roten Khmer kann sich noch unmittelbar vor der vietnamesischen Invasion aus Phnom Penh absetzen; sie führt von ihren alten Dschungelstellungen nahe der thailändischen Grenze aus den Kampf fort. Der Ex-Monarch aber ist wieder in der großen weiten Welt angekommen. In New York zeigt der Prinz, dass er nichts verlernt hat. Vor der Uno hält er eine flammende Rede gegen die Vietnamesen, die »Kambodschas Souveränität verletzt haben«; Reporterfragen nach den Menschenrechtsverletzungen der Roten Khmer und seiner eigenen Rolle in den letzten Jahren umgeht er geschickt. Mit dreizehn zu zwei – die Gegenstimmen stammen von der Sowjetunion und Tschechoslowakei – verurteilt der Sicherheitsrat schließlich das Vorgehen Vietnams, nicht den Massenmord der Roten Khmer. Die Khmer-Rouge-»Betreuer« Sihanouks, allen voran der von Sihanouk besonders verachtete Ieng Sary, sind begeistert von dem Auftritt ihres Schützlings. Doch der mag nicht mehr. Morgens um zwei, einige Meter vor der Einfahrt zu seinem New Yorker Hotel, drückt Sihanouk einem CIA-Bodyguard einen Zettel in die Hand. Es ist sein Ersuchen um politisches Asyl. Einmal mehr will der Chamäleon-Politiker die Seiten wechseln – diesmal in Richtung des Erzfeindes USA, in Richtung des Landes, das er für Zehntausende zivile Opfer unter seinen Landsleuten verantwortlich macht.

Washington hat seine eigenen Gründe, warum es 1979 die Vietnamesen an den Pranger stellen und den mörderischen Roten Khmer ihren Uno-Sitz belassen möchte: Im Kalten Krieg wird alles dem Kampf gegen die andere Seite untergeordnet, schwerste Menschenrechtsverletzungen, von denen man damals schon durch Augenzeugen weiß, zählen da wenig. Und so wird das formal schwer widerlegbare Argument in den Vordergrund gespielt, die Vietnamesen hätten bei ihrem Einmarsch und dem Sturz der Roten Khmer das Völkerrecht verletzt. Im Schlepptau der westlichen Führungsmacht schließt sich auch die Bonner Regierung dieser Argumentation an – noch jahrelang werden deutsche Uno-Botschafter den Repräsentanten der Roten Khmer in New York die Hand reichen und bei Abstimmungen für das Recht der Massenmörder streiten, ihr Volk zu vertreten. Wo also nutzt uns Prinz Sihanouk mehr, stellt man sich im Weißen Haus angesichts des unerwarteten und geheimen Visumsantrags die Frage? Als Schachfigur im Spiel um Kambodscha oder als amerikanischer Neu-Bürger, ausgestattet mit einem Asylanten-Pass, abgeschnitten von der Weltbühne?

Sihanouk wird mit Blaulicht in eine private Suite des New Yorker Lennox-Hill-Hospitals verfrachtet. Offizielle Version für die Journalisten: Er leidet unter »extremem Stress und Erschöpfung«. Hinter den Kulissen wird fieberhaft verhandelt. Die US-Regierung denkt nicht daran, dem Kambodschaner politisches Asyl zu gewähren; er schlägt Frankreich als Exil-Land vor, doch Paris lehnt ebenfalls ab. Heftig von den Chinesen bearbeitet und mit Versprechen überhäuft (darunter die Zusicherung, er bekomme eine wichtige Rolle beim Wiederaufbau seines Landes und müsse nie mehr ein Bündnis mit den Roten Khmer eingehen), stimmt Sihanouk schließlich seiner Rückkehr nach Peking zu. Die dramatischen Wendungen in New York bleiben für viele Jahre geheim, bevor er sie dann selbst in einem eigenen Buch enthüllt.

In Peking entwickeln sich die Dinge für Sihanouk nicht wie erträumt. Zwar schlägt die chinesische Führung gegenüber den Roten Khmer einen neuen, ungleich kritischeren Ton an, aber Deng Xiaoping möchte den Prinzen gerne an der Seite der Roten Khmer sehen. Er behauptet, die Führung um Pol Pot bedauere inzwischen die Exzesse und habe sich gewandelt. »Aber die Khmer Rouge sind doch die Totengräber meines Volkes, die Mörder meiner Kinder und Enkel«, will Sihanouk dem starken Mann der Volksrepublik entgegnet haben. »Und die werden sich nie ändern, so wenig wie sich Tiger in Kätzchen verwandeln können.«

Die Chinesen zwingen den im Untergrund kämpfenden »Bruder Nummer eins«, Sihanouk wieder den Posten des Staatspräsidenten anzubieten. Sihanouk weigert sich und reist zu seinen anderen Freunden, nach Nordkorea. Doch auch in Pjöngjang rät man ihm zu einem Deal. Sihanouks Optionen sind Anfang 1981 sehr begrenzt – und durchaus nicht attraktiv. Er hat die Wahl zwischen Pest und Cholera. Entweder zieht er sich ins Privatleben zurück und versinkt für alle Zeiten in der politischen Bedeutungslosigkeit. Oder er geht auf ein neues Abkommen mit seinen Tod-Freunden ein. Der Prinz schluckt schließlich den Köder. In Peking wird er nach seiner Rückkehr aus Nordkorea erneut mit offenen Armen empfangen, die ehemalige französische Botschaft wird für ihn restauriert, der Champagner-Nachschub stimmt wieder. Das ist die Situation, in der ich Sihanouk Anfang Mai 1981 in Peking interviewe. Und in der er, geschüttelt von Gemütsschwankungen, ganz erstaunliche Einblicke in sein Seelenleben offenbart.

Jetzt, da unser Gespräch auf seine Zusammenarbeit mit den Massenmördern kommt, springt er auf. Nichts hält ihn mehr in den bequemen Sesseln, nicht die Häppchen, nicht die Getränke, nicht einmal der Blick auf das große Gemälde von Angkor Wat mit der aufgehenden Sonne. Er nimmt meinen Arm und zerrt mich förmlich hinaus in den Park der Villa. »Ich brauche frische Luft«, sagt er.

Warum also paktieren Sie weiter mit den Roten Khmer, obwohl Sie alles über deren Verbrechen wissen, alles über den Genozid an Ihrem Volk?

»Ich muss Realpolitiker sein. Sie sind die einzigen, die eine gut organisierte Armee haben und gegen die vietnamesischen Besatzer kämpfen können. Gemeinsam mit einer vereinigten Front, zu der noch die antikommunistische Nationale Befreiungsfront und meine neue Truppe kommen, sind wir stark. Wir werden von den Chinesen mit Maschinengewehren aufgerüstet, jedenfalls haben sie das versprochen.«

Aber will das kambodschanische Volk diesen Kampf wirklich? Und ist er zu gewinnen?

»Der Gegner ist übermächtig. Wir werden nicht gewinnen. Ich weiß, dass wir nicht gewinnen können. Aber mein Volk will kämpfen. Ich kann meine Super-Patrioten nicht stoppen, wenn sie ihre Waffen gegen die Vietnamesen erheben wollen. Obwohl auch ich glaube, dass es ihnen unter den Besatzern objektiv besser geht als in den Schreckenszeiten Roten Khmer...«

Und trotz dieses Wissens tun Sie nicht alles, um weiteres Blutvergießen zu verhindern?

»Ich weiß, das hört sich für Ihre westlichen Ohren nicht logisch an«, sprudelt es aus ihm heraus. »Vielleicht sogar pervers. Aber mein Problem ist, dass mich das Volk so sehr liebt, und dass ich mich dem Willen des Volkes unterordnen muss. Sihanouk kann nicht selbst entscheiden. Sihanouk gehört seinen Kambodschanern. Ich will nur noch eine untergeordnete Rolle spielen, obwohl ich der beste Politiker für mein Land wäre. Vielleicht bin ich kein guter Politiker, aber auf jeden Fall der am wenigsten schlechte. Bin ich nicht, international gesehen, der einzige vorzeigbare Kambodschaner?«

Eine impulsive Wendung nach der anderen. Er könne sich, wenn denn die internationale Situation es ermögliche, auch in einigen Jahren ein »Abkommen mit den Vietnamesen« vorstellen. Andererseits, wenn gar nichts funktioniere und das Ende sich nähere, sei auch für seinen Grabplatz schon gesorgt: Sihanouk hat sich in Pjöngjang einen Ort ausgesucht, wo er sich vorstellen könnte, »ein Mausoleum, einen Stupa für meine Asche zu bauen«. Bevor wir uns verabschieden, besteht er auf einem letzten gemeinsamen Schluck Champagner. Gern und ausgiebig posiert er für Fotos. »Sie schicken mir eine Auswahl der Bilder, Monsieur?«

Ich habe Norodom Sihanouk lange nicht mehr wiedergesehen, aber natürlich seine politischen Winkelzüge – und die Wirrungen seines Heimatlandes – weiter verfolgt. Im Juni 1982 kommt es zur Bildung einer Exilregierung; der merkwürdigen und höchst heterogenen »Vereinigten Front« gehört neben den Khmer Rouge und den Antikommunisten unter dem früheren Premier Son Sann auch Sihanouk als »Präsident« an. In den nächsten sieben Jahren tritt er fünfmal »unwiderruflich« von dem Posten zurück, um ihn jeweils kurz danach wieder anzunehmen. Es ist eine Farce, in deren Zentrum eine »halb lächerliche, halb tragische Figur« (*New York Times*) steht, an die kein ernsthafter politischer Beobachter mehr glauben mag. Die Achtzigerjahre sind für Kambodscha weitgehend ein verlorenes Jahrzehnt. Eine Ära, bestimmt durch den Bürgerkrieg, den die Roten Khmer mit neuen Waffen und alten Alliierten führen – mit der Hilfe Chinas, Thailands und der USA.

Für die Regierung in Washington bestätigt das Sicherheitsberater Zbigniew Brzezinski: »Ich habe die Chinesen ermutigt, Pol Pot zu unterstützen. Pol Pot war eine Abscheulichkeit. Wir konnten ihn nie unterstützen, aber Peking konnte das tun.« Der frühere Außenminister Henry Kissinger, zynisch und menschenverachtend wie so oft in seiner Karriere, hat schon am 26. November 1975 in einem Gespräch mit seinem thailändischen Kollegen zu Protokoll gegeben (wie ein inzwischen deklassifiziertes Geheimprotokoll der Unterredung, Nr. 7524631 des State Department, schwarz auf weiß beweist): »Sie sind eine verrohte Mörderbande, aber das soll der Verbesserung unserer Beziehungen mit ihnen nicht im Wege stehen.« Und sein Nachfolger George Schultz wehrt sich noch 1986 ausdrücklich gegen einen Vorschlag seines australischen Amtskollegen, die Verbrechen der Khmer Rouge von einem internationalen Tribunal untersuchen zu lassen. Die Interessen des kommunistischen China und des kapitalistischen Westens auf der einen Seite stehen denen der UdSSR und des Warschauer Paktes auf der anderen Seite diametral entgegen. Die Kambodschaner: Gefangene zwischen den Frontlinien des Kalten Krieges.

Aber immer dann, wenn Sihanouk mit dem Rücken zur Wand steht, wenn man ihn fast schon abschreibt, ist er am stärksten. Der Meister der Volten fügt seiner Karriere im Sommer 1988 eine neue Wendung hinzu: Er tritt in Friedensgespräche mit Hun Sen ein, dem Mann, der drei Jahre zuvor als Regierungschef von vietnamesischen Gnaden – und selbst ein ehemaliger niedrigrangiger Ex-Roter-Khmer – endgültig die Macht in Phnom Penh übernommen hat. Man trifft sich »en famille«, wie Sihanouk es nennt. Auf der einen Seite der Ex-Monarch mit Frau Monique und Sohn Ranariddh, auf der anderen Seite Hun Sen mit zwei seiner engsten Berater. Ort der informellen Begegnung ist auf Anregung des Prinzen ein vornehmes Landhotel in Frère-en-Tardenois, am Rande des von ihm so geliebten Champagner-Landstrichs. Die dreitägigen Diskussionen lässt Sihanouk mit einem Bankett ausklingen, bei dem er selbst in der Küche des Sterne-Kochs die Zubereitung der Speisen überwacht.

Auf die erste Annäherung folgen Treffen in Jakarta und Bangkok, aber beim politischen Poker zeigt sich der Prinz hart. Er will erst wieder eine Rolle in Phnom Penh spielen, wenn die Vietnamesen abgezogen sind. Als er schließlich hinter den Kulissen Hinweise auf eine solche Regelung erhält, zieht er die Konsequenzen und tritt im August 1989 von der Spitze der »Vereinigten Front« zurück. Nun sind die Roten Khmer wieder seine Feinde. Diesmal endgültig.

Eine neue Flagge, die Wiedereinführung des Buddhismus als Staatsreligion, die Abschaffung der Todesstrafe, die Einführung marktwirtschaftlicher Elemente in der Wirtschaftspolitik sowie erste Schritte zu einem Mehrparteiensystem: Kambodscha erfindet sich wieder einmal neu. Endlich ändern auch die USA ihre Politik und sprechen der Exil-Koalition unter Beteiligung der Roten Khmer ihre Anerkennung als legitime Vertretung Kambodschas ab. Im Oktober 1991 unterzeichnen Vertreter der Vereinten Nationen schließlich in Paris einen Friedensplan für das geschundene Land, verbunden mit einem Waffenstillstand; noch allerdings sitzen auf kambodschanischer Seite auch die Roten Khmer mit am Verhandlungstisch. Es hilft, dass sich mit dem Zusammenbruch des Warschauer Pakts und der Selbstauflösung der Sowjetunion auch die Situation in Südostasien verändert: Die Vietnamesen, denen fast über Nacht ihr wichtigster Verbündeter abhanden gekommen ist, müssen sich nun um ihr eigenes Land kümmern und ziehen aus Phnom Penh ab. Und endlich wird die alte Kambodscha-Fahne der Roten Khmer abgenommen, die fast ein Jahrzehnt über dem Uno-Gebäude in New York geweht hat, ein Zeichen für das schändliche Versagen der Vereinigten Staaten und Westeuropas.

Am 14. November 1991 kehrt Norodom Sihanouk schließlich in die Heimat zurück – 21 Jahre nach seiner Entmachtung, mehr als 12 Jahre nach seiner Flucht. Und die Ironie will es: Wie damals ist er an Bord einer chinesischen Maschine. Peking lässt es sich nicht nehmen, ihm dieselben Diplomaten an die Seite zu geben, die ihn schon bei seinem Abschied eskortiert haben. Aus Phnom Penh ist auch Premier Hun Sen in die chinesische Hauptstadt gereist, um den Prinzen auf dem Flug nach Hause zu begleiten. Die beiden wollen an diesem Tag als unzertrennliches Duo auftreten, als ein Herz und eine Seele.

Auch die internationale Presse ist an diesem Feiertag für Kambodscha geladen. Schon am Flughafen, wo die Journalisten stundenlang in der Hitze auf den verlorenen Sohn des Landes warten, grüßen überlebensgroße Poster mit dem jugendlichen Konterfei des Prinzen. Wetten werden abgeschlossen, vor allem, als sich zur geplanten Ankunftszeit noch nichts am Himmel tut. Kommt er wirklich? Trifft er womöglich aus Sicherheitsgründen erst in der Nacht ein? Oder wird das ganze Unternehmen Heimkehr im letzten Moment abgesagt?

Und dann landet die Maschine der chinesischen Fluggesellschaft. Norodom Sihanouk steigt die Flugzeugtreppen herunter auf den langen roten Teppich, hält inne – und wischt sich verstohlen die Tränen aus den Augen. Eine Militärkapelle schmettert die kambodschanische Nationalhymne. Mönche in Safrangelb, diesmal echte, falten die Hände zum Gruß, Generäle salutieren, das diplomatische Corps, ergänzt von einem Dutzend hoher Uno-Vertreter, schüttelt seine Hände. Kleine Schulmädchen, nicht in Khmer-Rouge-Schwarz, sondern in bunten Rüschenkleidchen, reichen ihm Jasminblüten. Ein rosaroter Chevrolet Convertible wartet auf den Mann, ein sorgsam wiederhergestelltes Relikt seiner früheren Herrschaft. Begeistert winkt er aus dem offenen Wagen in die Menge. Es ist eine perfekte, Hollywood-reife Show, bei der allerdings die Sicherheit groß geschrieben wird: Nur wer einen Sonderpassagierschein an die Brust geheftet hat, darf die Sperren passieren und dem Heimkehrer zujubeln.

Phnom Penh hat sich herausgeputzt und ein wenig von seinem früheren Glanz wiedergewonnen. Die Hauptstraßen sind sorgfältig von jedem Unrat befreit, die Gehsteige gefegt. Die Hun-Sen-Regierung hat die auf dem Weg in die Innenstadt liegenden Fassaden frisch streichen lassen. Die Zentralbank, die Pol Pot und seine Schergen als Symbol der Bourgeoisie hatte sprengen lassen, ist fast originalgetreu wieder aufgebaut. Auch der Königspalast strahlt im alten Glanz, renoviert für 300 000 Dollar.

Sihanouk zieht sich an diesem Tag bald zurück. Am nächsten Morgen präsentiert er sich im Nationaldress im Garten seines Königspalasts, rückt galant den weiblichen Gästen ihre Rattan-Stühle zurecht und beklatscht einen traditionellen Khmer-Tanz. Unter den Gästen fällt einer auf, der aussieht wie Pol Pot. Er ist es nicht – sondern sein leiblicher Bruder Loth Suong, der ehemalige Palastsekretär, mit dem der Rote-Khmer-Chef lange ein Zimmer geteilt hat. Neben Loth Suong hat seine Frau Chea Samy Platz genommen, die als größte Künstlerin des Landes galt – bis ihr Schwager das Tanzen als »bürgerliche Entartung« verbot. Sie hat die Horror-Jahre nur überlebt, weil sie ihre Fähigkeiten in der Kommune verschwieg und stumm die Teller wusch, die Kleider ausbesserte, den Reis pflanzte. Wie die Kambodschaner bei diesem Konzert jetzt alle so dasitzen, der klassischen Musik lauschen und die eleganten, feingliedrigen Bewegungen der Tänzerinnen beobachten – da ist es für einen Moment ein bisschen wie in einer Zeitmaschine, da scheint es, als seien die guten alten Zeiten nie verschwunden.

Doch als Chea Samy nach der Aufführung in dürren Worten erzählt, dass zwei Drittel ihrer königlichen Tanztruppen nicht überlebt haben, stellt sich der Schmerz der Gegenwart sofort wieder ein. Und die Angst vor der Zukunft. Kann Sihanouk wirklich das Land stabilisieren? Ist die Aufgabe der Uno, wohl die ehrgeizigste, die sich die Weltgemeinschaft seit ihrem Bestehen gestellt hat, wirklich zu bewältigen – die Überwachung des Waffenstillstands, die Entwaffnung der rivalisierenden Armeen, die Rehabilitierung der aufgabewilligen Teile der Roten Khmer, die Vorbereitung einer zivilen Verwaltung?

Was am Reißbrett der Vereinten Nationen entworfen und zweifellos gut gemeint ist, erweist sich in der Praxis als wenig durchdacht und miserabel durchgeführt: »Untac« bringt 20 000 militärische und zivile Kräfte aus aller Herren Länder nach Kambodscha, vom Februar 1992 bis zum September 1993 frisst die Mission 2,8 Milliarden Dollar und wird zur teuersten Uno-Aktion aller Zeiten. Anfänglich sehen die Einheimischen die Blauhelme noch als Helfer und bewirten sie freundlich und oft kostenlos; aber der gute Wille nimmt schnell ab. Viele Uno-Vertreter verhalten sich arrogant und rasen mit ihren weißen Toyota-Landcruisern durch die Hauptstadt, als seien sie die neuen Herren von Phnom Penh. Von ihrer Rücksichtslosigkeit können bald auch die deutschen Helfer des »German Hospital« ein Lied singen, bei denen zahlreiche Unfallopfer eingeliefert werden. Die Preise steigen rasch, weil die großzügig und in Dollar bezahlten Fremden mit Geld um sich werfen. Nur die Barbesitzer profitieren, weil der Alkohol fließt und der Bedarf nach Prostituierten steigt. Die Immunschwäche-Krankheit Aids, bis dahin in Kambodscha kaum bekannt, verbreitet sich epidemieartig.

Während die Uno-Blauhelme bei der Räumung der Minen und der Eingliederung der Flüchtlinge wenigstens Teilerfolge vorweisen können, versagen sie bei der Entwaffnung der Bürgerkriegsparteien völlig. Vor allem die Roten Khmer weigern sich einfach, ihr militärisches Gerät abzugeben. Vor Konfrontationen mit den Dschungelkriegern, die sich nach ihren Überfällen auf die städtische Zivilbevölkerung immer wieder in ihre Stellungen bei Pailin im Westen und Anlong Veng im Norden Kambodschas zurückziehen, scheuen die Blauhelme zurück. Auch Sihanouks Partner Hun Sen hat schnell erkannt, wie konfliktscheu die Vertreter der Vereinten Nationen sind und facht selbst die politische Gewalt zugunsten seiner eigenen Partei immer wieder an. Sihanouk ist so enttäuscht von der Weltgemeinschaft, dass er sich im Januar 1993 nach Peking zurückzieht und einmal mehr seinen »Rückzug aus der Politik« verkündet. »Keine der Vorbedingungen für eine freie Wahl in Kambodscha ist erfüllt! Unabhängige Politiker werden eingeschüchtert und verfolgt! Das alles ist eine Farce, eine bittere Komödie, bei der wieder einmal nur mein Volk verliert!«

Pol Pot weigert sich, an den Wahlen teilzunehmen. Seine Roten Khmer haben es sich einigermaßen bequem eingerichtet. Sie kontrollieren etwa ein Fünftel des kambodschanischen Staatsgebiets. In diesen Bergregionen leben zwar nur fünf Prozent der Bevölkerung, aber sie beherbergen einige der wichtigsten Schätze des Landes, mit denen man lukrativen Schmuggel betreiben kann: Diamanten, Gold und Edelhölzer. Sihanouk schickt bei der Wahl nach einigem Zögern und ohne große Begeisterung seinen Sohn Ranariddh mit einer ad hoc zusammengewürfelten royalistischen Einheitsfront (Funcinpec) ins Rennen. Hun Sens sozialistische Kambodschanische Volkspartei gilt als der große Favorit. Aber der Urnengang unter Uno-Aufsicht im Juni 1993 bringt eine große Überraschung: Die weitgehend unbekannten Royalisten gewinnen mit sieben Prozent Vorsprung, holen 58 der 120 Parlamentssitze, verglichen mit den 51 der Linken. Und schon ist Norodom Sihanouk wieder zur Stelle, der Mann, der sich tief in seinem Inneren wohl immer noch als göttlicher Herrscher in der Tradition der Angkor-Könige fühlt.

Er kehrt nach Phnom Penh zurück und teilt seinem »hoch geschätzten und heiß geliebten Volk« mit, er habe einen durchschlagenden, zukunftsweisenden Kompromiss für Kambodscha gefunden. Und er knüpft, wie so oft an Wegscheiden in seiner Karriere, sein Schicksal an das Gelingen. Was Sihanouk vorschlägt, ist eine höchst ungewöhnliche Lösung, ein Meisterstück des Schattentheaters: Die beiden verfeindeten Lager, die Sozialisten und die Royalisten, sollen eine gemeinsame Übergangsregierung bilden – mit zwei gleichberechtigten Ministerpräsidenten, mit einer Doppelspitze in allen Ministerien. Die Roten Khmer bleiben ausgeschlossen. Und so kommt es. Norodom Sihanouk lässt sich seine erfolgreiche Vermittlung mit der Wiedereinführung der Monarchie entlohnen. Am 24. September 1993 lässt er sich wieder zum König krönen – ein gutes halbes Jahrhundert nach seiner Inthronisierung durch die Franzosen.

Sihanouk bleibt für einige Jahre der starke Mann im Hintergrund, auch wenn er sich kaum in die aktuelle Politik einmischt. 1996 hilft er mit, die Roten Khmer zu spalten, indem er für den ehemaligen Außenminister Ieng Sary und dessen Truppen eine umstrittene Amnestie (und die Aufhebung eines 1979 gegen Sary erwirkten Todesurteils) ausspricht und diese Fraktion der Dschungelkämpfer daraufhin die Waffen niederlegt. Im Übrigen geht der König seinen lange Zeit ziemlich vernachlässigten Hobbys nach. Er greift auf seine Film-Karriere aus den Sechzigerjahren (»Schatten über Angkor«) zurück. Er schreibt wieder Drehbücher und führt bei deren Verwirklichung auch Regie. Er dreht tragische Streifen wie »Ehrgeiz zu Asche«, heroische wie »Die letzten Tage des Colonel Savath«, aber auch Liebesfilme wie »Mein Dorf beim Sonnenuntergang«. Der einzige literarische Stoff aus dem Westen, an den er sich jemals gewagt hat, ist Saint-Exupérys »Der kleine Prinz«. Fast alle Sihanouk-Produktionen räumen, wenig überraschend bei den Machtverhältnissen, unabhängig von ihrer Qualität die nationalen Filmpreise ab.

Bald jedoch erweist sich Norodom Sihanouks Sohn Ranariddh als Fehlbesetzung. Er hat bei weitem nicht die Statur seines Vaters und spielt gegenüber seinem ehrgeizigen, geschickten und skrupellosen Konkurrenten Hun Sen bald nur mehr eine untergeordnete Rolle. Ranariddh baut wie sein Konkurrent eine Privatarmee auf, es kommt in den Straßen von Phnom Penh zu schweren Auseinandersetzungen mit den Truppen Hun Sens, der den Kampf um die Macht schließlich in einem Putsch für sich entscheidet. Bei den nachfolgenden Wahlen im Juli 1998 setzt sich der Sozialist durch, mit einer Mehrheit von zehn Prozent der Stimmen. Der König handelt noch einmal einen Kompromiss zwischen seinem Sohn und Hun Sen aus, aber die Verhältnisse haben sich nun deutlich verschoben. Der starke Mann Kambodschas ist nicht mehr der Mann im Palast, und sein Sprössling hat bald gar nichts mehr zu sagen.

An einer anderen Front sind allerdings in diesem Jahr große Erfolge zu verzeichnen: Nach dem Tod Pol Pots durch vermutetes Herzversagen stellen sich im Dezember 1998 auch Khieu Samphan und Nuon Chea, der Chefideologe und »Bruder Nummer zwei«, den Behörden. Der Spuk der Roten Khmer ist dann bald vorbei, wenngleich der Preis für die Kapitulation der Massenmörder hoch ist: Sie dürfen sich gemütlich in ihren Villen einrichten, ein sorgenfreies Leben führen. Sie werden juristisch nicht belangt – wenigstens nicht die nächsten acht Jahre.

Norodom Sihanouk, König und Staatsoberhaupt auf Lebenszeit, überrascht sein Volk dann noch einmal: Von einem Kuraufenthalt in Peking teilt er im Oktober 2004 seinen Landsleuten mit, er werde von allen seinen Ämtern zurücktreten. Manche glauben an eine weitere Finte im fintenreichen Leben des schillernden Politikers, dem die Kambodschaner den Ehrentitel »Samdech Euv« – »Vater Prinz« – verliehen haben. Doch er meint es ernst. Er stehe kurz vor seinem 82. Geburtstag, sei krank und müde, lässt er verlauten. In weiteren Bulletins lässt der König streuen, er leide an einem Gehirntumor, an Prostata-Krebs, an Diabetes und einem schweren Augenleiden. Die Abdankung: unwiderruflich.

Immerhin schafft er es, seinen zweiten Sohn, den damals 51-jährigen Tänzer Norodom Sihamoni, auf den Thron zu hieven und so die Monarchie wenigstens formal zu retten. Und sein Lebensabend erweist sich weder als so schmerzlich noch als so kurz wie von ihm selbst ausgemalt: Er dreht 2005 noch einmal einen Film, wie immer selbst geschrieben und selbst inszeniert; diesmal ist es eine bitterböse politische Satire auf die Regierungszeit seines CIA-nahen Konkurrenten: »Lon Nol, Lon Non, Lonnoliens«. Und er beglückt sein Volk mit einer eigenen Website: www.norodomsihanouk.info. Darauf stellt der königliche Blogger in bunter Reihenfolge seine handgeschriebenen Gedanken über die Roten Khmer ins Netz, außerdem Fotos, Liebesgedichte, selbst verfasste und interpretierte Schnulzen (»Monica«, »Liebe ohne Hoffnung«) sowie Drehbuchfragmente (»Excusez-moi, Madame, je suis un homo«). Den Song »Der See des Glücks« widmet er dem »unsterblichen Helden« Kim Il Sung. Sihanouk online zu erleben gehört zu den bizarrsten Erlebnissen, die man im Internet haben kann. Und die Website hat offensichtlich eine Fangemeinde: Sie wurde allein im Jahr 2008 eine Viertelmillionmal angeklickt.

Die königlichen Botschaften sind in den letzten Monaten aber seltener geworden. Der pensionierte Monarch spielt höchstens noch eine symbolische Rolle in der aktuellen Politik; sein blasser Sohn auf dem Thron wurde von einem sehr selbstbewussten Ministerpräsidenten auf zeremonielle Aufgaben reduziert. Hun Sen hat alle folgenden Wahlen gewonnen, am deutlichsten die bisher letzten im Sommer 2008, die seiner Partei im Parlament eine Zweidrittelmehrheit brachten. Norodom Sihanouk kommentiert das nicht. Schon lange gibt er keine Interviews mehr – auch nicht einem »cher ami«, wie er mich in seiner handschriftlichen Ablehnung eines Termins zu nennen beliebt. »Natürlich erinnere ich mich an unsere frühere Treffen«, schreibt er. »Ich bedauere. Aber bitte verstehen Sie, ich bin erschöpft und möchte nicht mehr über mein politisches Leben reden.«

So ganz hat er sich nicht zurückgezogen, obwohl er sich immer öfter zu langen Krankenhaus-Kuren in Peking aufhält, zuletzt den ganzen Herbst 2008. Mal lamentiert er über die angeblich antimonarchistischen Tendenzen in der Regierung, obwohl Hun Sen ihn mit Höflichkeiten überschüttet. Mal fühlt er sich nicht genug gewürdigt, obwohl bei seinem 86. Geburtstag am 31. Oktober 2008 wieder Sonderausgaben in den Zeitungen erscheinen und die versammelten in- und ausländischen Unternehmen von Phnom Penh sich mit ganzseitigen Ergebenheitsadressen überbieten; obwohl sowohl der Premier als auch der Oppositionsführer extra nach Peking fahren und ihm ihre Glückwünsche persönlich überbringen. Aus Palastkreisen verlautet, der Ex-Monarch sorge sich um sein Vermächtnis, um seinen Platz in der Geschichte. Am 1. Dezember 2008 verkündet er jedenfalls schon einmal sein nahendes Ableben. Sein »eminenter chinesischer Arzt« weigere sich zwar, mit ihm über den Tod zu reden, er fühle aber, »dass es nun bald zu Ende gehe«.

Kann man ihn, was sein Vermächtnis betrifft, beruhigen und ihm ernsthaft versichern, dass er einen Ehrenplatz in Kambodschas Geschichte einnehmen wird, dass seine Verdienste sein Versagen überstrahlen? Oder wird Norodom Sihanouk eher in die Historie eingehen als ein Politiker, der sich an den wichtigsten Wegscheiden seiner Nation als schwach, unfähig und übermäßig kompromissbereit zeigte? Ein Retter oder einer der Totengräber seines Volkes – was ist die Bilanz seines Lebens, nun, da es sich nun wohl wirklich unwiderruflich dem Ende zuneigt?

Er hat jedenfalls ein ganz besonderes Leben geführt, mit unvergleichlichen, einmaligen Erfahrungen. Royales Roller-Coaster, eine Karriere als Bergundtalbahn, deren Stationen man sich noch einmal im Zeitraffer vergegenwärtigen muss: mit 18 Jahren König, mit 20 Gefangener, mit 31 Exilant, mit 32 Premierminister, mit 38 Staatsoberhaupt, mit 54 wieder Gefangener, mit 69 erneut Asylant, mit 71 wieder König, mit 83 Monarch-im-Ruhestand.

Mal ein Demokrat, dann ein Autokrat, mal ein Sozialistenfresser, dann Erfinder eines eigenen, eigenwilligen Sozialismus; Diktatorenbekämpfer und bald darauf ein Tyrannenfreund, geprägt von europäischen Kolonialisten und deren Kultur ebenso wie von heimischen Steinzeitkommunisten. Kein Wunder, dass Norodom Sihanouk einmal geschrieben hat, seine Biografie könne »eigentlich nur William Shakespeare schreiben«. Das »Guinness Buch der Rekorde« identifiziert ihn als Politiker mit den unterschiedlichsten politischen Ämtern und den meisten Lebenswendungen.

Er ist ein Mann, der so ziemlich alle Widersprüche der Welt in sich zu vereinen scheint. Ein Egomane, der zuallererst und immer an sein Volk denkt – und dies ist ausnahmsweise einmal keine unauflösliche Contradictio: Der Staat, das war und das ist seiner Meinung nach: Er. In guten wie in schlechten Zeiten, bei Triumphen und Tragödien seines Volkes sieht sich Sihanouk als den Kitt, der Kambodscha zusammenhält. Auf seine Visitenkarten hat er früher drucken lassen: »Sihanouk du Cambodge« – alle restlichen Erklärungen, Ämter, Adressen fand er überflüssig. Er sieht sich als Nachfahre der Angkor-Götter in einer einmalig herausgehobenen Rolle, nicht unähnlich der, die Ludwig XIV. in Frankreich für sich beansprucht hat: L'état, c'est moi.

Wie er sich selbst beschreiben würde, habe ich »Papa Prinz« einmal gefragt. »Als missverstanden«, hat Sihanouk nach kurzem Überlegen geantwortet. »Oder wenn Ihnen das lieber ist: als nicht zu verstehen.« Und dabei hat er ausnahmsweise nicht gekichert, sondern nur milde und mysteriös gelächelt, das »Sourire Khmer«.

Seine Einstellung zum Tribunal gegen die Roten Khmer ist ambivalent. Er werde selbstverständlich nicht als Zeuge auftreten, lässt er im Herbst 2007 mitteilen, obwohl er grundsätzlich der Meinung sei, die völkerrechtliche Aufarbeitung der Horror-Zeit sei sinnvoll. Sihanouk, so scheint es, will sich aus den Niederungen des Prozesses heraushalten und möchte vor allem vermeiden, seine eigene Rolle vor der Khmer-Rouge-Machtergreifung oder während der Pol-Pot-Jahre zu diskutieren. In einem seiner Blogs macht er sich sogar über die Geldverschwendung des Gerichtshofs lustig.

Nur die besten Astrologen, so Sihanouk ironisch, könnten erraten, ob und wann es denn tatsächlich zu diesem »Phantom-Tribunal« kommen werde.

Dann gibt er sich wieder engagiert. In einem handgeschriebenen Brief an die internationalen Richter vom April 2008 greift er seinen langjährigen Partner (und jetzigen Angeklagten) Khieu Samphan frontal an. »Aus Rache für seine Demission als Staatsoberhaupt« hätten die Roten Khmer fünf Kinder und 14 meiner Enkel »unter schrecklichen Umständen« umgebracht: »Einige wurden den Krokodilen hingeworfen, andere mit dem Kopf voraus gegen Baumstämme geschleudert«. Diese Verbrechen, schreibt Sihanouk weiter, seien gegen den ausdrücklichen Wunsch des Großen Vorsitzenden Mao begangen worden, der die Führer der Roten Khmer ausdrücklich um Milde gegenüber Mitgliedern der königlichen Familie gebeten hätte. Der pensionierte König macht dafür ausdrücklich seinen Nachfolger im Staatsamt verantwortlich.

Trotz seiner zahleichen Treffen mit dem »stets Höflichen, sehr Gebildeten und Kultivierten« weiß Sihanouk heute, dass er nichts weiß über diesen Khieu Samphan. Aber noch mehr treibt ihn Pol Pot und dessen Persönlichkeit um. »In Kambodscha hat der »Bruder Nummer eins« die Kinder gelehrt, Jagd auf Menschen zu machen. Kinder lernen leicht und sind beeinflussbar«, hat der König einmal in einem Gespräch mit meinen SPIEGEL-Kollegen Rudolf Augstein und Tiziano Terzani fast beschwörend gesagt. Und dann entspann sich zwischen dem Herausgeber des deutschen Nachrichtenmagazins und dem fernöstlichen Monarchen folgender erratische, bizarre, ganz und gar Sihanouk-typische Dialog:

Augstein: »Monseigneur: Erziehung zum Mord, gibt es so etwas?«

Sihanouk: »Ja, aber für den kambodschanischen Holocaust ist nicht die Rasse der Khmer verantwortlich. Sind Sie als Deutsche eine schlechte Rasse? Sicher nicht. Nicht weil die deutsche Rasse gewalttätig wäre, ist Hitler an die Macht gekommen. Es waren andere Umstände. Und Pol Pot ist wie Hitler.«

Augstein: »Wir sind keine Rassisten.«

Sihanouk: »Aber Sie müssen begreifen, dass man auch unter

meiner Rasse Monster schaffen kann. Unsere beiden Rassen sind ähnlich.«

Jenseits solcher Erklärungsmuster hat Norodom Sihanouk immer versucht, diesem Pol Pot geistig auf die Schliche zu kommen, diesem Mann, den er einst per Handschlag ins Pariser Stipendium verabschiedet hat, mit dem er durch die »befreiten Zonen« im kambodschanischen Dschungel gezogen ist. Diesem Mann, der ihn zum Hausarrest verurteilt hat und Hunderttausende kalt lächelnd umbringen ließ. Er fühlte sich durchaus wohl in Pol Pots Gesellschaft, fand ihn »charmant« und sogar »lustig«. Der Prinz hat mir damals, bei unserem ausführlichen Pekinger Interview, zögernd gestanden: »Erst im Laufe der Jahre habe ich dann begriffen, dass er ein Massenmörder war, ein Verrückter, ein vollkommener Menschen-Verächter ...«

Dann machte er eine Pause. »Aber wie, um Gottes Willen, ist er bloß zu diesem Monster geworden? Wann hat ihn der Wahnsinn ergriffen? Warum hat er den Schalter umgelegt? Sie und Ihre Kollegen Reporter können frei durchs Land reisen und sich unabhängig ein Urteil bilden. Finden Sie's doch heraus. Versuchen Sie, seine Freunde, seine Familienangehörigen aufzutreiben. Seine Wurzeln des Bösen.«

VIERTES KAPITEL

DER MASSENMÖRDER

»Verbrennt eure Bücher, zerstört eure Tempel,
bespitzelt eure Eltern«

Als ich mich im Jahr 1990 zum ersten Mal auf Pol Pots Spuren aufmache, um in der kambodschanischen Provinz sein Vaterhaus zu suchen und seine Verwandten zu befragen, kommt mir Kambodscha noch immer vor wie eine zerbrochene Schiefertafel: Ehe man neue Worte, neue Zahlen, neue Linien darauf zeichnen kann, muss man die wenigen noch verwendbaren Stücke suchen, unrettbar Zerbrochenes ausmustern und mit neuem Material ersetzen, das Ganze behutsam zusammenfügen. Und hoffen, dass der Kitt hält.

Seit mehr als einem Jahrzehnt sind die Roten Khmer nun schon aus Phnom Penh vertrieben. Aber der Spuk hat noch längst kein Ende. Auch wenn sich in der Hauptstadt manches normalisiert hat, die Märkte wieder mit Waren gefüllt sind, es längst wieder Geld gibt, Polizisten den Verkehr regeln und die wichtigsten staatlichen Dienstleistungen wie die Bereitstellung von Elektrizität und fließendem Wasser für die Haushalte funktionieren, bleiben doch viele Provinzen zurück in einer anderen Zeit. Durch den Bürgerkrieg abgeschnitten, von den grausamen gestrigen Herrschern weiter tyrannisiert. Das weite Bauernland ist umkämpft. Dörfer werden erobert und zurückerobert. Schüsse fallen, oft geht es ganze Nächte so ohne Unterbrechung – doch tagsüber senkt sich, wenn man Phnom Penh verlässt, eine unheimliche Stille über Felder und Wälder. Kambodscha Anfang der Neunzigerjahre: Eine weitgehend traumatisierte Nation.

Noch sind die Kambodschaner auch nicht wirklich Herr in ihrem Haus. Zwar ist Hun Sen seit 1985 Premierminister (was er bis heute geblieben ist), aber er ist stark auf seine vietnamesischen Gönner angewiesen, hängt an Hanois Tropf. Noch kontrollieren die Nachbarn das Militär und so bin ich wieder auf eine teure, von vietnamesischen Generälen zusammengestellte Militäreskorte angewiesen, als ich meinen Trip in die Provinz Kampong Thom vorbereite. Wie damals, als es für mich zum ersten Mal nach Angkor ging. Und auch das neue Ziel liegt in der gleichen Richtung, etwa ein Drittel des Wegs zur Tempelstadt. Dann allerdings soll es abgehen von der Hauptstraße, über Feldwege den Sen-Fluss entlang zum großen See Tonle Sap und zu einem Dorf namens Prek Sbauv. Dem Geburtsort des Mannes, der als »Bruder Nummer eins« sein Volk ins Unglück gestürzt hat; dem Weiler, in dem noch immer ein Teil seiner Sippe leben soll.

Journalisten seien noch nie dort gewesen, hat der Mann in Phnom Penh gesagt, der sich so gut mit den alten Zeiten und ihren wichtigsten Protagonisten auskennt, dass er über den Weg Bescheid weiß. Bezeichnend allerdings, dass er darauf besteht, als Informant nicht mit Namen genannt zu werden. »Es gibt immer noch überall Spitzel. Sich politisch einzumischen, bleibt gefährlich. Ich weiß, vieles wirkt auf den ersten Blick befriedet. Aber man sieht die lauernden Krokodile unter der ruhigen Wasseroberfläche nur nicht.« Kein Problem hat er damit, dass ich die Familie des Massenmörders von ihm grüßen will. »Machen Sie mal, das sind nette Leute. Und so viel ich weiß, gibt es bei uns ja keine Sippenhaft ...«

Die Wegbeschreibung jedenfalls, die mir der Mann auf einen Pappdeckel gemalt hat – Notizblöcke und Ähnliches sind damals immer noch Mangelware – macht einen sehr soliden Eindruck. Kampong Thom, die Hauptstadt der gleichnamigen Provinz, hat damals wohl um die 10 000 Einwohner und wirkt sehr ärmlich. Einige halbverfallene Tempel, ein bescheidener Markt, links von dem Flüsschen, der den Ort in zwei Hälften trennt; Früchte, Gemüse und vor allem getrockneter wie frischer Fisch werden angeboten. Einige Teebuden schließen sich an, nicht mehr als Bretterzäune mit Wellblechdach und Bänken auf Lehmfußboden. »Die wenigen Leute, die ein bisschen mehr besitzen, zeigen das nicht und vergraben ihre Schätze«, sagt der Besitzer des Standes, an dem wir Halt machen, um uns zu stärken und nach dem Weg zu fragen. »Denn sobald die Dämmerung hereinbricht, sind hier überall die Roten Khmer, und je nach Laune plündern, brandschatzen und vergewaltigen sie. Keine Disziplin, nicht einmal mehr zum Vorwand politische Ideen, denen geht es nur um ihr Überleben. Das sind Räuberbanden, gefürchtet und gehasst von uns allen, und immer noch gut bewaffnet.«

Am örtlichen Krankenhaus vorbei, dann nach links, die Abzweigung von der asphaltierten Straße. Ein Lehmweg hinunter zum großen See, der in der Trockenzeit Staubwolken aus rotem Sand aufwirbelt. Tiefe Schlaglöcher, die auch die robusten Militärjeeps ins Schwanken bringen. »Myriaden von Mücken« habe ich in meinen ausführlichen Aufzeichnungen von damals notiert, unangenehm aggressives Getier, das bei erzwungenen Stopps durch den Gegenverkehr der Ochsenkarren über jeden herfällt, als wollten sie den Heuschrecken auf den Äckern Konkurrenz machen. Sie verschwinden erst, als wir wieder schwarze, giftige, für sie offensichtlich unerträgliche Auspuffgase ausstoßen.

Unfruchtbares Brachland löst sich mit einigen kleineren Reisfeldern ab, die offensichtlich von dem Flüsschen Sen bewässert werden, an dem der Feldweg entlangführt. Eine ganze Weile kein Anzeichen menschlicher Behausungen. Nach etwa acht bis zehn Kilometern aber kommt ein Dorf in Sicht, das aus der Ferne mit seinen auf Stelzen gebauten Häusern durchaus freundlich wirkt. Wie heißt der Ort?, fragen wir drei halbnackte und neugierige Kinder, die uns entgegenspringen. »Prek Sbauv.« Kennt ihr die Familie des Pol Pot? Achselzucken. Nächster Versuch. Die Familie von Saloth Sar, wie er früher hieß. Die Kinder sind unsicher, zeigen auf zwei alte Männer, aber die schütteln nur mit dem Kopf. »Wir bringen euch zum Bürgermeister«, sagt schließlich ein etwa zwölfjähriger Junge.

Wissen sie wirklich nichts? Wollen die Dörfler keine Informationen preisgeben und die Fremden einfach abschütteln? Schämen sich die Alten womöglich für den Massenmörder, der hier einmal in ihrer Mitte lebte, und halten sich deshalb so zurück, verbieten den Kindern, etwas zu sagen?

Die Antwort ist wohl banaler, wie so oft in Kambodscha. Einige haben offensichtlich wirklich keine Ahnung. Andere mögen die Entscheidung, was zu tun ist, dem Bürgermeister überlassen. Der korpulente Mann mit dem nackten Oberkörper und den Muskeln eines Boxers schält sich aus seiner Hängematte, die vor dem schönsten Haus des Dorfes aufgespannt ist. Er schaut zuerst sehr misstrauisch aufs Militär, das mich begleitet – was ahnen lässt, dass nicht nur die Aufständischen, sondern auch korrupte Soldaten die Zivilbevölkerung drangsalieren. Aber als ich ihm dann über meinen Dolmetscher Zigaretten anbiete und er sieht, dass sich die bewaffnete Truppe zurückhält und im Dorfladen, ganz desinteressiert an unserer Unterhaltung, nach Limonade und Bananen fragt, fasst der Mann Vertrauen. Und sagt nach einer kurzen Pause: »Also, dann kommen Sie. Ich bringe Sie jetzt erst mal zu Saloth Nhep. Das ist der Bruder des Mannes, den Sie Pol Pot nennen. Und dann werden Sie Saloth Seng kennen lernen und Saloth Sarieng, ebenfalls Geschwister.«

Wir gehen einige Schritte, zurück in die Richtung der Dorfstraße. Einige Kleinkinder haben sich an unsere Fersen geheftet, halbnackt, nur mit Fetzen bekleidet. Auch die meisten Häuser machen beim näheren Blick einen ärmlichen Eindruck, die Holzkonstruktionen auf Stelzen wirken so, als müssten sie beim ersten halbwegs starken Sturm zusammenknicken wie Streichhölzer. Das täusche, alles sei stabiler, als es aussehe, sagt der Bürgermeister, als könne er Gedanken lesen. Und er legt Wert auf die Feststellung, Prek Sbauv sei doch ein schönes, ein ordentliches Dorf. Der Fischfang, die Reisfelder und die Viehzucht garantieren nach seinen Worten ein zwar nicht üppiges, aber ausreichendes Einkommen. Die Leute seien im Großen und Ganzen zufrieden mit ihrem Leben – wenn man sie denn mit der großen Politik »und diesem ganzen Unsinn aus Phnom Penh« verschone. Einfach ungestört lassen, mit sich, der Natur und der Arbeit allein.

Aber er wolle sich nicht beklagen: So sei es nun schon viele Jahre. Die Resttruppen der Roten Khmer machten zwar nachts die Nationalstraße unsicher, sie plünderten gerne mal in der Provinzstadt und in den reichen Dörfern, aber nach Prek Sbauv seien sie schon lange nicht mehr gekommen. »Sicher nicht aus besonderer Rücksichtnahme im Hinblick auf die Verwandtschaft eines gewissen Herren«, fügt der Bürgermeister hinzu, um mögliche Missverständnisse erst gar nicht aufkommen zu lassen. »Sondern weil es hier so wenig zu holen gibt.«

Violett leuchtende Bougainvillea-Sträucher, Kaktuspalmen, Büffel, deren Ohren nach dem Kennzeichen ihrer Besitzer rot, gelb oder grün markiert sind und die träge durch den Schlamm stapfen; Fischer, die flache Kanus durch das Wasser navigieren und ihre Netze auswerfen, Frauen, die Krebse sammeln: Tatsächlich hat Prek Sbauv etwas von einer zeitlosen, friedlichen Idylle, es wirkt wie das aus einem Katalog geschnittene Vorbild für das typisch kambodschanische Dorf. Die Region Kampong Thom ist in den französischen Kolonialarchiven von 1929 als die Region Kambodschas beschrieben, die »am ursprünglichsten und ausländischen Einflüssen am wenigsten zugänglich« ist.

Dass es auch hier über die Jahrzehnte – spätestens in den ersten Jahren der staatlichen Unabhängigkeit unter König Norodom Sihanouk – Veränderungen gegeben hat, dass elektrisches Licht eingeführt wurde, die ersten Rundfunkempfänger auftauchten, das erste Moped als Fortbewegungsmittel, ist offensichtlich. Aber es wirkt so, als seien diese Neuerungen hier im Dorf behutsam eingeführt worden, ohne die Grundlagen des Gemeinwesens anzutasten oder gar Familienverbände auseinanderzureißen, die Menschen aus ihrer gewohnten Umgebung und ihrem Lebenskreislauf zu zwingen. Von einem Bruch der Traditionen, von einer großen, alles umwälzenden Revolution ist hier nichts zu spüren. In Prek Sbauv weist äußerlich nichts auf den furchtbaren »Bruder Nummer eins« hin. In Pol Pots Geburtsort findet sich gerade mal ein Jahrzehnt nach seiner Regierungszeit – und noch zu seinen Lebzeiten als Guerillaführer mit einem Hauptquartier irgendwo 250 Kilometer von hier im Norden des Landes – keine auf Anhieb ersichtliche Spuren mehr in Richtung Rote Khmer und eines der schlimmsten Experimente der Menschheitsgeschichte.

Aber natürlich sind sie noch da, die Narben der Vergangenheit. Alle Erwachsenen in dem Weiler wissen, dass Pol Pot von hier aus seinen Weg in die große weite Welt genommen hat. »Es beschäftigt uns. Aber wir sprechen nicht gerne darüber. Wir versuchen die Vergangenheit zu verdrängen«, sagt der Bürgermeister und sein Stellvertreter, der sich uns angeschlossen hat, nickt dazu. »Meist tun wir das erfolgreich. Nur manchmal holen uns die Erinnerungen ein.« Beide haben während der Schreckensherrschaft zahlreiche Verwandte verloren. »Wie jeder hier in Kambodscha«, sagt der Schulte schlicht. »Wie auch Pol Pots eigene Familie«, ergänzt eifrig sein Vize.

Und dann sind wir da. Ein typisches Stelzenhaus, gackernde Hühner, an einer Leine baumelnde Wäsche im Hof. »Saloth Nhep, komm her, Du hast Besuch«, ruft der Bürgermeister.

Ich zucke unwillkürlich zusammen, als ich das Gesicht des Mannes sehe, der aus der Tür tritt und uns überrascht mustert: Die Ähnlichkeit ist verblüffend. Dieselbe Mundpartie, dieselben vorstehenden Wangenknochen in dem sonst fast mondrunden Gesicht, dieselben wachen Augen und buschigen schwarzen Bürstenhaare, derselbe spöttische Zug um den Mundwinkel, wie man ihn von den wenigen Fotos Pol Pots kennt. Der Mann könnte der Zwilling des Massenmörders sein, so sehr ist er ihm aus dem Gesicht geschnitten.

»Was wollen Sie? Woher kommen Sie überhaupt?«, sagt Saloth Nhep, zurrt seinen ausgebleichten, schwarzweiß gemusterten Sarong zurecht und mustert uns von oben nach unten.

Der Bürgermeister besorgt die Einführung, die angespannte Stimmung löst sich. Schnell stellt sich heraus, dass Saloth Nhep mit Begriffen wie »Deutschland« oder »Europa« nichts anzufangen weiß: Der jüngste Bruder des Rote-Khmer-Führers hat bis dahin nie einen Menschen getroffen, der nicht aus Kambodscha stammt. Neugierig betrachtet er die amerikanischen Zigaretten, die ich als Gastgeschenk mitgebracht habe. Er greift bei einer geöffneten Packung zu und bringt die spendierte Stange Benson & Hedges umgehend hinter dem Haus in Sicherheit.

»Der Fremde und sein Fotografenfreund sind von sehr weit gekommen, um mit Dir über Deinen Bruder zu sprechen«, sagt der Bürgermeister. Saloth Nhep staunt. Er schweigt zwei, drei Minuten lang, eine kleine Ewigkeit. Dann spricht er mit seiner leisen, melodischen, auch im Tonfall unheimlich an seinen Verwandten erinnernden Stimme. »Im Grunde weiß ich wenig. Ich habe nichts wirklich Aufregendes zu erzählen. Meinen kleinen Bruder Sar, den habe ich gemocht, mit dem habe ich gespielt, das war ein sanfter, guter Junge, der seinen Eltern keine Sorgen machte und den alle mochten. Den großen Bruder Sar, der sich dann Pol Pot nannte, zu dem wir in der Familie so lange den Kontakt verloren haben und von dem wir heute wissen, dass er unser Land ruiniert hat und seine Sippe ebenso – den kenne ich nicht, der ist mir fremd. Der hat mich vergessen. Und ich ihn auch.« Nach dem ersten Wortschwall verstummt Pol Pots Bruder dann wieder.

Das kann es noch nicht gewesen sein. Wir besorgen aus dem kleinen Dorfladen Getränke und reichen dazu die mitgebrachten Kokosnusskekse. Saloth Nhep nippt lieber an seinem Tee und zündet sich eine neue Zigarette an. Der Bürgermeister versichert ihm, die Fremden interessiere einfach alles an Kambodscha, und veröffentlichen wollten sie alles in einem Land jenseits der Ozeane. Er solle also keine Angst haben. Und keine Scheu.

Endlich spricht der Mann. Meist stockend, manchmal im wasserfallartigen Überschwang, so hastig, als fürchte er, zum Schweigen gebracht zu werden; gelegentlich mit erhobener Stimme, aber oft auch so leise, dass der Dolmetscher Mühe hat, ihn zu verstehen. Er erzählt seine Lebensgeschichte, die seines Bruders (und bittet uns die Lücken, die er in dessen Vita hat, doch für ihn zu füllen) und des ganzen Saloth-Clans. Vier Stunden lang wird das Interview schließlich dauern, und am nächsten Tag werden wir noch einmal zurückkommen, um einige Präzisierungen zu erbitten und zwei seiner Geschwister kennenzulernen. Während der gesamten Zeit legt Saloth Nhep nicht seine Verblüffung darüber ab, wie es geschehen konnte, dass sein Dorf Prek Sbauv und besonders sein leiblicher Bruder zum Ausgangspunkt für Ereignisse der Weltpolitik wurden. Immer wieder schüttelt er den Kopf. »Schauen Sie sich doch um hier in unserem Kaff ...« Auch für uns, die wir zwischen Fischern und Bauern, zwischen gackernden Hühnern und grunzenden Schweinen, zwischen Fischerkähnen und

Hängematten, umringt von kreischenden, schmutzverkrusteten Kleinkindern zwei Nachmittage in diesem abgelegenen kambodschanischen Durchschnittsdorf verbringen, bleibt dieser Gedanke letztlich immer unwirklich, absurd.

Was machte den braven Bauernjungen Saloth Sar zum monströsen Massenmörder? Wann und wo sind die »Anlagen« zu dieser Persönlichkeitsbildung, zu dieser Persönlichkeitsveränderung zu erkennen? Gab es »Schlüsselerlebnisse«, womöglich »narzisstische Kränkungen« in der Jugend oder Hinweise auf einen exzessiven »Idol-Hunger«, Phänomene, von denen vor allem die Wissenschaftler gerne sprechen, die für westliche Geheimdienste Psychogramme von besonders bedrohlichen Diktatoren erstellen? Lässt sich ein Phänomen wie Pol Pot wenigstens annähernd über seine Lebensgeschichte erklären?

Vieles an der Jugend des »Bruder Nummer eins« erinnert an die Jugend eines anderen, der später sein politisches Vorbild wurde: Der Kambodschaner ist in verblüffend ähnlichen Verhältnissen aufgewachsen wie der Chinese Mao Zedong. Beide lebten auf dem Land, beide waren wohlsituiert – beide hatten eine sorgenfreie Jugend als Kinder von Großgrundbesitzern.

Wie Maos Vater gehört auch Saloth Loth Mitte der Zwanzigerjahre zu den reichsten Bauern der Gegend. Die Familie verfügt über ein gutes Dutzend Ochsen und mehr als neun Hektar für den Reisanbau, dazu noch drei Hektar für den Gemüseanbau. Für das Einsetzen der Reisprösslinge und bei den Ernten heuert der Clanchef bei den ärmeren Familien des Dorfes und in den Nachbargemeinden zusätzliche Arbeitskräfte an; ohne die Taglöhner, die herablassend behandelt werden wie Menschen zweiter Klasse, ist die Landwirtschaft nicht zu bewältigen. Selbst in Zeiten mit Unwettern und Dürren, in denen andere um ihre Existenz kämpfen müssen, haben die Saloths genug zum Leben. In späteren Pol-Pot-Zeiten hätte man sie wohl »Klassenfeinde« genannt. Sie sind nicht reich, aber sie sind wohlhabend. Und das heißt: Sie können sich eine große Kinderschar leisten. Neun werden es schließlich; der später so berüchtigte Sar (»der Strahlende«) ist Kind Nummer acht, unser Gesprächspartner Nhep das Nesthäkchen.

Später wird Saloth Sar seine Herkunft und seinen Lebenslauf absichtlich verschleiern, wird sich mit Geheimnissen umgeben und einen Decknamen annehmen – alles Maßnahmen, um ungestört und ohne Verpflichtungen seine Machtposition auszubauen. Zu den Mysterien seines Lebens gehört auch sein Geburtsjahr. Dabei hat Saloth Sar womöglich nicht einmal absichtlich getrickst und getäuscht. Die unterschiedlichen Angaben haben mehr damit zu tun, dass viele Eltern auf dem kambodschanischen Land damals ihre Kinder gar nicht oder erst verspätet in das Geburtsregister der nächstgelegenen Provinzstadt eintragen lassen, nicht zuletzt, um beim Zulassungsalter für staatliche Schulprüfungen manipulieren zu können.

Saloth Sar jedenfalls wird höchstwahrscheinlich 1925 geboren, und damit nach dem traditionellen Kalender im Jahr des Ochsen; Nhep etwa 18 Monate später, im Jahr des Hasen. Bruder Chhay, 1922 im Jahr des Hundes geboren, ist der Dritte im Bunde. Die Drei sind unzertrennlich. Sie schwimmen als Kinder jeden Tag im Fluss, sie hecken gemeinsam Streiche aus und sie sitzen abends unter dem Schein eines Binsenlichts auf dem Boden des Marktplatzes, wenn die Ältesten Geschichten von den Ahnen und den »Khmaoch«, den bösen Geistern, erzählen. Aberglauben und buddhistische Rituale prägen das Leben im Dorf, seinen von den Jahreszeiten bestimmten Rhythmus. Die Seelen von Menschen, die eines unnatürlichen Todes gestorben sind, können nach der traditionellen Vorstellung der Khmer ganz schrecklich spuken und die noch Lebenden bestrafen, die sich etwas zu Schulden haben kommen lassen. Ehebruch etwa erzürnt die Vorfahren besonders und führt dazu, dass sich böse Fabelwesen aufmachen, um sich unter die Dorfbewohner zu mischen; Fabelwesen, an denen vor allem eines auffällt: ihre ungeheure Grausamkeit, die in unzähligen Geschichten auch schon Kindern vermittelt wird. Die »Aab« etwa reißen die Gedärme aus dem Leib der Verdammten und trennen nachts den Kopf vom Körper. Die einzige Chance, sie zu bändigen, besteht in der Macht der guten Schutzgeister, die man demütig anflehen und denen man Opfer bringen muss. Neben diesen eher bedrohlichen, animistischen Glaubenselementen steht der sanfte

Buddhismus, der den Schutz der Natur betont; und häufig vermischen sich in Kambodscha die Religionen und ergänzen sich.

Wie alle anderen im Ort haben auch die drei Brüder Saloth diese Schauergeschichten inhaliert. Ebenso wie sie die Rituale der Pagoden gekannt haben dürften, die Verzweifelten oder Notleidenden Trost spendeten. Nhep hat die Eltern als »normal« religiös in Erinnerung, als besonders bescheiden und freundlich, und deshalb beliebt bei allen. »Sie haben sich selten gestritten und uns Kinder, im Gegensatz zu den Praktiken bei unseren Nachbarn, ganz selten geschlagen«, erzählt Nhep. Und dass er als Kind gern mit Sar, dem zartesten und schüchternsten der unzertrennlichen Drei, zur buddhistischen Pagode gegangen ist. »Die haben leider die Roten Khmer gleich nach der Machtübernahme zerstört. Warum sie das taten, blieb uns schleierhaft.«

Die Sippe der Saloths unterscheidet sich im Dorf nicht nur durch ihren Wohlstand von den anderen, sondern auch durch ihre besonders ausgeprägte Treue zur Monarchie – kein Wunder bei den Beziehungen der Familie zum Königshof. Suong, der älteste Sohn, hat über eine Tante eine Anstellung im Palast von Phnom Penh gefunden, die Dame gilt als eine der Lieblingskonkubinen des damaligen Herrschers Sisowath. Der junge Mann aus dem Dorf Prek Sbauv macht bald eine eindrucksvolle Karriere, er wird Sekretär des Monarchen und heiratet die berühmteste klassische Tänzerin des Landes. Schon mit neun Jahren wird auch Saloth Sar, der spätere antiroyalistische Revolutionär, im Königshaus eingeführt. Die Eltern haben beschlossen, den kleinen Träumer, der erkennbar so gar nicht für die Feldarbeit taugt, für einige Zeit in die Großstadt zu schicken. Den königlichen Hof soll er kennenlernen und dann bei den buddhistischen Mönchen des Wat Botumvodey studieren und wohnen, dem Kloster, das nur einen Steinwurf vom Palast entfernt liegt. Aber zunächst einmal darf der Privilegierte bei seinem Bruder auf dem Palastgelände unterschlüpfen.

»Er fuhr auf der Ladefläche eines alten Ochsenkarren weg und hat beim Abschied aus dem Dorf bitterlich geweint«, erinnert sich Nhep. In den nächsten Jahren habe er Sar aber noch regelmäßig gesehen, er kam immer den ganzen Sommer zurück ins Dorf, ein kahlgeschorener Jung-Mönch in Safrangelb. »Er erzählte uns Geschichten, las aus buddhistischen Schriften vor und sah bei der Arbeit auf den Äckern zu, ohne auch nur eine Hand zu rühren«, erinnert sich Nhep.

Das harte Landleben ist für Saloth Sar, der später ein ganzes Volk auf die Felder zwingen und sie aus »erzieherischen Gründen« mit primitivsten Mitteln ihren Lebensunterhalt verdienen lassen wird, immer Urlaubssituation geblieben: Ferien auf dem Bauernhof. Und die buddhistischen Lehrer scheinen den Sanften zumindest in einer Beziehung noch weiter verzärtelt zu haben. »Wir im Dorf zogen ihn damit auf, dass er kein Blut sehen konnte, immer weglief, wenn wir ein Huhn schlachteten«, sagt Nhep. In anderer Beziehung wirkt die klösterliche Erziehung: Saloth Sar widerspricht nun gar nicht mehr, ist ein Muster an Gehorsam. Einmal erzählt er seinem Bruder von den Strafen im Kloster, wo jedes Aufmucken untersagt ist und sich jeder streng an Rituale halten muss. Von Regeln, die jede Initiative oder gar Abweichlertum strengstens untersagen.

Die Eltern entschließen sich – vielleicht aus Sorge um ihren verschüchterten Jungen, vielleicht weil sie allen Söhnen eine Ausbildung in der Großstadt bieten wollten –, auch seine beiden Lieblingsbrüder nach Phnom Penh zu schicken. Nhep kommt in Phnom Penh nicht zurecht und kehrt zwei Jahre später wieder aufs Land zurück, ein Mann, gemacht für die bäuerliche Scholle. Chhay aber gefällt es in Phnom Penh, er beschließt schon in frühen Jahren, Journalist zu werden; er geht in die École Miche, eine katholische Eliteschule der Hauptstadt, in der Französisch die Haupt-Unterrichtssprache ist, und holt 1935 seinen Bruder Sar in die Anstalt nach. Da ist der gerade zehn geworden.

Die brüderliche Obhut und neue Freundschaften tun dem bis dahin eher kontaktscheuen Jungen offenbar gut. Er blüht auf, wird lockerer, umgänglicher, hat nun gelernt, sich anzupassen. Pol-Pot-Biograf Philip Short weiß zu berichten, Saloth Sar sei während seiner Gymnasiastenjahre ein durchaus beliebter, bald auch für seine Scherze bekannter Mitschüler gewesen – eine intellektuelle Leuchte ist er allerdings nicht. Während Chhay alle Prüfungen mit

Bravour besteht und den Sprung ins nationale Elite-Institut Lycée Sisowath auf Anhieb schafft, bekommt Sar nur durchschnittliche Noten und scheitert an der Aufnahmeprüfung ins Sisowath. Er kann von Glück sagen, dass er 1943 mit 18 Jahren einen Platz an einer anderen, neu eröffneten höheren Schule ergattert, am Collège Preah Sihanouk in Kampong Cham, nordöstlich der Hauptstadt. Und noch erfreulicher für ihn ist, dass er an der neuen Lehrstätte einen wahrhaft brillanten jungen Mann kennenlernt, der eine Klasse unter ihm ist: Khieu Samphan. Die beiden späteren Rote-Khmer-Führer, Premier und Präsident, spielen gemeinsam im Schulorchester, in der Theatergruppe und im Fußballteam und freunden sich schnell an.

Es ist eine Zeit großer politischer Umwälzungen. Die französischen Kolonialisten sehen sich zunehmend mit einer selbstbewussteren kambodschanischen Elite konfrontiert. Zum ersten Mal gehen junge Khmer auf die Straße und fordern die Unabhängigkeit ihres Landes. Die Polizei schlägt brutal zurück. Aber noch mehr als die Aufständischen gefährden die japanischen Truppen Frankreichs Führungsrolle. Prinz Sihanouk nutzt die Schwäche und erklärt seine Heimat zunächst einseitig für »unabhängig«.

Für Sar und Samphan, politisch interessiert, aber noch nicht wirklich an vorderster Front engagiert, bedeutet das zunächst nur eines: lange Ferien. Ihre Schule schließt. Viele nutzen die Zeit, um einfach mal nichts zu tun oder gehen zurück in ihre Dörfer und helfen bei der Arbeit. Sar und Samphan aber organisieren mit ihrer Theatertruppe eine Reise nach Angkor. Das dazu nötige Geld spielen sie mit Aufführungen klassischer kambodschanischer Theaterstücke ein. Sar ist der Mann hinter den Kulissen, gibt die Einsätze und zieht die Vorhänge auf und zu, Samphan spielt eine Mädchen-Rolle. Auch in Siem Reap haben sie einen Auftritt; es sind die einzigen Stunden in ihren drei Angkor-Tagen, die sie nicht in den Ruinen verbringen. »Wir liefen immer nur staunend zwischen den Tempeln hin und her. Angkor hat uns gepackt, es nahm uns den Atem«, erinnert sich Khieu Samphan später.

Den beiden Studenten ist bewusst: Trotz erster vorsichtiger Schritte in Richtung Nationalstaat – die Kambodschaner, von den

Weltmächten fremdbestimmt, von den Nachbarn belächelt, sind weit, sehr weit entfernt von ihren Glanzzeiten, von der Ära, in der dieses Volk imstande war, dieses Weltwunder zu erbauen. Saloth Sar und Khieu Samphan sind stolz und schämen sich gleichzeitig. Noch schreiben sie nichts über ihre Gedanken, noch sammeln sie keine Mitstreiter. Aber die Sehnsucht nach der überlieferten Größe – und einer ganz neuen, alle Welt beeindruckenden Leistung – hat sich den beiden eingebrannt, als sie von ihrem Angkor-Ausflug nach Hause kommen. In den Teehäusern von Phnom Penh diskutieren sie jetzt schon engagiert über die Zukunft des Landes, den weiteren Weg der Kolonialmächte in Fernost. Die Russische Revolution, der Zweite Weltkrieg, der europäische Kontinent im Aufbruch – die ganz große Politik dort draußen – bleiben ihnen noch unbekannt, ihre Folgerungen fremd. Instinktiv aber spüren Saloth Sar und Khieu Samphan wohl, dass ihnen auf dem Weg zu nationalen Führungspersönlichkeiten noch etwas Wesentliches fehlt: die Vergleichsmöglichkeiten, der ideologische Unterbau, die Erfahrung im technisch und politisch »fortschrittlichen« Ausland.

Khieu Samphan ist der beste seines Schuljahrgangs, ein blendender Student und natürlicher Rezipient weiterführender staatlicher Förderung. Um an ein Stipendium für Paris heranzukommen, braucht aber auch Saloth Sar einen höheren Abschluss, ein »brevet«. Wieder scheitert er an einem Examen und muss nun, wenn er noch eine Chance haben will, die allseits belächelte Technische Hochschule in einem ungemütlichen Vorort Phnom Penhs besuchen. Die meisten seiner Kumpel – und alle seine Geschwister – glauben, dass er seine akademischen Wunschträume wohl aufgeben wird. Aber Sar beißt sich durch, erweist sich als anpassungsfähig und clever. Er wählt als Fachgebiet die Zimmermannsarbeit, die ist unbeliebt unter den Studenten und sie liegt auch Sar – wie er seinen Geschwistern zu Hause anvertraut – überhaupt nicht am Herzen. Aber der Bereich gilt als der leichteste an der TH und der zuständige Professor ist bekannt für seine milden Bewertungen. Diesmal besteht er, allerdings ohne Auszeichnung. Seine Bekannten bei Hofe platzieren seinen Namen auf der Stipendiaten-

Liste. Ob der spätere Khmer-Rouge-Chef ohne diese freundliche Fürsprache, ohne seine besonderen Beziehungen zum Königshaus die Förderung bekommen hätte, erscheint fraglich.

Weniger als 250 Kambodschaner haben bis dahin im Ausland studiert. Saloth Sar gehört nun zu einer kleinen, privilegierten Elite. Das macht seine Familie im kleinen Weiler Prek Sbauv sehr stolz, wie Saloth Nhep erzählt. Umso enttäuschter sind sie, als er es vor seiner Abreise nicht mehr schafft, sich zu verabschieden. Immerhin verspricht Sar in einem Brief an seinen Vater, sich regelmäßig aus der Fremde zu melden und »die Familienehre hochzuhalten« – was immer das für ihn bedeutet. Er hat sich noch lange nicht abgenabelt von den Traditionen der Sippe und den im Dorf vermittelten Werten. Er nimmt im Rahmen einer prunkvollen Palastzeremonie, gekleidet in seinen ersten Anzug und mit der ersten Krawatte um den Hals, von König Sihanouk persönlich die 500 Piaster entgegen, die den Stipendiaten zustehen. Und er macht vor dem Monarchen einen tiefen Diener, wie das Protokoll es vorschreibt.

Saigon, die Hauptstadt Vietnams, ist der erste Stopp bei der Reise in die unbekannte Welt. Die jungen Studenten fühlen sich – wie es einer aus der Gruppe formuliert – in der wuseligen Großstadt, schon damals um ein Vielfaches größer und fortschrittlicher als Phnom Penh, gleich »dunklen Affen aus kambodschanischen Bergwäldern«: hilflos, staunend, fehl am Platz. Und erst Paris, das sie im September 1949 nach einer Schiffs- und Bahnreise über Marseille erreichen! »La ville lumière« berauscht sie mit ihrem Lichterglanz, mit Eiffelturm und Montmartre, Champs-Elysées und den Studentencafés am »Boule Miche«. Zum ersten Mal können die jungen Kambodschaner ein Leben ohne Überwachung auskosten, frei von den Zwängen elterlicher oder klösterlicher Aufsicht. »Es ist himmlisch«, schreibt Saloth Sar an seinen Bruder Suong bei Hofe, »aber es ist auch wahnsinnig teuer. Kannst Du mir ein bisschen Geld schicken?«

Saloth Sar schreibt sich an der »École Française de Radioélectricité« ein. Doch das Studium interessiert ihn nicht. Sein Französisch ist nicht gut genug, um all die Fachausdrücke zu begreifen, zudem sind ihm die Inhalte völlig fremd. Anders Khieu Samphan, der sich mit Feuereifer in sein Studium der Wirtschaftswissenschaften an der Sorbonne stürzt.

Saloth Sar nimmt sich ein billiges Zimmer über einer Garage, etwas Besseres kann er sich nicht leisten. Er ist auf der Suche nach geistiger Anregung, nach intellektuellen Vorbildern. Er liest Paul Verlaine, den französischen Poeten der Sinnlichkeit. Er beginnt sich für Marx und Engels und das stalinistische Russland zu interessieren; und für Mao, der eine Bauernrevolution angeführt und wenige Wochen nach der Ankunft der kambodschanischen Studenten in Paris auf dem Platz des Himmlischen Friedens die Volksrepublik China ausgerufen hat. Kommunistische Gedanken sind in diesen Tagen en vogue in Frankreich, die Kommunistische Partei Frankreichs, die KPF, ist die stärkste Partei im Land. Die Stimmung kann fast schon als vorrevolutionär gelten. Fast jeden Abend ziehen Demonstranten durch die Straßen und verurteilen die Ungerechtigkeiten der westlichen Mächte, rufen auf zum Kampf für die »unterdrückten Völker«. Ein charismatischer französischer Jung-Jurist und Studentenführer namens Jacques Vergès knüpft im Auftrag der KPF Kontakte zu den Kommilitonen aus der Dritten Welt. Khieu Samphan und Saloth Sar bewundern den weltgewandten und besonders eloquenten Kommunisten – sie werden den Kontakt zu ihm ein Leben lang nicht abreißen lassen.

Saloth Sar verliebt sich in Paris. Khieu Ponnary heißt die Auserwählte, eine kambodschanische Mitstudentin aus einer Elite-Familie von Phnom Penh. Es ist wohl weniger ihre Schönheit, die den Bauernsohn fasziniert, eher ihre Reife – sie ist mindestens sechs Jahre älter als er – und ihre intellektuelle Brillanz. Sie hat als erste junge Frau am renommierten Lycée Sisowath ihr Baccalauréat gemacht und ist Sar in jeder Beziehung überlegen. Was ihr an ihm gefiel, kann man nur vermuten – vielleicht sein freundliches, umgängliches, nie aufbrausendes Wesen, sein jungenhaftes Aussehen, sein ewiges Lächeln, sein »besonderer Humor«, den sein Mentor Vergès bis heute nicht müde wird zu preisen. Die beiden verloben sich. Khieu Ponnarys jüngere Schwester Khieu Thirith, die in Paris Literatur mit dem Schwerpunkt auf William Shakespeares Theaterstücke studiert, ist bereits einem jungen kambodschanischen Kommunisten namens Ieng Sary versprochen, der einen »Marxistischen Zirkel« in Paris leitet.

Die Vier werden bald unzertrennlich. Ihre familiäre Verbindung – später ergänzt um die Freundschaft mit Khieu Samphan – sollte bald Kambodschas Geschichte prägen. Aus den beiden Männern und ihren Frauen wurde das Führungsquartett der Roten Khmer: Pol Pot der allmächtige Premier und »Bruder Nummer eins« (verstorben am 15. April 1998); Ieng Sary Vizepremier und »Bruder Nummer drei« (heute vor dem internationalen Tribunal zur Aufarbeitung der Rote-Khmer-Zeit angeklagt); Khieu Thirith Sozialministerin (ebenfalls in Phnom Penh vor Gericht); Khieu Ponnary Präsidentin des mächtigen Frauenverbandes der Roten Khmer (die Frau an der Seite des Diktators stirbt, von Dämonen geplagt, von Schuldgefühlen gejagt und in eine immer tiefere geistige Umnachtung gestürzt, im Jahr 2003).

In seinem zweiten Pariser Jahr verliert Saloth Sar endgültig jedes Interesse an seinem Studium und fällt durch die Prüfung. Er fährt 1950 zu einem Jugendlager nach Jugoslawien und begeistert sich dort für den »eigenen« sozialistischen Weg Titos. Er nimmt 1951 an den Weltjugendfestspielen in Berlin teil und soll dort, einer unbestätigten Quelle zufolge, sogar die kambodschanische Fahne getragen haben. Er schickt bunte Karten von einem Spanien-Trip an seinen Bruder Suong nach Phnom Penh. Der fragt sich zunehmend besorgt, ob Sar in Paris wohl richtig studiert und mahnt ihn nach seinen ersten schwärmerisch-kommunistischen Briefen, »sich nicht um Politik zu kümmern, das bringt nur Unheil, und melde Dich bitte auch mal in Prek Sbauv, dort macht man sich schon Sorgen«.

Doch für eine Rückkehr ins bürgerliche kambodschanische Leben ist es da schon zu spät. Saloth Sar hat in Paris seine Berufung gefunden: die Politik des radikalen Wandels. Er habe an gar nichts anderes mehr gedacht, sagen Zeugen aus der damaligen Zeit, gemeinsam mit Ieng Sary und den gleichgesinnten Frauen an ihrer Seite »isst er die Revolution, atmet er die Revolution, träumt er die Revolution«. Im Cercle Marxiste lesen sie neben Stalin und Mao nun auch besonders intensiv die Schriften des russischen Anarchisten-Prinzen Pjotr Alexewitsch Kropotkin. Sie sehen sich als Teil einer weltweiten Bewegung, aber suchen gleichzeitig einen eigenen kambodschanischen Weg. Die Befreiung ihrer Heimat vom Kolonialismus bleibt oberstes Ziel, danach erst soll die Transformation in eine neue Zukunft folgen. Drei Grundelemente der späteren Rote-Khmer-Ideologie kristallisieren sich nach dieser Lektüre bereits in den Pariser Tagen heraus: Ihre neue Gesellschaft soll egalitär sein und alle Klassenschranken aufheben; die Landbevölkerung muss eine besonders herausgehobene Stellung gegenüber den »verweichlichten« und »dekadenten« Städtern spielen; Gegner der Revolution und Verräter in den eigenen Reihen müssen kompromisslos ausgemerzt werden. Aber bewusst oder unbewusst sind die künftigen Staatsführer noch auf der Suche nach dem besonderen kambodschanischen Element, denn vor allem sind sie eines: Nationalisten. Und sie fühlen sich auch noch als Buddhisten.

Saloth Sar unterzeichnet seine ersten Artikel in den hektografierten Blättchen der Gruppe mit »Khamer Daem« – der »Original-Kambodschaner«. Wie Ieng Sary warnt er die Kommilitoninnen davor, »sich mit Ausländern einzulassen«, und fordert, unbedingt »reinrassig« zu bleiben. Er greift die Monarchie an, »Sihanouks Worte klingen gut, aber seine Taten sind übel«. Er preist Buddha, als sei der ein Marxist gewesen und kein Mystiker, nennt ihn »unseren großen Meister, der sein Leben am fürstlichen Hof aufgegeben hat, um dem Volk nah zu sein«. Sar und seine Freunde sehen die Khmer als auserwähltes Volk und sich selbst als die vorbestimmten Führer, um das Land nach Jahrhunderten der Demütigung mit neuen Ideen wieder zu alter Größe zu führen. Sie sehen sich als die legitimen Nachfahren der Gottkönige von Angkor.

1953 kehrt Saloth Sar ohne Examen und ohne einen Sous in der Tasche nach Hause zurück, an Bord der »SS Jamaique«, desselben Schiffes, das ihn drei Jahre zuvor nach Europa gebracht hat. Die Familie weiß nichts von seinem Studienabbruch und so gibt es für den weitgereisten Sohn bei seiner Rückkehr ins Dorf Prek Sbauv ein großes Fest. »Wir haben die besten Hühner des Dorfes geschlachtet«, erinnert sich Nhep, wie alle stolz auf den Weltbürger unter ihnen. Doch ebenso wie die Brüder Suong und Chhay findet er Sar merkwürdig verschlossen. Sie bedrängen ihn, wollen Geschichten von ihm hören, wie es dort drüben in Frankreich so ist, mit den Hochhäusern und Restaurants, wollen Informationen über Arbeitsbedingungen und Freizeitmöglichkeiten, Sport – und Mädchen. Sar aber mag kaum von Paris erzählen, Fußball interessiert ihn jetzt nicht mehr. Die Vorträge des Vaters über die guten Ernten sowie die Geistergeschichten der Dorfältesten gähnt er einfach weg.

Nach den dreitägigen Feierlichkeiten verschwindet er – und taucht dann nur noch zweimal auf in seinem Geburtsort. Drei Jahre später, als er seine junge Ehefrau Khieu Ponnary vorstellt. »Wir konnten sie alle nicht leiden. Sie war hochnäsig und hatte offensichtlich Probleme damit, sich vor meinen Vater hinzuknien, wie es die Tradition gebietet«, erzählt Saloth Nhep. Die Hochzeitsfeiern im Ort enden schon untypisch schnell nach einem Tag, weil das Brautpaar zum Aufbruch drängt. Immerhin sind wenigstens die nötigsten buddhistischen Zeremonien von Mönchen vollzogen worden. »Sar hat es stets so eilig«, sagt die Mutter damals. Sie wundert sich, dass er ihre Fragen nach einer Einstellung als Staatsbeamter in der Hauptstadt nicht beantwortet – die Familie geht davon aus, dass der im Ausland Studierte nun die Früchte seiner Arbeit genießt und sich am Königshof oder in der Verwaltung einen gutbezahlten Job sucht. Sar schweigt dazu, er schickt auch keine Briefe mehr aus der Hauptstadt, kein Lebenszeichen.

Und dann kommt der verlorene Sohn doch noch einmal – für ein paar Stunden an einem Herbsttag 1957, um dem verstorbenen Vater die letzte Ehre zu erweisen. Seine letzte Verbeugung vor der Tradition, bevor er zu Pol Pot wird, dem Mann, der keine Vergangenheit zu haben scheint und sich das Utopische schlechthin auf die Fahnen geschrieben hat: einen »neuen Menschen« zu schaffen. Ein letzter Besuch bei seiner Familie, bevor Saloth Sar zu Pol Pot wird, der das Schutzschild des Geheimnisvollen braucht gegenüber seinen politischen Weggefährten und seinen Gegnern, und vielleicht auch vor seiner Erinnerung. Bald nach seinem Abschiedsbesuch in Prek Sbauv sollte er jedenfalls eine neue Familie finden: die kambodschanische KP, das Bündnis der Roten Khmer.

Der Besuch zur Beerdigung des Vaters ist Saloth Sars letzter Kontakt zum Bruder Nhep, sein letzter Bezug zur eigenen Kindheit und der Vergangenheit im Dorf Prek Sbauv. Nun geht es ihm nur mehr ums große Ganze, um Kambodscha. Und dieses Kambodscha hat sich mehr verändert, als er es in der Ferne mitbekommen hat – zugunsten der Revolutionäre.

In der Woche, als Saloth Sar aus Frankreich zurückgekommen ist, hat Sihanouk das Parlament in Phnom Penh von seinen Truppen umzingeln lassen, dann die Nationalversammlung aufgelöst und die bürgerlichen Freiheiten suspendiert. Es folgen bürgerkriegsähnliche Zustände mit immer neuen Übergriffen gegen Linke und Kommunisten, wenngleich der Blutzoll auch nicht annähernd so hoch ist wie im benachbarten Vietnam. Sar sieht in dieser Zeit die Vietminh aus dem Nachbarland als taktische Verbündete gegen den Kolonialismus und das »feudale« Königshaus, doch ihm schwebt eine Unabhängigkeit von den vietnamesischen Gesinnungsgenossen vor. Kambodscha den Kambodschanern: Dafür arbeitet er im Untergrund in einer Vorläuferpartei der KP. Er gehört dann als ZK-Mitglied Nummer drei zu den Gründungsmitgliedern der Partei, die sich offiziell erst am 30. September 1960 konstituiert hat, in Wahrheit wohl aber schon früher im Geheimen zusammentrifft. Sein Spitzname damals lautet »Matratze« (»Pouk«), weil er Konflikte so zu schlichten weiß, dass alle Beteiligten weich landen.

Saloth Sar führt in der Zeit nach seiner Rückkehr aus Frankreich einige Jahre ein Doppelleben, er mischt in verschiedenen Welten mit, ohne aufzufallen, das liegt ihm, das beherrscht er meisterhaft. Er macht heimliche Besuche bei den Rebellen auf dem Land, feuert die Genossen zu Guerilla-Aktionen an; gleichzeitig aber pflegt er noch eine ganz und gar bürgerliche Existenz. Gemeinsam mit seiner Frau lebt er in Phnom Penh und arbeitet als Privatlehrer für Französisch (obwohl er die Sprache, wie er einmal zugegeben hat, nie hundertprozentig zu beherrschen lernt); er kurvt gelegentlich mit einem schwarzen Citroën, den er sich von seiner Verwandten, der ehemaligen Konkubine im Palast, ausgeliehen hat, durch die

Straßen. Er zeigt sich in Restaurants und beim Tanztee, »ein Mann, der eine gute Zeit zu genießen scheint«, wie damals ein Beobachter sagt, »immer gut gelaunt, lächelnd, freundlich zu allen, alles andere als ein Asket«. Doch die bürgerliche Fassade ist Tarnung. Sar will nicht auffallen, den immer brutaleren Attacken im Land gegen die »Linken« zum Opfer fallen. Er liefert Ieng Sary und dessen Frau, die noch in Frankreich geblieben sind, präzise Berichte über die Vorgänge in der Heimat. Und als dann auch die Gesinnungsgenossen aus Paris zurückkehren, leben die beiden Schwestern und ihre eng befreundeten Männer wochenlang zusammen in einem großen Haus am Stadtrand. Saloth Sar referiert, Ieng Sary dirigiert, so sieht damals die Rollenverteilung aus. Für die revolutionären Vier ist es Zeit, die Revolution zu planen.

1962 erleben sie einen Rückschlag. KP-Chef Tou Samouth wird in Phnom Penh verhaftet und umgebracht. Wer die Doppelexistenz des Mannes in der Hauptstadt verraten hat, wird nie geklärt; vermutlich einer aus den eigenen Reihen, nicht ausgeschlossen, dass die Vier selbst ihre Finger im Spiel haben, um einen innerparteilichen Rivalen auszuschalten. Jedenfalls erfordern die neuen Gegebenheiten einen taktischen Wechsel – man beschließt beim zweiten geheimen Kongress der Kommunistischen Partei endgültig, das Zentrum des Kampfes aufs Land zu verlagern. Auch die Parteispitze soll sich nun aus der Großstadt in den Dschungel zurückziehen. Saloth Sar verlässt Phnom Penh im April 1963, sicherheitshalber nachts um elf und verborgen unter Säcken mit schwarzer Kohle – so hat er es jedenfalls später selbst erzählt. Der Verrat am KP-Chef und dessen Tod kommt hierarchisch vor allem ihm zugute: Er wird formal zum neuen Führer gewählt, obwohl der bald ins Dschungellager nachrückende Ieng Sary noch die eigentlich treibende Kraft bleibt.

Es ist ein spartanisches Leben im Dschungel, ständig von Regierungsangriffen und Verrat aus den eigenen Reihen bedroht. Schlimmer noch ist der tägliche Überlebenskampf gegen Hunger und Tropenkrankheiten. »Wir lebten in dieser Zeit wie Tiere. Außer einem Moskitonetz, zwei Hemden und zwei Paar schwarzen Hosen besaßen wir gar nichts. Wir dachten vor allem an eines: an das nächste Essen. Ob Affen, wilde Hunde oder Fledermäuse, wir warfen in den Kochtopf, was immer unsere spärlichen Reisrationen ergänzen konnte«, erzählt einer, der dabei war. Das Lager, in dem sie zuerst Unterschlupf finden, wird von den Vietminh kontrolliert, nur mit Mühe gelingt es Saloth Sar & Co., die misstrauischen Freunde davon zu überzeugen, dass die Khmer eine eigene Basis haben müssten. Schließlich schaffen sie es, sich in ihrem primitiven »Lager 100« mehr schlecht als recht einzurichten.

Das Stadtleben liegt nun weit hinter ihnen. Teils wohl auch aus Überzeugung, vor allem aber von den Umständen gezwungen, verändern die Revolutionäre Kambodscha aus den ärmsten Regionen heraus. Wenn es in dem Land überhaupt ein revolutionäres Potential gibt, dann liegt es in den Regionen des Kardamom-Gebirges und der Elefantenberg-Kette, wo völlig verarmte Bauern und rückständige Bergvölker leben, von denen Prinz Sihanouk nichts wissen will.

»Im Denken der Khmer liegt der entscheidende Gegensatz traditionell nicht zwischen Gut und Böse wie in jüdisch-christlichen Gemeinschaften, sondern zwischen ›sok‹ und ›brai‹, zwischen der Stadt und der Dschungel-Landschaft«, schreibt der Pol-Pot-Biograf und Historiker Philip Short. »Das Gravitätszentrum der Revolution verlagerte sich von den zivilisierten Regionen, in denen der Mensch die Natur gezähmt hat, in die wilden Regionen, wo über die Jahrhunderte dunkle, unbekannte Kräfte walteten.«

Die Führer der Roten Khmer, die den kampferprobten Urwaldsoldaten zunächst wegen ihrer Paris-Erfahrung und Phnom-Penh-Prägung als verweichlichte Stadtmenschen gelten, verschaffen sich Respekt, indem sie besonders hart gegen sich und andere auftreten. Eine »unbedingte Anwendung revolutionärer Gewalt«, fordert Saloth Sar, der seinen ausgleichenden Stil aufgegeben hat und sich nun den Kompromiss verheißenden Spitznamen »Matratze« verbietet. Er gibt sich einen Kampfnamen, der keine inhaltliche Bedeutung hat, aber sich leicht einprägt: Pol Pot. Er will führen, aber dabei im Hintergrund bleiben, unerkannt, ein Mann ohne Gesicht und Vergangenheit – all das, glaubt er, könnte nur stören. Er will frühzeitig schon »säubern«, alle auch nur im Ansatz der

Illoyalität Verdächtigen aus dem Weg räumen, ausmerzen, mögliche Unsicherheitsfaktoren innerhalb der Partei erst gar nicht zulassen. Kambodschas KP verbietet – wohl einmalig unter kommunistischen Bewegungen weltweit – sogar einem Teil des Proletariats, den städtischen Fabrikarbeitern, den Partei-Eintritt.

1965 bricht Pol Pot zu einer entscheidenden Reise auf, die ihn nach Hanoi und Peking führt. Was sich heute so selbstverständlich anhört, ist in Wahrheit trotz einer vorübergehenden Flaute der Kämpfe mit den Sihanouk-Truppen ein Abenteuer: Gemeinsam mit einem Kampfgefährten zieht er durch den Dschungel Nordostkambodschas über den Ho-Tschi-minh-Pfad quer über die Berge. Zehn Wochen braucht es, bis er die Hauptstadt des kommunistischen Vietnams erreicht, wo ihn der legendäre Führer gemeinsam mit Vietnams KP-Generalsekretär Le Duan empfängt. Pol Pot ist enttäuscht von den für ihn »unangenehmen« Gesprächen. Die Vietnamesen machen in seinen Augen einmal mehr klar, dass sie das Nachbarland zu dominieren trachten. »Wir waren nicht in der Lage, mit Ho Tschi minh gemeinsame Positionen zu finden«, wird er später seinen Genossen sagen. Bei den führenden Politikern auf seiner nächsten Station – über Laos geht die Reise nach Peking – stößt er auf mehr Entgegenkommen. China will ihnen helfen. Noch lernt Pol Pot den Großen Vorsitzenden nicht persönlich kennen. Bei späteren Treffen aber wird Mao sich persönlich des kambodschanischen Führers annehmen, einen Bruder im Geiste der radikalen, alles umstürzenden Revolution.

Für Prinz Sihanouk wird es 1966 immer schwieriger, sein Land aus dem Vietnamkrieg herauszuhalten, seine lange Zeit so geschickte Neutralitätspolitik gerät zum Drahtseilakt ohne Netz und doppelten Boden. Der gefährlichere innenpolitische Feind steht nun plötzlich nicht mehr links, sondern rechts. Der König hat berechtigten Grund zu der Annahme, dass der amerikanische Geheimdienst einen »umgänglicheren« Khmer-Führer als ihn sucht und die konservative Opposition stärkt. Als im März 1970 dann General Lon Nol tatsächlich putscht, geht Sihanouk ins Pekinger Exil. Der ehemalige Todfeind der kambodschanischen Kommunisten wird zu ihrem Alliierten. Die wechselvolle Geschichte zwischen dem Revolutionär und dem Monarchen sollte Kambodscha über Jahre prägen, wobei bald klar wird, wer wen erfolgreicher manipuliert. Pol Pot hat in dem ungleichen Bündnis fast alle guten Karten – und spielt sie rücksichtslos aus. Sihanouk wird nach und nach zur Galionsfigur und zur Geisel der Radikalen.

Die Roten Khmer sind ohne Zweifel eine Bewegung, die aus dem eigenen Land heraus entstanden ist. Zwar verdanken sie einiges der internationalen kommunistischen Bewegung, die ihre Führer in Frankreich kennengelernt haben. Und sicherlich haben sie viele strategische Elemente in Vietnam gelernt, auch viele ideologische Anregungen in China bekommen. Aber ihr wichtigster »Unterstützer«, die Kraft, die Pol Pot und seine Genossen zum Durchbruch verhalf, waren die Amerikaner. Ihre Bombenangriffe auf weite Teile gerade der bäuerlichen kambodschanischen Regionen trieben die Khmer in die Arme der einzigen Organisation, die den fremden Herren effektiv Widerstand leistete. Man muss allerdings fairerweise hinzufügen, dass niemand in Washington, weder der kriegstreiberische Präsident Richard Milhouse Nixon noch sein skrupelloser Handlanger Henry Kissinger, ahnen konnte, dass aus ihrer verfehlten Politik ein so furchtbarer, tragischer Massenmord, ein Genozid entstehen würde.

»Haben Sie damals etwas mitbekommen von den amerikanischen Luftangriffen, war auch Prek Sbauv getroffen?«, frage ich bei meinem Besuch in Pol Pots Geburtsort seinen Bruder.

»Oh ja, es muss 1970 gewesen sein, vielleicht auch 1971«, antwortet Saloth Nhep und seinen Körper erschüttert ein Zittern, als sei es erst gestern passiert, und als drohe immer noch eine Wiederholung des damaligen Alptraums. »Da hörten wir in Prek Sbauv eines Morgens ein furchtbares Brummen, das immer näher kam, immer lauter wurde. Dann plötzlich ein furchtbares, ohrenbetäubendes Geräusch, mehrere Explosionen. Und schon stand das halbe Dorf in Flammen, auch unser Elternhaus. Ich hatte Glück, dass ich zu dieser Zeit auf dem Feld war, sonst hätte ich nicht überlebt. Viele Kinder und Frauen sind an diesem Tag umgekommen, aus den noch stehenden Häusern haben wir Lazarette gemacht. Die Verwundeten wimmerten vor Schmerz. Ich werde das nie vergessen.« Bis zu diesem Zeitpunkt, sagt Saloth Nhep, habe keiner im Dorf mit den Widerstandskämpfern Kontakt gehabt. Aber danach hätten sich drei, vier junge Männer aufgemacht, um die Roten Khmer zu verstärken. Und die Guerilla-Truppen hätten sich auch einige Male nachts Wasser und Verpflegung aus dem Dorf geholt, mit dem Einverständnis der Bauern.

Es war wohl eine dieser zigtausenden willkürlichen Attacken, mit denen die Amerikaner damals Kambodscha überzogen, um das Land dafür zu bestrafen, dass es zunehmend als Transitland für Vietkong-Waffen diente. Washingtons Militärführung konnte das Dorf des Rote-Khmer-Chefs gar nicht gezielt bombardieren, weil ihr dieser Pol Pot oder »Bruder Nummer eins«, wie er nun gelegentlich in den von fremden Mächten abgehörten Gesprächen und Depeschen genannt wird, ein völliges Rätsel ist: Sie kennen damals weder den richtigen Namen des Guerillaführers, der immer mehr von sich reden macht, noch dessen Lebensgeschichte oder Herkunft.

Amerikanische Bombenangriffe bringen Leid und Zerstörung über das Land; die Inkompetenz und zunehmende Brutalität der Lon-Nol-Regierung tun ein Übriges: Kambodscha wendet sich den Rebellen zu. Immer umfangreicher werden die Regionen, die von den Roten Khmer »befreite Gebiete« genannt werden. Pol Pot, Ieng Sary und Khieu Samphan haben dort schon einmal Gelegenheit, ihre in Frankreich angedachten Regierungsmodelle in die Tat umzusetzen.

Das verheißt nichts Gutes. Zwar sprechen die Roten-Khmer-Führer davon, eine »reine, ehrliche Gesellschaft zu schaffen«, aber auf die Bedürfnisse und Wünsche der Menschen nehmen sie von Anfang an keinerlei Rücksicht – auch nicht auf dem Land, auch nicht bei ihrer bevorzugten Klientel, in der sie zunächst beliebt sind und, um ein Mao-Wort aufzugreifen, »schwimmen wie Fische im Wasser«. Die Khmer Rouge erklären jede Form von Privateigentum als »bourgeois« und fassen die kleinen Gehöfte rigoros zu Kooperativen zusammen. Viele Bauern begehen Selbstmord, als ihr Grund und Boden zwangskollektiviert wird; sie sind bereit, ihre Söhne in den Kampf gegen ein ungerechtes System und gegen fremde Herren zu schicken, aber sie erstreben in ihrer überwiegenden Mehrzahl keinen radikal anderen Lebensstil. Den radikalen Wandel wollen zur großen Enttäuschung der Roten Khmer auch die Mönche nicht, auf die die Parteispitze lange als revolutionäre Kraft gesetzt hat. Umso schärfer will der Mönchszögling Pol Pot nun auch mit ihnen abrechnen.

Der »Bruder Nummer eins« agiert von Anfang an mit rücksichtsloser Härte. »Ich weiß, dass dies vielen unangenehm aufstößt und es ist oft nicht angenehm anzuschauen. Aber es muss sein. Lasst Euch nicht anstecken vom Mitleid, exzessive Sentimentalität können wir nicht gebrauchen«, heißt es in einem seiner parteiinternen Pamphlete an die Kader. Bald geht Pol Pot noch weiter: Gewalt gegen Andersdenkende wird glorifiziert. Sie soll nun nicht mehr nur Mittel zum Zweck sein, sondern ein Quell der revolutionären Befriedigung, der Tugend, der Freude. Der »Bruder Nummer eins« gibt eine neue Nationalhymne in Auftrag, die nach der Machtübernahme die bisherige ersetzen soll. Manche behaupten sogar, Pol Pot habe sie geschrieben oder zumindest redigiert:

> Leuchtend rotes Blut bedeckt die Städte und Ebenen
>   von Kampuchea, meinem Vaterland
> Erhabenes Blut der Arbeiter und Bauern
> Erhabenes Blut der Revolutionäre und Kämpferinnen
> Aus diesem Blut wird unerbittlicher Hass
>   und unermüdlicher Kampf
> Es fließt in Strömen und steigt empor zum Himmel und
>   verwandelt sich in die Rote Fahne der Revolution
> Befreit uns für immer von der Sklaverei.

In den ländlichen Gebieten haben die Menschen schon bald eine Ahnung davon, was die Herrschaft der Roten Khmer bedeuten könnte. Nicht so in der Hauptstadt, wo man den vorrückenden Rebellen freudig entgegenfiebert. Als am 17. April 1975 die Lon-Nol-Truppen fliehen und die Amerikaner in einer ebenso dramatischen wie chaotischen Aktion in letzter Minute ihre Botschaft räumen und wenigstens die Nicht-Kambodschaner ausfliegen, stürmt ein Großteil der Bevölkerung von Phnom Penh jubelnd auf die Straßen. Die Menschen sind glücklich über das Ende der blutigen Kämpfe. Sie sehen der Zukunft optimistisch entgegen. Nichts, glauben sie, könnte schlimmer sein als die blutigen Straßenkämpfe der letzten Monate. Sie irren.

1362 Tage darf »Bruder Nummer eins« Gott spielen und ein ganzes Volk terrorisieren. Kann er, weitgehend abgeschottet von der Außenwelt und ermutigt von seinen chinesischen Freunden, ein wahnwitziges Menschen-Experiment durchführen, einen Staat ohne Geld, ohne Industrie, ohne Schulen aufbauen, die Städte von Menschen leerfegen, Hunderttausende Intellektuelle unter primitivsten Lebensumständen zu Reisbauern »umziehen«, 82 000 der 85 000 Mönche einfach umbringen. »Die höchste Form des Klassenkampfes ist die Ausrottung des Klassenfeindes«, lautet Pol Pots Maxime, »Steinzeitkommunismus« heißt die untaugliche Vokabel, die man später im Westen dafür prägt, dass er sein Land in ein riesiges Konzentrationslager verwandelt. Das Grauen hat für die Khmer einen Namen, genauer gesagt, sind es zwei Namen, aber die werden als Synonyme gebraucht: »Angkar«, die »Organisation«, und Pol Pot. Als aus diesem früher so weitgehend sanften, friedlichen und blühenden Kambodscha die »Killing Fields« werden, der endlose, alles wie ein Leichentuch überdeckende Schreckensteppich, da sagen die Menschen: Angkar hat das so bestimmt, Pol Pot hält das für nötig, Pol Pot lässt die Menschen sterben für einen höheren Zweck, Pol Pot ist unser grausamer Schicksalsgott.

Im Jahr Null der Nation geht es um die Ausrottung der bürgerlichen Gesellschaft, um die Abschaffung der Familienstrukturen, um eine neue, nie da gewesene Gemeinschaftsform, die an nichts Vergangenes anknüpft und deren Großartigkeit die Welt so beeindrucken soll wie das andere einmalige Khmer-Weltwunder, das von Angkor. Von Anfang an sieht sich Pol Pot dabei auch innerhalb der Partei in einem »Kampf der Widersprüche auf Leben und Tod«, in einem Kampf gegen die Verräter in den eigenen Reihen, der blutige Säuberungsaktionen erfordert. In einem internen KP-Erlass heißt es: »Zehn Menschen zu verhaften, die nichts getan haben, ist weit besser als einen entkommen zu lassen, der schuldig ist.«

Pol Pot agiert zunächst weiter wie ein Geheimagent, hält sich im Hintergrund, zieht die Fäden. Ihm scheint nicht an öffentlicher Bestätigung zu liegen, am Ego-Trip. Eigene bürgerliche »Ausschweifungen« wie Tanzen oder Autofahren hat er offensichtlich aufgegeben. Er lebt die klassen-, geld- und luxusfreie Gesellschaft, die er predigt, wobei er natürlich, anders als bald die Mehrzahl seiner Landsleute, nicht an Hunger leidet. Zunächst regiert er von Räumen in der alten Silberpagode in Phnom Penh aus. Dann zieht er in ein zentrales, siebenstöckiges Hochhaus, in dem früher viele Beamte des Finanzministeriums untergebracht waren und das seinen Namen »Bank-Gebäude« unter den Roten Khmer behält, obwohl es ja keine Bank mehr gibt.

Erst im April 1976 lässt sich Pol Pot zum Ministerpräsidenten küren, die Welt hört damals zum ersten Mal diesen Namen, sein Freund Ieng Sary wird Außenminister. Dann verschwindet Pol Pot fast wieder ein Jahr lang von der »offiziellen« Bildfläche, reist durchs Land, schwört seine Truppen auf sich ein – und schaltet potentielle innerparteilichen Konkurrenten aus, jeden, der auch nur im Ansatz einen Widerspruch zum Kurs der Partei erkennen lässt. Er geht dabei fast immer nach dem gleichen Muster vor: Die ahnungslosen Opfer werden zu »Studiengängen« oder »dringlichen Sitzungen« eingeladen, dann verhört und häufig gefoltert, so lange, bis sie ein Geständnis als »CIA-Agent« oder »Landesverräter« unterschreiben. Anschließend folgt in aller Regel die Hinrichtung. Kaum jemand wird verschont, und manchmal scheint es so, als wolle Pol Pot die Menschen, die er persönlich kennt und gegen die er nun glaubt, vorgehen zu müssen, noch einen Tick härter und unerbittlicher behandeln als Fremde. Politische Weggefährten wie Innenminister und Paris-Freund Hou Yuon oder den Informationsminister Hu Nim lässt er aus dem Weg räumen wie lästiges Ungeziefer.

Ist das, was Saloth Sar alias Pol Pot da macht, auch ein Menschenexperiment in eigener Sache? Ist er, der sich doch bei Festen im Heimatdorf vergnügt, in Frankreich bourgeoise Dichter gelesen, in Phnom Penh westliche Tänze genossen und sich zwischendurch auch dem Müßiggang, der »zweckungebundenen« Lebenslust hingegeben hat, ein von der Selbstreinigung besessener Exorzist, ein Teufelaustreiber am eigenen Leib?

Das kann wohl nur jemand beantworten, der ihn genau kennt – vielleicht sein Bruder Nhep. Aber der schüttelt nur ärgerlich den Kopf, als ich ihm bei meinem Besuch 1990 die Frage stelle. Er will sich nicht mit psychologischen Deutungen abgeben: »Dazu müsste ich in seinen Kopf hineinkriechen, und das kann ich nicht«, sagt er. »Ich weiß nur, dass wir nach der Machtübernahme durch die Roten Khmer in Ruhe unser Dorf wiederaufbauen, unsere Kinder zur Schule schicken und unser normales bäuerliches Leben wiederaufnehmen wollten. Und dass uns das nicht vergönnt war. Ganz im Gegenteil. Auch wir wurden von dieser wahnsinnigen Umsiedlungspolitik ergriffen wie von einem Wirbelsturm, der uns in alle Winde verstreut hat.«

Wann haben Sie und Ihre Verwandten denn erfahren, dass Ihr Bruder Saloth Sar und dieser Pol Pot ein und dieselbe Person sind?

»Pol Pot war auch für uns der geheimnisvolle große Unbekannte. Es war wohl erst im dritten Jahr der Roten Khmer, dass einmal bei einer politischen Versammlung im Dorf von einem angereisten Funktionär das Bild des »Bruder Nummer eins« hochgehalten wurde. Mich traf ein Stich ins Herz, denn ich erkannte ihn sofort, und auch meine Nachbarn flüsterten, aber das ist doch Sar, wahrhaftig, es ist Sar...« Keiner getraute sich damals, etwas laut zu sagen. Es war keine Zeit, in der man Fremden ungefragt irgendetwas erzählte. Und so erfuhr der Kader aus Phnom Penh nicht, dass sein Boss, ihrer aller Boss, keine 200 Meter vom Versammlungsplatz als Sohn einer reichen Bauernfamilie geboren wurde, keine 150 Meter von hier früher Fußball spielte und seine Schulfreundinnen neckte, keine 100 Meter weiter noch bei seiner Hochzeit die Riten der buddhistischen Mönche mitvollzog.

Nhep seufzt. »Was aus seinen beiden Lieblingsbrüdern geworden ist, war ihm offensichtlich vollkommen gleichgültig. Ich kam ja noch einigermaßen gut durch während der Katastrophenzeiten, wusste als Bauernkind, wo man etwas zu essen auftreiben konnte und wo man wilde Früchte fand.« Mehrfach setzt er zum Weitersprechen an, bricht dann wieder ab. Was er jetzt noch sagen will, fällt ihm offensichtlich sehr schwer. »Aber Chhay, mit dem gemeinsam wir zu dritt so viel unternommen haben, dieser Chhay, der mit der Sache der Revolution als Journalist sogar sehr sympathisiert hat, der ist nach der Evakuierung von Phnom Penh und tagelangen Fußmärschen völlig erschöpft am Wegrand gestorben. Er ist einfach so verreckt. Auch andere Mitglieder unserer Sippe sind umgekommen, in der Beziehung sind wir ganz normaler kambodschanischer Durchschnitt. Ich kenne nur meinen alten Bruder Saloth Sar, den liebenswürdigen, freundlichen Spielkameraden aus unserem Dorf. Pol Pot, dieser Pol Pot – den ich nie kennengelernt habe und nie kennenlernen will – hat sich nicht einmal nach dem Schicksal seiner Familie erkundigt. Es war ihm gleichgültig.«

Vielleicht ist Pol Pot die Familie nicht nur gleichgültig: Sie ist ihm lästig. »Verbrennt eure Bücher, zerstört eure Tempel, bespitzelt eure Eltern«, lautet in Khmer-Rouge-Zeiten eine der Partei-Maximen. Angkar, die Organisation, ist die neue Bezugsgruppe, die neue Familie; ihr ist zu gehorchen, nicht den leiblichen Eltern. Wie erfolgreich die Roten Khmer mit dieser unmenschlichen Politik sind, zeigen die zahlreichen Denunziationen innerhalb der Familien. Die alten moralischen Strukturen lösen sich völlig auf und dadurch fallen auch alle Hemmungen: Immer wieder berichten die Opfer von der besonderen Grausamkeit, der Gefühlskälte der Zwölf- bis Vierzehnjährigen. »Sie schlugen auf uns ein wie Zombies, die einen teilnahmslos, die anderen sogar mit erkennbarem Spaß, und zwar auch auf Onkel und Tanten«, sagt ein Nachbar der Saloths, der sich in unseren Kreis gedrängt hat und nach langem, stummem Zuhören nun zum ersten Mal etwas sagt.

Und dann ist eines Tags der ganze Spuk vorbei. Im Dorf Prek Sbauv merken sie den Niedergang der Roten Khmer daran, dass die politischen Schulungen weniger werden, dann ganz abbrechen. Die Kader ziehen sich zurück, fliehen in die Berge und Dschungelgebiete. Im Dorf munkelt man, dass die Vietnamesen die neuen Herren in Phnom Penh sind. Die Vietnamesen kann hier eigentlich keiner leiden, sie gelten als Erbfeinde der Khmer. Aber das ist jetzt zweitrangig. Hauptsache, die Normalität kehrt wieder ein. Und das tut sie im Dorf. Die Schule wird wiederaufgebaut, die Busse fangen wieder an zu verkehren, wenngleich noch sehr unregelmäßig. Die Verwandten, die aus den Familienverbänden gerissen wurden, kehren wieder zurück und erzählen Horrorgeschichten. Oder sie kehren nicht mehr zurück. Saloth Nhep braucht Monate, bis er herausgefunden hat, was aus seinem Lieblingsbruder Chhay wurde. Es treibt ihm heute noch die Tränen in die Augen. Von Pol Pot hört Nhep nur, er sei mit einigen seiner Truppen in die Berge geflohen. Das, sagt er, habe ihn aber nicht mehr interessiert.

Die letzten Tage an der Macht haben den Blutrausch der Roten Khmer kaum gebremst. Pol Pot schwankt zwar angesichts der offensichtlichen Misserfolge seiner Politik. Zum einen möchte er alle Elemente der Gesellschaft zu einem letzten großen Angriffskrieg gegen Vietnam vereinen, will die Grenzregionen von allen muslimischen und pro-vietnamesischen Volksstämmen »reinigen« und in diesen Kampf sogar »die noch reaktionären Teile der kambodschanischen Gesellschaft einbeziehen«. Zum anderen spielt er mit dem Gedanken, die Umschulung seiner Landsleute sogar noch zu verschärfen, alle Älteren auszurotten, die noch eine bewusste Erinnerung an »die alte Zeit« haben. Nur noch der neue, junge, der leicht formbare kambodschanische Mensch soll übrig bleiben.

Und in den letzten Monaten setzt er, der so lange gesichts- und geschichtslose »Bruder Nummer eins«, plötzlich auch auf Personenkult. In den Konzentrationslagern sollen Büsten von ihm angefertigt werden, Lieder seine Taten preisen: vielleicht eine letzte Hommage an Mao und dessen Weg; vielleicht nur ein Akt der Verzweiflung. Nachdem Pol Pot in seiner ganzen Regierungszeit so gut wie gar keine Interviews gegeben hat – mit zwei, drei Ausnahmen, beispielsweise für Journalisten aus seinem alten Lieblingsland Jugoslawien –, lädt er Ende Dezember 1978 die amerikanischen Journalisten Elizabeth Becker (*Washington Post*) und Richard Dudman (*St. Louis Post Despatch*) nach Phnom Penh ein, sie werden begleitet von einem britischen Autor namens Malcolm Caldwell, der als Sympathisant der Roten Khmer gilt. Doch der Besuch steht unter keinem guten Stern. Die militärische Lage in der kambodschanischen Hauptstadt ist schon so prekär, die Auflösungserscheinungen des Pol-Pot-Regimes sind so offensichtlich, dass es nach dem Interview zu einem tragischen Vorfall kommt. Das ausländische Journalistenteam wird überfallen, Caldwell getötet – vielleicht von vietnamesischen Agenten, vielleicht von rivalisierenden Roten Khmer, das wird nie geklärt.

In den ersten Januartagen 1976 kommt das Ende. Pol Pot kann noch dafür sorgen, dass Prinz Sihanouk – sein De-facto-Gefangener, aber immer noch potentieller Alliierter – gemeinsam mit seinen chinesischen Beratern in der letzten Maschine nach Peking ausgeflogen wird. Er selbst schickt Ieng Sary mit dem Zug Richtung Norden, andere besteigen einen Helikopter. Pol Pot setzt sich heimlich in einem Autokonvoi mit einigen anderen Khmer-Rouge-Führern Richtung thailändische Grenze ab. Er fährt übrigens als Einziger in einem Chevrolet, dessen höhere Radaufhängung die Fahrt über die zahlreichen tiefen Schlaglöcher relativ bequem macht.

Die Führer lassen ihr Volk einmal mehr im Stich. Es gibt keinerlei Pläne für eine Zeit nach ihnen. Was von ihrem ideologischen Standpunkt aus sogar konsequent ist: Es hat ja auch keine Zeit vor ihnen gegeben. Auf der Welt gab es nur sie, die Vorbilder für eine neue Ära.

Im Dschungel der Berge, zunächst nahe Pailin, später in Anlong Veng, hätten Pol Pot und seine Getreue langfristig wenig Überlebenschancen gehabt – wäre ihnen nicht eine kaum fassbare internationale Allianz zu Hilfe gekommen. Die Chinesen wollen, auch nach Maos Tod, ein Großvietnam an ihrer Südflanke um jeden Preis verhindern und setzen daher auf eine Rückkehr der Roten Khmer; sie liefern der Pol-Pot-Clique auf Schleichwegen Waffen und anderes Gerät. Ermöglicht wird der Nachschub durch die stillschweigende Kooperation des thailändischen Militärs. Die korrupten Generäle von Bangkok verdienen an den Millionengeschäften und kassieren darüber hinaus auch beim Schmuggel von Edelsteinen und Tropenhölzern aus dem Pailin-Gebiet kräftig mit.

Die amerikanischen Politiker leiden in den späten Siebzigerjahren (und auch noch darüber hinaus) an ihrem »Vietnam-Syndrom«, sie können die Niederlage in Indochina auch den Erben des Ho Tschi minh nicht verzeihen und ziehen sich deshalb auf die völkerrechtliche Position zurück, wonach der befreiende Einmarsch der Vietnamesen, die Beendigung des kambodschanischen Völkermords, formal gesehen eine ungesetzliche Invasion war, also zu verurteilen. Die US-Regierung liefert offiziell keine Waffen an die Massenmörder, sie verlegt sich bei ihrer »humanitären« Hilfe auf die »demokratischen« Widerstandsgruppen um den Prinzen. Doch in Washington weiß jeder einigermaßen informierte Politiker, dass die Roten Khmer durch ihr militärisches Übergewicht im Widerstand die anderen Gruppen dominieren. Die neue Volksrepublik Kambodscha gilt als Satrap Vietnams und bleibt international zur Freude Pol Pots weitgehend isoliert, während die Roten Khmer weiterhin bei der Uno als »legitime« Regierung Kambodschas anerkannt sind.

Im August 1979 wird Pol Pot von einem kambodschanisch-vietnamesischen Gericht in Abwesenheit zum Tode verurteilt; der Prozess von Phnom Penh und das Urteil bleiben im Westen weitgehend unbekannt. In den nächsten Jahren gewinnt der »Bruder Nummer eins« mit seinen bis zu 40 000 gut ausgebildeten Guerilla-Kämpfern die Oberherrschaft über fast ein Viertel des Landes, allerdings in keiner der größeren Städte. Und natürlich wird auch der merkantile Prinz Sihanouk, der Pol Pot einen »Totengräber des Volkes« und auch schon mal »Kambodschas Dracula« nennt, wieder Teil eines Bündnisses mit den von ihm so harsch verurteilten Blutsaugern. 1985 erregt eine Meldung Aufsehen, Pol Pot habe »wegen Erreichen des Pensionsalters von 60 Jahren« den militärischen Oberbefehl der Widerstandsgruppen an seinen langjährigen Kampfgenossen Son Sen übergeben. Er beschäftige sich nun nur mehr mit »militärhistorischen Fragen«. Aber es ist nur eine taktische Finesse: Pol Pot zieht weiterhin die Fäden.

Nach dem Abzug der Vietnamesen aus Kambodscha erobern die Roten Khmer so viele Dörfer und Landstriche, dass der Uno-Sicherheitsrat glaubt, sie in die Friedensbemühungen einbeziehen zu müssen. Pol Pots Abgesandte sind 1991 beim Abschluss der Gespräche in Paris dabei, doch ob der Führer der Roten Khmer auch nur je mit dem Gedanken gespielt hat, sich an den für Mai 1993 angesetzten Wahlen zu beteiligen, ist fraglich; die Vereinbarungen zur Entwaffnung aller Bürgerkriegsparteien ignorieren die Khmer Rouge jedenfalls souverän. Und doch zerfällt die Bewegung – sie zerbricht letztendlich an den zutiefst menschlichen Regungen, die Pol Pot zumindest im Kreise der Seinen schon ausgerottet glaubt.

Die positiven Instinkte: Mittlere und niedere Kader der Roten Khmer sind den Kampf leid, der nun für manche schon ein Vierteljahrhundert dauert, sie sind der Entbehrungen des Guerillakampfes müde – und sie sehnen sich nach einem Leben im Frieden, im Kreise einer Dorfgemeinschaft, einer wirklichen Familie. Die negativen Instinkte: Führungskader haben sich korrumpieren lassen durch das viele Geld, das der Schmuggel und die internationale Hilfe in die Kassen gespült haben, die unterschiedliche Verteilung dieses Reichtums sorgt für Neid und Zwietracht unter den Roten Khmer. Als Ieng Sary 1996 zur Regierung Hun Sen überläuft und den »Pakt mit dem Teufel« schließt, muss Pol Pot klar geworden sein, dass es zu Ende geht.

Zu dieser Zeit mag es für manchen seiner Kampfgenossen so ausgesehen haben, als überkomme den »Bruder Nummer eins« ein Hauch von Altersmilde. Der Rote-Khmer-Insider Nhem En, ehemaliger Fotograf im Foltergefängnis Tuol Sleng und öfter in der Nähe Pol Pots, beobachtet, wie dieser sich immer mehr um seine neue Familie kümmert. Während seine erste Ehefrau und Mitstreiterin aus Pariser Tagen dem Wahnsinn verfällt (Khieu Ponnary stirbt allerdings erst im Jahr 2003), hat er sich schon 1985 Meas, eine bildhübsche, junge Bauerstochter zur zweiten Frau genommen. Sie gebärt ihm eine Tochter. Sitha nennt er sie nach einer alten Volkssage der Khmer, sie ist Pol Pots einziges Kind. Für sie kocht er, mit ihr spielt er, mit ihr macht er sogar Ausflüge, hinüber nach Thailand.

Auch sonst leistet sich der Revolutionsführer Sentimentalitäten: Stundenlang erzählt er den Genossen von den alten Kampftagen und zwingt seinen Sekretär Tep Khunnal dazu, ihm lange Passagen aus der Pol-Pot-Biografie des amerikanischen Historikers David Chandler vorzulesen – allerdings sucht der vorsichtshalber die schmeichelhaften Stellen heraus. Pol Pot trinkt thailändischen Whisky und hört stundenlang klassische kambodschanische Musik. Er lässt sich über die Grenze westliche Zeitungen anliefern und vertieft sich besonders gern in sein Lieblingsmagazin *Paris Match*.

Doch in Wahrheit hat er sich nicht geändert. Keine Spur. Als sich drei junge Rucksacktouristen ins Rote-Khmer-Gebiet verirren, ordnet er ohne zu zögern deren Exekution an. Als er glaubt, Hinweise darauf zu haben, dass nach Ieng Sary nun auch Son Sen abspringen will, lässt er den langjährigen Freund, den er lange als Nachfolger gesehen hat, über die Klinge springen. Vermutlich stimmen die Gerüchte nicht einmal, aber Pol Pot urteilt wie immer im Zweifel gegen den Angeklagten, gegen den Verdächtigen. Und er lässt nicht nur Son Sen brutal umbringen, sondern auch dessen gesamte Sippe einschließlich Frauen und Kindern, mehr als ein Dutzend Menschen.

Es ist ein Blutbad zu viel. Pol Pot, von einem Krebsleiden und einer Herzerkrankung geschwächt, nun schon über 72 Jahre alt und nicht mehr imstande, wie früher alle Khmer-Rouge-Gruppierungen zu kontrollieren und gegeneinander auszuspielen, hat die Situation falsch eingeschätzt. Er ist innerhalb seiner Bewegung nicht mehr unantastbar. Sein zweiter Stellvertreter Ta Mok, rücksichtslos und machtbesessen und wegen einer Kriegsverletzung »der Einbeinige« genannt, mag nach Son Sens Ende auch gefürchtet haben, es könne nun ihn treffen und prophylaktisch gehandelt haben. Vielleicht aber spürt er auch nur die Schwäche des von Krankheiten geschwächten Alten. Jedenfalls schlägt er zu: Er lässt Pol Pot verhaften und ihm im Juli 1997 im Guerilla-Hauptquartier von Anlong Veng den Prozess machen. Wegen Hochverrats.

Ein Augenzeuge berichtet von dem seltsamen Spektakel: »Der angeklagte ›Bruder Nummer eins‹ sitzt auf einem einfachen hölzernen Stuhl, die Finger umklammern einen langen Bambusstock, auf den er sich stützt, in der anderen Hand hält er einen Rattan-Fächer und fächelt sich gelegentlich einen Windhauch zu. Ein verunsicherter Greis, dessen stumpfe Augen ziellos umherirren, manchmal wirkt es, als sei er den Tränen nahe. Die Menge reagiert roboterhaft, lacht amüsiert und unisono an einer Stelle, schweigt ehrfürchtig an der anderen. Doch die als Zeugen aufgerufen werden, sprechen erstaunlich respektvoll über den Kommandanten. Als er dann weggeführt wird, verbeugen sich viele tief...«

Der »Bruder Nummer eins« bekommt von seinen eigenen Genossen lebenslänglich, was de facto allerdings nichts anderes heißt als Hausarrest.

Im Oktober 1997 erlaubt Ta Mok seinem Vorgänger sogar noch, einen Journalisten zu empfangen, Nate Thayer von der *Far Eastern Economic Review*. Es ist das erste Interview mit Pol Pot seit 14 Jahren. Thayer sieht nach seinen eigenen Worten einen »Todkranken« vor sich, das Gesicht fahl und aufgedunsen, der Körper gebeugt und gebrechlich, die Haare weiß und brüchig, die Stimme kurzatmig und krächzend. Aber keinen Mann, der nun am Ende seines Lebenswegs irgendetwas bereut. »Alles was ich getan habe, geschah zuallererst für die Nation, für die kambodschanische Rasse«, sagt Pol Pot. Für mögliche Übergriffe gegen die Zivilbevölkerung seien »vietnamesische Agenten« verantwortlich gewesen. »Ich«, sagt er zum Abschied dem Reporter, »ich habe ein reines Gewissen.«

Anfang April 1998 stoßen die Regierungstruppen bis in Artillerie-Nähe zum letzten Außenposten der Roten Khmer vor. Premier Hun Sen könnte nun ohne Zweifel die Stellung stürmen. Doch er wartet lieber ab, er will keine letzten Opfer, die anschließend möglicherweise als Märtyrer verklärt werden. Er will die Selbstauflösung der Roten Khmer, ein »natürliches« Ende des furchtbaren kambodschanischen Schicksalgottes Pol Pot. Und er bekommt es, auffällig schnell.

In der Nacht zum 15. April 1998 stirbt »Bruder Nummer eins«. Herzschwäche lautet die offizielle, wahrscheinlich auch wahre Todesursache. Vielleicht aber hat auch jemand nachgeholfen, von Gift oder Erstickungstod sprechen manche später, ohne irgendeinen Beweis für die Verschwörungstheorie zu liefern – sein Tod bleibt so ein kleines Rätsel in dem großen Rätsel seines Lebens. Pol Pots Leichnam wird nicht obduziert. Allerdings nehmen zu Hilfe gerufene thailändische Experten Fingerabdrücke, Zahnabdrücke, Haarproben. An der Identität des Toten zumindest gibt es danach keinen Zweifel mehr.

Nach dem Exitus vollziehen Frau und Tochter die buddhistischen Riten, beten gemeinsam mit den Mönchen. Doch während der Verbrennung ist kein geistlicher Beistand mehr anwesend. Am hastig zusammengebauten Holzgestell, auf dem die Leiche aufgebahrt wird, stehen nur einige Getreue und ein paar kleine Jungs. Es will nicht recht brennen, alles ist feucht. Was morsch ist und sonst so heftig lodert, wenn es entfacht wird, schwelt nur. Am Vortag hat es geregnet. Und so werfen sie ins Feuer, alles, was gerade in der Gegend zu finden ist und die Flammen anfachen könnte, altes Packpapier, kaputte Matratzen, Plastiktüten, Autoreifen. Seinen Schaukelstuhl.

Ein Tod wie ein Leben: ohne jede Würde. Die abgrundtiefe Verachtung, die Pol Pot anderen gegenüber gezeigt hat, wird ihm nun selber zuteil. Ta Mok, sein Nachfolger und langjähriger Weggefährte (er wird einige Monate später selbst gefasst und stirbt in einem kambodschanischen Gefängnis an einem Schlaganfall) verhöhnt ihn: »Pol Pot starb wie eine reife Papaya. Kuhscheiße ist jetzt mehr wert als er, die können wir wenigstens noch als Düngemittel benutzen.«

In Prek Sbauv hören Verwandte und Nachbarn ein paar Tage später im Radio von dem Ableben des Saloth Sar alias Pol Pot. Nhep zündet in der örtlichen Pagode Räucherstäbchen an, eine »symbolische Geste, das machen wir für alle Toten, die wir kennen«, sagt er. Zum Feiern ist keinem im Dorf zumute. Zum Trauern allerdings noch weniger.

Saloth Nhep schenkt mir zum Abschied meines Besuchs in Prek Sbauv ein Foto. Darauf zu sehen ist eine Großfamilie, die sich 1989 zu einer Feier im Dorf getroffen hat, und obwohl das Bild damals noch kein Jahr alt ist, wirkt es schon vergilbt. Die Saloths. Freundlich blicken sie in die Kamera. Vier Geschwister, Tanten, Onkel, Kleinkinder auf dem Arm. Eine ganz normale kambodschanische Sippe, die sich versammelt hat, um der Toten in ihrem Kreis zu gedenken. »Wir haben alle verstorbenen Verwandten mit eingeschlossen, nur Sar nicht. Der gehört schon lange nicht mehr zu uns.«

Im Jahr 2008 fahre ich noch einmal in den Geburtsort Pol Pots. Weniger, weil ich mir neue Erkenntnisse über das Leben des Massenmörders erhoffe als um nachzusehen, was aus dem Bruder Saloth Nhep und den anderen Verwandten geworden ist – und um zu erfahren, wie sich das Dorf verändert hat.

Die Straße von Phnom Penh Richtung Norden ist längst in einem hervorragenden Zustand, klimatisierte Busse und Taxis bringen auf der »Nationale 6« inzwischen Touristen und Einheimische in knapp vier Stunden nach Siem Reap und zu den Tempeln von Angkor – wenn sie nicht in den allmorgendlichen und allabendlichen Verkehrsstau geraten, der inzwischen auch die Provinzhauptstadt Kampong Thom erfasst hat; 40 000 Menschen leben inzwischen hier. Hunderte Toyotas und Kias, Peugeots und VW verkeilen sich regelmäßig ineinander und machen ein Durchkommen unmöglich. Da hilft nur Pause machen und beten – beispielsweise in den restaurierten Tempeln Sambor Prei Kuk oder Phnom Santuk oder in den durchaus passablen, wenn auch nicht luxuriösen Hotels Royal Garden oder Arunras. An der Hauptstraße werben zwei Internet-Cafés um Kunden und in der Abteilung für Kultur und Feine Künste bietet Direktor Um Sok sein umfangreiches Wissen über die Region und ihre Maler, Bildhauer und Steinmetze an. Der Nordteil der Stadt ist mit dem Südteil jetzt über eine Brücke verbunden, Fährschiffe verkünden von einem bescheidenen Wohlstand. Die Teenies tragen Gap und Levis, aus CD- und DVD-Läden dröhnen die Allerwelthits von Madonna, Rihanna, Shakira & Co.

Die Straße ins Pol-Pot-Dorf Prek Sbauv allerdings ist, wie so viele kambodschanische Nebenstraßen, immer noch in einem erbärmlichen Zustand. Ein Teil der Strecke ist nun zugebaut, die Provinzhauptstadt bläht sich an ihren Rändern auf, quillt über, immer weiter hinein ins einstige Brachland. An der Kreuzung nach Prek Sbauv steht eine merkwürdige Statue, die wohl eine Meerjungfrau darstellen soll. Auf den ersten Blick sieht es so aus, als sei in dem Weiler die Zeit stehen geblieben. Immer noch die Holzhäuser auf Stelzen, der verschlafene Ortskern, die trägen Fischerboote auf dem Sen-Fluss. Doch auf den zweiten Blick sind auch in dem Kaff Veränderungen zu erkennen: An der Villa des neuen Bürgermeisters kündet eine Parabol-Antenne von einziehender Weltläufigkeit,

Fensterläden sind rot und blau gestrichen, neben Fahrrädern sind jetzt auch Honda-Motorräder an die Türen gelehnt.

Im Hause der Saloths sind Geräusche zu hören. Doch auf mein Klopfen antwortet niemand. Dann kommt ein Nachbar mit einer Botschaft. Saloth Nhep, der Bruder des furchtbaren kambodschanischen Schicksalgotts, lässt ausrichten, dass er nur gegen Voranmeldung und gegen ein Honorar von 30 Dollar Interviews gibt. Erst als ich das alte Foto durch die Türe schiebe, das ich mitgebracht habe, wird knarrend ein Riegel geöffnet. »Woher haben Sie dieses Bild?«, fragt ein alter Mann, der die Türe langsam einen Spaltbreit öffnet. Und dann, zögernd, heraustritt.

Grau ist er geworden, die Wangen sind eingefallen, der Oberkörper ist wohl durch ein Rückenleiden seltsam gekrümmt. Er trägt jetzt eine Brille. Seit meinem letzten Besuch sind fast genau zwanzig Jahre vergangen. Und doch habe ich ihn sofort wiedererkannt und bin fast erschrocken: Es sind die Gesichtszüge, die denen von Pol Pot immer noch täuschend ähnlich, unheimlich ähnlich sind. »Woher haben Sie dieses Foto?«, fragt er fast drohend noch einmal, klopft auf den Abzug und mustert mich von oben bis unten. Und dann geht ein Leuchten über sein Gesicht. Er erinnert sich – an das Familienfest von 1989, an den ersten ausländischen Besucher, dem er das Bild damals als »Dokument« mitgegeben hat.

»Bitte entschuldigen Sie, dass ich so harsch und so unfreundlich war«, sagt er. »Aber ich mag keine Interviews mehr geben. Ich bin nur noch müde, ich bin ein alter Mann.« Ein Augenleiden macht ihm zu schaffen und lässt ihn in unregelmäßigen Abständen zwanghaft blinzeln. Er klagt über hohen Blutdruck. Auch seinen achtzigsten Geburtstag, den letzten, den er feierte, hat er nun längst hinter sich. Er fühle, sagt er, »das Ende nahe«. Die Geschwister seien inzwischen alle nicht mehr am Leben; die Familie werde allerdings nicht aussterben, es gebe ja seine Söhne und Töchter, ein halbes Dutzend Enkel, viele Neffen. Dem Buddha sei Dank, auch allen guten kambodschanischen Geistern.

Und dann ist da ja auch noch die Tochter aus Pol Pots zweiter Ehe, seine junge Nichte, Sitha soll sie heißen, gerade erst 22 geworden sein und in Phnom Penh studieren. Kennt er das Mädchen? War sie schon mal zu Besuch beim Onkel, zu Gast im Geburtsort ihres Vaters?

Nein, nein, sagt er, diese Sitha habe er noch nie gesehen. Aber es würde ihn freuen, wenn sie ihn mal besuchte. Jedenfalls wäre er über ihren Besuch glücklicher als über die Treffen mit all diesen Journalisten. BBC war vor zwei Jahren da, dann im letzten Jahr CNN und zu irgendeinem Jahrestag der Roten Khmer oder runden Geburtstag Pol Pots sogar der arabische Fernsehsender Al Jazeera; und dann natürlich die hiesigen Zeitungen, zuletzt habe es auch die *Cambodia Daily* geschafft, ihn im Dorf aufzusuchen; »eine Pest« sei es, sagt er. Und erschrickt sogleich über seine Wortwahl: »Das ist natürlich nicht gegen Sie gerichtet. Wo Sie von so weit her kommen, und nun schon zum zweiten Mal, und mir auch ein altes Familienbild mitbringen, das ich nie hätte aus der Hand geben sollen. Es gibt solche und solche Reporter.« So wie es auch solche und solche Politiker gebe, obwohl, wenn er noch mal drüber nachdenke, bei den Politikern …. »Die sind, glaub ich, alle korrupt und verdorben. Wollen Sie einen Tee?« Er ist geschwätzig geworden, der Alte, dem man früher doch jeden Satz aus der Nase ziehen musste.

Aber profitiert er nicht auch von der Journalisten-Pest? Oder habe ich da mit den 30 Dollar Interview-Gebühren etwas falsch verstanden? Braucht er vielleicht bald einen Pressesprecher?

Das mit dem Geld macht ihn verlegen. Das mit dem Ruhm weniger. Nein, er brauche keinen Pressesprecher, ganz so schlimm sei es noch nicht, sagt er grinsend. Allerdings habe er nun das Gefühl, seine Zeit werde knapp, und die habe er nicht zu verschenken.

Wir plaudern ein bisschen über die vergangenen Jahre. Er erzählt noch mal ein paar alte Familiengeschichten, von Sars Abschied in Richtung Phnom Penh, der Rückkehr aus Paris, der Hochzeit. Seine Eindrücke vom berüchtigten Bruder kommen ihm nun schon fast routiniert über die Lippen, die Pointen sitzen. Einiges hat sich auch abgeschliffen, wirkt kompatibler mit den Eindrücken anderer Zeitzeugen, von denen er gehört oder gelesen haben mag. In Wahrheit aber hat er seinen früheren Berichten nichts Wesentliches hinzuzufügen. Auch nichts Unwesentliches.

Ich erzähle ihm von meinen zwischenzeitlichen Recherchen und den Treffen mit anderen Zeitzeugen. Von der Unterhaltung mit seinem (inzwischen verstorbenen) Bruder Saloth Suong, den ich damals – gleich nach ihm – in Phnom Penh aufgesucht habe und der über seinen langjährigen Mitbewohner im Palast nur sagte: »Zu mir war Sar immer höflich und hat nie widersprochen. Er muss sich einer Gehirnwäsche unterzogen haben.« Von den Interviews mit dem Pol-Pot-Sekretär Tep Khunnal im November 2008, der ihn bis heute verteidigt (»Zuallererst war er ein Patriot.«), mit dem politischen Mitstreiter und ehemaligen Spitzenkader Suong Sikoeun (»Hätte er die Vietnamesen besiegt, wäre er als Held in die Geschichte eingegangen.«), mit Young Moeun, der Köchin des Khmer-Rouge-Chefs (»Von ihm gab es nie ein böses Wort, Pol Pot behandelte mich so gerecht und so streng wie seine Top-Kader.«). Ich erzähle auch von dem ausführlichen Gespräch in Paris mit seinem intellektuellen Mentor aus französischen Tagen, dem damaligen KPF-Jugendführer und heutigen Staranwalt Jacques Vergès (»Pol Pot mangelte es nicht an Humor, die Menschen hatten ihn gern um sich.«). Saloth Nhep hört höflich zu, aber nicht sonderlich interessiert. Er hat sich sein Urteil gebildet. Er hat die Akte Pol Pot geschlossen.

Beschäftigt ihn das Tribunal von Phnom Penh gar nicht? Was hält er von der Idee, die Verbrechen seines Bruders und dessen Polit-Kumpanen juristisch aufzuarbeiten?

Saloth Nhep schüttelt den Kopf. »Vielleicht brauchen das einige Leute. Wir hier im Dorf brauchen es nicht. Wir wissen Bescheid, wir kennen die Schuldigen, die Mitläufer und die Unbeteiligten, und wir sehen das Tribunal als eine gigantische Geldverschwendung. Wenn sie was übrig haben in der Hauptstadt, warum stecken sie's dann nicht in Dörfer, bauen eine gute Straße nach Kampong Thom, dass wir den Wochenmarkt dort besser erreichen...«

Ich habe keine Lust, dem Bruder von Pol Pot zum Abschied Geld zu schenken. Ich überlasse dem Alten stattdessen das Familienfoto aus dem Jahr 1989, das er mir damals gegeben hat. Er freut sich, steckt die Schwarz-Weiß-Aufnahme schnell in seinen karierten Sarong, als fürchte er, man könne sie ihm wieder wegnehmen.

Keine Ahnung, ob er sie in seinem Haus aufhängen will, vielleicht neben dem Buddha-Bild. Oder sie gegen Gebühr dem nächsten Journalisten zeigt, der im Geburtsort Pol Pots vorbeikommt. Das ist seine Entscheidung.

Ich verlasse Prek Sbauv zutiefst niedergeschlagen – und brauche einige Stunden, um zu realisieren, was mich an dem Besuch im Geburtsort, was mich an den ganzen Recherchen zum Leben dieses furchtbaren Massenmörders so deprimiert, so verstört: Es fehlt jeder überzeugende Hinweis darauf, warum aus Saloth Sar Pol Pot werden musste. Die gängigen Erklärungsmuster der politischen Psychologie laufen ins Leere. Fast alle Diktatoren-Lebensläufe, so sagt es die einschlägige Wissenschaft, sind durch Ähnlichkeiten gekennzeichnet: Geburt in Armut; ein frühzeitiger Abschied von einer Familie ohne Nestwärme, ohne Vermittlung von Liebe und Geborgenheit; Entdeckung einer Ideologie; politische Agitation; Gefängnisaufenthalt und anschließende (Über-)Kompensierung des erlittenen oder auch nur subjektiv empfundenen Unrechts, skrupellose Anwendung von Gewalt gegen Andersdenkende, und so weiter, und so weiter. Hitler und Stalin, Bokassa und Mobutu, Stroessner und Pinochet passen mehr oder weniger perfekt in diese Schablonen, ihre Taten lassen sich wenigstens ansatzweise auch aus ihrem persönlichen Leben erklären.

Pol Pot aber taugt nicht für didaktische Erkenntnisse. Er ist frei von Mustern, und er wird damit – historisch gesehen – zu einem Muster ohne Wert. Kein krankhafter Persönlichkeitskern, keine erkennbare Demütigung in der Kindheit, kein bekanntes Schlüsselerlebnis, keine nachvollziehbaren Kompensierungskonstruktionen. Pol Pot entzieht sich diesen einleuchtenden und damit zumindest im Ansatz auch tröstlichen Erklärungen. Er lebte und handelte jenseits der Powerpoint-Einordnungsmechanismen, die Professor Jerrold M. Post, Berater amerikanischer Präsidenten, CIA-Analytiker und Koryphäe der George Washington University einmal für mich auf die Tafel seines Büros geworfen hat. Jenseits dieser Pfeile und Bezüge, die alles mit allem verbinden und begründen und Gewissheiten erzeugen. Pol Pot hat sich jenseits aller persönlichen Defekte und bei offensichtlich klarem Verstand die Freiheit genommen, sich für das Böse zu entscheiden. Er hat alles einer menschenverachtenden Utopie untergeordnet, von dem Wahn getrieben, er könnte für sich und sein Land wahre, historische Größe, einen herausragenden Platz in der Geschichte erreichen.

Wie hätte Pol Pot wohl reagiert, hätte er noch erfahren, dass nun, fast genau dreißig Jahre nach der Vertreibung seiner Roten Khmer aus der kambodschanischen Hauptstadt, in Phnom Penh das Gerichtsverfahren gegen einige seiner wichtigsten Mitstreiter beginnt, darunter »Bruder Nummer zwei«? Ein internationales Tribunal – wäre er entsetzt gewesen oder gar stolz darauf, was da »zu seinen Ehren« passierte?

FÜNFTES KAPITEL

DIE VERGELTUNG

»Das Tribunal kann Last sein – oder
Befreiung vom Trauma«

Knapp zwanzig Kilometer westlich der Innenstadt von Phnom Penh, hinter dem Internationalen Flughafen, dem Elefantentempel sowie den zahlreichen Billigfabriken für Kleidung und knapp vor dem Maut-Tor, das die Bundesstraße 4 Richtung Küste nach Sihanoukville gebührenpflichtig macht (»Have a safe trip«), dort, wo einfache Garküchen um Kunden werben und kleine Jungs zwischen ausrangierten Autoreifen ihre Drachen steigen lassen, liegt inmitten der Tristesse hinter hohen Mauern ein Gebäudekomplex von überraschender Schönheit.

Man braucht einen Passierschein, um durch das Eingangstor zu gelangen, das ein Staatsbeamter kontrolliert. Er thront in einem hübschen Wachhäuschen, das mit seinem geschwungenen Giebel einer kambodschanischen Pagode nachempfunden ist. Und auch im Innern des großzügigen Geländes herrscht die Anmutung einer religiösen Stätte. Die alten Häuser sind sorgfältig geweißelt und haben geschwungene Aufbauten und zusätzliche Flügel in Tempelform bekommen, die neuen Gebäude sind im Stil buddhistischer Heiligtümer gehalten. »Welcome to the Extraordinary Chambers in the Courts of Cambodia« (ECCC), heißt es auf dem Merkblatt, das Besuchern in die Hand gedrückt wird. Hier also, auf einem ausgebauten ehemaligen Luftwaffenstützpunkt der Armee, arbeiten die »Außerordentlichen Kammern in den Gerichtshöfen Kambodschas« – hier sitzen die Damen und Herren Richter, Ankläger und Verteidiger des Khmer-Rouge-Tribunals, und, in einer gelbgestrichenen Villa, umgeben von einem kleinen Garten und eingezäunt mit Extra-Stacheldraht, auch die fünf Angeklagten.

1 Maler Vann Nath (vor Selbstporträt) im ehemaligen Foltergefängnis

2 Überwucherter Angkor-Tempel Ta Prohm

3 bis 6 Die Angeklagten Khieu Samphan, »Duch«, Ieng Thirith, Ieng Sary und Nuon Chea (von links oben im Uhrzeigersinn)

7 Opfer-Mahnmal in Phnom Penh

8 Gedenkstätte S-21 in Phnom Penh mit Fotos Hingerichteter

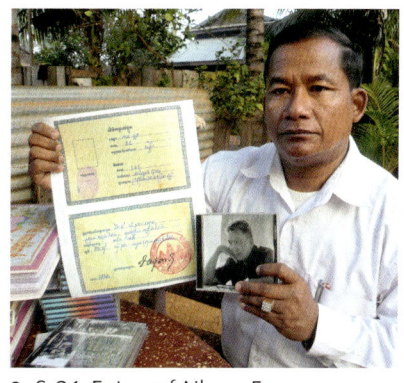

9 S-21-Fotograf Nhem En

10 S-21-Totschläger Him Huy

11 König Sihanouk mit Autor Erich Follath in Peking (1981)

12 *Oben:* Der Tempel aller Tempel: Angkor Wat

13 Kambodschanisches Dorf

14 Angeklagter Pol Pot in Anlong Veng (1997)

15 Pol Pots Verbrennungsstätte

16 Anwalt Vergès in seinem Pariser Büro

17 Dorf in Süd-Kambodscha **18** Premier Hun Sen

19 Bundespräsident Horst Köhler, Somaly Mam, Preisstifter Roland Berger in Berlin (2008)

20 *Oben:* Aktivistin Somaly Mam mit Waisenkindern

21 Küstenlandschaft bei Kep

22 Pol Pot-Sekretär Tep Khunnal

23 Pol Pot-Tochter Sitha (2004)

24 Königspalast in Phnom Penh

An diesem Herbsttag im Jahr 2008 besucht das Volk den Prozess, der in seinem Namen und in dem der internationalen Gemeinschaft geführt wird. Aus dem Bus einer internationalen Hilfsorganisation auf dem staubigen Parkplatz des ECCC-Komplexes steigen etwa fünfzig übermüdete Passagiere. Sie kommen aus dem äußersten Osten des Landes, viele sind zum ersten Mal in Phnom Penh. Man sieht ihnen an, dass ihnen die Situation nicht ganz geheuer ist. Einige der Männer, kräftige Landarbeiter mit schwieligen, zupackenden Händen groß wie Schaufeln und Plastik-Flipflops an den Füßen, schieben zunächst unwirsch die Beamten beiseite, die ihre Taschen kontrollieren wollen, bevor sie dann deren Erklärungen akzeptieren. Die meisten Frauen mit ihren wettergegerbten Gesichtern haben ihren Sonntagsstaat angelegt, mit farbigen Westen und den langen, traditionellen Röcken; sie kichern unsicher und verlegen, als sie die Leibesvisitationen über sich ergehen lassen müssen.

Ein Führer zeigt der Gruppe zunächst die Gebäude von außen, erzählt dann, selbstverständlich hätten buddhistische Mönche das Tribunal gesegnet, Palmwedel in traditionelle Silberschalen getaucht, Lotosblüten verstreut und Kokosmilch verspritzt, auf dass die Insassen des Komplexes eine gottesfürchtige Arbeit leisteten. Dann führt der Guide sie zu der Statue, die den Innenhof beherrscht: Sie stellt Lokta Dambang Dek dar, den »Eisernen Schutzengel« der kambodschanischen Volkssage. Dambang Dek sieht der Legende nach alles, er weiß alles, und er kann alles beurteilen: der ideale Gehilfe auf der Suche nach Gerechtigkeit.

Die ersten Fragen der Besucher gelten den Gefangenen und ihren Haftbedingungen. »Wohnen die wirklich in dieser schönen Villa, diese Mörder, die meinen Vater und meine Onkel auf den Feldern erschlagen ließen, weil sie vor lauter Schwäche nicht mehr arbeiten konnten?«, fragt eine resolute Alte und stemmt ihre Hände empört in die Hüften. »Bekommen die etwa jeden Mittag und jeden Abend gutes Essen, diese Verbrecher, die meine Töchter und Söhne haben verhungern lassen?«, fragt eine andere, eher leise, und erste Tränen rollen über ihr Gesicht. »Warum macht man um die hier so viel Aufhebens, warum bringt man sie nicht einfach auf den Killing Fields um, mit Eisenstangenschlägen gegen den Nacken, genauso wie sie es damals mit Tausenden gemacht haben?«, fragt ein Mann, der sich als Dorflehrer vorstellt und die Zusammensetzung der ECCC-Gäste von diesem Tag erklärt. Viele aus dem heutigen Besucherkreis sind Cham und gehören damit der muslimischen Minderheit im Land an. Wenn es eine Volksgruppe gab, die von den Roten Khmer noch brutaler und menschenunwürdiger behandelt wurde als alle anderen, dann waren es die Vietnamesischstämmigen und die Cham.

Geduldig gibt der ECCC-Führer Auskunft. Er erläutert kurz den Sinn des Gerichtsverfahrens, spricht von »Beschuldigten«, deren Verbrechen nun für alle sichtbar dargestellt würden, von Vergangenheitsbewältigung, von »Rechtsstaatlichkeit« und »Unabhängigkeit der Gerichte«, von »Beweisführung«. Er blickt in skeptische Gesichter. »Wir wissen doch alle, was die getan haben, da brauche ich keine Beweise mehr«, sagt einer. »Ich würde bei uns im Distrikt nie zu einem Gericht gehen, die Richter sind doch alle korrupt in unserem Land und lassen sich von den Reichen bestechen«, murmelt ein anderer.

Über die genauen Lebensbedingungen der fünf Gefangenen sagt der ECCC-Führer wenig, aus »Sicherheitsgründen«. Vielleicht will er aber auch aus anderen Gründen nichts von den Privilegien der fünf Inhaftierten erzählen, womöglich fürchtet er die Empörung der Besucher ob so viel Milde und Entgegenkommen: Der Rote-Khmer-Chefideologe Nuon Chea, 82 Jahre alt, der Ex-Außenminister Ieng Sary, 83, dessen Ehefrau und Ex-Sozialministerin Ieng Thirith, 76, der ehemalige Khmer-Rouge-Staatschef Khieu Samphan, 77, sowie der für das Folterlager zuständige Kaing Guek Eav, genannt Duch, 66, haben jeden Abend die Auswahl zwischen drei Gerichten: Fleisch, Fisch oder Vegetarisches. Sie haben für ihre Bequemlichkeit Toilettenschüsseln westlichen Zuschnitts durchgesetzt. Sie können Radio hören. Sie dürfen im Gefangenenhof spazieren gehen und – als neueste Hafterleichterung – können sie sich seit Herbst 2008 zweimal wöchentlich zu einem Gedankenaustausch treffen: ein Kaffeekränzchen der mutmaßlichen Massenmörder, sozusagen. Ärzte betreuen die Beschuldigten, deren

Gesundheit teilweise sehr labil ist, rund um die Uhr. Ihnen stehen als Rechtsbeistand jeweils ein kambodschanischer und ein internationaler Anwalt ihrer Wahl zur Verfügung.

Nach dem Blick von weitem auf die »Gefängnis-Villa« werden die Gäste aus dem kambodschanischen Bauernland ins Gerichtsgebäude geführt, ein eindrucksvolles, aber steriles Haus, das innen eher einem Theatersaal gleicht und über 500 Plätze verfügt. Die aktuellen Besucher werden in den hinteren Reihen platziert, vor ihnen sitzen die journalistischen Prozessbeobachter, die juristischen Hilfskräfte, Jurastudenten, fast alle geschniegelte und gebügelte junge Stadt-Menschen. Die hinteren Ränge sind nicht wirklich schlechter. Man hat von überall im Saal einen guten Blick auf die »Bühne«. Auf die Richter, Ankläger und Anwälte, die mit ihren Umhängen und Perücken wirken wie aus einer anderen, fernen Welt. Die Besucher sind durch eine Glasscheibe von den Hauptakteuren getrennt.

Ein Gerichtsdiener führt Ieng Sary herein, der heute seinen von der Verteidigung geforderten Termin in Sachen Haftverschonung wahrnimmt. Der ehemalige Außenminister lehnt sich mit der Linken bei dem Beamten an, stützt sich mit der Rechten auf einen Stock. Er wirkt geistesabwesend, starrt während der folgenden, auf prozedurale Fragen beschränkten Vorverhandlung teilnahmslos vor sich hin. Die Khmer-Rouge-Opfer hinter der Glasscheibe würdigt er keines Blickes. Den Besuchern ihrerseits ist anzumerken, dass sie dem juristischen Geplänkel nicht folgen können oder wollen. Manche gähnen, als sich das Verfahren hinzieht und Ieng Sary selbst gar nicht zur Aussage gezwungen ist. Später werden die Richter den Antrag der Verteidiger ablehnen. Es ist einer der vielen, rechtlich vollkommen zulässigen, aber die Arbeit des Gerichts immer mehr verschleppenden Anträge. Hinzu kommen von den Anwälten monierte Verfahrensmängel, die den Ablauf verzögern. Jedes beim Tribunal gesprochene Wort wird protokolliert und zudem in alle drei Gerichtssprachen übersetzt: Khmer, Englisch, Französisch.

Das Gericht vertagt sich zur Essenspause. Die Gäste können, wenn sie wollen, auch die Nachmittagsverhandlungen besuchen.

Die Mehrzahl entscheidet sich dagegen, sie wollen die Hauptstadt sehen und nehmen gern das touristische Programm in Anspruch, das die Betreuer von der Menschenrechtsorganisation organisieren. Manche haben wohl ein Spektakel erwartet und sind jetzt enttäuscht über die zähe und dröge Verhandlung. Nur einer Frau ist anzumerken, dass sie zwar wenig mit den Vorgängen im Gerichtssaal anfangen kann, aber dass sie schwer beeindruckt ist. »Ich habe Ieng Sarys Gesicht gesehen. Er wirkte wie ein geschlagener Mann«, sagt die Bäuerin, die alle ihre vier Kinder in der Herrschaftszeit der Roten Khmer verloren hat. Und immer wieder: »Ich habe Ieng Sarys Gesicht gesehen. Für mich war es ein Fest.«

Häufig werden auf der Busfahrt die bohrenden Fragen gestellt, die alle kennen, die mit dem Tribunal zu tun haben: Warum sind nur Khieu Samphan & Co. angeklagt und nicht mindestens noch einige Dutzend der anderen bekannten Haupttäter? Warum kommt das Tribunal nicht wenigstens bei den Verhandlungen gegen diese fünf entscheidend voran? Ist ein Prozess mehr als dreißig Jahre nach der Vertreibung der Täter aus Phnom Penh, mehr als zehn Jahre nach dem Tod des »Bruder Nummer eins« und mehr als fünf Jahre nach der Unterzeichnung über den Gerichtsvertrag überhaupt noch sinnvoll – oder wird er zur Farce, und damit womöglich kontraproduktiv für Kambodscha und die finanziell wie moralisch so engagierte Weltgemeinschaft?

Tausenden Kambodschanern wurde in den letzten Monaten das Gericht gezeigt, man hat sie aus allen Richtungen hierher gekarrt und versucht, ihnen – so wie den Cham an diesem Tag – den Prozess näherzubringen. Das Tribunal bietet manchen Khmer ein Ventil, sie wollen über die alten Zeiten sprechen und suchen Gerechtigkeit durch die Bestrafung der Täter. Opfer können auf Antrag Nebenkläger werden, eine durchaus sinnvoll erscheinende Premiere in der Geschichte des internationalen Strafrechts, eine der wenigen Ausprägungen des Gerichts, bei denen sich die Uno-Vertreter durchsetzen konnten.

Fast zwei Drittel der Kambodschaner halten das Rote-Khmer-Tribunal »grundsätzlich« für eine gute Sache – nach der Zufriedenheit über die Arbeit des Gerichts fragen die kambodschanischen

Meinungsforscher vorsichtshalber nicht. Denn die eigenen Regeln, die sich der Gerichtshof gegeben hat, sind dubios, ermöglichen der kambodschanischen Seite korrupte Praktiken und verhindern fast jede Transparenz. So bleiben große Zweifel, ob der Gerichtshof auch nur annähernd den selbst gestellten Ansprüchen genügt: Außer der Strafverfolgung und der Förderung der Vergangenheitsbewältigung soll ein nach internationalen Standards durchgeführtes, vorbildliches Rechtsverfahren positiv auf die kambodschanische Justiz, auf die Zivilgesellschaft ausstrahlen. Davon ist das Khmer-Rouge-Tribunal meilenweit entfernt – die Weltgemeinschaft ließ sich schon bei der Entstehung des Gerichtshofs regelrecht über den Tisch ziehen.

Ein Blick in die Geschichte zeigt: Premier Hun Sen hat diktiert, die Uno ist gefolgt. Lange wollte der starke Mann in Phnom Penh gar keine Aufarbeitung der Geschichte, dann nur zu seinen Bedingungen. Zu gut hat sich Hun Sen – selbst einst ein Khmer-Rouge-Kader, dann zu den Vietnamesen übergelaufen – mit manchen der früheren KP-Spitzenfunktionären arrangiert. Einige, wie Pol Pots ehemaliger Sekretär Tep Khunnal, sind sogar Provinzgouverneure oder Regierungsmitglieder geworden.

Schon 1996 hatte sich Ieng Sary gestellt und dabei fast die Hälfte der damals noch als Guerillatruppe kämpfenden Roten Khmer »mitgebracht«. Hun Sen amnestierte den ehemaligen Außenminister des Terror-Regimes im Gegenzug – gemeinsam mit Pol Pot war Ieng Sary ja *in absentia* bei einem vietnamesischen Schauprozess zum Tode verurteilt worden. Ein Jahr nach Ieng Sary gaben Nuon Chea und Khieu Samphan auf und wurden vom Premier mit Blumengirlanden wie verlorene Freunde empfangen. Hun Sen sprach damals von einem »Loch«, in dem Kambodschas düstere Geschichte verschwinden sollte – er hatte nach dem Deal, den er mit den beiden machte, und nach dem darauf folgenden Tod Pol Pots keinerlei Bedürfnis, sich für ein Tribunal einzusetzen.

Die Experten der Uno, die sich 1998 in Kambodscha umschauten, entwarfen einen sehr kritischen Bericht über die Menschenrechtslage in dem südostasiatischen Land – Hun Sen hatte zu der Zeit gerade gegen seinen Koalitionspartner Prinz Ranariddh geputscht, beide Seiten führten die Auseinandersetzung ohne Rücksicht auf Menschenleben. In der Sache empfahl der Beobachtertrupp der Vereinten Nationen ein internationales Rote-Khmer-Tribunal, das in einem asiatischen Land außerhalb Kambodschas seinen Sitz haben sollte. Hun Sen wies den Vorschlag sofort schroff zurück.

Im April 1999 machte der Premier in Phnom Penh einen Gegenvorschlag: Er befürworte ein Tribunal, allerdings müsse es in Kambodscha seinen Sitz haben, »international unterstützt, aber doch im Rahmen des nationalen Rechts angesiedelt«. Diese Forderung wurde zur Grundlage des heutigen Gerichtshofs, weil Hun Sen deutlich machte, dass es nur unter diesen – unter seinen – Bedingungen eine juristische Aufarbeitung der Rote-Khmer- Verbrechen geben könnte. Als die Vertreter der internationalen Gemeinschaft diesem Konzept zähneknirschend zustimmten, spielte Hun Sen weiter auf Zeit. In den nächsten vier konfliktreichen Jahren verging kaum ein Monat ohne kambodschanische Obstruktionen, zeitweise waren die Verhandlungen sogar ganz unterbrochen. Im Juni 2003 wurde der Vertrag zwischen der Weltgemeinschaft und der Regierung in Phnom Penh endlich unterschrieben, im August 2004 nach einer weiteren erfolgreichen Verzögerungstaktik Hun Sens schließlich vom kambodschanischen Parlament ratifiziert; auch das »Nationale Gesetz zur Einsetzung des Gerichts« passierte die Gremien – nun hätte es eigentlich losgehen können. Aber da trat ein weiteres Problem in den Vordergrund, das Hun Sen bis dahin geschickt verschleiert hatte: die Finanzierung.

Im Dezember 2004 schloss die Uno die Budgetplanung ab und legte den Finanzbedarf auf zunächst 56,3 Millionen Dollar fest, die kambodschanische Seite sollte davon 13,3 Millionen bezahlen, weniger als ein Viertel, für den Rest wollten die Vereinten Nationen aufkommen – an sich ein großzügiges Angebot. Doch Hun Sen lehnte empört ab, Phnom Penh könne allenfalls 1,5 Millionen Dollar zahlen (weniger als drei Prozent). Wieder wurde der Verdacht laut, der kambodschanische Regierungschef wolle das gesamte Unternehmen torpedieren, wieder knickte die Weltgemeinschaft ein.

Japan ist bis heute Hauptsponsor des Tribunals, gefolgt von der Europäischen Union, bei der sich neben Frankreich besonders Deutschland mit erheblichen finanziellen Mitteln engagiert. Die Volksrepublik China beobachtet das gesamte Gerichtsverfahren mit großem Misstrauen und trägt keinen Cent bei – vermutlich fürchten die Pekinger Machthaber nicht zu Unrecht, dass ihr Land durch seine bedingungslose Unterstützung der Roten Khmer mit am Pranger stehen könnte. Auch bei der finanziellen Zurückhaltung der USA liegt eine solche Vermutung nahe: Die Amerikaner tragen zwar nicht so viel direkte Schuld an den Gräueltaten der Khmer Rouge, aber an deren Aufstieg und viel zu langsamem Abstieg waren sie entscheidend beteiligt. Erst im Herbst 2008 sagte Washington einen Beitrag von 24 Millionen Dollar zu. Dringend benötigte Gelder, denn mehrfach schon mussten die Geberländer Geld zuschießen. Man spricht inzwischen von einem Gesamtfinanzbedarf von 170 Millionen Dollar; auch sei wohl eine Prozessverlängerung über das bisher als Endpunkt der Verhandlungen fixierte Jahr 2011 hinaus erforderlich.

Im Juni 2006 endlich kann das Gericht seine Arbeit aufnehmen. Offiziell gelten die ECCC als ein »hybrides« Tribunal, teils kambodschanisch, teils multinational. Doch die Karten sind zugunsten Phnom Penhs gemischt. Der ersten Instanz (»Trial Chamber«) stehen drei kambodschanische und zwei internationale Richter vor, für die zweite Instanz (»Appeal Chamber«) sind vier kambodschanische und drei internationale vorgesehen; ohne die heimischen Juristen geht also gar nichts; allerdings brauchen auch sie für wichtige Entscheidungen eine »qualifizierte Mehrheit« (»Super-Majority«), was heißt, dass sie mindestens einen ausländischen Juristen auf ihre Seite ziehen müssen. Sowohl die Staatsanwaltschaft als auch das Ermittlungsrichterbüro sind Institutionen mit einer Doppelspitze. Sie werden von je einem lokalen und einem internationalen Rechtssachverständigen geleitet, und beide müssen sich über jeden Ermittlungsschritt einigen. Gelingt dies nicht, entscheidet eine Beschwerdekammer.

»Wissen Sie, warum Ihnen das kompliziert, unpraktikabel und schwer durchschaubar vorkommt?«, sagt der Kambodscha-Kenner

Steve Heder. »Weil es kompliziert, unpraktikabel und undurchschaubar *ist*. Und das scheint mir bei diesem Tribunal noch das kleinere Problem zu sein – das größere hat mit Unvermögen und Vetternwirtschaft zu tun.«

Auf ausdrücklichen Wunsch der Hun-Sen-Regierung soll das Tribunal nur die »hauptverantwortlichen« Roten Khmer zur Verantwortung ziehen und nur diejenigen Verbrechen untersuchen, die im Zeitraum vom 17. April 1975 bis zum 6. Januar 1979 begangen wurden – damit werden vom potenziellen Angeklagtenkreis wie vom Zeitraum her enge Grenzen gezogen. Die Vereinten Nationen gingen in ihren ursprünglichen Überlegungen von etwa zwanzig bis dreißig Angeklagten aus. Dass jetzt nur fünf Personen vor Gericht stehen, bezeichnen internationale Experten wie James Goldstone von der Open Society Justice Initiative als »Skandal« und »politisches Diktat«. Die Menschenrechtsorganisation Human Rights Watch nennt das Tribunal »schon vom Ansatz her höchst mangelhaft« und fasst ihren Report im Jahr 2006 sprachlich holprig, aber in der Sache glasklar, so zusammen: »Unsere Erfahrungen, was Eingriffe der kambodschanischen Regierung in Entscheidungen des Gerichts und die Einschüchterung von Richtern betrifft, sowie die völlig unzureichende juristische Ausbildung der Verantwortlichen machen uns besorgt, dass die Prozesse politisch beeinflusst werden könnten.«

Schon bald zeigt sich, dass diese Ängste zu Recht bestehen. Die Vereinten Nationen dürfen nur für ihre Seite eine Personalliste »zur Auswahl« vorlegen; auf die Benennung der einheimischen Juristen haben sie keinerlei Einfluss. Schnell kommt es zu erheblichen Meinungsverschiedenheiten über die Qualität und Unabhängigkeit der Juristen, die von der Hun-Sen-Regierung benannt worden sind. Zunächst nur hinter vorgehaltener Hand, dann aber bald auch ziemlich offen beklagen sich die angereisten Fachleute aus Kanada und Frankreich, den USA und Deutschland – um nur ein paar der beteiligten Länder zu nennen –, dass die Kambodschaner an ihrer Seite bedauernswert schlecht ausgebildet, unerfahren und ihrer Aufgabe nicht gewachsen sind.

Die Kontroversen enden aber nicht bei der Vereidigung der von Phnom Penhs Regierung vorgeschlagenen Richter und Staatsanwälten. Bald tauchen Gerüchte auf, dass die für das Tribunal tätigen kambodschanischen Juristen, aber auch alle anderen Einheimischen, die bei dem riesigen Gerichtshof mit Posten bedacht wurden, den Behörden Bestechungsgelder bezahlen müssten, von zwanzig bis dreißig Prozent ihrer Gehälter ist die Rede. Außerdem seien sie gegenüber den Politikern weisungsgebunden und könnten nichts ohne Rücksprache mit dem Premier entscheiden. Die Regierung Hun Sen weist solche Berichte empört als »gezielte Diffamierung« zurück; aber die Uno nimmt die Vorwürfe spätestens nach den detaillierten Aussagen eines auf Anonymität bestehenden, weil um sein Leben fürchtenden Informanten, so ernst, dass sie einen Abgesandten nach Kambodscha schickt. Hinter den Kulissen muss es dann erheblich gekracht haben; jedenfalls wird eine gemeinsam von Uno-Vertretern und nationalen Politikern anberaumte Pressekonferenz ohne Angaben von Gründen abgesagt.

Das Tribunal will sich eine Verfahrensordnung geben. Auch diese »Internal Rules« werden nicht ohne Meinungsverschiedenheiten verabschiedet. Zeitweise droht das internationale Personal im Frühjahr 2007 mit dem Abbruch der Verhandlungen und zieht sich zu Beratungen nach Bangkok zurück, um in abhörsicheren Räumen zu tagen, wie gemunkelt wird. Der juristische Motor des Tribunals scheint ins Stocken geraten zu sein.

Dann endlich wird im Juni 2007 die Verfahrensordnung verabschiedet. Das ECCC-Gesetz legt auch fest, welche Straftatbestände untersucht werden sollen. Sie reichen vom Völkermord über Kriegsverbrechen bis zu Verbrechen gegen die Menschlichkeit; ergänzend können auch einzelne Normen des kambodschanischen Strafgesetzbuches von 1956 angewendet werden, namentlich Mord, Folter und religiöse Verfolgung. Am umstrittensten ist der Anklagepunkt Genozid. Die Verbrechen der Roten Khmer sind im Bewusstsein der Weltöffentlichkeit und der informierten kambodschanischen Öffentlichkeit ein Völkermord; doch juristisch liegen die Hürden für eine solche Anklage besonders hoch. Man werde schwerlich beweisen können, dass die Khmer Rouge ihr eigenes Volk ausrotten wollten (»Auto-Genozid«), meinen manche Experten – ihre mörderische Politik zielte ja eher auf die Beseitigung der

»Volksschädlinge« und auf die Umerziehung aller anderen Kambodschaner. Aber auch in diesem Punkt herrscht bei den Juristen keine Einigkeit. Einige raten davon ab, diesen Anklagepunkt überhaupt einzuführen, um im Fall des Scheiterns Enttäuschungen zu vermeiden; andere glauben, genau diese Vorgehensweise würde die Menschen verbittern und sie verweisen auf die Möglichkeit, den Völkermord-Paragraphen auf die geplante Auslöschung einzelner Volksgruppen – der Cham-Muslime oder der vietnamesischen Minderheit – anzuwenden.

Nachdem die internen Regeln des Tribunals verabschiedet sind, herrscht bei den kambodschanischen Journalisten wie bei einigen der nationalen und internationalen Richter, Staatsanwälte und Verteidiger so etwas wie Euphorie: Nun muss es doch endlich zügig vorangehen. Der Prozess gegen Duch, den Chef des Foltergefängnisses Tuol Sleng, ist von der Beweislage der einfachste und soll vorgezogen werden. Ende 2007 wird er bestimmt eröffnet, heißt es; dann ist die Rede von Frühjahr 2008; anschließend wird mitgeteilt, bis »spätestens Jahresende 2008« werde die Hauptverhandlung beginnen. Am 15. Januar 2009 schließlich wird alles auf Mitte Februar 2009 vertagt. Die Verzögerungen haben bei den Kambodschanern zu einer Mischung aus Apathie und Zorn gegenüber dem Tribunal geführt. Der Optimismus vieler Opfer, ihr Glaube an gerechte Strafen sind längst verflogen – dazu haben die ersten öffentlichen Auftritte der Angeklagten und ihrer Verteidiger mit beigetragen, bei denen es um eher technische Fragen wie eine mögliche Haftverschonung aus Gesundheitsgründen oder die mangelhafte Übersetzung irgendwelcher Dokumente ging.

»Wenn ich sehe, wie sich die Angeklagten hinter Paragraphen verschanzen und auf Zeit spielen, wird mir ganz übel«, sagt Ly, die ihre Eltern in Tuol Sleng verloren hat und noch immer so viel Angst hat oder so traumatisiert ist, dass sie ihren vollständigen Namen nicht nennen will. Das Konzept der Unschuldsvermutung ist ihr schwer zu vermitteln: »Die Schuld Duchs ist doch tausendfach bewiesen. Schlimm genug, dass wir ihn nach den Regeln des Tribunals nicht zum Tod verurteilen können, aber dass wir es noch nicht einmal schaffen, ihn zu lebenslänglich zu verurteilen, das ist ein Skandal.« Sok Chaer, die fast ihre ganze Familie durch die Roten Khmer verloren hat, sagt hasserfüllt, sie wisse, was sie mit den Angeklagten anstellen wolle: sie in kleine Stücke zerhacken und den Krokodilen vorwerfen, ersatzweise auch ihre Wunden mit Honig einreiben und bei lebendigem Leibe bis zum Hals vergraben, um sie von den Insekten auffressen zu lassen. Da dies aber leider nicht gehe, habe sie sich – wie ihre Freundin Ly – entschlossen, als Nebenklägerin beim ECCC-Verfahren aufzutreten. Sie will öffentlich feiern an dem Tag, an dem der Richter die Beschuldigten für immer wegsperren. »Nur, wo bleibt dieser Tag, wo bleibt die Gerechtigkeit?«

Die Regierung in Phnom Penh trägt kräftig dazu bei, den Frust über das Tribunal zu vergrößern und den Verdacht zu bestärken, dass Kambodschas Mächtige an der Unabhängigkeit der juristischen Aufarbeitung wenig interessiert sind. Obwohl das Statut die Abberufung eines Richters ausdrücklich verbietet, hatte Hun Sen zwischenzeitlich beschlossen, den ECCC-Ermittlungsrichter zu versetzen. Erst nach massivem Druck der internationalen Geldgeber hat er diese Maßnahme wieder zurückgenommen. Die Spannungen zwischen der Staatengemeinschaft und dem »Gastgeber« des hybriden Tribunals setzen sich bei anderen Fragen fort. Im Dezember 2008 macht der internationale Chefankläger Robert Petit seine Differenzen mit seiner kambodschanischen Kollegin Chea Leang sogar publik. Er veröffentlicht eine »Feststellung der Meinungsverschiedenheit« (»Statement of Disagreement«) – anders als sein Gegenüber halte er Untersuchungen gegen einen weiteren Täterkreis, und damit auch weitere Verhaftungen, für dringend geboten. Die Mitspielerin wirkt da inzwischen schon wie eine Gegenspielerin.

Herr Petit und Frau Chea sitzen beide im zweiten Stock des Tribunal-Hauptgebäudes vor den Toren von Phnom Penh, nur wenige Türen voneinander entfernt. Sie sind Profis genug, um ihre Differenzen nicht durch allzu kontroverse öffentliche Kommentare zu vertiefen. Aber allein schon ihr Lebensweg und ihre Herangehensweise an die Khmer-Rouge-Verbrechen zeigen, dass sie aus verschiedenen Welten kommen und zumindest teilweise auch divergierende Interessen vertreten.

Chea Leang war sieben Jahre alt, als die Roten Khmer in Phnom Penh einmarschierten. Die Steinzeitkommunisten haben ihr drei Jahre ihrer Kindheit gestohlen. Sie wurde von ihren Eltern getrennt und musste zwölf Stunden täglich auf dem Feld schuften; statt Schulstunden gab es politische Indoktrination und Hetze gegen die alten Strukturen. Sie glaubte nicht an die »Angkar«, die Partei-Organisation, die behauptete, ihre neue Familie zu sein. Sie konnte noch nicht schreiben und rechnen und hatte keine Schule von innen gesehen, als sie zehn war und der Spuk endlich ein Ende nahm. Ihre Mutter überlebte, aber deren vier Geschwister starben. Chea Leang stürzte sich in die Bücher, lernte rasch und gut. Sie erhielt ein Stipendium für Deutschland und studierte von 1988 bis 1995 in Halle an der Martin-Luther-Universität Jura.

Nach ihrer Rückkehr arbeitete die Ehrgeizige für das Justizministerium und wurde 2002 zur ersten kambodschanischen Staatsanwältin ernannt. Im Mai 2006 wählte sie die Regierung für den wichtigen Posten am ECCC aus – eine umstrittene Entscheidung. Denn Chea Leang, damals erst 38 Jahre alt, besaß noch wenig Erfahrung, wohl aber politische Beziehungen, über die bald getuschelt wurde. Sie ist die Nichte des mächtigen Vize-Ministerpräsidenten Sok An, der sich im Auftrag Hun Sens besonders um alle das Tribunal betreffende Fragen kümmert. »Ich bin sehr zufrieden mit den bisherigen Fortschritten des Gerichtshofs«, sagt die resolute Dame.

Robert Petit begann seine juristische Karriere als Staatsanwalt in Quebec, suchte sich aber schon bald auch internationale Aufgaben und widmete sich der Aufarbeitung von Völkermorden und Verbrechen gegen die Menschlichkeit. Der Franko-Kanadier beriet ab 1996 den Internationalen Strafgerichtshof für Ruanda im tansanischen Arusha, wo er drei Jahre lang arbeitete. Dann stand er der Uno-Mission im Kosovo als Rechtsberater zur Seite, untersuchte Genozid-Vorwürfe in Osttimor und Sierra Leone, ein Fachmann in Sachen Weltgericht gegen Diktatoren. Der Mittvierziger übernahm seinen Posten beim Rote-Khmer-Tribunal in Phnom Penh im Juli 2006 – ein erfahrener, seiner Mitstreiterin durch seine Ausbildung logischerweise weit überlegener Kollege, dem freilich die spezifischen Eigenheiten Kambodschas und seiner Geschichte erst nach und nach bewusst werden konnten. »Wir haben schon einiges erreicht«, sagt der nachdenkliche Herr Petit. »Ich muss wohl alles in allem zufrieden sein. Das Tribunal kann eben alles sein, Last und Befreiung.« Warum es seinen Kollegen beim Uno-Tribunal in Arusha gerade gelungen ist, den ruandischen General Théoneste Bagosora wegen des afrikanischen Genozids von 1994 zu verurteilen, während in Phnom Penh noch die Massenmorde aus den Siebzigerjahren ungesühnt sind – dazu will sich Robert Petit im Detail nicht äußern. Nur so viel: Die Fälle seien »zu unterschiedlich«.

Die gut vernetzte kambodschanische Insiderin und der kühl kalkulierende kanadische Outsider – kann das gut gehen? Und wie läuft es bei all den anderen national-internationalen Doppelspitzen? Kommt nun, nachdem die erste Hauptverhandlung endlich angesetzt ist, Bewegung in den bedächtigen Tribunalsdampfer? Vielleicht können die deutschen Mitarbeiter am Roten-Khmer-Tribunal, die in den letzten Jahren im Auftrag der Bundesregierung und des Deutschen Entwicklungsdienstes hier Stellung gehalten haben, dazu Auskunft geben.

Mit Jürgen Aßmann habe ich mich in der Elefanten-Bar des »Raffles Le Royal«, des schönsten Hotels von Phnom Penh verabredet. Hier haben einst die Kriegsjournalisten ihre Abende verbracht, Haschisch rauchend und auf den nächsten Granateneinschlag von der Front wartend, häufig mit einer hübschen Gespielin an der Hand. Manche sind bis zum bitteren Ende geblieben, beim Einmarsch der Roten Khmer in die Botschaften geflohen; hier ließ John le Carré, selbst häufiger Gast in dem alten Kolonialgebäude, einige Szenen seines Fernost-Spionagethrillers »Eine Art Held« spielen; hier sah ich bei meinem ersten Kambodscha-Besuch nach der Befreiung durch die Vietnamesen eine Ruine und war dann freudig überrascht, als das Hotel schon einige Jahre später wieder eröffnet wurde und erneut zum ersten Haus am Platz aufstieg. Palmen säumen jetzt den Pool, nachmittags spielt ein Streichquartett in der Eingangshalle Vivaldi, man kann im Garten oder unter

Arkaden speisen. Das Royal hat ein königliches Ambiente – und eben auch die schönste Bar der Stadt, ihren Treffpunkt Nummer eins. Seit es das Rote-Khmer-Tribunal gibt, ist das Haus ständig ausgebucht, selbst das sündhaft teure französische Hotelrestaurant findet zahlreiche zahlungskräftige Kunden; Konferenzräume sind über Wochen verbucht und nur nach langer Anmeldezeit zu bekommen.

Im »Royal« wie im »Cambodiana«, dem nächstbesten Hotel von Phnom Penh, finden ständig irgendwelche internationalen Tagungen statt, die »Sühne und Versöhnung« oder so ähnlich heißen und die juristische, soziale, psychologische und zwischenmenschliche Aufarbeitung der Khmer-Rouge-Zeit zum Thema haben. Veranstaltet werden diese mehr oder weniger sinnvollen, sich oft im Kreise drehenden und mit den exakt gleichen Teilnehmern bestückten Konferenzen von westlichen Botschaften, Uno-Unterabteilungen, Menschenrechtsgruppen und Nichtregierungsorganisationen (NGOs). Es ist ein bisschen so, als würde sich die Staatengemeinschaft mit der Fülle von Symposien dafür entschuldigen wollen, dass es dieses Land so lange vernachlässigt und ihre Mörder so lange als internationale Repräsentanten Kambodschas toleriert hat.

Auch jetzt findet im Hotel gerade wieder eine dieser Konferenzen statt und so müssen wir an diesem Dezembertag im Jahr 2008 in der Elefanten-Bar um Plätze kämpfen. Ein Glück, dass die Tagung gerade zu Ende geht und so doch der eine oder andere Konferenzteilnehmer aufbricht, um den Abend in einem der Freiluft-Restaurants an der Wasserfront mit thailändisch-kambodschanischer Küche oder in einem der luftgekühlten Gourmet-Tempel italienischer oder französischer Provenienz zu genießen.

Aßmann gehört nicht zu der Gruppe internationaler Spesenritter, die primär deshalb in Phnom Penh sind, weil es sich hier von ihren hohen internationalen Gehältern und den üppigen Zuschüssen so gut leben lässt. Er mag die Stadt und das Land, er interessiert sich für die Menschen und ihre Nöte. Er ist einer der weltoffenen jungen Leute, die auch Erfahrungen jenseits des deutschen Alltags machen wollen. »Ich hatte keine Lust, schon mit Anfang dreißig auf meine Pensionierung im Staatsdienst hinzuarbeiten«, sagt er. Deshalb hat sich der hemdsärmlige und unternehmungslustige junge Mann 2006 in Hamburg, wo er vier Jahre lang im Dienst der Staatsanwaltschaft des Stadtstaats gearbeitet hatte, für den Job in der Fremde beworben. Er genießt seinen Aufenthalt in Kambodscha und versucht, in seiner Freizeit auch viel herumzureisen. Das ist nicht immer ganz einfach. Denn der Deutsche ist zeitlich sehr eingespannt: Er berät – im Auftrag der Bundesregierung und von ihr für drei Jahre bezahlt – die kambodschanische Chefanklägerin Chea Leang, die Dame mit den Erfahrungen in Halle und den besonders guten, verwandtschaftlichen Beziehungen zur hiesigen Regierungsspitze. (Im August 2008 wird noch ein Deutscher in Phnom Penh aufs Tribunal eingeschworen: Der Münchner Jurist Siegfried Blunk, früher in Ost-Timor für die Uno tätig, tritt das Amt eines »Reserve Co-Investigating Judge« an.)

Aßmann mag nichts gegen Frau Chea sagen, er fühlt sich auch an sein Dienstgeheimnis gebunden, nur so viel zur Chefin: »Je länger unser Team zusammenarbeitet, je besser wir uns kennen lernen und vertrauen, desto effektiver werden wir.« Was das Tribunal insgesamt angeht, sieht er riesige Probleme, obwohl er die rechtliche Aufarbeitung im Prinzip begrüßt. »Der Wunsch nach Genugtuung wird für viele Opfer wahrscheinlich enttäuscht werden. Denn mit dem zahlenmäßig kleinen Kreis der Angeklagten wollen die kambodschanischen Regierungsverantwortlichen ein zu tiefes Bohren verhindern – sie fürchten wohl, so etwas könnte zu Unruhen oder sogar zu einem neuen Bürgerkrieg führen.« Die Erwartungshaltung der Kambodschaner und die Aßmanns Meinung nach zwangsläufig mühevolle und kleinteilige Ermittlungsarbeit stünden in einem erkennbaren Missverhältnis. »Viele erwarten offensichtlich, dass das Tribunal juristisch nur noch einmal bestätigt, was die Öffentlichkeit und die Historiker schon zu wissen glauben. Aber um Taten persönlich zurechnen zu können, um die Umsetzung krimineller Praktiken durch den Einzelnen zu belegen, müssen wir Indizien-Beweise führen – in dieser Beziehung ist vieles nicht so perfekt dokumentiert, wie Laien denken.«

Aber gilt das auch für Duch, den Folterer und mehr als mutmaßlichen Mörder von Tuol Sleng?

»In diesem Fall könnte es schneller gehen«, sagt Aßmann und setzt rasch hinzu, er wolle das Tribunal nicht von Versäumnissen reinwaschen. Offensichtlich sei die Korruption in der kambodschanischen Politik ein großes Problem. Er hoffe dennoch, bis zu seiner Rückkehr nach Deutschland im Mai 2009 »entscheidende Fortschritte im Duch-Prozess« mitzuerleben, fügt er sehr optimistisch hinzu. »Der Zug des Khmer-Rouge-Tribunals hat nun endlich den Bahnhof verlassen, er darf nicht auf offener Strecke liegenbleiben.«

Auch Silke Studzinsky hat Deutschland vorübergehend verlassen, lässt sich in ihrer Berliner Anwaltskanzlei in der Oranienstraße vertreten und engagiert sich in Kambodscha – ihre Zeit in Phnom Penh als vom DED bezahlte Vertreterin der Nebenkläger geht bis 2010. Anders als Aßmann ist sie eine engagierte Linke, hat in einschlägigen Foren scharfe Artikel gegen die amerikanischen Praktiken im Lager Guantanamo und das weitgehende Schweigen der EU dazu gegeißelt, außerdem die Einschränkungen der deutschen Behörden zu den Demonstrationen beim G-8-Gipfel in Heiligendamm angeprangert. Wir treffen uns im »Living Room«, einem esoterisch anmutenden Café, das wie eine Insel in der Großstadthektik zu schweben scheint. Es liegt in einem Viertel von Phnom Penh, das größtenteils die internationalen Hilfsorganisationen mit ihren schicken Büros übernommen haben und das für Einheimische als Wohngebiet unbezahlbar geworden ist. Dementsprechend tot wäre auch der »Living Room« ohne Ausländer – das Café mit seinem Innenhof, den Balkonen und den gemütlichen Sesseln ist bis auf die Bedienung kambodschanerfrei, eine Art exterritoriales Gelände für Leute mit einem Dollar-Konto.

Frau Studzinsky, resolut, tüchtig, engagiert, lässt kaum ein gutes Haar am Tribunal, vor allem nicht an seiner selbstformulierten internen Verfahrensordnung. »Was sich die ECCC da aufgeschrieben hat, ist juristisch höchst bedenklich, einiges davon womöglich illegal, verfassungswidrig«, sagt die internationale Anwältin. Sie kämpft für die Opfer und berät sie; mehr als 2800 Betroffene wären daran interessiert, als Nebenkläger aufzutreten, 35 habe man bisher für das erste Verfahren gegen Duch zugelassen. Es sei eine Anmaßung des Gerichts, schon im Vorfeld individuelle Reparationszahlungen unmöglich zu machen. »Solche Entschädigungen müssen möglich sein«, sagt sie. »Ich war sehr glücklich, dass kürzlich auf einer der Konferenzen, die wir mitorganisiert haben, Opfer des Rote-Khmer-Terrors aufgestanden sind und Reparationen verlangt haben. Es ist nicht das erste Mal, dass sich die ECCC-Verantwortlichen mit diesem Standpunkt konfrontiert sehen.«

Zu denjenigen, die die Anwältin Studzinsky als »Senior Legal Advisor« berät, gehört auch der als Nebenkläger zugelassene Chum Mey. Er zählt zu den ganz wenigen namentlich bekannten Überlebenden des Foltergefängnisses Tuol Sleng. Er hat nicht um sein Leben gemalt wie sein Freund Vann Nath, er hat um sein Leben Autos repariert und elektrische Leitungen installiert; seine Frau und vier Kinder wurden während des Terror-Regimes getötet. Der Mann brach bei der Konferenz zusammen, als er von alten Zeiten erzählte. Während andere Phantasiezahlen nannten, die sie als Entschädigung haben wollten – »50 000 Dollar mindestens will ich für das Leben meiner Liebsten«, sagt einer – gab sich Chum Mey denkbar bescheiden. »Ich würde mich freuen, wenn ich von jedem Angeklagten einen Dollar als Eingeständnis ihrer Schuld erhielte«, sagte er mit tränenerstickter Stimme. Seine deutsche Beraterin glaubt, das sei zu wenig. Sie träumt von der Einrichtung eines internationalen Fonds, wie er den Kuwaitern nach dem Überfall Saddam Husseins eingerichtet worden war. Von Auszahlungen, wie sie Opfern des Nationalsozialismus zugute kamen.

Glaubt sie daran, dass der Schlächter Duch noch im Jahr 2009 verurteilt wird, dass die Hauptverfahren gegen die führenden politischen Köpfe der Roten Khmer dann zeitnah beginnen und zu einem Abschluss kommen?

Die Juristin zuckt mit den Schultern. Für Silke Studzinsky steht die Rechtsstaatlichkeit der Außerordentlichen Kammern allein im Vordergrund, die genaue Aufarbeitung der Verbrechen. Die Verzögerungen scheinen ihr im Vergleich dazu unwesentlich. Sie will auch weitere, bis jetzt noch nicht erfasste Straftatbestände einbringen – unter anderem den der sexuellen Gewalt; durch die vielen von den Roten Khmer erzwungenen Ehen sei es de facto auch zu Massenvergewaltigungen gekommen. Sie will den perfekten Fall.

Mit ihrer Bewertung des Zeitfaktors dürfte die Juristin falsch liegen. Für die meisten Opfer ist die Schnelligkeit des Verfahrens von ebenso entscheidender Bedeutung wie dessen Korrektheit. »Ärger und Enttäuschung über den Gerichtshof brechen aus«, titelt die Tageszeitung *Phnom Penh Post* im November 2008 nach einer Umfrage unter ihren Lesern. Das Tribunal nehme die wachsende Frustration der Kambodschaner über die »unerklärlichen Verzögerungen nicht ernst«. Prinz Sisowath Thomico, lange Zeit Privatsekretär des Königs Norodom Sihanouk, geht in einem Gespräch mit demselben Blatt einige Wochen später noch weiter. Der Palast-Insider sagt rundheraus, er misstraue dem Gericht und halte dessen Erfolg für so gut wie ausgeschlossen. »Ich denke nicht, dass sie Khieu Samphan, Nuon Chea, Ieng Sary und Ieng Thirith jemals anklagen werden. Und über 100 Millionen US-Dollar auszugeben, nur um Duch den Prozess zu machen – das sehe ich als ein großes Problem.«

Die Vorstellung, dass das Tribunal einen der vier politischen Hauptangeklagten aus Mangel an Beweisen oder aus verfahrenstechnischen Gründen freisprechen müsste, ist den Ermittlern und Richtern ein Alptraum. Sie sammeln deshalb akribisch jeden nur denkbaren Beweis.

Nuon Chea, der »Bruder Nummer zwei« und innerhalb der Khmer-Rouge-Hierarchie hauptverantwortlich für die Säuberungen, hat sich mit schriftlichen Anmerkungen in Gefangenen-Akten (»Gebt euch keine Mühe diese Leute zu befragen, bringt sie gleich um«) selbst belastet. Die Ankläger können zudem hoffen, dass Duch diesen Nuon Chea konkret beschuldigt, sie setzen zu diesem Zweck auch auf eine Gegenüberstellung, wie es in Gerichtskreisen heißt. Der Leiter des Foltergefängnisses Tuol Sleng sagt aus, er habe beispielsweise den hochrangigen Kader Von Vet nicht nur auf Nuon Cheas Befehl hinrichten, sondern ihn später noch einmal exhumieren müssen, um die Leiche zu fotografieren, »als Beweis«. Für den »Bruder Nummer zwei« dürfte es also eng werden. Bei dem Ex-Außenminister Ieng Sary, dessen Ehefrau Ieng Thirith und dem früheren Staatschef Khieu Samphan könnte es schwieriger werden, die persönliche Schuld der Angeklagten nachzuweisen. Doch haben sie alle in ihren hohen Partei-Funktionen Kenntnis von der mörderischen Politik gehabt und dies auch schriftlich bezeugt.

Ihre Prozesse sind durch den fragilen Gesundheitszustand der Beschuldigten ein Wettlauf mit der Zeit, und damit werden die Recherchen auch zur Güterabwägung: Sollen die Ermittler versuchen, immer mehr Protokolle anzufertigen, immer mehr Details auszugraben, bis die Anklage hundertfünfzigprozentig steht – auf die Gefahr hin, dass die Gefangenen dann möglicherweise nicht mehr prozessfähig sind, vielleicht sogar gestorben? Oder sollen die Ermittler nun endlich den Schritt wagen, da doch nach menschlichem Ermessen die Schuld der Vier nachgewiesen, eine Verurteilung erreicht werden kann? Und was heißt das alles für den Fall Nummer eins, das Verfahren gegen Duch, das jetzt anläuft und die Richtung vorgeben wird?

An mehr oder minder guten Ratschlägen von Experten, unter ihnen führende Beteiligte an früheren internationalen Verfahren, mangelt es dem Rote-Khmer-Tribunal jedenfalls nicht.

Henry King, der letzte noch lebende amerikanische Ankläger des Internationalen Militärtribunals von Nürnberg nach dem Ende des Zweiten Weltkriegs und heute Juraprofessor, meldet sich aus Cleveland, Ohio, zu Wort. »Die Außerordentlichen Kammern sind ein bedeutender Beitrag zur Rechtsfindung. Sie werden die Analyse eines totalitären Staates liefern, sozusagen durch die Obduktion seiner Leiche. Das Tribunal wird den Kambodschanern wie uns allen auf diese Weise Erkenntnisse vermitteln, welche Umstände zu solchen monströsen Verbrechen führen konnten, wie wir sie in Zukunft verhindern«, schreibt er. »Aber ich möchte zur Vorsicht mahnen: Die Wichtigkeit eines fairen Prozesses kann gar nicht überbetont werden. Das Geheimnis von Nürnberg lag darin, dass wir die Regeln strikt befolgten, dass wir ihnen (den Angeklagten) juristische Beratung und Gelegenheit zur Verteidigung zubilligten. Um es mit den Worten des Richters Jackson zu sagen, der die Nürnberger Verfahren mit folgendem Satz eröffnete: Gäben wir den Angeklagten einen Becher voller Gift, wäre das so, als führten wir ihn selbst zu den Lippen«.

Auch Michael Scharf, gleichfalls amerikanischer Rechtsprofessor, aber eine Generation jünger und als Berater der Behörden beim (formal rein irakischen) Prozess gegen Saddam Hussein tätig gewesen, glaubt bei einem Vortrag in Phnom Penh Empfehlungen geben zu müssen. Ihn besorgt hauptsächlich, dass der Prozess durch das Auftreten der Angeklagten und die Finten ihrer Verteidiger zur Farce werden könnte – wie es ja beim nach rechtsstaatlichen Maßstäben ziemlich misslungenen Bagdad-Tribunal der Fall war. Der forsche Jurist rät dazu, von Anfang an hart durchzugreifen und Angeklagten wie Anwälten enge Grenzen zu setzen. Obszönitäten gegenüber den Richtern, wie sie sich etwa der serbische Angeklagte Vojislav Šešelj in Den Haag erlaubt hätte, ein Gerichtsauftritt im Pyjama à la Bagdad, müssten sofort mit Ausschluss geahndet werden. Und komme es zu einem Hungerstreik der Angeklagten, müsse man hart reagieren und die – ansonsten bei Internationalen Gerichtshöfen verpönte und in Den Haag aus Menschenrechtsgründen verbotene – Zwangsernährung anordnen. »Für jede zerstörerische Provokation gibt es ein Heilmittel, das der Gerichtshof versuchen kann. Sehen Sie den Prozess als eine Art Tanz, als einen Tango... Bestehen Sie darauf, dass alle Seiten die Regeln einhalten, nur dann kann Gerechtigkeit siegen. Wenn der Gerichtshof lächerlich gemacht wird, dann haben alle Seiten verloren.«

In Phnom Penh ist in den ersten Tagen des Jahres 2009 die Spannung mit Händen zu greifen. Nun soll es endlich so weit sein: Kambodscha und die Weltgemeinschaft erheben Anklage gegen Kaing Guek Eav alias Duch. Zum ersten Mal gibt es jetzt einen Zeitplan für diesen Prozess, für das Hauptverfahren, das den anderen Verfahren vorangestellt ist. Der Fall trägt das Aktenzeichen 001/18-07-2007-ECCC/OCIJ (PTC02).

Fünf Richter sind benannt: die Kambodschaner Prak Kimsan (Präsident), Ney Thol und Huot Vuthy sowie die »Internationalen« Rowan Downing und Katinka Lahuis. Als Chefankläger fungieren Chea Leang und Robert Petit, und ihnen zugeteilt sind acht Vertreter der Nebenklage, darunter Silke Studzinsky. Die Verteidiger sind Kar Savuth von kambodschanischer und der Franzose François Roux von internationaler Seite. Im Mittelpunkt wird natürlich der Angeklagte stehen: Kaing Guek Eav, der 66-jährige ehemalige Mathematiklehrer und Chef-Folterer der Roten Khmer. Bei seinen bisherigen Kurzauftritten vor Gericht hat der Mann fast nur Angaben zur Person gemacht, sich ansonsten ausgeschwiegen. Er wirkte zurückhaltend, fast schüchtern. Öfter hielt er die Hände gefaltet, blickte nach unten, als wolle er jeden Augenkontakt vermeiden. Seine Anwälte aber zogen alle Register. Unter anderem haben sie Haftentlassung beantragt, mit der Begründung, ihr Mandant sitze nun seit über sechs Jahren ohne Anklage im Untersuchungsgefängnis, das sei nach rechtsstaatlichen Maßstäben unzumutbar.

Die beiden Verteidiger haben einen harten, fast unmöglichen Job. Sie sind gestandene Juristen. Der Kambodschaner Kar war einer der Ersten, die nach dem Sieg der Vietnamesen Anfang der Achtzigerjahre ihre Anwaltszulassung im Land erhielten. Er verteidigte auch schon einen der wenigen früher angeklagten Roten Khmer und zählt in seiner Eigenschaft als juristischer Berater des Parlaments zu den politisch einflussreichsten einheimischen Juristen. Man sagt ihm exzentrische Züge nach – als Haustier hält der Mann sich eine Python im Garten. Der Franzose Roux an seiner Seite ist ein gestandener Profi; seit 35 Jahren fühlt er sich zuständig für schwere Fälle und hat auch schon an Uno-Tribunalen Kriegsverbrecher vertreten. Zuletzt gehörte er dem Verteidigerteam des mutmaßlichen Nine-Eleven-Terroristen Zacarias Moussaoui an. Vermutlich werden die beiden ihrem Mandanten Duch dazu raten, auf Befehlsnotstand zu plädieren. Und dazu, vor Gericht auszupacken.

Es ist die einzige Chance, seine Taten möglicherweise noch zu relativieren. Denn das Leben Duchs liegt – liest man die 43-seitige, offiziell noch geheime Anklageschrift, spricht man mit seinen wenigen überlebenden Opfern und studiert die Aufzeichnungen des Mannes, der den untergetauchten Massenmörder aufgespürt hat – vor uns wie ein offenes Buch. Ein Totenbuch.

Wie es der Zufall will, liegt Kaing Guek Eavs Geburtsort Poevveuy nur knappe vierzig Kilometer entfernt von dem Pol Pots in der Provinz Kampong Thom. Und wie die Vorfahren des »Bruders Nummer eins« ist auch seine Familie aus China eingewandert. Doch anders als Pol Pot wächst Guek Eav nicht in relativem Wohlstand auf. Seine Eltern gehören zu den Ärmsten in dem Weiler am Fluss Stung, und doch haben sie nach Aussagen der Mutter (sie lebt heute noch, der Vater ist 1990 verstorben) bei der Geburt am 17. November 1942 ein Freudenfest veranstaltet: Guek Eav ist das erste Kind der Bauernfamilie. Dass es gleich ein Sohn ist, gilt als Glückszeichen. Ein Wahrsager allerdings findet den Vornamen unglücklich und prophezeit dem Sprössling ein katastrophales Leben; die Eltern machen aus »Guek« im staatlichen Register tatsächlich »Yim« – eine Namensänderung, die der Kleine allerdings nie akzeptieren wollte. Er wünscht sich sehnlich einen Bruder. Daraus wird nichts: Er bekommt zwar noch vier Geschwister, aber das sind zu seiner Enttäuschung allesamt Mädchen.

Guek Eav ist ein kränklicher Junge, was er gegenüber seinen ECCC-Vernehmern im Nachhinein mit »Schwäche, die durch die Armut und das Leben auf dem Lande ausgelöst wurde«, erklärt. Er beginnt erst mit neun Jahren zur Schule zu gehen, fällt dort aber laut Aussagen seines früheren Direktors durch Intelligenz, Wissbegierde und Disziplin auf. Früh schon scheint er auf der Suche nach Leitbildern gewesen zu sein. Guek Eav vergöttert seine Lehrer geradezu (was ihn freilich etwa zwei Jahrzehnte später als Chef des Folterlagers S-21 nicht daran hindern wird, einen dort eingelieferten, ihm persönlich bestens bekannten Erzieher wie alle anderen Delinquenten auf den Killing Fields hinrichten zu lassen; da gehorcht er schon anderen Autoritäten).

Als Jugendlicher schafft Guek Eav alle Prüfungen spielend, kommt auf die weiterführende Schule nach Kampong Thom, dann aufs Gymnasium nach Siem Reap in der Nähe der Angkor-Ruinen. Er besteht schließlich sein Baccalauréat am prestigeträchtigen Lycée Sisowath in der Hauptstadt – mit dem landesweit zweitbesten Ergebnis bei der Prüfung im Fach Mathematik.

»Sein Familienleben und sein Gemütszustand sind in diesen frühen Jahren von einer großen Stabilität charakterisiert«, heißt es in Teil III der ECCC-Anklageschrift, die sich mit »Charakter-Informationen« beschäftigt. Und penibel hat das Tribunal auch das Sexualleben des Beschuldigten ausgeforscht. Kaing Guek Eav habe in seiner Jugendzeit, notieren die Rechercheure, eine »amouröse Enttäuschung erlebt, die er als wichtig beschrieb«; ansonsten habe der Angeklagte immer nur von einer Frau, seiner Angetrauten, gesprochen.

Der irische Fotograf und Autor Nic Dunlop (»The Lost Executioner«), der Duchs Leben am gründlichsten recherchiert hat, schildert ihn als ein Muttersöhnchen, ganz eingebunden in die Strukturen der Familie und des Dorfes. »Er wuchs auf in einer isolierten Welt, die von Vorschriften und Verhaltensmaßregeln bestimmt war. Der traditionelle Lebensrhythmus genoss hohe Achtung, die Pfeiler des Khmer-Lebens – die Nation, die buddhistischen Glaubenslehren, der König – schienen damals unantastbar und allseits akzeptiert.« Um dem einzigen Sohn die Schulbildung zu ermöglichen, verkauft die Mutter auf dem Markt selbstgebackene Orangenküchlein, der Vater legt bei einem chinesischen Kaufmann, bei dem er eine Stellung gefunden hatte, Sonderschichten ein. Die Eltern gelten als ehrliche, hart arbeitende Leute, die selbst wenig haben, aber dennoch helfen, wenn andere in Not geraten.

Mutter Siew spricht noch heute liebevoll von ihrem Sohn. Ohne Widerrede habe er das Wasser aus dem fernen Brunnen herangeschleppt, in seiner freien Zeit lieber gelernt als sich mit Gleichaltrigen herumzutreiben. Der Heranwachsende liest gerne kambodschanische und französische Literatur, aber seine besondere Liebe gilt der Mathematik, der Unbestechlichkeit der Zahlen und Gleichungen. Schon frühzeitig versucht er allerdings auch, um sich herum eine Aura des Geheimnisvollen aufzubauen, als plane er schon frühzeitig für ein Leben im Untergrund. Er bearbeitet den Vater so lange, bis der ihm erlaubt, seinen ursprünglichen Namen wieder anzunehmen. Später wird »Duch« aus ihm, »Dudsch« gesprochen, angelehnt an das Geräusch, das ein sterbendes Tier vor dem Exitus macht, das letzte Ausatmen. Nach dem Ende der Roten Khmer sollte er sich dann wieder einen neuen Namen geben, nannte sich Hang Pin; bei seiner Verhaftung hieß er Ta Sanh. Einer, der mit seinen Alias spielte, der überall sein konnte – und nirgends. Ein Schattenmann, dessen präzise, wissenschaftliche Koordinaten zeitlebens nur einer kennen sollte: er selbst.

Auf den dringenden Wunsch des Filius hin hat sein Vater damals auf dem Amt nicht nur den Namen, sondern auch das Geburtsdatum ändern lassen und ihn drei Jahre jünger gemacht. Das scheint dem ehrgeizigen Jüngling aussichtsreicher für die akademische Karriere: Er will als absoluter intellektueller Überflieger gelten, wenigstens für sein Alter. 1964 beginnt er am »Institut de Pédagogie« in Phnom Penh seine Lehrerausbildung. Er hat kein Geld, aber er kann weiterhin kostenlos bei den Mönchen des Wat Ounalom in der Nähe des Königspalastes wohnen. Das pädagogische Institut ist damals eine Brutstätte revolutionärer Gedanken, sein Rektor ist für eine kurze Zeit Son Sen, ein in Paris ausgebildeter Marxist, der später Pol Pots engster Vertrauter und direkter politischer Chef des Tuol-Sleng-Gefängnisses werden sollte. Ob die beiden sich damals schon kennenlernen, ist ungewiss; aber nach Recherchen des Autors Nic Dunlop wird Kaing Guek Eav als Student von einem Professor am Institut, einem Mann namens Chhay Kim Hour, heimlich in die Kommunistische Partei eingeführt. Sie kommen einander sehr nahe, verbringen fast jeden Abend zusammen, werden Freunde und Brüder im Geiste. Aber das nützt dem Mentor wenig. Auch er wird – rund 15 Jahre später – ins Lager S-21 eingeliefert; und auch für ihn sollte Duch keinen Finger rühren. Sein zweiter Verrat an einem alten Weggefährten.

Im Jahr 1965 ist an eine politische Karriere Duchs allerdings noch nicht zu denken. Da hat der Sohn armer Bauern aus einem rückständigen Dorf gerade sein erstes Lebensziel erreicht: Er wird Mathematiklehrer. Seine Schüler in der Provinzstadt Skoun, einem wichtigen Rastplatz für Reisende auf dem Weg nach Angkor, beschreiben ihn als streng, gerecht, unnahbar. Als einsamen

Wolf. Er kommt mit einem zerbeulten chinesischen Fahrrad zum Dienst, verkriecht sich nach Schulschluss in seinem Zimmer zur Marx- und Mao-Lektüre, knöpft sich gnadenlos die Reichen und Faulen unter seinen Schülern vor, gibt den Fleißigen und Unterprivilegierten Nachhilfe. Aber immer häufiger wird aus dem Lehrer ein Agitator. Er verteilt Flugblätter der Roten Khmer, wirbt für linke Ideen, wird in einem Lager gesehen, das die Revolutionäre unweit des Orts im Dschungel aufgeschlagen haben. Es ist die Zeit, in der die Regierung hart gegen Andersdenkende vorgeht, in der sich die Kluft zwischen Arm und Reich dramatisch zuspitzt. Nur die Kommunisten, glaubt Duch, könnten Kambodscha wieder auf den richtigen Weg zurückführen.

Anfang Januar 1968 schlagen die Behörden zu und verhaften den Agitator. Zwei Jahre lang sitzt er ohne Verfahren im Gefängnis. Dann wird der Jung-Kommunist wegen »Verbrechen gegen die staatliche Sicherheit« zu zwanzig Jahren Haft verurteilt – eine ungewöhnlich harte Strafe. Doch Duch sitzt nicht lange; ausgerechnet der rechtsgerichtete General Lon Nol, der mithilfe der CIA oder zumindest mit stillschweigender Zustimmung der Amerikaner gegen Prinz Sihanouk geputscht hat, beschließt eine weitgehende Amnestie für Gefangene. Ende März 1970 wird Duch freigelassen und nimmt sofort wieder Kontakt zu den alten Genossen auf. Zwei Wochen nur bleibt er bei den Eltern, die ihm von den schrecklichen amerikanischen Bombardements erzählen, die auch in ihrem Dorf Opfer gefordert haben. Selbst König Sihanouk wirbt jetzt aus dem chinesischen Exil für neue, ungewöhnliche Allianzen. »Brüder und Schwestern, geht in die Wälder und schließt Euch den Guerillas an«, sagt er in einer Radiosendung, die über einen geheimen Sender in ganz Kambodscha zu hören ist.

Duchs Eltern sind hin- und hergerissen. Sie wollen ihren Sohn nicht wieder verlieren, drängen ihn dazu, seine »bürgerliche« Karriere als Lehrer fortzusetzen. Aber sie haben schon längst keinen Einfluss mehr auf seine Entscheidungen. Duch geht wieder in den Untergrund. Als sie das nächste Mal von ihm hören, sind mehr als fünf Jahre vergangen, die Roten Khmer haben die Macht übernommen und ihr Sohn leitet eine der wichtigsten Institutionen in der

Hauptstadt: das zentrale Gefängnis des neuen »Demokratischen Kampuchea«.

Was Kaing Guek Eav in den Jahren von 1971 bis 1975 gemacht hat, erfahren wir aus den Akten: Er befehligt in der Provinz Kampong Speu einen Unterdistrikt der Roten-Khmer-Guerillas, das »Büro Nummer 13«. Was genau diese Funktion bedeutet, wie Duch in dieser Zeit denkt und handelt, wissen wir von einem Augenzeugen: von François Bizot, einem französischen Buddhismus-Forscher, der mit einer Khmer verheiratet ist, fließend Khmer spricht – und am 10. Oktober 1971 einen schrecklichen Fehler begeht: Gemeinsam mit zwei einheimischen Begleitern sucht er für seine wissenschaftliche Arbeit ein Kloster auf, nur etwas mehr als dreißig Kilometer von der Hauptstadt entfernt, aber im Khmer-Rouge-Einflussgebiet. Im Reich des Mannes mit dem Kampfnamen Duch.

Die Roten Khmer entführen Bizot und seine Freunde, legen ihnen schwere Eisenketten an und bringen sie in ihr »befreites Gebiet«. Dort kommen sie in ein Gefangenenlager. Bizot wird gequält und gedemütigt, das Essen ist miserabel, die Fesseln schmerzen. Zuerst protestiert Bizot gegen die unmenschliche Behandlung, dann fügt er sich – und beginnt an sich selbst zu zweifeln. »Nach und nach erwirbt man in einer solchen Situation Geduld und Resignation. Wie kann jemand unschuldig sein, wenn ihn Ketten fesseln? Und so blickt man zunehmend in sich hinein, sieht Selbstsucht und Verantwortungslosigkeit. Man meditiert über seine eigene Schuld, ist letztlich bereit, sie zuzugeben. Wenn nur die Zuständigen im Lager großzügig genug wären, dir ein wenig von ihrer kostbaren Zeit zu widmen, trotz der Last ihrer Arbeit.«

Bizot sieht den Tod um sich herum, die Wachen vergnügen sich mit Wetten, ob ein geschwächter Gefangener, den sie morgens regelmäßig mit einem Fußtritt bearbeiten, tatsächlich schon tot ist oder sich nur tot stellt. Aber Bizots Überlebensinstinkte sind noch wach. Er spürt, dass ihn nur der Kontakt mit dem allseits gefürchteten Kommandanten des Lagers retten kann – und so schmeichelt er sich bei diesem Duch ein, einem jungen, damals noch nicht einmal dreißigjährigen Mann. Bizot zeigt für dessen politische Motive und auch die Art des Guerillakampfs Verständnis, versucht

Duchs Streitlust in positive Bahnen zu lenken. Es gelingt ihm, den Chef intellektuell zu provozieren und ihn zu immer neuen Treffen zu bewegen. Es beginnt ein intellektuelles Katz-und-Maus-Spiel, dessen Einsatz – daran besteht für beide nie ein Zweifel – das Leben des Delinquenten ist.

Duch hat Schwierigkeiten zu glauben, dass Bizot nicht für fremde Mächte und gegen die Roten Khmer spioniert. Voller Skepsis lauscht er den Kambodscha-Erfahrungen des Fremden. Er muss sich dann wohl irgendwann eingestehen, dass der Ausländer sehr viel über die Geister und Götter und die Kultur der Khmer weiß – mehr als er selbst. Dieser ganz besondere Gefangene beginnt ihn zu interessieren, vielleicht zunächst nur als Zeitvertreib, »dieser Franzose amüsiert mich«, ruft er aus. Für Bizot ist Duch die einzige Karte, die er spielen kann. Er entwickelt zu dem allmächtigen Gegenüber eine merkwürdige Nähe. »Irgendwie vertraute ich ihm. Natürlich hätte er mich ohne Zögern umgebracht, wenn der Befehl dazu gekommen wäre, aber nur, nachdem er noch einen ernst gemeinten Versuch gemacht hätte, mich zu retten. Dieser furchtbare Mann war nicht doppelzüngig. Er bestand aus Prinzipien und Überzeugungen, er war ein überzeugter Revolutionär, ein ewig nach Gewissheiten Suchender – wenn diese Hypothese zutraf, hatte ich eine Chance.« So denkt der Wissenschaftler, klammert sich an seine Theorie und vertraut seine Gedanken nur zwei Lebewesen an: Poulette und Cocotte, den beiden Hühnern, die morgens um seine Hütte herumflattern und zu denen er noch mehr Vertrauen hat als zu Duch, so viel Vertrauen, dass er ihnen Kosenamen gibt.

Die Revolution erfordere Brutalität, Folter und auch Hinrichtungen, sagt Duch. Bizot versucht zu widersprechen, verweist auf die sanften buddhistischen Traditionen des Landes. »Aber hattet ihr nicht auch eine Revolution in Frankreich, habt ihr nicht auch Tausende exekutiert? Würdest du so nett sein mir zu sagen, wann die Erinnerung an die Opfer euch davon abgehalten hat, in den Geschichtsbüchern die Männer zu rühmen, die eine neue Nation aus der Taufe hoben?«, entgegnet sein Gegenspieler zornig und wieder einmal ist Bizot unsicher, ob er nicht zu weit gegangen ist.

Doch Duch beruhigt sich und fährt, ganz Lehrmeister, mit seinen Überlegungen fort. »Dasselbe gilt für die Bauwerke von Angkor, deren Großartigkeit jedermann bewundert. Wer denkt heute über den Preis nach, die unzähligen Individuen, die bei den Arbeiten ums Leben kamen? Es zählt nicht die Anzahl der Opfer; was zählt, ist die Größe der Aufgabe, die man sich stellt. Wir sind die ruhmreichen Erben von Angkor.«

Bizot versucht ihm klarzumachen, dass die Ideologie der Roten Khmer, die doch alles neu definieren will, sich in Wahrheit stark an die Religionen anlehnt. Dass Angkar, die Organisation der Roten Khmer, in gewisser Weise nur Dhamma ersetzt, das allerdings viel mitmenschlicher ausgeprägte buddhistische Gesetz. Duch widerspricht heftig, der neue Mensch habe nichts mit diesen alten Lehren zu tun.

Irgendwann endet der bizarre intellektuelle Totentanz, es sind insgesamt über drei Monate vergangen, aber den genauen Überblick über die Dauer seiner Gefangenschaft hat der geschwächte Franzose da schon verloren. Bizot wird nach einem weiteren politischen Pep-Talk, bei dem auch Duchs Vorgesetzte zugegen sind, auf offener Straße ausgesetzt.

Bis heute ist er davon überzeugt, dass er seine Befreiung nur der Fürsprache des Lagerkommandanten zu verdanken hat. Später erfährt er, dass außer ihm keiner der Delinquenten das Lager im Wald von Omleang überlebt hat. Auch seine beiden kambodschanischen Mitarbeiter nicht. »Ich erhielt sofort nach deiner Freilassung Befehl, sie zu töten«, schreibt Duch ihm viel später, schon aus der Zelle, weniger bedauernd als einfach die Fakten beschreibend. Und nein, er habe keine Probleme damit, dem »alten Freund« einen genauen Plan des Lagers und dessen geografische Koordinaten aufzuzeichnen, wenn er sich dort noch einmal umschauen wolle. Die Skizze legt er anbei.

Wenn Duch den Franzosen wirklich aus eigenem Antrieb gerettet haben sollte, dann ist es seine letzte bekannt gewordene menschliche Handlung gegenüber einem Fremden. Nur gegenüber seiner Frau – einer Näherin, die er 1974 trifft und zwei Jahre später, als er schon Chef des Foltergefängnisses ist, heiratet – lässt er noch so etwas wie Humanität spüren. Und er hält seine eigenen Kinder fern vom Horror; zwei Söhne und zwei Töchter bekommt er, die ersten beiden werden noch unter der Herrschaft der Roten Khmer geboren. Für die Gefangenen von »Santebal 21« (»Geheimdienstlager 21«), für die Duch ab August 1975 dreieinhalb Jahre lang die Verantwortung trägt, wird er zum Teufel in Menschengestalt. Es übersteigt jede Vorstellungskraft, wie es ihm möglich gewesen ist, nach einem Tag voller Folterungen und Exekutionsbefehle abends mit seiner Tochter zu spielen oder mit seiner Gattin über deren Arbeit zu sprechen. Sie hatte einen Job im nahen Krankenhaus angenommen. Während es seine Aufgabe war, Menschen zu beseitigen und zu entsorgen, war es die ihre, genau das Gegenteilige zu versuchen: Menschenleben zu retten.

Für die Juristen, die jetzt die Anklageschrift des Tribunals formuliert haben, sind Gefühle irrelevant. Es zählen Fakten, Beweise, unwiderlegbare Indizien. Was sie da gegen Kaing Guek Eav alias Duch auf annähernd fünfzig Seiten zusammengetragen haben, ist überwältigend und lässt den Leser trotz oder vielleicht gerade wegen der nüchternen Aneinanderreihung frösteln. Einige Auszüge aus der Anklageschrift:

»Duch gab zu, dass die Politik der Zerschmetterung des Feindes sich fast immer auch auf Familien, einschließlich Kinder, erstreckte.« – »Duch bestätigte, dass der Gebrauch von Folter im Lager S-21 systematisch war. Zeuge E. sah, dass Duch persönlich eine Frau mit Elektroschocks bearbeitete, gemeinsam mit fünf anderen folterte er sie von neun Uhr abends bis drei Uhr morgens. Weil sie nicht gestand, fuhren sie dann fort, bis sie das Bewusstsein verlor. Duch zog sie bis auf ihre Unterwäsche aus, schlug sie, bis er müde wurde, dann übernahmen andere. Der Zeuge sah, wie sie alle lachten, während sie die Frau quälten.« – »Duch gestand, dass er zwei Massenexekutionen persönlich angeordnet und überwacht hat, um Platz für nachrückende Gefangene zu machen.« – »Duch rekrutierte Kinder und Heranwachsende als Wachen, weil die so leicht zu indoktrinieren waren, ›wie ein weißes Stück Papier‹.« – »Laut Duch waren nur vier Methoden von Folter erlaubt: Schlagen mit Bambusstöcken, Elektroschocks verabreichen, Plastiktüten über den Kopf ziehen, Wasser durch die Nase einführen. Er räumte aber später ein, dass er von der Praxis des Nägelausreißens und der Zwangsfütterung mit Exkrementen wusste.« – »Duch erklärte, von verschiedenen Arten medizinischer Verbrechen gegen die Menschlichkeit in S-21 Kenntnis gehabt zu haben, unter anderem von Autopsien an lebenden Personen.« – »Duch sagte, er sei nur einmal persönlich in Choeng Ek (auf den Killing Fields) gewesen. Er wisse nicht, wie dort Kinder umgebracht worden seien, er wolle aber nicht leugnen, dass dies vorgekommen sei. Der Eintrag in einem Logbuch von S-21 gibt die Zahl der dort getöteten Kinder an einem einzigen Juli-Tag 1977 mit 160 an.«

Beim Lesen der Anklageschrift fällt auf, dass Kaing Guek Eav alias Duch fast nur das zugibt, was ohnehin nicht zu leugnen und durch seine oft mit roter Tinte geschriebenen Befehlen in den weitgehend noch vorhandenen S-21-Aufzeichnungen zu belegen ist. In manchen Punkten geht er gegenüber den Ermittlern hinter frühere Geständnisse zurück. Die politische Dimension fehlt weitgehend in der Anklageschrift, ein kurzes Kapitel über den »historischen und politischen Kontext« bleibt sehr blass. Auch zur Motivation und den Vorkenntnissen des Lagerkommandanten ist wenig zu erfahren: Was bewog ihn, in seinem ersten kurzen Report an die Partei drei Monate nach seinem Amtsantritt, sieben Zeilen Bedauern über den ungewollten Tod einiger Hühner und Enten zu Papier zu bringen, aber das durch Folter forcierte Ende von 14 Gefangenen mit ganzen zwei Zeilen zu würdigen? Hat Duch, politisch gebildet und vom chinesischen Maoismus beeinflusst, etwas von den Folterpraktiken des dortigen Geheimdienstchefs Kang Sheng gewusst, stalinistische Praktiken, womöglich Gestapo-Methoden gekannt und angewendet? Oder war er als Folterer – was wahrscheinlicher ist – ein Selfmade-Man, praktizierte er »learning by doing«?

Die Anklageschrift kommentiert auch nicht seinen »Finalen Plan«. Sie muss das wahrscheinlich auch nicht tun, weil die anderen angeführten Punkte sich so hieb- und stichfest belegen lassen. Aber für die Persönlichkeitsentwicklung Duchs, seine fanatische Ergebenheit für die Sache und seine mathematische Präzision bei der Erfüllung seiner Aufgabe ist die ausführliche Schrift höchst aufschlussreich. Geschrieben 1978, fasst das Grundsatzwerk des Kaing Guek Eav die damals schon über zweijährige Mord- und Folter-Erfahrung im S-21 zusammen. Die Geständnisse der Gefangenen nimmt er für bare Münze und freut sich, dass es gelungen ist, »die Wahrheit« über die Verschwörer gegen die Partei herausgefunden zu haben: Die USA, die UdSSR, Taiwan und Vietnam haben sich demnach gegen die Roten Khmer zusammengeschlossen und innerhalb der kambodschanischen KP ihre Maulwürfe platziert. Nur mit noch weitergehenden und umfassenderen Säuberungen könne das Komplott abgewendet werden, schreibt Duch; dafür entwirft er einen mathematisch präzisen Gegenplan. Das Pamphlet des Lagerkommandanten kommt zu dem Schluss, Tausende Menschen mehr müssten ausradiert werden, Tausende mehr müssten gefoltert werden, Tausende mehr seien zu verhaften. Es ist ein Dokument des rational begründeten Wahnsinns. Der Historiker David Chandler zitiert einen der Aufseher von S-21, der damals angesichts der Duch-Anweisungen gefragt haben soll: »Aber wenn wir schließlich alle Parteimitglieder aus dem Verkehr ziehen, wer soll dann noch die Revolution vollenden?«

Als dann in den ersten Tagen des Jahres 1979 die Niederlage der Roten Khmer in Phnom Penh naht, erfüllt Duch den letzten Wunsch der Partei ohne zu zögern. Sein Parteichef Son Sen rät ihm, angesichts der schnell näher rückenden vietnamesischen Truppen alle restlichen Gefangenen »auszulöschen«. Duch wird später sagen, es sei eine dieser Situationen gewesen, in denen er keinen Spielraum hatte. »Ich stand ständig unter Beobachtung. Ich war gefährdet. Meine ganze Verwandtschaft war gefährdet. Denn hätten sie mich zum Parteifeind erklärt, wären auch mein Vater, meine Mutter, meine Geschwister dran gewesen.« Duchs Argumentation ist nicht ganz von der Hand zu weisen: Pol Pot betrachtete die Konterrevolutionäre damals nach eigenen Worten »nicht mehr als unsere Leute«. Sie waren »die Anderen« und damit zu vernichten. Aber Duch ist auf jeden Fall ein perfekter Zögling, ein vollendeter Diener seines Herrn. Er handelt auf Befehl, und mit vorauseilendem Gehorsam. Er weiß, dass die Parteichefs nicht wollen, dass jemand Tuol Sleng lebend verlässt, und macht es folgerichtig zu einem Vernichtungslager. Er tötet alle. So wie seine beiden ehemaligen Lehrer; so wie Von Vet, seinen früheren Parteifreund und Chef; so wie den ehemaligen Informationsminister Hu Nim; so wie Chan Kim Srun, die Frau des hohen Beamten im Außenministerium, die sie mit ihrem Baby eingeliefert haben.

Duch kann im letzten Moment vor den vietnamesischen Truppen fliehen und untertauchen. Er schafft es bis an die thailändische Grenze und nimmt in einem der Khmer-Rouge-Rückzugsgebiete wieder Kontakt zu den Parteibossen Khieu Samphan, Son Sen und Nuon Chea auf. Er wird nach China geschickt und lehrt dort zwei Jahre lang Studenten die Khmer-Sprache. Nebenbei hat er sich auch Thai und ein wenig Englisch beigebracht, Fähigkeiten, die ihm bei der Rückkehr helfen. 1992 ernennt ihn Pol Pot zu seinem Beauftragten im Distrikt Thmar Puok, den die Roten Khmer damals noch kontrollieren. Duch will versucht haben, sich von der Bewegung zu lösen. Beweise dafür gibt es nicht. Aber als die Partei nach ihrem Verbot durch die Regierung Hun Sen im Jahr 1994 schwächer wird und sich aus dem Gebiet zurückzieht, bleibt der Mann, der sich nun (wie bei seinem Chinaaufenthalt) Hang Pin nennt, als Lehrer zurück. Gemeinsam mit seiner Frau und den Kindern, die zu ihm gestoßen sind, züchtet er nun Schweine.

Keiner im Dorf Phkoam weiß, wer er wirklich ist. Dann ereilt ihn ein Schicksalsschlag – bei einem mysteriösen Einbruch in sein bescheidenes Haus am 11. November 1995 stechen die Täter seine Frau mit einem Bajonett ins Herz. Sie stirbt. Er selbst hat Glück, wird nur leicht verletzt. Gegenüber seinen Vernehmern vom Rote-Khmer-Tribunal äußert er später die Vermutung, der Überfall könnte ein Racheakt Pol Pots gewesen sein. Doch es fehlt jeder Hinweis darauf, warum der Rote-Khmer-Chef das getan haben soll – Duch war immer ein zuverlässiger Mörder im Dienste der Sache gewesen.

Nach dem Tod seiner Frau hat Duch sein Leben umgekrempelt. »Ich bin ein neuer Mensch geworden«, sagt er – und das stimmt, was die äußeren Umstände seines Daseins angeht. Er besucht in der Provinzhauptstadt Battambang die Gebetsstunden der Evangelikalen. Dem Pfarrer Christopher Lapel, entsandt von der in Los

Angeles ansässigen Golden West Cambodian Christian Church, fällt der besonders strebsame und engagierte Glaubenssuchende gleich auf. Immer wieder fragt der andächtige Khmer während der Bibelstunden nach den Voraussetzungen für Barmherzigkeit, nach dem Preis für die Erlösung. Er lässt sich taufen, besteht auch darauf, dass seine Kinder getauft und in den Schoß der Kirche aufgenommen werden. Er wird zum Laienpriester der evangelikalen Kirche und verspricht, das Wort Gottes weiterzuverbreiten. Er vergleicht sich mit dem Apostel Paulus, der erst nach schrecklichen Irrwegen und Fehlern zum rechten Glauben gefunden hat.

»Einen wahrhaft Bekehrten«, nennt der Pater seinen Zögling im Gespräch mit dem Reporter Nic Dunlop. Der Journalist zieht aus seinen Recherchen folgenden Schluss: »Mit derselben Besessenheit, mit der Duch einst den Kommunismus umarmte und junge Rekruten zu den Roten Khmer führte, hat er sich aufgemacht, seinen neuen Glauben zu verbreiten.« Im Juli 1997 beginnt Duch für das American Refugee Committee (ARC) als Übersetzer zu arbeiten, er erhält ein kleines Gehalt von der privaten Organisation sowie Bons für Mittag- und Abendessen von den Vereinten Nationen; das ARC ist eine Menschenrechtsorganisation, die in Zusammenarbeit mit der Uno Flüchtlingen im Grenzgebiet hilft, Flüchtlingen, deren Leben die Roten Khmer zerstört haben.

Aber ist Duch wirklich zu einem neuen Menschen geworden, hat er sich auch innerlich gewandelt – und muss das seine Opfer interessieren? Ist seine Reue echt? Oder hat sich Kaing Guek Eav, der seiner Kirche seinen wahren Namen und seine wahre Vorgeschichte verschwieg, womöglich nur – mathematisch präzise und strategisch weitsichtig wie immer – einen Ausweg gesucht, um mögliche weltliche Richter mit Weihrauch zu benebeln? Möchte er auf mildernde Umstände plädieren?

Es gibt keinen Hinweis darauf, dass sich Duch jemals stellen wollte. Mehr als zwanzig Jahre nach der Schließung von S-21 fehlte jede Spur von ihm, die meisten Experten hielten ihn für tot. Dass er dann 1999 in Haft genommen werden kann, ist nur der Hartnäckigkeit und dem Reporterglück Dunlops zu verdanken. Der irische Fotograf und Autor ist nach seinem ersten Besuch in Tuol

Sleng Anfang der Achtzigerjahre wie besessen davon, den »verschollenen Henker der Khmer Rouge«, wie er ihn nennt, zu finden. Dunlop fährt immer wieder nach Kambodscha. Zeigt in hunderten Dörfern das eine, das einzige Bild, das er von Kommandant Duch besitzt und von einer Wand des Foltergefängnisses kopiert hat. Und traut dann eines Tages seinen Augen nicht. Bei einer Reportage über Minensucher in dem Dorf Samlaut sieht er einen Kambodschaner im T-Shirt der amerikanischen Hilfsorganisation ARC; sein Grinsen, seine abstehenden Ohren, seine Frisur – alles kommt dem Mann mit dem Auge des Profi-Fotografen bekannt vor. Unauffällig macht er ein Bild von ihm. Und ist sich nach seiner Rückkehr in Bangkok sicher: Dieser Mann ist Duch.

Gemeinsam mit seinem Kollegen Ned Thayer von der *Far Eastern Economic Review* kehrt Nic Dunlop kurze Zeit später nach Samlaut zurück, sie konfrontieren den Mann, der sich Hang Pin nennt: »Haben Sie nicht in wichtiger Funktion für die Roten Khmer gearbeitet?«

Ihr Gegenüber zögert. »Ja, ich habe für die Roten Khmer gearbeitet, ich habe im Erziehungsministerium Kinderbücher übersetzt.«

»Im Erziehungsministerium? Nicht doch eher im Foltergefängnis, als Kommandant?«

Da erkennt der Mann, dass es vorbei ist. »Ja«, sagt er. »Ja, ich bin Duch. Mein Schicksal liegt nun in Gottes Hand. Es tut mir sehr leid, was in der Vergangenheit passiert ist, die Tötungen und all das. Ich wollte nichts anderes sein als ein guter Kommunist.«

Die benachrichtigten kambodschanischen Offiziellen verhaften Duch und bringen ihn in eine Verwahrungsanstalt, keine fünf Gehminuten von Tuol Sleng entfernt. Guek Eav verlangt eine Bibel, sonst nichts. Einmal gibt er einem italienischen Journalisten ein Interview; kein Tonband, keine Angaben zu möglichen Verbrechen, es ist ein belangloses Geplänkel, eine kleine Lehrstunde in der Banalität des Bösen. Es ist klar, dass der Fall Kaing Guek Eav vor ein Rote-Khmer-Tribunal kommen soll – wenn es denn eines Tages eines gibt und noch andere, politisch prominentere Rote Khmer angeklagt werden können. Das Verfahren stockt jedoch für lange

Zeit, acht Jahre lang passiert wenig. Dann geraten die Dinge durch die Verhaftung von Nuon Chea, Khieu Samphan, Ieng Sary und Ieng Thirith, die so lange ungestört in ihren Villen gelebt haben, endlich in Bewegung.

Und nun also: der Prozess. Die Ermittler haben es für nötig gehalten, Duch an den Ort seiner Gräueltaten zurückzubringen, ihn mit dessen Anblick zu konfrontieren. Ortstermin im Foltergefängnis, und dann einen Tag später auf den Killing Fields, Ende Februar 2008. Achtzig Mann brechen frühmorgens in einem schwer bewaffneten Konvoi Richtung Choeung Ek auf, darunter Richter, Staatsanwälte, Verteidiger, vier ehemalige Wachmänner von Tuol Sleng als Zeugen – und natürlich der Beschuldigte.

In der Anklageschrift fehlen Details über den Ortstermin. So ist zu vermuten, dass der unheimliche Ausflug zu den Killing Fields wenig Gerichtsrelevantes ergeben hat. Über die Details dessen, was an diesem Tag auf dem Gräberfeld passiert ist, wurde Stillschweigen vereinbart. Aber bei einem meiner Besuche im Tribunal-Hauptquartier hat Reach Sambath, der ebenso kompetente wie joviale Sprecher des Tribunals, dann doch einiges verraten. Demnach haben zunächst die Zeugen geschildert, wie die Abläufe auf den Killing Fields waren, dann erläuterte Duch »mit gebrochener, schwer zu verstehender Stimme« (Sambath) seine Sicht der Dinge; die Vernehmungsbeamten schnitten die Angaben auf Tonband mit. Danach wurde Duch aufgefordert, einen Rundgang zu machen. Zweimal sei er dabei weinend zusammengebrochen, berichtet Augenzeuge Reach: an dem Baum, der den Mördern zum Zerschmettern der Babys diente, und an dem Stupa mit den Tausenden Totenköpfen. »Duch ist auf die Knie gefallen, hat geweint und gebetet und die Opfer um Verzeihung angefleht«, schildert der Tribunal-Sprecher die Szene. »Sonst war alles ruhig, kein Laut war zu hören. Es lag eine gespenstische Ruhe über dem Ort.«

Kann Duch auf mildernde Umstände rechnen, wenn er vor Gericht dieselbe Reue zeigt? Ist er womöglich psychisch gestört und für seine Verbrechen gar nicht verantwortlich, so dass man ihn wegen mangelnder Schuldfähigkeit in eine geschlossene Anstalt überweisen muss?

Auf Seite 42, im Abschnitt D, Punkt 171 der ECCC-Anklageschrift ist vermerkt, dass »die beschuldigte Person« von einem »internationalen wie einem kambodschanischen Experten in klinischer Psychologie« untersucht worden ist. Der Befund ist eindeutig: »Duch ist für seine Taten verantwortlich. Er ist hochgradig intelligent und verfügt über ein sehr gutes Erinnerungsvermögen und ausgeprägte analytische Fähigkeiten. Er ist zu beeinflussen und zu beeindrucken, aber das spielt sich im Rahmen seiner ideologischen Wertvorstellungen ab. Er zeigt ein gewisses Bestreben, sich von seinen früheren Handlungen zu distanzieren, aber es ist erkennbar, dass dies nicht ausreicht, die Manipulationen durch die Roten Khmer zu durchschauen und zu verarbeiten.« Und dann heißt es im Gutachten weiter: »Unverkennbar sind starke Züge der Besessenheit in Duchs Persönlichkeit. Er ist penibel, gewissenhaft, kontroll-orientiert und sucht die Anerkennung seiner Vorgesetzten. Er hat Schwierigkeiten, seine Gefühle sprachlich auszudrücken. Er hat es geschafft, sich in eigener Sache mächtige Verteidigungsmechanismen zurechtzulegen, besonders durch selektive Wahrnehmung und Verleugnung von Fakten.«

Die Psychologen konstatieren zwar, dass sich Duch »schlecht in das Schicksal anderer hineinfühlen« könne, neigen aber »trotz dieses Mangels an Mitgefühl« dazu, ihm seine Reue abzunehmen, auch wenn sie nicht ausschließen wollen, dass sie gespielt sein könnte. Ihrer Meinung nach bieten »die christliche Lehre und das internationale Gerichtsverfahren Duch einen neuen Schutzmechanismus«. Zum Schluss ihrer Einschätzung kommen die Experten zu einem überraschenden, für viele sicher verstörenden Urteil: Aus Sicht der Psychologen kann der Kommandant von Tuol Sleng eines Tages resozialisiert und wieder in die Gesellschaft integriert werden. Ob man ihn eines Tages freilasse, hänge natürlich noch von anderen als psychiatrischen Überlegungen ab, geben sie zu. Das festgesetzte Strafmaß sei zu berücksichtigen; das Alter der »entsprechenden Person« zum Zeitpunkt einer möglichen Begnadigung; das Ausmaß der Vorkehrungen, die man dann zu seiner persönlichen Sicherheit wohl treffen müsste.

Könnte Duch, heute 66, in – sagen wir – 15 bis 20 Jahren wieder ein freier Mann sein, der seinen Lebensabend beim Sundowner an einer Bar über dem Mekong genießen kann?

Nein, nein, so werde es nicht kommen, so dürfe es nicht kommen, sagt Youk Chhang und hämmert so heftig mit der Faust auf seinen Schreibtisch ein, dass die kleine Buddhastatue auf dem Bord darüber erzittert. Der Mittvierziger leitet das Documentation Center of Cambodia (DC-CAM). Keine andere Stelle im Land hat auch nur annähernd eine solche Fülle von Materialien über die Herrschaftszeit der Roten Khmer gesammelt. Das DC-CAM gilt auch als wichtigste Informationsquelle für das Tribunal – wann immer die Ermittler Informationen über einen Täter, einen Mitläufer, ein Opfer suchen: Mit großer Wahrscheinlichkeit hat das Zentrum sie. Youk Chhang und seine Mitarbeiter haben fast eine Million Dokumente katalogisiert, viele inzwischen auch schon digitalisiert.

Wir sitzen im zweiten Stock des kleinen Bürogebäudes, gelegen am Norodom-Sihanouk-Boulevard nahe dem Unabhängigkeitsdenkmal und schräg gegenüber der Villa von Premierminister Hun Sen. Die Räume bersten fast vor Aktenschränken, Hängeregistraturen, Bücherregalen, Kisten mit Postern. Viele Schubladen tragen Etiketten: »Zeugenaussagen von Opfern«, steht da, »Geständnisse von Tätern« oder »Rote-Khmer-Notizen«. Zwischen Räumen mit viel Glas sticht Weiß ins Auge, auffallend viel Weiß, die Farbe der Unschuld (und in vielen Teilen Asiens auch der Trauer): weißgestrichene Wände, weiße Fliesen auf dem Boden, junge Männer in weißen Hemden, junge Damen in weißen Blusen. Sie sitzen dichtgedrängt. Wären alle 45 Angestellte und acht Freiwillige da und machte nicht ein Teil »draußen im Feld« seine Recherchen, es gäbe bei weitem nicht genug Plätze an den Schreibtischen und Computern.

Entstanden ist das DC-CAM von Phnom Penh 1995 durch eine Spende der Yale University; seit damals leitet Youk Chhang das Zentrum. Seine buschigen Haare sind frühzeitig ergraut, ernst ist der Blick aus dem ebenmäßigen Gesicht, nur manchmal umspielt seine Lippen ein melancholisches Lächeln. Der Leiter des Zentrums betont in unserem Gespräch, dass inzwischen alle Festangestellten Kambodschaner seien. Sie publizieren eine Zeitschrift (*Searching for the Truth*), zahlreiche Fachbücher und helfen auch dabei, die Lebensgeschichten von Rote-Khmer-Opfern zu recherchieren. »Manchmal schaffen wir es tatsächlich auch heute noch, Verwandte zusammenzubringen, die sich aus den Augen verloren haben«, sagt der dynamische Direktor, ein Mann, der immer in Bewegung zu sein scheint. Zwanghaft, als könne er Ruhe nicht ertragen, als empfinde er Stillstand als Rückschritt.

Besonders stolz ist er auf sein neuestes Projekt: die Publikation eines Schulbuchs über die Khmer-Rouge-Jahre, möglich gemacht durch eine Millionenspende der George-Soros-Stiftung und der deutschen Bundesregierung. Es wird zu Beginn des Jahres 2009 ausgeliefert und soll nach und nach an alle kambodschanischen Schulen verteilt werden. Wenn das Unternehmen gelingt und die Regierung nicht noch »aus übergeordneten Gesichtspunkten« dazwischenfunkt, wird dieses Buch eine Zeitenwende in der Erziehung der kambodschanischen Jugend einleiten: Bis jetzt klammert der Unterricht überall im Land die fast vier Jahre Khmer-Rouge-Horror völlig aus – man müsse sich das so vorstellen, erläutert der Chef des Dokumentationszentrums, »als erführen deutsche Schüler nichts über die Nazis und den Holocaust«.

Youk Chhang will Duch lebenslang hinter Gittern sehen, ebenso die anderen, die politisch verantwortlichen Angeklagten. Er ist müde geworden, die Fortschritte des Tribunals zu preisen, skeptisch auch, was seine Erfolgsaussichten betreffen. So viel Anerkennung ist ihm persönlich zuteil geworden: Urkunden, Plaketten, der amerikanische Studienabschluss, Dokumente über die erfolgreiche Zeit in Dallas bei der Einheit für Verbrechensvorbeugung; die Ernennung schließlich durch das US-Nachrichtenmagazin *Time* zu einem der »Helden des Jahres 2006«. So wenig bedeutet ihm das alles, wenn er an seine Familie denkt. Zehn Mitglieder der Sippe sind im kambodschanischen Holocaust verschwunden. Am schlimmsten war das Ende für seine kleine Schwester, die ein Rote-Khmer-Kader einmal beschuldigte, Reis gestohlen zu haben. Habe ich nicht, sagte sie (und hatte sie wirklich nicht, wie ihr Bruder heute weiß). Hast du doch, sagte der Rote Khmer. Und wieder schüttelte sie den Kopf. Da nahm der Kader wütend sein großes Messer und schlitzte ihr den Bauch auf, »zum Beweis«. Sie starb qualvoll.

Solche Verbrechen, solche wohldokumentierten Verbrechen von Tuol Sleng, Choeung Ek und all den anderen Killing Fields sollen nicht gesühnt werden? »Ich will Gerechtigkeit, nicht so sehr für mich, als für die zukünftigen Generationen«, sagt Youk Chhang. Wenn alles vorbei ist, die Prozesse gelaufen, die Urteile gefällt, dann – so hofft er – könne er vielleicht versuchen, mit seiner Mutter über die Khmer-Rouge-Jahre zu reden. Die Traumatisierte weigert sich bis heute, ihre Erfahrungen mit dem Sohn zu teilen. Es ist schmerzlich für ihn, den Aufklärer, der Unterdrücktes zu Tage bringt und dokumentiert, mit dem verschütteten Wissen der eigenen Familie zu leben.

Monate, ja Jahre sind zerronnen. Die Entfremdung zwischen den einfachen Menschen in Kambodschas schlichten Dörfern und den Richtern in ihren Roben am pompösen Tribunal hat zugenommen. Das Gericht, denkt selbst der Gerichtsbefürworter Youk Chhang manchmal, hat sich verselbständigt. Und wenn er sich den selbstverliebten französischen Staranwalt Jacques Vergès vergegenwärtigt und dessen arroganten Mandanten Khieu Samphan, wenn er die Winkelzüge beim Prozess und die Hilflosigkeit der kambodschanischen Strafverfolger ansieht, dann wird er unsicher, ob nicht das ganze Verfahren zu abstrakt, zu losgelöst vom Alltagsleben in seiner Heimat ist, konzeptionell und körperlich prädestiniert für eine andere Welt.

SECHSTES KAPITEL

DER ANWALT

»Ich, Jacques Vergès,
Advokat des Teufels«

Eine feine Adresse an der einst verruchten Place Clichy im 18. Arrondissement von Paris, hinter deren freundlicher Fassade allenfalls ein Georges Simenon menschliche Abgründe erahnen würde, mörderische Eifersucht etwa oder tödliche Gier; ein aristokratisches Haus, so viel Würde, so viel Gediegenheit ausstrahlend, dass man im Treppeneingang höchst überrascht das Ätzende eines Desinfektionsmittels wahrnimmt und sich fragt, warum es denn nötig sein könnte, alle anderen Gerüche zu unterdrücken und auf den einen, so beißend unfreundlichen, zu reduzieren; eine Business-Karte, die im Goldschnitt gedruckt ist, die distanziert und höchst selbstbewusst überreicht wird und Erfolg in den besten gesellschaftlichen Kreisen vermuten lässt: Jacques Vergès, geprüfter Rechtsanwalt, zugelassen an allen Pariser Gerichten, Maître Vergès gibt sich die Ehre.

Zwei zuvorkommende Vorzimmerdamen haben sich fast vergraben unter Notizen, Zeitungsausschnitten und Computerausdrucken an diesem milden Oktobernachmittag im Jahr 2008. Sie springen freundlich auf und geleiten uns vom ersten Stock hinauf in das Allerheiligste, das private Refugium des Herrn Rechtsanwalts. »Der Maître erwartet Sie bereits.« Und wo es unten noch eher ein Halbdunkel war, an das sich das Augenlicht gewöhnen musste, ist es hier oben, in Jacques Vergès' Schattenreich, eine fast undurchlässige Nachtschwere. Bleierne Vorhänge, wuchtige Mahagoni-Möbel, zum Bersten gefüllte Buchregale verschlucken jeden Sonnenstrahl, und die Lampen sind so gedimmt, als wolle sich da einer abkapseln von der Welt dort draußen und sich eine eigene schaffen. Hinter einem riesigen Louis-Quinze-Schreibtisch thront der

Hausherr, die Füße lässig von sich gestreckt, umrahmt von Kunst aus verschiedenen Kontinenten: afrikanischen Skulpturen, fast mannshoch manche und klobig, filigranen lateinamerikanischen Schnitzereien, asiatischen Plastiken aus Elfenbein und Sandstein. Der Maître selbst ist eher klein gewachsen. Hinter ihm spannt sich ein überlebensgroßer flämischer Gobelin bis zur hohen Zimmerdecke.

Der Mann trägt schwarz, wie er das, nach den wenigen von ihm existierenden Fotos zu schließen, fast immer tut. Allerdings legt er sein maßgeschneidertes Jackett gleich ab. Darunter verbirgt sich ein überraschend frivoler, rosaroter Sweater, dessen Hirschknöpfe er offen gelassen hat, erkennbar ebenso Designer-gestylt wie die blauweiße Krawatte, die er locker über einem gestreiften Hemd trägt. Ein Freizeit-Outfit, das in seltsamem Kontrast steht zu der altrevolutionären Nickelbrille. Im Mund hat er die charakteristische Havanna, pafft sorgfältig Zigarrenwölkchen an die Decke. Als wolle er sich vergewissern, dass er der Aura des Besonderen genügt, mit der er sich offensichtlich so gerne umgibt, dem Bild des Einmaligen, Unergründlichen, Geheimnisvollen. Seinem Image.

Der Mann ist ein Zeitzeuge der ganz besonderen Art: Er hat Mao Zedong in Peking zu einem langen Gedankenaustausch getroffen, in Paris mit Che Guevara ein Vieraugengespräch geführt, er heiratete die berühmteste algerische Widerstandskämpferin, die bildschöne Djamila Bouhired, die von einem französischen Gericht trotz der Verteidigungskünste des Staranwalts zum Tode verurteilt und später begnadigt worden war. Er ist der berühmteste und berüchtigtste Jurist Frankreichs, Europas, vielleicht sogar der ganzen Welt. »Advokat des Teufels« lautet sein Spitzname, benutzt von Freund wie Feind, und wenn die einen das eher respektvoll meinen und seine scharfsinnigen Plädoyers rühmen, sagen es die anderen schaudernd und abgestoßen: Maître Jacques Vergès hat ein Klientel aus dem ersten Kreis der Hölle, und – glaubt man den Erzählungen über ihn – scheint er diesem Klientel fast immer noch näher zu kommen als es seine berufliche Tätigkeit erfordert, als wolle er bewusst Grenzen überschreiten, als hätte er Spaß an der Provokation, am Spiel mit dem Teuflischen.

Er hat fast keinen ausgelassen, der zu den schlimmsten Massenmördern der jüngeren Geschichte zählt, ultrarechte Faschisten und Linksradikale, aus welchen ideologischen Himmelsrichtungen auch immer. Vergès hat Klaus Barbie verteidigt, den Gestapo-Chef von Lyon, der Hunderte ohne auch nur einen Anflug von Zweifeln oder gar Mitleid in die Gaskammern schickte (Vergès sang mit ihm laut Presseberichten in der Zelle das Lied »Lili Marleen« und redete ihn mit »Mon Capitaine« an); er hat Ilich Ramírez Sanchéz vor Gericht vertreten, besser bekannt als Carlos oder »Schakal«, der das Bahnhofsgebäude von Marseille in die Luft sprengte und mehrere Polizisten kaltblütig abknallte (Vergès bekundete großes Verständnis für die »noble Sache« des Angeklagten); er leistete in Den Haag dem serbischen Kriegsverbrecher Slobodan Milošević Rechtsbeistand, der die Balkanvölker aufeinanderhetzte und Mordbefehle abzeichnete (Vergès lobte die »intellektuelle Brillanz« des Verhafteten und bezeichnete die Anschuldigungen gegen ihn als »politisches Komplott«). Er hat sich juristisch des berüchtigten irakischen Außenministers Tarik Asis angenommen, des Saddam Hussein-Vertrauten. Die Liste seiner afrikanischen Klienten gleicht einem Diktatoren-Who-is-who des Kontinents, Idriss Déby aus dem Tschad, Omar Bongo aus Gabun, Gnassingbé Eyadéma aus Togo, Moïse Tschombé aus dem Kongo.

Und jetzt also ein neuer Fall, ein aktueller Kunde, nicht minder prominent und anrüchig: Khieu Samphan. Der schillernde französische Staranwalt verteidigt – gemeinsam mit einem kambodschanischen Kollegen – den international bekanntesten und politisch bedeutendsten der Angeklagten, die derzeit in Phnom Penh vor dem internationalen Tribunal gegen die Roten Khmer vor Gericht stehen. Der ehemalige Staatschef des »Demokratischen Kampuchea«, wie der Horrorstaat der Khmer Rouge hieß, wird aller erdenklicher Verbrechen gegen die Menschlichkeit beschuldigt, von Kriegsverbrechen bis zum Massenmord und womöglich auch des Genozids am eigenen Volk. Vergès vertritt einen Mann, mit dem ihn eine unglaubliche persönliche Geschichte verbindet; den er in Paris vor über 55 Jahren kennen gelernt hat, unter geheimnisvollen Vorzeichen wieder traf und dem er zeitlebens freundschaftlich verbunden geblieben ist.

Stolz zeigt Vergès die Schätze, die ihn in seinem Kabinett umgeben. »Fast alles sind Aufmerksamkeiten meiner Mandanten«, sagt er. Die Bambara-Göttin ist aus Mali, die geschnitzte Voodoo-Gottheit stammt aus Haiti, der elegante Sandstein-Kopf mit dem unergründlichen Lächeln – natürlich aus Kambodscha. Eine Schlange aus Kristall auf seinem Schreibtisch züngelt bedrohlich Richtung Besucher, er hat sie nicht gegen sich gerichtet, sondern gegen den Gast, den Eindringling, gegen jeden, der es wagt, ihn hier in seinem Heiligtum zu stören. Die Schlange sei ein Geschenk von Marlon Brandos Tochter Cheyenne, erklärt Vergès. Dieser Mandantin habe er nicht helfen können, ihr Halbbruder, dessentwegen sie den Anwalt verpflichtet hatte, wurde wegen Mordes verurteilt, sie erhängte sich nach Prozess-Ende an einem Strick. Ein bedauerlicher, kleiner Karriereknick in seiner sonst so erfolgreichen Verteidiger-Laufbahn. »Die Erinnerung an meine Klienten ist allgegenwärtig«, sagt der Hausherr. »Das spricht für das gute Verhältnis, das ich zu allen aufbauen konnte.« Was er nicht sagt: Ein jedes dieser Schmuckstücke aus seiner Sammlung wäre es wert, nach ihrer Geschichte befragt, auf Blutspuren untersucht zu werden, die möglicherweise an ihnen kleben.

Maître, lieben Sie das Böse?

Vergès zögert nur den Bruchteil einer Sekunde mit der Antwort. »Ach, wissen Sie, um das zu beantworten, muss ich Ihnen meine Philosophie erklären. Die Natur – ich glaube, sie ist unberechenbar und sinnlos grausam. Den Menschen unterscheidet vom Tier seine Chance, sich für das Böse zu entscheiden. Das Verbrechen ist, wenn Sie so wollen, das eigentliche Kennzeichen unserer Freiheit.«

Eine extrem zynische Weltanschauung.

»Eine realistische.«

Sie haben einige der schlimmsten Massenmörder unserer Zeit verteidigt. Warum fühlen Sie sich so zu Mandanten wie Barbie und Carlos und Khieu Samphan hingezogen? Und was erwarten die von Ihnen?

Vergès seufzt. »Ich glaube, jeder hat – was immer er getan haben mag – das Recht auf einen fairen Prozess. Die Öffentlichkeit ist immer schnell bei der Hand mit dem Etikett des ›Monsters‹. Aber Monster gibt es nicht. Ebenso wenig wie das absolut Böse. Meine Mandanten sind Menschen – Menschen mit zwei Augen, zwei Händen, einem Geschlecht und Gefühlen. Das macht sie ja so unheimlich.«

Maître, wie meinen Sie das?

»Das Schockierende ist doch, dass das ›Monster‹ Hitler durchaus angenehme menschliche Eigenschaften hatte, dass er seinen Hund sehr liebte und seinen Sekretärinnen Handküsse gab, wie wir aus der Literatur über das Dritte Reich und den Film ›Der Untergang‹ wissen. Und das Interessante an meinen Mandanten besteht nun darin herauszufinden, was sie dazu bringt, grausame Dinge zu tun. Ich habe den Ehrgeiz, den Weg genau zu beleuchten, der sie zu ihren Taten geführt hat. Schauen Sie, ein guter Prozess gleicht einem Stück von Shakespeare, einem Kunstwerk. Ohne ihren Prozess wäre Jeanne d'Arc als verrückte Schäferin vergessen worden. Durch ihre Verteidigung erst wurde sie zur Heiligen – und zur legendären, überlebensgroßen Figur der Geschichte.«

Er wirkt vital, unternehmungslustig, und viel, viel jünger als seine 83 Jahre. Ein Kämpfer, ein Überzeugungstäter, für den das Verbrechen offensichtlich ein Jungbrunnen ist. Vergès gönnt sich jetzt doch einen Moment Pause und nimmt einen Schluck von dem Mineralwasser, das seine Sekretärin für ihn und seine Gäste bereitgestellt hat. Und mit einer Handbewegung wischt er das Ergebnis des berühmten historischen Prozesses um die Dame Jeanne d'Arc beiseite. Der Weg zum Urteil, nicht das Urteil selbst ist für ihn das höchste Ziel. »Ihr Tod auf dem Scheiterhaufen – auch das half natürlich wesentlich dabei, sie unsterblich zu machen.«

Gibt es Menschen, Maître, die Sie aus Prinzip nicht verteidigen würden?

»Eines meiner Prinzipien ist es, keine Prinzipien zu haben. Ich hätte auch Adolf Hitler verteidigt, ich würde auch Osama Bin Laden als Mandanten akzeptieren, und sogar George W. Bush – vorausgesetzt, er bekennt sich schuldig.« Er verzieht bei diesem

Satz keine Miene. Und den Einwurf, er wolle ja bei all der berechtigt scharfen Kritik an dem 43. amerikanischen Präsidenten, George W. Bush nicht allen Ernstes mit Bin Laden oder Hitler vergleichen, wischt er mit einer Handbewegung beiseite. »Jedes Verbrechen ist einmalig«, sagt kühl der Advokat des Teufels. »Jeder Täter ebenso. Schon deshalb verbieten sich doch Vergleiche.«

Es ist Zeit, über die Lebensgeschichte des Jacques Vergès zu sprechen, in der die Roten Khmer, in der Saloth Sar alias Pol Pot, vor allem aber Khieu Samphan eine so große Rolle gespielt haben. Zeit für eine Rückblende, für eine Reise in die Vergangenheit.

Jacques erblickt 1924 im französischen Indochina das Licht der Welt, im Städtchen Ubon Ratchathani, das heute zu Thailand gehört und nahe der laotischen Grenze liegt. Sein Vater, ein ausgebildeter Arzt, ist dort als Konsul eine hochstehende Persönlichkeit – und schon deshalb gilt Jacques' Geburt als ein Skandal. Denn die Mama ist eine »Einheimische«, eine bildhübsche lokale Lehrerin. Um die Wogen zu glätten, meldet der Diplomat das Ereignis erst im folgenden Jahr, als bereits ein zweites Kind unterwegs ist. So kommt Jacques formal zu einem »Zwillingsbruder« (der viele Jahre später als kommunistischer Senator im französischen Parlament sitzen sollte). Immerhin besitzt der Konsul Vergès so viel Anstand, dass er seine Geliebte schließlich heiratet, was das Ende seiner diplomatischen Karriere bedeutet.

Die Familie zieht auf die Insel Réunion im Indischen Ozean, Frankreichs Filiale in der Nähe von Madagaskar. Der Vater behandelt als Arzt auch die Obdachlosen und die Bettler, der kleine Jacques und sein Bruder haben so die Gelegenheit, die extremen Unterschiede zwischen Arm und Reich und die Ungerechtigkeiten des Kolonialismus aus nächster Nähe zu beobachten. Wenn Vergès an diese Zeit zurückdenkt, tauchen immer wieder die gleichen Bilder vor ihm auf, die sich für die Ewigkeit in ihm eingebrannt haben. Er sieht ein übergewichtiges französisches Paar vor sich, das sich von einem ausgemergelten Rikschafahrer durch die Straßen ziehen lässt und das dem lokalen »Sklaven« zum Abschied einen Tritt verpasst, »mit einem Esel wären sie so nicht umgegangen«. Jeden

Tag, so erinnert er sich, hat sich eine endlose Schlange vor der Praxis seines Vaters gebildet, eine Ansammlung von Leid, Elend und Verdammnis: von Lepra Verstümmelte, von Elephantiasis Entstellte, von Malaria Geschüttelte, von Messerstechereien Deformierte. »Ich habe früh erlebt, was Fremdbestimmung und was Not bedeutet, und ich habe es verabscheut«, sagt Vergès. Auch seine Mutter stirbt in Réunion an einer Tropenkrankheit, in frühen Jahren, ein Verlust, den er kaum zu verschmerzen vermag. »Aber ich mag diese Mode nicht, das eigene Tun damit zu erklären, dass man selbst ein Opfer ist oder Opfer beobachtet hat. Ich glaube, jedenfalls was mein eigenes Leben angeht, an die Eigenverantwortlichkeit bei den wesentlichen Entscheidungen. Ich wurde nicht zornig geboren. Ich habe meinen Zorn erworben – und wollte etwas tun, um die Welt zu verändern.«

Er entschließt sich, vom Vater ermutigt, nach Europa zu gehen. Schifft sich 1943 als 18-Jähriger nach Liverpool ein, um von dort aus mit Hilfe von Freunden der Familie bei Nacht und Nebel nach Frankreich zu ziehen, in den Untergrund: Er will an der Seite der »Forces Libres« des Generals Charles de Gaulle seine Heimat von den Nazis befreien. Es ist ein Krieg, in dem er viel lernt, auch und gerade über sich selbst. Er registriert, dass es ihm nicht besonders schwer fällt, Feinde zu töten. In den versteckten Arbeiterwohnungen oder den Scheunen, die Sympathisanten den Widerstandskämpfern als Schlafplatz zur Verfügung stellen, liest er abends Montaigne, Diderot und Robespierre, berauscht sich an den Gedanken der Französischen Revolution und ihrer manchmal auch grausamen Konsequenz; und er verschlingt geradezu Nietzsche, die Theorie vom Übermenschen imponiert ihm zutiefst. Vielleicht entwickelt er in den französischen Schützengräben, beim Kampf für die gute Sache, auch schon die Scharfzüngigkeit und den Zynismus – seine Coolness –, die zu seinem Markenzeichen werden sollten, und die er auch bei unserem Interview zelebriert.

Maître, wenn Sie an die Tage im Untergrund zurückdenken: Haben Sie damals keine Angst gehabt, nie an den Tod gedacht? War der Kampf nicht lebensgefährlich?

»Doch, im Prinzip schon, viele meiner Freunde sind draufgegangen. Ich allerdings habe mir in dieser Zeit nur eine einzige Verletzung zugezogen. Beim Öffnen einer Auster vor der Ile d'Oléron, Sie können noch die Narbe hier an meiner Hand sehen...«

Während Vergès im französischen Untergrund die Kollaborateure der Regierung des Marschall Pétain bekämpft, ist auf der anderen Seite der Welt, gut 12 000 Kilometer östlich von Paris, ein kambodschanischer Schüler an der École Miche von Phnom Penh schwer beeindruckt von diesem Pétain. Mit Begeisterung rezitiert er jeden Morgen den neuen Katechismus, der allen abverlangt wird – und den er gegenüber Freunden noch ein halbes Jahrhundert später auswendig wiederzugeben weiß: »Marschall, hier sind wir / Du Retter Frankreichs / Wir Jungen schwören / Dir zu dienen und Deinem Weg zu folgen«. Khieu Samphan, 1932 als ältestes von fünf Kindern eines Richters geboren, fällt damals schon seinen Lehrern durch seine Intelligenz und seine Leistungsbereitschaft auf.

Er ist in mancher Beziehung eine Art Gegenentwurf zu Vergès: brav und angepasst, studierwillig und mit seinem Elternhaus wie mit seiner Nation im Reinen. Die Strenge seiner Erziehung wirkt in Ansätzen wie eine Prophezeiung, wie eine Ankündigung kommender, von ihm so wesentlich mitgeprägter Zeiten.

Die Jungs von Phnom Penh werden Mitte der Vierzigerjahre in faschistoiden Jugendorganisationen gedrillt, zu gemeinsamen Ernteeinsätzen, Märschen und Liedern am Lagerfeuer zusammengezogen: »Les chantiers de la jeunesse« heißen die Gruppen, »chalat« in Khmer. Blinder Gehorsam und Disziplin gehen damals im französischen Protektorat über alles, von demokratischer Mitbestimmung ist keine Rede. Aber der moralische Rigorismus hat in den Augen mancher auch seine positiven Seiten: Betrunkene und korrupte Beamte werden entlassen, sogar Ehebrecher scharf bestraft, ungeheuerlich in der damals weitgehend permissiven Gesellschaft – die moralisch unverdorbene Landbevölkerung gilt plötzlich als Avantgarde und wird als »Zukunft des Volkes« gefeiert. Khieu Samphan will dieses Frankreich kennen lernen, das trotz der Niederlagen gegen Japan in so vielen Bereichen weiter zu sein scheint als seine Heimat. An der École Miche von Phnom Penh eine Klasse unter seinem Freund Saloth Sar, schafft er im Gegensatz zum späteren »Bruder Nummer eins« mühelos die Aufnahme an das Lycée Sisowath, das prestigereichste Gymnasium des Landes. Und ohne Probleme bekommt er auch ein Stipendium für Paris. Nichts deutet darauf hin, dass der wissbegierige und für alles offene Khieu Samphan damals schon revolutionäre Gedanken hegt.

Als sich Khieu Samphan 1952 an der Sorbonne im Fachbereich Wirtschaftswissenschaften einschreibt, ist Jacques Vergès – sieben Jahre älter als der Kambodschaner – in der französischen Hauptstadt schon ein aufstrebender Star, jedenfalls in linken Zirkeln. Er hat sich nach dem Sieg gegen Nazi-Deutschland der Kommunistischen Partei Frankreichs angeschlossen und ist ein führendes Mitglied der »Internationalen Studentenunion«, die formal ihr Hauptquartier in Prag hat, aber ihre Befehle und ihre Finanzen hauptsächlich von der KPF erhält. Vergès' Spezialaufgabe ist die »Betreuung« der Studenten aus Fernost. Er organisiert sowohl Alltagshilfe als auch marxistische Kurse für junge Vietnamesen und bald auch verstärkt für die Kambodschaner. Die Zöglinge aus Phnom Penh kommen ihm besonders weltfremd vor; sie sind elektrisiert, wie berauscht von der brodelnden Atmosphäre des Quartier Latin, den fast täglichen Demonstrationen und Straßenschlachten mit der Polizei. Sie inhalieren geradezu die »revolutionäre Grundstimmung« in der französischen Hauptstadt, wie Khieu Samphan es einmal seinem besten Freund und Kommilitonen Hou Yuon gegenüber bezeichnet. Sie leben immer am Existenzminimum, aber das stört sie nicht. Wie Schwämme saugen sie alles auf, was die fremde Welt ihnen an Anregungen bietet.

Sie lernen, vor allem mit Vergès' Hilfe, marxistisch-leninistisches Gedankengut kennen. Kommunist zu sein ist schick in diesen Pariser Tagen, es verschafft Zugehörigkeit, Wärme, ein gutes Gewissen – und Kontakte, Chancen auch auf bezuschusste Auslandsreisen mit Gleichgesinnten. 25 Prozent der französischen Bevölkerung wählt Anfang der Fünfzigerjahre kommunistisch, die KPF ist die populärste Partei im Land. Und fast alle ausländischen

Studenten glauben, dass nur der Kommunismus die Verhältnisse verändern kann. Die Khmer-Kommilitonen von Paris sind sich damals allerdings noch einig, dass das Wichtigste für Kambodscha nicht der Kommunismus, sondern die Unabhängigkeit ist: Sie denken nationalistisch, nicht weltrevolutionär.

Maître Vergès, Sie haben Pol Pot, Ieng Sary und Khieu Samphan in Paris kennen gelernt und sie mit Marx und Engels, Lenin und Stalin vertraut gemacht. Wer war der Intelligenteste von ihnen, wen sahen Sie damals als mögliche nationale Führungspersönlichkeit?

»In der Tat haben wir häufig gemeinsam demonstriert und uns auch über die Zukunft gestritten. Pol Pot war sympathisch, umgänglich – er las Rimbaud und war ganz gerührt von dessen Gedichten, außerdem hatte der Mann Humor, man war gern um ihn herum. Ieng Sary war clever, verschlagen, geheimnisvoll, gescheit. Aber ich habe immer Khieu Samphan für den intelligentesten und weitsichtigsten der Khmer-Studenten gehalten. Er ist mir als brillanter Kopf aufgefallen, als einer, der intellektuell wirklich auf der Suche war – und als ein sanfter, nachdenklicher Mensch, der keiner Fliege etwas zu Leide tun kann.«

Khieu Samphan schließt als Einziger der Kambodschaner in Paris sein Studium mit einer Dissertation ab. »Die Ökonomie Kambodschas und die Probleme seiner Industrialisierung« ist eine wirtschaftswissenschaftliche Arbeit, in der sich nun schon deutlich theoretisch-ideologische Grundlagen kommender Zeiten ablesen lassen. Der Doktorand entwickelt Konzepte für ein selbstständiges, autarkes Kambodscha, das allein von der Landwirtschaft geprägt sein soll – zur Not durchgesetzt mit noch nicht näher spezifizierten Zwangsmaßnahmen. Kurz vor der Rückkehr in die Heimat sucht Khieu Samphan, inzwischen Chef der kommunistischen Studentenvereinigung »Cercle Marxiste«, Mitte 1959 noch einmal seinen Freund Vergès auf. Er umarmt ihn, sagt, wie wichtig der Franzose für seine Entwicklung gewesen sei und verspricht in Kontakt zu bleiben. Dann nimmt er ein Schiff nach Phnom Penh – das nächste

Mal, als er in den Westen kommt, wird er ein bedeutender Mann sein, ein gebildeter, distinguierter, diplomatischer Repräsentant eines mörderischen Regimes.

Vergès ist Anfang der Sechziger längst auf einem anderen Trip. Die Kommunistische Partei interessiert ihn kaum mehr, er fühlt sich von ihr wie von allen großen Institutionen Frankreichs getäuscht. Die Politik der kleinen Schritte, der lange Marsch durch die Institutionen, das ist nichts für ihn. Und außerdem gewinnen die Jungfaschisten in Paris wieder an Einfluss: Vergès prügelt sich mit ihnen (und ihrem Anführer Jean-Marie Le Pen), die Polizei nennt den jungen »Mischling« aus Indochina in einem ihrer damaligen Dossiers »besonders gewalttätig und gefährlich«. Vergès aber sieht seine Ideale verraten. Paris führt einen brutalen Krieg in Algerien, wirft Bomben auf die Stellungen der Kämpfer für Algiers Unabhängigkeit, behandelt ihre Protagonisten mit gnadenloser Härte. Der Mann, der mit dem Gedanken gespielt hat, in die Politik zu gehen, sieht sich nun an einer anderen Front gefordert: im Gerichtssaal. Hier, glaubt er, kann er den Staat noch mit dessen eigenen Mitteln schlagen.

Ideologisch fasziniert Vergès auf der Welt nur noch der Große Vorsitzende Mao und sein radikaler Entwurf eines »neuen Menschen«. Den möchte auch Vergès gerne schaffen, er würde am liebsten zwei, drei, viele neue Chinas in der Dritten Welt mitgestalten. Solche potentiellen Inseln der Revolution kann er damals nicht in Indochina erkennen, schon gleich gar nicht im royalistischen Kambodscha. Außerhalb Chinas sieht er am ehesten noch im Idealismus und in dem gnadenlosen, auch vor Terror und Totschlag nicht zurückschreckenden Durchsetzungswillen der algerischen Unabhängigkeitskämpfer die Leuchtkraft der Zukunft.

Eine seiner ersten Mandanten in Algier ist Djamila Bouhired. Die 22-Jährige ist so etwas wie die Ikone des Widerstands, führendes Mitglied der »Front für die Nationale Freiheit« (FLN); Terroristin für die einen, Freiheitskämpferin und Heldin für die anderen. Unbestritten ist, dass sie auf ihrem blutigen Weg auch vor Gewalt gegen Unbeteiligte nicht zurückschreckt. Sie legt Bomben in französische Militärbaracken, aber wenn diese zu gut bewacht sind, scheut sie auch nicht davor zurück, bei Franzosen besonders beliebte Cafés als Ziele zu wählen. Nach einem dieser Anschläge, bei dem ein halbes Dutzend Zivilisten ums Leben kommen, wird sie gefasst. Vergès, damals mit einer Jugendliebe verheiratet, habe sich vom ersten Moment an Hals über Kopf in die charismatische Revolutionärin verliebt, sagen später seine Freunde. In unserem Interview bestreitet er das nicht ausdrücklich, sagt aber: »Djamila und ich, wir haben versucht, diese Dinge nicht zu vermengen. Ich war ihr Anwalt und während der Prozess-Zeit ist niemand auf die Idee gekommen, wir hätten etwas miteinander. Da war auch nichts, außer vielleicht tief in unserem Inneren.«

Der französische Staat lässt in Algerien foltern, auch Frauen, auch die Angeklagte Bouhired; und gegen Ende der Fünfzigerjahre werden – unter einem Justizminister namens François Mitterrand – Bombenleger auch schon mal ohne Prozess erschossen. Vergès' Mandantin aber ist zu prominent für ein solches Ende. Sie erhält ein öffentliches Verfahren. Ihre Kompromisslosigkeit kommt dabei den Vorstellungen des Rechtsanwalts sehr entgegen. Vergès wird dieses Konzept der »rupture«, des Bruchs mit allen Normen, die Taktik der Verteidigung durch einen politischen Gegenangriff, später noch so oft anwenden, dass sie sein Markenzeichen wird (und vielleicht auch demnächst im Khieu-Samphan-Prozess von Phnom Penh zur Anwendung kommt).

Maître, haben Sie mit Ihrer Prozessführung, die nicht nach mildernden Umständen suchte, das Leben ihrer Mandanten bewusst aufs Spiel gesetzt?

»Die anderen französischen Anwälte haben probiert, in Algier einen Dialog mit den dortigen Militärrichtern zu beginnen. Für die Richter war die FLN eine kriminelle Bande, jedes Attentat ein Verbrechen. Die algerischen Angeklagten aber sahen ihre Anschläge als Kriegshandlung, als notwendigen Akt des Widerstands. Ich habe alles bejaht, was Djamila getan hat, und mehr als das, ich habe es bewundert. Unter diesen Umständen war ein Dialog über die Prozessgrundlagen nicht möglich.«

Keine Konzessionen, kein Winseln um Gnade. Seine Mandantin, die Frau, die er liebt, wird zum Tode verurteilt. Vergès entfacht über die Presse eine beispiellose Sympathiekampagne für die Delinquentin. Der Fall wird zum weltweiten Medienereignis, und auch ausländische Regierungen plädieren für das Leben der Algerierin. Paris gibt schließlich nach. Djamila Bouhireds Strafe wird erst in eine lebenslängliche Haftstrafe umgeändert, unter anhaltendem öffentlichen Druck kommt sie 1962 frei. Der Anwalt und seine Mandantin heiraten – nicht ohne einige bizarre Eskapaden, die Vergès sich nach Aussagen seines damaligen Freundes, des Karikaturisten Maurice Sinet, unbedingt noch in seinen letzten Junggesellentagen leisten muss: Er zieht bei der Fahrt in seinem Mercedes mitten auf den Champs-Elysées eine Wasserpistole und erschreckt Passanten; er fingiert Anrufe aus Algier, die von neuen Attentaten künden, um die Polizei zu foppen – er ist davon überzeugt, sein Telefon wird abgehört.

Was er nicht weiß, ist, dass der französische Geheimdienst den ungemein störenden Anwalt auf einer Todesliste führt. Im letzten Augenblick werden die geplanten Attentate abgeblasen; aus »technischen« Gründen, nicht aus Überzeugung. Mit ihrer Vermutung, dass Vergès ihnen gefährlich werden könnte, liegen die Beamten wohl nicht so falsch. Gegenüber dem französischen Regisseur Barbet Schroeder, der ein Film-Porträt über ihn drehte, gab Vergès zu Protokoll: »Wäre einer meiner Klienten exekutiert worden, hätte ich womöglich selbst jemanden getötet.«

Vergès ist immer hart am Anarchischen, nahe am Abgrund, dicht am Bruch mit der Gesellschaft. Wie anders, wie friedlich tickt da Anfang der Sechzigerjahre noch Vergès-Freund Khieu Samphan. Der promovierte Wirtschaftswissenschaftler gründet nach seiner Rückkehr in Phnom Penh eine linksorientierte, französischsprachige Zeitung namens *L´Observateur*. Es ist ein Blatt, das Prinz Sihanouk und seine selbstgerechten Königstreuen besonders ärgert, weil es eine intelligente Alternative zu seiner Politik bietet und gleichzeitig wesentliche Elemente seiner Vorstellungen aufnimmt: den Kampf gegen die Kolonialmächte, die Forderung nach mehr Bildungschancen für die Ärmsten.

Um die Zeitung zu finanzieren, lehrt Khieu Samphan an einer Privatschule Mathematik. Er ist ein sehr strenger Pädagoge, verbittet sich im Unterricht jegliche Scherze, gilt als ernst und fordernd gegenüber anderen wie sich selbst. Seinen jüngeren Bruder putzt er herunter, weil der gewagt hat, im Restaurant ein teures Enten-Gericht zu bestellen: »Denk doch, wie viele Leute härter als du arbeiten und sich so etwas nie leisten können.« Khieu Samphan lebt bei seiner Mutter – eine französische Freundin hat er, wie er seinem Freund Hou Yuon gesteht, unter Tränen zurückgelassen, weil eben die kambodschanische »Sache« im Vordergrund zu stehen hat. Er ist sparsam, unbestechlich; zieht, wenn das Geld wieder einmal nicht mehr reicht, nachts mit Hou Yuon als Verkäufer frisch gebackener, duftender Baguettes durch die Straßen von Phnom Penh. Gemeinsam glauben sie an eine bessere Zukunft für ihr Land, Idealisten, für die es keinen Unterschied zwischen persönlichen Moralvorstellungen und allgemeinem sozialen Gewissen gibt. Sie spielen mit radikalen Gedanken, aber sie haben sich noch nicht zum bewaffneten Kampf oder gar zur Ausrottung ganzer Volksschichten entschlossen. Staatschef Sihanouk lässt die beiden Salonlinken für einige Monate ins Gefängnis werfen, besinnt sich dann eines Besseren – und nimmt sie 1962 in die von ihm gegründete Sangkum-Partei der »Sozialistischen Volksgemeinschaft« auf. Khieu Samphan wird ins Parlament gewählt und arbeitet kurzzeitig sogar als Staatssekretär im Handelsministerium.

Der Mann mit dem französischen Doktortitel hätte sich auf eine höhere Beamtenlaufbahn, auf einen Posten in welcher Regierung auch immer kaprizieren können. Genau das strebt seine Mutter für ihn an. Ihr Mann ist früh gestorben, sie hat Mühe, die anderen vier Kinder durchzubringen. Doch Khieu Samphan entscheidet sich für den Untergrund, er fühlt sich, wie er später sagen wird, »verpflichtet dazu, weil die Khmer mir ein Zeichen gaben«. Seine kambodschanischen Kommilitonen und er haben im Pariser Exil immer davon geträumt, dass sich die Bauern gegen Phnom Penh und die korrupten Herrscher erheben könnten, sahen das als Beginn einer kambodschanischen Revolution. Nun kommt es erstmals zu solchen Aufständen, weil die Menschen auf dem Land glauben, nichts mehr zu verlieren zu haben. Weil sie die Arroganz der Macht stört, die Übergriffe, die unmenschlich hohen Steuern; und weil es Untergrundpolitiker gibt, die sie dazu anstacheln.

Saloth Sar hat sich den Kampfnamen Pol Pot gegeben und zeigt sich als ein erstaunlich disziplinierter und erfolgreicher Guerilla-Führer. Aber er braucht Verstärkung und lässt das seinem alten Freund über einen geheimen Kurier aus Pariser Tagen übermitteln. Khieu Samphan zögert nicht. Buchstäblich von einem Tag auf den anderen gibt er seine bürgerliche Existenz auf. Zum Entsetzen seiner Mutter und seiner Brüder verschwindet er in einer Aprilnacht 1967 ohne Brief, ohne Gruß, ohne Angabe eines Ziels. Wenn es eine Chance für die Revolution gebe, dann – so hat er immer gepredigt – müsse das Private zurückstehen. Am nächsten Tag sagen Gerüchte, er sei in die Rebellengebiete aufgebrochen, vermutlich von seinen Genossen versteckt im Heu eines ländlichen Fahrzeugs. Die Verwandten werden ihn nie wiedersehen.

Vergès beginnt sich um diese Zeit wieder einmal zu langweilen in seinem Leben. Er ist ein etablierter Anwalt, in einem fulminanten Kreuzverhör hat er den Chef des französischen Geheimdienstes dazu gebracht, den Einsatz von Folterpraktiken einzuräumen; Djamila hat ihm zwei Töchter geschenkt, alles geht seinen schrecklich geregelten Gang. Und Algeriens sogenannte sozialistische Regierung hat nach der errungenen Unabhängigkeit schnell gezeigt, wie korrupt und frei von Idealen sie das Land verwaltet. Vergès hält die Enge, den Mief nicht mehr aus. Er verschreibt sich der Weltrevolution. Er hat in Paris Che Guevara getroffen, der auf Durchreise nach Afrika ist, »ein wahrhaft charismatischer Typ«. Er gründet in Algerien gemeinsam mit Djamila eine revolutionäre politische Wochenzeitschrift für das aus dem Kolonialismus erwachende Afrika, die *Révolution Africaine*. Er beantragt und bekommt als »Held der Dritten Welt« eine Privataudienz bei Mao Zedong, an seiner Seite seine Lebensgefährtin. »Wir haben sehr ernsthafte politische Diskussionen geführt. Überraschend dabei war die menschliche Seite Maos, er hatte etwas Rührendes. Er hat mich allen Ernstes gefragt, ob ich vorhätte, Djamila zu heiraten.

Ja, sagte ich. Und er antwortete: Tun Sie es. Das wird zwar sicher eine schwierige Liaison, aber die Liebe ist eine subversive Kraft.« Mao ist für den französischen Staranwalt ein Mann mit »Charme und großem Durchblick«.

Einspruch, Maître! Damals hatte Mao seinem Volk schon den irrwitzigen Großen Sprung nach vorn aufgezwungen, der wohl an die dreißig Millionen Menschen das Leben kostete, er stand kurz davor, die mörderische Kulturrevolution zu entfachen. Würden Sie auch mit Ihrem Wissen von heute den Großen Vorsitzenden noch so positiv sehen?

»Ich glaube, dass jeder Stärken und Schwächen hat. Ich hatte das große Glück, nur Maos positive Qualitäten kennen zu lernen.«

Vergès bläst Wölkchen in den Zimmer-Himmel und lässt den Blick über die Bücherregale gleiten, als habe er sich aus dem Interview, ja, aus der ganzen Welt ausgeklinkt. Er springt auf, geht zur Wand, streichelt fast zärtlich, so als seien es seine Kinder, über einige der Bücherrücken. Es sind keine Gesetzestexte, die es dem Maître angetan haben, sondern Werke von Philosophen, von Literaten, von Künstlern, die sich mit Grenzüberschreitungen befasst haben. Verfasser der einzigen für Vergès möglichen Literatur: Dostojewski, Mailer, Mauriac, André Gide und Thomas Mann. »Viele von ihnen hätten Advokaten werden können«, sagt er und vergibt damit das für ihn größtmögliche Kompliment.

»Was hatten Sie noch einmal gefragt?«

Er nimmt bei unserem langen Gespräch gelegentlich eine kleine Auszeit. Manchmal tut Vergès so, als würde er eine Frage nicht verstehen, diese letzte, nach seiner Ehe, hat er sich zweimal wiederholen lassen. Aber der alte Mann hört offensichtlich sehr gut. Er will manchmal nur Zeit für die fein ziselierte Antwort gewinnen – und um Gottes und des Teufels willen nicht als geistig langsam erscheinen; das ließe seine Eitelkeit nicht zu. Am Anfang, in der Mitte und am Ende steht für ihn immer das Wort, und das Wort will gewogen und nicht für zu leicht oder zu schwer befunden werden. In seiner Welt hat die Macht, wer das Richtige sagt. Vergès trauert in solchen Momenten erkennbar den Zeiten nach, da sein

Kosmos von Geheimtreffen geprägt war, als die Wörter noch viel mehr als heute das Gewicht von Taten hatten, als falsche Formulierungen Verräter entlarven und den Tod bedeuten konnten. Die Sprache mit ihrem gezähmten Wildwuchs ist seine Antwort auf die ungebändigte Natur. Vergès ist ein Schmied seines eigenen Glücks. Ein Worte-Schmied.

So wie Khieu Samphan plötzlich aus seinem geregelten Leben verschwindet und in ein geheimnisvolles Schattenreich taucht, das seiner bisherigen Welt verborgen bleibt – so stiehlt sich auch Jacques Vergès davon. 1970 verlässt er seine Frau und die beiden Kinder, ohne Bescheid zu sagen, wohin er geht, was er plant, an welchem Ort er zu erreichen sein wird. Er hinterlässt keine Spuren oder verwischt sie gar: ein Houdini in eigener Sache, mindestens so mysteriös wie sein kambodschanischer Freund.

Nach einigen Monaten lässt ihn seine Frau für tot erklären. Die Gerüchte überschlagen sich – er könnte einem Racheakt der französischen Rechtsradikalen zum Opfer gefallen sein, sagen die einen, er sei von amerikanischen oder israelischen Agenten in ein fremdes Land verschleppt worden, vermuten die anderen. Nur auf die Wahrheit kommt keiner: Jacques Vergès lebt, er ist freiwillig untergetaucht. Mehr als acht Jahre lang existiert keine zuverlässige Spur von ihm. »Ich habe mir meine großen Ferien genommen«, sagt er lapidar bei unserem Gespräch. Bis heute hat er über diese Zeit keine Auskunft gegeben – was zweifellos zu seinem legendären Ruf des Geheimnisumwitterten beiträgt.

Warum will er dieses Mysterium mit ins Grab nehmen? Warum mag er das Rätsel nicht lüften, sagen wir jetzt, bei diesem Interview, an einem schönen Herbsttag des Jahres 2008?

Vergès grinst schelmisch, wie ein kleiner Junge, dem ein toller Streich gelungen ist. »Aber warum sollte ich? André Malraux hat einmal gesagt, die Wahrheit eines Mannes zeige sich vor allem in dem, was er verschweigt. Es ist doch sehr amüsant, dass in unserem modernen Polizeiapparat niemand nachvollziehen kann, wo ich mich fast ein Jahrzehnt lang aufgehalten habe. Ich habe übrigens auch sehr gerne meine Nachrufe gelesen, sie waren durch die Bank anrührend: Von einem sehr begabten, vielversprechenden Mann war da die Rede, der nun viel zu früh von dieser Welt gegangen ist...«

Aber wie konnten Sie das ertragen, das Leid, das Sie ihren Liebsten brachten, das Sie Ihren Freunden zufügten? Auch ihre Frau und die Kinder dachten doch, Sie seien tot, und Sie müssen sich ein Bild von ihrem Schmerz gemacht haben. Wie kann man so etwas verkraften?

»Ich habe mein Leben lang den Kaprizen meines Herzens gehorcht. Ich habe mich nur für eine bestimmte Zeit auf die andere Seite des Spiegels begeben. Ich bereue nichts. Ich brauchte diese Auszeit. Ich musste tun, was ich getan habe.«

Manche vermuten, Vergès habe sich im Nahen Osten aufgehalten, vielleicht bei der radikalen palästinensischen Befreiungsorganisation PFLP oder einer anderen terroristischen arabischen Gruppierung. Er hat zum Zeitpunkt seines Verschwindens für palästinensische Mandanten gearbeitet, es gibt einen überlieferten Meinungsaustausch zwischen Hassan Ali Salameh, dem späteren Kopf hinter den Olympia-Anschlägen von München, und PLO-Chef Jassir Arafat, in dem sie den »Gesinnungsgenossen« Vergès preisen und ihn auch unter einem militärischen Tarnnamen (»Mansour«) adressieren.

Andere glauben, Vergès könnte sich im Kongo aufgehalten haben, wo er Kontakte zu allen wichtigen politischen Akteuren besaß und als Strippenzieher galt. Oder war er auf Kuba, um die Revolution voranzutreiben? Im maoistischen China, um ihr Feuer zu erhalten? In der Sowjetunion, um die fast schon erloschene Glut neu zu entzünden? Bei den südamerikanischen Tupamaros? Die Siebzigerjahre sind voller Verstecke für einen, der durch so viele Fegefeuer gegangen und beim Teufel so gut eingeführt ist wie der Maître.

Aber die allermeisten Vergès-Watcher im französischen Geheimdienst und unter den persönlichen Freunden des Advokaten, etwa drei Viertel dieser Expertengruppe, tippen auf Kambodscha als Ort seiner langen Auszeit. Sie glauben, dass sich der Anwalt zumindest die meiste Zeit im fernöstlichen Dschungel bei den Roten Khmer aufgehalten hat. Bei seinen Freunden Pol Pot, Ieng Sary – und Khieu Samphan. Keiner der Khmer-Rouge-Führer hat das bestätigt, Pol Pot hat die Vermutung in einem seiner wenigen Interviews (mit dem jugoslawischen Fernsehen) sogar vehement dementiert. Aber was bedeutet schon das Dementi eines Kriegsverbrechers, der womöglich mit dem Leugnen einem Sympathisanten peinliche Erklärungen ersparen wollte?

Zu der Zeit, als Vergès gerade erst untergetaucht ist, werden von seinem Freund zumindest die Koordinaten bekannt. Khieu Samphan wird nach dem Staatsstreich des CIA-Favoriten Lon Nol Mitte 1970 in einer neu gebildeten Untergrundregierung stellvertretender Premier und Verteidigungsminister, sein Freund Hou Yuon fungiert als Schatten-Innenminister. Zusammengeschlossen haben sich Amerika-Gegner aller Couleurs, der Chef des Zweckbündnisses im Maquis (»Widerstand«) ist ausgerechnet der Mann, der den promovierten Sorbonne-Absolventen erst gefördert, dann geschasst hat und der ihm ideologisch so gar nicht nahe steht: Prinz Norodom Sihanouk. Sollte Khieu Samphan in jenen Tagen seinen französischen Bekannten beherbergt haben, dürfte es für den an Luxus Gewöhnten eher untypisch spartanisch zugegangen sein. Aber Vergès könnte im Partisanenversteck große Geschichte miterlebt haben: die Planungen der Kommunisten für die Machtübernahme, ihre ideologische Radikalisierung.

Khieu Samphan, vermutlich schon 1971, sicher aber 1975 ins Zentralkomitee der Kommunistischen Partei Kambodschas aufgenommen, hat sich später immer als eine mäßigende Kraft innerhalb der Roten Khmer dargestellt. Er bestritt beispielsweise, etwas mit der unmenschlichen Zwangsevakuierung der Stadtbevölkerung von Phnom Penh schon wenige Stunden nach dem Sieg der Aufständischen zu tun gehabt zu haben; auch von den späteren Massenmorden, vom Genozid am eigenen Volk hat er angeblich nichts gewusst. Dokumente sprechen eine andere Sprache: Khieu Samphan gehört zu den Mitorganisatoren der Hauptstadt-Vertreibung, er inspiziert die Route Richtung Norden am Checkpoint

Prek Kdam. 1977 wird der Intellektuelle unter den Khmer Rouge Chef des »Büro 870«, das die »Ausführung aller Parteibefehle« überwachen soll – eine zentrale Rolle, in der er beispielsweise die von Pol Pot angeordneten Säuberungen in der East Zone nahe der vietnamesischen Grenze einschließlich des Mordbefehls gegen den dortigen Parteisekretär Sao Pheum mitgetragen haben muss.

Jacques Vergès taucht 1978 nach den Jahren des mysteriösen »Auslands-Urlaubs« wieder in Paris auf, als sei nichts gewesen. »Ich bin schlank, braungebrannt und erholt zurückgekehrt«, sagt er. Die drängenden Fragen seiner Freunde ignoriert er ebenso wie die seiner Familie; seine Frau Djamila, die um ihn getrauert hat, lässt sich von ihm scheiden. Er versteht ihre Entscheidung, möchte sie aber nicht kommentieren und spricht lieber davon, dass er »bis heute« zu seinen Kindern »ein gutes Verhältnis« habe und sie regelmäßig sehe. Er stürzt sich wieder in seine Arbeit als Anwalt, nimmt den Kampf auf gegen alles Etablierte, Nicht-Hinterfragte, gegen das Gift des angeblich unbestreitbaren gesunden Menschenverstands.

Er spielt den Narren am Hofe der Republik, und er tut es mit Lust: »Das ist mein Part, der Part des Kotzbrockens, der den Gutmenschen und Großinquisitoren und allen, die sich ihrer moralisch überlegenen Sache sicher waren, entgegenschreit: Wofür haltet Ihr Euch!« Er gefällt sich in seiner Rolle als Außenseiter, als Agent Provocateur, als einsamer Rufer in einer intellektuellen Wüste. Einer, der das Gesetz kennt, um mit ihm zu spielen. Der sich jenseits der bürgerlichen Vorstellungen von Gut und Böse bewegt. Der einen Begriff wie Moral den Sozialdemokraten, den Liberalen oder sonstigen Weichlingen und Langweilern zu überlassen bereit ist. »Meine Moral ist, gegen jede Moral zu sein«, sagt er bei unserem Interview. »Weil sie das Leben festzurren will, keine Spontaneität zulässt, letztlich eigene freie Entscheidung verhindert. Alles Humanistische ist mir fremd.«

Der Prozess gegen Klaus Barbie sieht er als sein Meisterwerk und auch alle, denen der »Anwalt des Teufels« ein Dorn im Auge ist, müssen zugeben: Es ist Vergès zu verdanken, dass Frankreich sich mit seiner eigenen, oft schöngeredeten oder totgeschwiegenen Kollaboration mit den Nazis beschäftigt, dass eine aufgewühlte Nation ihre Mitschuld nicht mehr unter den Teppich kehren und verschweigen kann. »Keine Sekunde« habe er gezögert, sagt Vergès bei unserem Gespräch, als der ehemalige Gestapo-Chef ihm 1987 die Verteidigung seines Falles anträgt. Er allein steht 39 Juristen der Gegenseite gegenüber, einem Richter, der sein Urteil erkennbar schon gefällt hat. »Ihr singt alle dasselbe Lied, habe ich ihnen gesagt, Ihr seid ja eine ganze Akademie. Ich bin der Einzige, der hier noch für eine Überraschung sorgen kann – und ich werde für sie sorgen.«

Über die Taten des SS-Hauptsturmführers spricht er wenig; dass Barbie den Résistance-Führer Jean Moulin brutal foltern ließ, dass er Dutzende Kinder zwischen drei und dreizehn Jahren aus einem Heim in Izieu nach Auschwitz überstellen ließ, wo sie alle vergast wurden – unbestreitbare historische Fakten. Vergès aber sucht nach anderen Schuldigen im Umfeld des Nazi-Schlächters, streut Salz in die verschwiegenen, verdrängten Wunden der Nation, zerstört die Mythen des über alle Zweifel erhabenen Widerstands. Und zelebriert die Erkenntnisse fast genüsslich: Résistance-Kämpfer haben Moulin verraten, es gab Grautöne auch bei denen mit der angeblich so lupenrein weißen Weste.

Vergès zeigt sich mit Barbies Familie in den besten Restaurants von Lyon, lässt streuen, dass er den Massenmörder in der Haft abwechselnd mit »Mon Capitaine« oder mit »Don Klaus« anrede. Er manifestiert demonstrative Wertschätzung für den Angeklagten, lässt jedes Mitleid missen. Ähnlich wie bei den algerischen FLN-Prozessen erwägt er nicht einmal eine Entschuldigung gegenüber den Betroffenen. Er spricht von der »Würde« seines Mandanten, die Würde der Opfer scheint ihn nicht zu interessieren. Gegen Ende des Prozesses braucht Vergès vor den aufgebrachten Zuschauern und Demonstranten Polizeischutz. Die Empörung macht ihn glücklich. »Die Schönheit eines Prozesses bemisst sich auch nach der Spur, die er hinterlässt, noch lange nach dem Urteil.« Dass es im Fall Barbie auf lebenslänglich lautet, erscheint ihm banal, angesichts der aufgewühlten französischen Nation geradezu nebensächlich. Der Weg war wieder einmal das Ziel, der Prozess das Entscheidende.

Der Meister und die »Monster«: Diese Aufführung wird er in den nächsten Jahren immer wieder geben.

Vergès verteidigt afrikanische Potentaten gegen Vorwürfe von Amnesty International (»Auch das Gute muss gewisse Grenzen einhalten.«). Er vertritt 1994 den Terroristen Carlos und dessen deutsche Freundin Magdalena Kopp. Berät im Jahr 2002 den jugoslawischen Kriegshetzer Slobodan Milošević (»Ich mag Staatschefs, die an den Säulen der internationalen Ordnung rütteln«) bei dessen Verteidigung vor dem Haager Tribunal. Er dient sich 2004 als Anwalt Saddam Husseins an (»Ich bin auf der Seite des Wolfes, besonders wenn er blutet.«) und scheitert erst an den Töchtern des irakischen Diktators, die ihn aus persönlichen Gründen partout nicht im Bagdader Gerichtssaal sehen wollen; stattdessen übernimmt er 2006 die Vertretung des ehemaligen Außenministers Tarik Asis, der lange Zeit als das »humane Gesicht« des irakischen Regimes galt und selbst vom Papst im Vatikan empfangen wurde, aber nachweislich von den Gräueltaten seines Chefs gewusst hat – ein zwielichtiger Mann ganz nach des Anwalts Geschmack.

Immer wieder wirft man Vergès vor, sich mit seinen Mandanten gemein zu machen; in Sachen Carlos wird sogar gegen ihn ermittelt, man verdächtigt den Juristen, womöglich selbst in terroristische Aktivitäten verwickelt zu sein. Die Voruntersuchungen verlaufen im Sand. Aber auch bei unserem Gespräch in seiner Pariser Kanzlei hält sich der Advokat mit provozierenden Äußerungen nicht zurück, will seine geistige Nähe zum »Schakal« und seiner Freundin gar nicht leugnen. »Es stimmt«, sagt er und beugt sich vor, als wolle er sicherstellen, dass die folgende Botschaft auch wirklich ankommt: »Ich habe Achtung vor dem, was sie getan haben.«

Einen Moment bitte, das müssen Sie erklären, Maître! Beide haben Dutzende Menschen umgebracht. Achtung vor Terroristen – wie können Sie das mit Ihrem Gewissen und Ihrer Rechtsauffassung in Einklang bringen?

»Magdalena Kopp, die damalige Lebensgefährtin von Carlos, war eine junge Deutsche, die Fotografie studiert hatte, Reporterin werden wollte. Dann hat sie alles hinter sich gelassen und ist in den

Nahen Osten gegangen, um dort an der Seite der unterdrückten Palästinenser zu kämpfen. Das ist ein sehr selbstloser Akt, für den ich nichts anderes als Sympathie empfinden kann.«

Überschreiten Sie damit als Anwalt nicht eine rote Linie, stellen sich außerhalb des Rechtssystems, das Sie doch bei Ihrem Berufseintritt zu verteidigen schworen?

Zum ersten Mal bei unserem Gespräch in der Anwaltskanzlei lässt Vergès, der leise und bestimmt gesprochen, niemals die Stimme erhoben hat, so etwas wie Emotionen erkennen. Er drückt die Havanna so fest in den Aschenbecher, dass sie auszugehen droht. Aber nur fast. Er fängt sich nach einem Moment wieder und fährt fort in seinen belehrenden Ausführungen. Ein Professor vor seinen Schülern, nie um einen historischen Vergleich oder ein Bonmot von Voltaire, De Quincey oder Oscar Wilde verlegen, ein urbaner Guerillero, den man sich eher als Revolutionstheoretiker in intellektuellen Salons mit einem XO-Brandy vorstellen kann als im kambodschanischen Dschungellager unter Kämpfern, mit einem Glas Wasser unter dem Moskitonetz.

Vergès holt tief Luft, und für seine Begriffe wird der sonst so Beherrschte laut. »Was bedeutet diese rote Linie? Meine verdammte Pflicht als Anwalt ist es, jeden zu verteidigen, vor allem diejenigen mit den schwerwiegendsten Anklagen. Ich habe Achtung vor dem, was Magdalena Kopp getan hat, aber das heißt nicht, dass ich es selbst tun würde. Ich identifiziere mich nicht damit. Und natürlich gibt es Grenzen: Wenn Barbie mich gebeten hätte, in meinem Plädoyer die Überlegenheit der arischen Rasse darzulegen, dann hätte ich ihm gesagt, tut mir leid, das kann ich nicht tun.«

Immer wieder hat Vergès auch die Vertretung von Klienten ohne Bezahlung angenommen, hat Prostituierte und Unterschichtkinder verteidigt, allerdings nur wenn der Prozess etwas Spektakuläres versprach, die Provokation...

»... und wenn Sie sich jetzt Sorgen um meinen Finanzen machen, darum, wie ich meine Kanzlei finanziere, kann ich Sie beruhigen. Es gibt auch Industrieunternehmen, die ich vertrete, und die bezahlen sehr gut.«

Immer wieder ist auch die Rede davon, Vergès stehe auf der Payroll afrikanischer Diktatoren. Nachweislich hat er die Herren Eyadéma (Togo), Déby (Tschad), Bongo (Gabun) und Tschombé (Kongo) vertreten. Könnte er nicht wenigstens bei denen, die nichts anderes symbolisieren als die Ausbeutung des eigenen Volks, nein sagen?

»Ja, das könnte ich tun. Aber das wäre dann ungefähr so, als ob ein Arzt zu einem Patienten sagte: Wissen Sie, Sie haben Aids, aber ich mag keine Sodomie, ich halte sie für ein Verbrechen, es ekelt mich an, also werde ich Sie nicht behandeln.«

Maître, da gibt es doch einen entscheidenden Unterschied: Ein Doktor muss Hilfe leisten, dazu verpflichtet ihn sein hippokratischer Eid. Als Anwalt aber sind Sie doch nicht verpflichtet, jeden als Mandanten anzunehmen.

»Wenn Sie einen Arzt treffen, der kein Blut, keinen Eiter, keine offenen Wunden sehen kann, dann hat der Mann seinen Beruf verfehlt. Wenn Sie einen Anwalt treffen, der keine Mörder, keine Wirtschaftskriminellen und keine Diktatoren mag, ist das nicht anders. Aber ich gebe zu, meine größte Herausforderung sind andere Fälle, solche Fälle, in denen mein Herzblut fließt. Beispielsweise freue ich mich richtig auf die Verhandlungen in Phnom Penh gegen den brillanten Denker Khieu Samphan – wenn es denn überhaupt zu diesem Prozess kommen sollte.«

Vergès' Freund, sein dialektisch begabter Lieblingsschüler aus Pariser Tagen, sein möglicher heimlicher Gastgeber im kambodschanischen Dschungel Anfang der Siebzigerjahre, legt eine noch fulminantere internationale »Karriere« hin als sein ideologischer Lehrer. Khieu Samphan hat in seiner 1959 an der Sorbonne eingereichten Arbeit geschrieben, die internationale ökonomische Integration Kambodschas sei »der tiefere Grund für die Unterentwicklung des Landes«, es sei unbedingt nötig, seine Heimat in einen autarken Agrarstaat zu verwandeln und dabei dem Einzelnen erhebliche Opfer abzuverlangen: »Es geht nicht um das Individuum, sondern um die Nation.« Nun, da die Roten Khmer die Macht erobert haben, da Khieu Samphan in den inneren Zirkel der Macht aufgestiegen und eines von neun Mitgliedern des Zentralkomitees der Roten Khmer geworden ist, kann er daran gehen, die graue Theorie in die blutrote Praxis umzusetzen.

Khieu Samphan ist keiner, der sich an der Macht berauscht, jedenfalls am Anfang noch nicht. Für ihn bedeutet Macht keinen Ego-Trip, sondern Mittel zum Zweck. Er ist nicht anfällig für Korruption oder Schmeicheleien. Er braucht keinen Luxus, sondern zeigt sich bereit, die von ihm verordneten Entbehrungen persönlich mitzutragen. Allerdings ist er von Anfang an gnadenlos in der Verfolgung seiner Ideologie. Der Sache haben sich alle unterzuordnen, persönliche Beziehungen gelten nichts, Familienverbände müssen zugunsten der »Angkar«, der Partei-Organisation, aufgelöst, »Verräter« müssen bestraft werden. Schon im Dezember 1975 hat Khieu Samphan vor »Imperialisten« gewarnt, die angeblich versuchten, die Partei zu »infiltrieren und unterwandern«. Er fordert in einer Rede die Genossen auf, »diese Männer aufzuspüren und um jeden Preis zu bekämpfen, wie immer sie sich auch verstellen mögen«. Mehr als plausibel, dass sich untere Kader von diesen Worten angestachelt fühlten, »Verdächtige« zu denunzieren und ins gerade eingerichtete Folter- und Vernichtungslager S-21 zu liefern.

Der Mann, den seine Mutter und sein Bruder immer als fürsorglich, ja, als liebevoll zärtlich beschrieben haben, erweist sich an den Hebeln der Macht als Mann ohne jede Skrupel. Als Komplize, womöglich sogar als geistiger Wegbereiter des Völkermords. Und wo es um die Sache geht, kennt Khieu Samphan, wie so viele andere Führungspersönlichkeiten, keine Freundschaften mehr.

Hou Yuon, sein alter Kumpel, mit dem er in Paris studiert hat und an dessen Seite er in Phnom Penh zur Verbesserung der (für ihre Zeitung benötigten) Finanzen nächtelang Baguettes ausgetragen hat, wendet sich gegen die Exzesse des Khmer-Rouge-Politbüros, nennt die Zwangsevakuierung der Hauptstadt »einen schlimmen Fehler«. Pol Pot lässt den Aufrechten unter Hausarrest stellen; Khieu Samphan rührt für ihn keinen Finger. Schon 1976 verliert sich Hou Yuons Spur, vermutlich wird er hingerichtet oder zum Selbstmord gezwungen. Für die Anführer der Roten Khmer stehen die Erschießungen und Folterkammern mit der Entvölkerung der

Städte und dem Zwang zur Feldarbeit, der hunderttausendfache Tod durch ihr radikalkommunistisches Experiment, nicht im Widerspruch zur »Reinheit« ihrer Gedankenwelt. Ganz im Gegenteil, sie sind ihnen so etwas wie der Beweis für ihren Idealismus. Terror ist das zentrale Mittel ihrer Machtausübung und der »moralischen« Ordnung – um den »neuen Menschen« zu schaffen.

Khieu Samphan ist vom Typ her kein Lustfolterer wie Kaing Guek Eav alias Duch, der Aufseher von Tuol Sleng und Mann fürs Grobe (mit dem er heute, seit November 2007, ein Gefängnis teilt und an dessen Seite er dem Prozess durch das Tribunal von Phnom Penh entgegensieht). Keiner, den ein Blutbad mit tiefer Befriedigung erfüllt wie Pol Pot. Der eher feinsinnige Intellektuelle Khieu Samphan nimmt die Brutalitäten eher achselzuckend in Kauf. Er wohnt keinen Hinrichtungen bei, persönliche Anordnungen von Todesurteilen sind nicht seine Sache. Er ist der perfekte Schreibtischtäter, der Mann für die Leitlinien, das »Hirn« der Partei – und bald auch ihr Gesicht nach außen.

Als Sihanouk dem Khmer-Rouge-Regime im April 1976 zwischenzeitlich die Legitimation entzieht und als Staatschef des Demokratischen Kampuchea zurücktritt, übernimmt Khieu Samphan sein Amt. Der Prinz hält ihn damals eher für einen Strohmann der wirklich Mächtigen; in Wahrheit ist seine Rolle innerhalb der Khmer Rouge wohl weit bedeutender. »Dauphin«, nennen ihn die Mitaufsteiger aus Pariser Studentenzeiten, was »Tümmler« heißt und einen Delfin bezeichnet, der loyal in der Gruppe mitschwimmt. Im politischen Kontext bedeutet es auch »der Kronprinz«. Und so sieht ihn offensichtlich auch Pol Pot. Der »Bruder Nummer eins« schätzt Khieu Samphan ungemein, er ist neben Nuon Chea (dem heute ebenfalls angeklagten »Bruder Nummer zwei«) der Einzige, den er jemals öffentlich aus der Masse der Parteisoldaten herausgehoben und bei seinen Ansprachen an die Kader ausdrücklich gelobt hat.

Nach der Niederlage der Roten Khmer gegen die Vietnamesen im Januar 1979 flieht Khieu Samphan an Pol Pots Seite in die Dschungelgebiete entlang der thailändischen Grenze – womöglich ist das der Zeitraum, in dem er sich von seinem französischen

Freund getrennt hat, jedenfalls wird der verschollene Jacques Vergès in diesen Monaten wieder in Paris gesehen. Khieu Samphan bildet im Untergrund eine Gegenregierung, der sich 1982 auch wieder die royalistischen Kräfte anschließen – der Kampf gegen die verhassten Vietnamesen rechtfertigt alles. Unter der Präsidentschaft des merkantilen Prinzen Norodom Sihanouk, den er so oft hofiert wie verraten hat, übernimmt er die Ämter eines Vizepremiers und Außenministers. 1985 wird Khieu Samphan formal auch Parteichef der Roten Khmer. Diese Positionen hält er bis 1991 und darf bis dahin – ungeachtet des Genozids, den er mitzuverantworten hat – sein Land vor der Uno vertreten. In Kambodscha aber trägt der Herr im Nadelstreifen skrupellos dazu bei, dass weiter ein Bürgerkrieg tobt. Dass das Leid nicht endet.

Im Oktober 1991 gehört Khieu Samphan dann zu den Unterzeichnern des Pariser Friedensabkommens, das die Demobilisierung sämtlicher am Bürgerkrieg beteiligter Kräfte regeln soll und bis zu den geplanten Wahlen 1993 Kambodscha faktisch in die Hand der Vereinten Nationen gibt. »Sehr bewegt« kehrt Khieu Samphan im November in die Hauptstadt Phnom Penh zurück, um ein Büro der nun wieder hoffähig gewordenen Roten Khmer zu eröffnen. Doch als er in Phnom Penh, angesprochen auf Gräuel in seiner Amtszeit, alle Berichte von Menschenrechtsverletzungen wegwischt und sie »imperialistische Lügen« nennt, kocht die Stimmung über. Er wird von einer aufgebrachten Menge fast gelyncht, muss sich blutüberströmt verstecken und die demütigende Rettung durch Regierungskräfte akzeptieren. Bald schon zeigt sich, dass Khieu Samphan & Co. an Wahlen kein Interesse haben und gar nicht daran denken, sich von der Uno entwaffnen zu lassen.

Noch einmal geht der »Dauphin« in den Untergrund, zieht sich mit Pol Pot in das Grenzgebiet nahe Thailand zurück. Aber längst schon schwimmen die Roten Khmer nicht mehr auf einer Sympathiewelle, die Gegenströmung ist auch in den bäuerlichen Regionen enorm. 1994 erklärt die Regierung in Phnom Penh die Roten Khmer offiziell als verboten und beginnt ihre Führer heimlich zu umwerben – wer sich stellt, soll ein sorgenfreies Leben führen dürfen. Das Angebot spaltet die militärisch bedrängte Bewegung. Die gnadenlose Brutalität, mit der die Steinzeitkommunisten angebliche oder tatsächliche Oppositionelle bekämpft haben, richtet sich nun auch gegen höchste Kader. Im immer kleiner werdenden Herrschaftsgebiet bekämpfen sich die einstigen KP-Führer bis aufs Blut. Als schließlich auch Pol Pot von seinen eigenen Leuten der Prozess gemacht wird und der »Bruder Nummer eins« stirbt, gibt auch Khieu Samphan auf. An der Seite Nuon Cheas, des »Bruder Nummer zwei«, streckt das Aushängeschild der Bewegung am 26. Dezember 1998 die Waffen.

Hun Sen hat bis dahin immer die Aburteilung der Khmer-Rouge-Führer gefordert (und tut das formal auch heute wieder); aber Khieu Samphan und Nuon Chea empfängt er nach ihrem Rückzug aus der aktiven Politik in der Hauptstadt wie Helden. Er legt ihnen Blumengirlanden um den Hals, umarmt sie wie endlich wiedergefundene Brüder und sagt: »Wenn die Wunde nicht mehr schmerzt, warum sollte man dann in ihr herumbohren und sie wieder zum Bluten bringen. Grabt ein Loch und vergrabt darin die Vergangenheit.« Bei einer Pressekonferenz werden die beiden sehr freundlich befragt, ob sie irgendetwas an ihrer Regierungszeit bereuen. »Ja, ja, manches tut mir leid, leid, leid«, antwortet ein lächelnder Khieu Samphan. Und Nuon Chea drückt sein Bedauern aus, »nicht nur für die Menschen, sondern auch für die Tiere, die während des Kriegs gelitten haben«. Anschließend dürfen sich die beiden auf Staatskosten neue Einrichtungen in Angkor und an der Küste anschauen, chauffiert in Landrovern und bewacht von staatlichen Bodyguards.

Khieu Samphan aber lässt sich von den versöhnlichen Worten nicht täuschen. Er ist zu klug, um nicht die Zeichen der Zeit zu erkennen und persönliche Konsequenzen zu ziehen. Er ahnt, dass es eines Tages noch eine juristische Aufarbeitung der Rote-Khmer-Zeit geben wird. Er erwirbt auf Umwegen eine Villa in Phnom Penh, hält sich aber überwiegend in Pailin nahe der thailändischen Grenze auf. Dort weiß er sich unter Gleichgesinnten, denn der schwer zu erreichende Dschungel-Ort mit seinen Diamantenminen gilt als Hochburg ehemaliger Top-Kader der Roten Khmer.

Khieu Samphan beginnt Memoiren zu schreiben. Er sieht sich, was das neue Kambodscha und die Aufarbeitung seiner jüngeren Geschichte betrifft, in seinen Befürchtungen bald bestätigt. Im August 2001 billigt König Norodom Sihanouk den Gesetzesentwurf, mit dem ein Völkermord-Tribunal gegen die Roten Khmer beschlossen wird. Nun ist es nur noch eine Frage der Zeit, wie lange Khieu Samphan noch in Freiheit bleiben wird, wann er sich rechtfertigen muss. Er bereitet sich vor, so gewissenhaft, wie er sich auf jede Wendung seiner Karriere vorbereitet hat. Sammelt alles, was ihn entlasten könnte. Sucht Zeitzeugen, die das belegen können und wollen. Diskutiert mit Gesinnungsgenossen und kambodschanischen Juristen. Und schreibt nächtelang durch, akribisch mit Fußnoten, wissenschaftlich untermauert, theoretisch fundiert: eine große Entlastungsschrift in eigener Sache.

Aber eine professionelle Verteidigungsstrategie für einen möglichen Prozess – die traut er keinem Einheimischen zu, sondern nur seinem Freund aus alten Tagen, dessen brillante Plädoyers er in der internationalen Presse verfolgt hat. Khieu Samphan will Jacques Vergès.

Der Khmer und der Franzose sind verschiedenartige Charaktere, was sich schon an den Titeln ihrer autobiografischen Werke festmachen lässt. Der schillernde Herr Vergès nennt sein Buch selbstironisch und provokativ »Le Salaud Lumineux«, was sich mit »Der brillante Drecksack« übersetzen lässt, eine Journalistenschmähung in eigener Sache, die dem Teufelsadvokaten so gut gefallen hat, dass er sie nun selbst verwendet und auf einen großen Kaufanreiz hofft.

Der staubtrockene Herr Samphan nennt sein Buch »L'histoire récente du Cambodge et mes prises de position« (»Die jüngere Geschichte Kambodschas und meine dazu eingenommenen Positionen«), er schreibt nicht für eine möglichst große Anzahl von Lesern, sondern ausschließlich für Gesinnungsgenossen und Historiker. In der Form – und in ihrem Auftreten – könnten die beiden Männer kaum unterschiedlicher sein. Aber im Geiste sind sie Zwillingsbrüder.

Beide lassen immer wieder zwischen den Zeilen erkennen, dass sie Gewalt und auch Terror als »Waffe der Unterdrückten« sehen. In Jacques Vergès' Welt ist es die »imperialistische Unterdrückung« durch die übermächtigen Vereinigten Staaten, die auch radikale Gegenmaßnahmen rechtfertigt. Bei Khieu Samphan ist es der Zwang, seine Heimat umzugestalten. Die Roten Khmer hätten teilweise erfolgreich für soziale Gerechtigkeit und die Verteidigung der nationalen Souveränität gearbeitet, argumentiert ihr ehemaliger Chef allen Ernstes. »Es gab keine gezielte Politik, die Menschen in den Hunger zu treiben und auch keine, die Massentötungen zu veranlassen«, schreibt Khieu Samphan. Er konstatiert »Grausamkeiten«, die wohl vorgekommen seien, sein Mitleid konzentriert sich aber auf die eigenen Truppen, die er gegen die Vietnamesen in der Grenzregion zu Säuberungen geschickt hat; diese Männer sei er im Krankenhaus besuchen gegangen, ihre »mit Blut bedeckten Körper und ihr Stöhnen vor Schmerz« hätten ihm »Tränen in die Augen« getrieben.

Seine persönliche Schuld? »Vielleicht war es meine Naivität, die mich bis zuletzt an Pol Pot glauben ließ, mein Hang zur Disziplin, mein Traum von einem neuen Kambodscha. Aber man kannte mich im ganzen Land als aufrichtigen Patrioten«, schreibt Khieu Samphan.

Seine Verantwortung? »Ich konnte mich nicht dazu durchringen, meine Stimme gegen die überflüssige Gewalt zu erheben, die wohl auch in meinem Namen begangen worden ist.« Ende der Selbstkritik. Ansonsten ist in den Memoiren viel von der »tiefen Melancholie« des Autors die Rede, der am Schluss seiner Ausführungen sicher ist, seinen »lieben Mitbürgern alle notwendigen Klarstellungen« gegeben zu haben. Sie mögen ihm Schwächen nachsehen, bittet der Selbstgerechte, Schwächen, die sich aus seiner Vaterlandsliebe und seinem Pflichtbewusstsein ergeben hätten. Nie habe er Führer werden, nie jemanden töten wollen. »Um nun zum Abschluss zu kommen, möchte ich gerne die Gelegenheit nutzen, um mich untertänig vor der Erinnerung an unschuldige Opfer zu verbeugen. Die Landsleute, die während unserer Amtszeit Verwandte verloren haben, bitte ich um Verzeihung. Ich habe immer geglaubt, meinen Pflichten zum Überleben und zur Prosperität unserer Nation nachzukommen.«

Stimmt es, Maître Vergès, dass Khieu Samphan Sie 2004 nach Kambodscha eingeladen hat? Und warum haben Sie ein so apologetisches Vorwort zu den in ihrer Selbstgerechtigkeit schwer erträglichen Memoiren des Khmer-Rouge-Führers geschrieben?

»Ja, er hat mich in sein Haus in Pailin gebeten, um einige Dinge für den Fall eines Gerichtsverfahrens zu besprechen und ich bin dann vier Tage lang in seinem bescheidenen Heim Gast gewesen«, sagt der französische Staranwalt bei unserem Interview in seiner Kanzlei an der Place Clichy. »Er teilte mir mit, dass er mit einer Anklage rechnen müsse – ziemlich prophetisch von ihm, denn verhaftet wurde er ja erst im November 2007. Und das Vorwort zu seinem Buch habe ich aus tiefer innerer Einsicht geschrieben. Weil ich der Überzeugung bin, dass Khieu Samphan unschuldig ist. Er kann schon deshalb nicht des Völkermordes schuldig sein, weil es in Kambodscha keinen Völkermord gab.«

Wirklich nicht? Durch das Terrorregime der Roten Khmer, das Ihr Mandant an vorderster Stelle zu verantworten hat, sind nach Schätzungen der Vereinten Nationen 1,7 bis zwei Millionen Menschen ums Leben gekommen, fast jeder vierte kambodschanische Staatsbürger. Und dabei soll es sich nicht um einen Völkermord gehandelt haben?

»Diese Zahlen sind übertrieben. Es gab Morde und Folter, das soll nicht bestritten und auch nicht entschuldigt werden. Aber von einem gezielten Genozid zu sprechen, ist trotzdem falsch. Die allermeisten Menschen kamen damals durch Hunger und Krankheiten ums Leben.«

Für diese Entbehrungen trug doch allein das Regime Pol Pots und Khieu Samphans die Verantwortung...

»... trug sie eben nicht. Man darf die Geschichte Kambodschas nicht mit der Machtergreifung der Roten Khmer von 1975 beginnen lassen. Dieses Ereignis hat eine blutige Vorgeschichte. Die Amerikaner unter Präsident Richard Nixon und Außenminister Henry Kissinger haben Anfang der Siebzigerjahre die Zivilbevölkerung Kambodschas mit einem brutalen Bombardement überzogen und sind für den Tod von Zehntausenden Menschen direkt verantwortlich. Ihre spätere Blockadepolitik hat zu den Hungersnöten beigetragen. Man kann den damaligen kambodschanischen Führern nicht den Prozess machen, ohne gleichzeitig die amerikanischen politischen Führer aus dieser Zeit vor Gericht zu stellen. Ohne den Kontext aufzuzeigen. Das habe ich Khieu Samphan als meine Verteidigungsstrategie vorgeschlagen, und damit war er auch einverstanden.«

Einer der Amerikaner, die Sie genannt haben, lebt ja noch. Sie könnten Henry Kissinger, wenn schon nicht als Beschuldigten vernehmen, so doch wenigstens als Zeugen vorladen. Planen Sie das?

»In der Tat behalte ich mir vor, Kissinger vor Gericht zu zitieren. Ich bin mir nur nicht sicher, ob er kommen wird und ob das sogenannte Tribunal den Willen und die Macht hat, eine solche Vorladung durchzusetzen. Dazu sind die doch viel zu zahnlos. Ich bezweifle übrigens, dass der Prozess überhaupt stattfinden wird. Den Prozess gegen Duch werden sie vielleicht durchziehen, aber gegen die übrigen Vier, einschließlich meines Mandanten, wird es kaum zu einem Hauptverfahren kommen. Das liegt vor allem am Dilettantismus der Ankläger. Mein Mandant müsste sofort freigelassen werden, weil das Gericht elementare Rechte der Verteidigung missachtet hat. Trotz meiner wiederholten Aufforderung hat man es nicht für nötig gehalten, mehr als einen Bruchteil der auf Khmer verfassten Dokumente ins Französische zu übersetzen, obwohl das Tribunal mit Khmer, Englisch und Französisch drei Gerichtssprachen als gleichwertig anerkannt hat. Ohne Kenntnis dieses ›Beweismaterials‹ aber kann ich meinen Klienten unmöglich verteidigen.«

Vergès hat das bei seinen Auftritten vor dem Tribunal in Phnom Penh lautstark zum Ausdruck gebracht und ist bei der Vorverhandlung türenschlagend aus dem Saal gestürmt. Die lokalen Zeitungen sprechen im Sommer 2008 von einem »Eklat«, den der französische Anwalt verursacht hat. »Den Eklat, wenn es denn einer war, haben die Ankläger zu verantworten«, sagt Vergès. »Ich musste mir sogar anhören, dass ein Richter meinem Mandanten allen Ernstes empfahl, sich möglichst einen neuen Rechtsbeistand zu besorgen. Eine Unverschämtheit! So etwas ist mir in über fünfzig Gerichtsjahren noch nicht passiert!«

Der Jurist gibt zu, dass er grundsätzlich skeptisch gegenüber jedem internationalen Gerichtshof ist. »Ein schöner Traum« sei das, eine »theoretisch positive Idee«, aber eben auch nicht mehr als das. Sie würde immer an den real-existierenden Machtverhältnissen scheitern, an den Proporzregeln der Weltgemeinschaft, die verhinderten, dass es zu fairen Verfahren käme. Zum Beispiel an der Übermacht der Vereinigten Staaten. Milošević hat seiner Meinung nach nie wirklich eine Chance gehabt, sein Prozess sei eine Farce gewesen. »Das roch stark nach Siegerjustiz. Das gilt auch für die Nürnberger Prozesse, die aber immerhin ein gewisses Niveau nicht unterschritten. Da hat man sich zumindest an bestimmte Regeln gehalten. Der ehemalige Reichswirtschaftsminister Hjalmar Schacht beispielsweise wurde damals in allen Punkten freigesprochen.«

Freispruch – genau so müsse das Urteil in Phnom Penh nach Ansicht des Anwalts lauten, wenn es denn entgegen seiner Erwartungen überhaupt zu einem Hauptverfahren komme. »Khieu Samphan war auch nur Wirtschaftsminister, er repräsentierte dann als Staatspräsident das Land nach außen, aber er hatte nie eine verantwortliche Position im Polizei- oder Sicherheitsapparat. Er besaß nur eine technische Rolle im Regime, er hatte mit etwaigen Verbrechen führender Roter Khmer persönlich nichts zu tun. Wusste nicht einmal davon. Niemand in Frankreich käme doch auf die Idee, Kultusminister André Malraux oder Außenminister Couve de Murville für Kriegsverbrechen zu verurteilen, die in Algerien verübt wurden! Aber ich habe in das Vorgehen des Gerichts von Phnom Penh nicht das geringste Vertrauen. Im Vergleich zu Nürnberg befinden wir uns in der totalen Illegalität, was sich da vor den sogenannten außergewöhnlichen Kammern abspielt, ist tatsächlich außergewöhnlich, es grenzt an Lynchjustiz!« Im Übrigen sei der ganze Prozess überflüssig, meint Vergès. In Wahrheit wolle doch nur eine verschwindende Minderheit die gerichtliche Aufarbeitung der Khmer-Rouge-Jahre. »Die Kambodschaner haben sich untereinander längst vergeben, sie leben friedlich miteinander. Das sehen Sie doch am Umgang der Menschen mit meinem Mandanten, bis auf einmal, als ein von der Regierung aufgehetzter Mob ihn angegriffen hat, kommunizierte er freundlich mit seinen Nachbarn und die mit ihm. Ich kenne Khieu Samphan – er ist ein sanfter Mensch, er ist unschuldig.«

Und das, Maître, glauben Sie wirklich? Dem Mann, der jahrelang dem innersten Zirkel des Zentralkomitees angehörte, der im April 1977 nachweislich in einer Radio-Botschaft an sein Volk davon sprach, der Feind müsse »ausgerottet« werden, »sauber und gründlich und allumfassend«?

Vergès zupft sich am Ohr. Eine Geste, die manchen Sozialforschern als Hinweis auf eine kommende Lüge gilt. Doch mit so einfachen Mitteln der Küchenpsychologe ist dieser Mann und Meister des geschliffenen Plädoyers sicher nicht zu entlarven. Fast mitleidig schüttelt der Purist den Kopf.

»Gemeint hat er die Ausrottung des Klassenfeindes, ein abstraktes, politisches Ziel. Khieu Samphan wollte lediglich eine bestimmte politische Kaste beseitigen, nicht die dazugehörigen Bürger, er war eben ein Idealist mit revolutionären Ideen«, sagt der Verteidiger, wählt dabei sorgfältig jede Formulierung, als sei er schon im Gerichtssaal: Vergès der Brillante gegen den Rest der Welt, gegen alle da draußen, die nicht verstehen können oder wollen. Unverkennbar, dass sich da einer seine Strategie schon bis ins Kleinste zurechtgelegt hat, bereit ist zur großen Gerichtsshow. Und vor seinen Augen erscheinen die von ihm verachteten Todfeinde, die Liberalen und die Sozialdemokraten, die Amerikaner und die Zionisten und natürlich alle, die sich für Gutmenschen halten und doch in Wirklichkeit Mitschuldige sind an dem ganzen weltweiten Desaster von Krieg, Aids und schmelzenden Polarkappen, weil sie das große Bild nicht sehen können oder wollen und in ihrer Doppelmoral gefangen sind. »Wissen Sie, der Westen will immer allen Lektionen erteilen, aber sollte man das wirklich tun, wenn man, wie beispielsweise die USA, selbst bei Kriegen zur angeblichen Verbreitung der Demokratie Zehntausende Zivilisten umbringt, wenn man für Guantanamo und Abu Ghuraib verantwortlich ist?«

Vergès mag die Idee des Visionären, wie vage auch immer, er fühlt sich von Übermenschen und Rebellen angezogen, hält Verluste auf dem Weg zu einer neuen Ordnung für unerfreulich, aber eben auch unabwendbar und darum tolerierbar. Mao, sein Immernoch-Vorbild, hat einmal gesagt: »Es ist unvermeidlich, dass bei einer Revolution Blut fließt, eine Revolution ist kein Deckchen-Sticken.« Der Satz könnte auch von Vergès stammen. Aber anders als Mao bewegt sich der Advokat in beiden Welten, der revolutionären wie der rechtsstaatlichen – und nimmt sich von beiden, was ihm gefällt und wie es ihm gefällt. Er hasst Regeln und verweigert sich Vorschriften. Aber er kennt die Gesetze und nutzt die Paragraphen perfekt im Sinne seiner Angeklagten. Die niederen Ebenen der demokratischen Regierungspolitik mit ihrer Mehrheitssuche und ihrem Zwang zu Kompromissen sind ihm ebenso verhasst wie die Gerichtshöfe à la Den Haag oder Phnom Penh, Orte der Rücksichtnahme, des kleinsten gemeinsamen Nenners, der einschränkenden Abstimmungen, der Kleine-Brötchen-Bäcker. Und darum für jemanden, der Glanz und Grandeur sucht, der ein einsamer Wolf ist und zugleich auch ein Volkstribun und Prinz des Pathos, eigentlich eher langweilig. Natürlich blickt Vergès auch auf das gegenwärtige Personal der französischen Politik herunter, »diese intellektuelle Ödnis«. Aber dennoch mag er einiges an Paris, im Vergleich zu anderen westlichen Hauptstädten jedenfalls: »Hier mag man einen Mann, der allein gegen das Establishment steht. Denken Sie an den Musketier D'Artagnan oder an Arsène Lupin, den Gentleman-Einbrecher.«

Mehr als zwei Stunden sind vorbei an diesem Oktobernachmittag im Jahre 2008 an der Pariser Place Clichy, zwei Stunden Interview im Kabinett des Maître Vergès, zwei Stunden Brillanz und Belehrung. »Die meisten Journalisten halte ich ehrlich gesagt für Idioten«, sagt Jacques Vergès zum Abschied, freundlich und sanft und provozierend lächelnd wie fast immer. »Dieses Etikett vom Advokat des Teufels, das sie mir angehängt haben, beispielsweise.

Die meisten kennen nicht einmal den Kontext. *Advocatus Diaboli* stammt ja aus dem Lateinischen und bezeichnet im Vatikan denjenigen, der im Auftrag des Papstes Argumente gegen die Heiligsprechung sammeln soll.«

Und – das soll nicht in seinem Sinn sein?

Zum ersten Mal bei unserem Gespräch huscht mehr als ein Lächeln über sein Gesicht; er muss lachen. Er mag das nicht kommentieren. Er mag auch keine weiteren Auskünfte geben. Er muss sich jetzt auf die nächsten Aufgaben vorbereiten, er steht heute Abend – wie derzeit fünfmal in der Woche – auf der Bühne. Im kleinen, feinen Theater »Madeleine« spielt Vergès ein Einpersonenstück, und er hat es, wie sollte es anders sein, auch geschrieben. »Sérial Plaideur« heißt das Werk, mit »Serien-Prozesshansel« ließe sich das übersetzen – ein Wortspiel, ein Gegenentwurf von der anderen Seite des Spiegels, ein ironischer Kontrast zum »Serien-Mörder«.

»Es geht natürlich um mich, um den Beruf des Anwalts, um die Natur von Gerichtsverfahren«, erklärt der Autor sein Stück. »In jedem Prozess spielt sich unter aller Augen ein Drama ab, ein Duell zwischen der Verteidigung und der Anklage. Beide erzählen nicht unbedingt wahre, aber mögliche Geschichten. Und zum Schluss geht es darum, einen der beiden zum Sieger zu erklären. Das hat nicht unbedingt immer mit Gerechtigkeit zu tun.« Er liebe seinen Beruf, erklärt Vergès, weil dieser Beruf ihm einen ständigen Lernprozess ermögliche. »Ich nutze ihn zu meiner permanenten intellektuellen Bereicherung. Der Blick auf die Welt verändert sich mit der Zeit, weil er aus verschiedenen Perspektiven erfolgt. Dank meiner Tätigkeit als Rechtsanwalt kenne ich heute den Blick des Terroristen und des Polizisten, des Hochgeistigen und des Idioten, der Jungfrau und der Nymphomanin. Und ich kann Ihnen sagen, man kennt die Welt nach diesen Erfahrungen besser.«

Hat ihn der Blick in die menschlichen Abgründe nicht deprimiert? Auf diese Frage hin erstarrt Vergès, sein angedeutetes Lächeln versteinert, wie das des Khmer-Kopfes, des kambodschanischen Geschenkes aus Angkor, dicht neben ihm. »Nicht doch«, sagt er kopfschüttelnd, mitleidig fast ob der absurden Frage und mit einer Miene, die ausdrückt: Sie haben ja immer noch nichts verstanden. »Ich bin immer ein glücklicher Mensch gewesen.«

Glücklich? Der Mann, der in seinen Poemen – streng das Maß, perfekt die Wortwahl – nur von morbiden Wesen und bleichen Schatten, von Gräbern und Würmern, von Angst und Schrecken erzählt? Dessen letzter Gedichtband »Nocturne« heißt, düster und durch und durch »nächtlich« daherkommt? Er wischt den Einwand mit einer Handbewegung zur Seite. Er hat bei aller Eitelkeit, bei allem Exhibitionismus, nun doch keine Lust, sein Intimstes, seine Gemütslage mit Fremden zu erörtern. Er will meiner Kollegin, dem Fotografen und mir jetzt noch etwas zeigen.

Er führt uns ins Nebenzimmer, wo auf einem riesigen Tisch sein ganzer Sammlerstolz ausgestellt ist: mehr als ein Dutzend Schachspiele mit kostbaren Figuren unterschiedlicher Provenienz: Hölzerne Türme aus Indien, geschnitzte Elfenbeinspringer aus Persien, marmorne Läufer aus Italien, stählerne Damen aus Mali. Vergès schätzt den Denksport; er kennt alle großen Weltmeisterschaftskämpfe der Geschichte, Aljechin gegen Euwe. Fischer gegen Spassky, Kasparow gegen Karpow, Anand gegen Kramnik – und die psychologischen Tricks der Protagonisten. Von dem einen, der mal eine Katze zum Brett mitgebracht hat und die genüsslich streichelte, weil er wusste, dass der Gegner eine Katzenallergie hatte; von dem anderen, der zur ersten Partie gar nicht antrat und den Nachteil eines Punktverlusts in Kauf nahm, um seinem Gegner die sorglose Überlegenheit zu demonstrieren; von Großmeister Steinitz, der angeblich als Weltmeister nach einer gewonnenen Partie vom Brett aufstand und sagte: »Ab jetzt spiele ich nur noch gegen Gott«. Das sind Männer nach Vergès' Geschmack. Die Lieblingseröffnung des Maître ist übrigens das Königsgambit, Weiß opfert einen Bauern – e2-e4, e5-e7, und dann gleich f2-f4 –, um einen Stellungsvorteil zu erhalten. Vorübergehende Verluste sind zu akzeptieren, um strategische Vorteile zu erreichen. Es gilt, immer das große Ganze im Blick zu haben.

Siege, die man wie beim Schach seiner eigenen Genialität zu verdanken hat; Niederlagen, die man nicht entschuldigen kann, weil sie auf intellektuelle Nachlässigkeit oder gar Unterlegenheit beruhen: Das ist Vergès' Welt, so tickt er. Er schiebt gern Figuren herum. Er hasst Zauderer und Verlierertypen. Er schätzt Gewinner, die etwas gewagt und sich gegen alle Wahrscheinlichkeiten – und mit welchen Mitteln auch immer – durchgesetzt haben. Er verehrt deshalb Khieu Samphan, den Roten Khmer. Er liebt Bauernopfer.

Austausch von privaten Telefonnummern, das Versprechen in Kontakt zu bleiben, freundliches Händeschütteln, das Übliche. Dann zieht sich Vergès zurück. Seine Sekretärin ein Stockwerk tiefer gibt uns die E-Mail-Adresse des Maître. Sie besteht nicht aus einem Namenskürzel, sondern lautet: »Diable Noir«. Warum nennt sich ihr Chef der »Schwarze Teufel«? Da schmunzelt die Sekretärin und sagt, »Diable Rouge« wäre Vergès' Lieblingskennwort gewesen, aber leider sei das schon vergeben gewesen, als er sich einrichtete. Und warum kein ganz anderer Begriff, warum, sagen wir, nichts mit »Engel«? Jetzt muss die Dame laut lachen. »Engel – das hätte ich nicht vorgeschlagen ohne Angst, meinen Job zu verlieren. Engel ekeln ihn an, das Unschuldige, das Unbefleckte, das ist nicht seine Welt.«

Jacques Vergès bewohnt die oberste Etage in dem Pariser Patrizierhaus, über seiner Kanzlei. Es ist eine gute Gegend, gerade so weit von der Pigalle und dem Rotlichtviertel entfernt, das man sich absetzen kann von den Abgründen dieser Welt – oder nach Bedarf in sie eintauchen. Jeden Abend nach der Vorstellung, sagen seine Freunde, gönne er sich ein ausgiebiges Schaumbad in seiner marmornen Badewanne. Und dann gehe er, ein Gourmet par excellence, Austern schlürfen und Schalentiere knacken, bevorzugt Hummer, in einem Bistro an der Place Clichy. Und spätabends noch in eine Buchhandlung, die durchgehend geöffnet hat, um sich über alles Neue in Belletristik und Sachbuch auf dem Laufenden zu halten. Ein durch und durch kultivierter Mann.

Erstaunlich, wie wenige Spuren das Leben im Antlitz des Jacques Vergès hinterlassen hat, wie unsichtbar die Bekanntschaften mit den schlimmsten Schlächtern der Gegenwart an ihm abgeglitten sind. »Sein Gesicht ist wie das perfekte Verbrechen, aufgeräumt und unergründlich«, hat der Autor Alexander Smoltczyk einmal geschrieben. Wäre Vergès nicht überzeugter Atheist, er könnte sich vielleicht für die alte zoroastrische Religion Persiens begeistern. »Es ist nicht so, dass ich außerstande bin, das Gute vom Bösen zu unterscheiden«, sagt da der Unterweltherrscher Ahriman zu Zarathustra – und es klingt wie ein Lebensmotto des »Advokat des Teufels«. »Es ist vielmehr so, dass ich das Böse wähle.«

Während Vergès die Pariser Abende genießt, die nun im Spätherbst länger und grauer werden, schreibt sein Freund Khieu Samphan in seiner Zelle von Phnom Penh an der Fortsetzung seiner Rechtfertigungsmemoiren. Seine Züge sind eingefallen, tiefe Augenringe und Falten graben sich wie Canyons in das einst so glatte Antlitz, das bei seinen wenigen Auftritten vor dem Tribunal freilich wenig von innerer Anspannung oder gar von Reue entdecken ließ. Unübersehbar allerdings ist, wie der ehemalige Kambodscha-Präsident und Khmer-Rouge-Chef körperlich abbaut. Nach seinem Schlaganfall im Jahr 2007 hat er auch in Haft weitere Gesundheitsprobleme gehabt und musste zeitweise über mehrere Tage ins Krankenhaus eingeliefert werden. »Ich will den Prozess, ich brauche ihn, um mich von jeder Schuld reinzuwaschen«, sagt der ehemalige Chef der Massenmörder und Spitzendiplomat, der noch lange nach dem Sturz der Roten Khmer auf internationalem Parkett die Hände von Staatsmännern geschüttelt hat, gern gesehener Gast im Uno-Hauptquartier war. Jetzt schweigen die ehemaligen Freunde in Washington und Peking. Jetzt will auch Norodom Sihanouk nichts mehr von ihm wissen, den er doch so schätzt und den er glaubt, immer besonders gut und zuvorkommend behandelt zu haben. Selbst Premier Hun Sen, der ihn nach seiner freiwilligen politischen Selbstaufgabe so hofiert hat, wendet sich nun von ihm ab.

»Ist denn die ganze Welt verrückt geworden?«, hat der greise Khieu Samphan in Phnom Penh seinen kambodschanischen, in Paris promovierten Ko-Anwalt Sa Sovan gefragt. Dann hat er, bei seiner vorläufig letzten Vernehmung Anfang Dezember 2008 hinzugefügt: »Ich bin mit mir im Reinen.« Und immer wieder: »Ich habe mir nichts vorzuwerfen, ich habe stets meinem Volk gedient und weiß gar nicht, wie das Gericht dazu kommt, mich eines Verbrechens gegen die Menschlichkeit zu beschuldigen.«

Und dann erklärt Khieu Samphan, er fühle sich körperlich schwach und auch geistig nicht so auf der Höhe. Zufrieden lächelt Jacques Vergès, der extra für diesen Termin nach Phnom Penh gereist ist, ganz in schwarz gekleidet: So war es offensichtlich abgesprochen, der ehemalige Staatspräsident als Opfer, er hat seine Sache gut gemacht. Und wieder einmal spielt der Anwalt mit dem Gericht, macht sich lustig über die Richter und Staatsanwälte. »Der amtierende Uno-Generalsekretär hat verfügt, dass alle Dokumente in drei Sprachen übersetzt werden sollen, aber Sie weigern sich. Will das Hohe Gericht vielleicht den Vereinten Nationen vorschlagen, einen neuen Generalsekretär einzusetzen?«

In der anschließenden Pressekonferenz fallen wütende Nebenkläger und Opfer der Roten Khmer über die Verteidiger her. Eine weinende Frau ruft: »Aber wie können Sie leugnen, dass er für die Massenmorde verantwortlich ist? Ich habe damals meine Mutter verloren...« »Ich meinen Vater und 50 andere Verwandte«, sagt der kambodschanische Verteidiger, der sich sichtlich unwohl fühlt. Vergès aber scheint das von ihm inszenierte Spektakel zu genießen.

Khieu Samphan ist da schon weg, zurück in seiner Zelle. Vermutlich hat er sich nach dem anstrengenden Auftritt hingelegt. Ob es ihm wirklich so schlecht geht, wie er vor Gericht demonstriert hat – keiner weiß es. Er pflegt jedenfalls gern den Abendspaziergang; so wie sein Freund in Paris, einer der wenigen, die ihn verstehen, wie er verbittert angemerkt hat. »Meine Landsleute begreifen nicht, was ich wollte, warum ich es wollte.« Allerdings läuft der Untersuchungshäftling im Unterschied zu seinem flamboyanten, französischen Genossen seine Runden nicht am Montmartre, sondern nur in der Zelle. Auf richterliche Anordnung darf er einmal in der Woche zum Spaziergang auf den Gefängnishof.

Es sind lange, nachdenkliche Runden, die er dann dreht und die Überwachungskameras zeigen ihn, wie er manchmal mit sich selbst spricht, und sich selbst überzeugt. Sein Gesicht ist dabei wie das perfekte Verdrängen, unaufgeräumt und unergründlich.

Man kann nur ahnen, was dieser Khieu Samphan über die große Welt da draußen denkt, den nahen Straßenlärm der Außenbezirke

Phnom Penhs, der bis in sein kleines Gefangenenreich dröhnt, dieses neue Kambodscha mit all seinem Fortschritt und seinen Freuden und seinen frivolen Lastern, mit all diesem Zwischenmenschlichen, das er gemeinsam mit seinen radikalen Genossen für alle Zeiten auslöschen wollte.

SIEBTES KAPITEL

DER KAMPF

»Kambodscha vergisst nicht, aber
es verzeiht – vielleicht«

Wer sich länger als eine Woche in Kambodscha aufhält und die neuere Geschichte des Landes nicht völlig am Hotelpool oder im Alkoholrausch ausblendet, bekommt irgendwann einmal zwangsläufig den Blues. Ausgelöst durch eine Überdosis Genozid.

Auf Schritt und Tritt überwältigen den Besucher in Phnom Penh Erinnerungsstätten, Erinnerungsvideos, Erinnerungsbücher. Die Khmer-Rouge-Reminiszenzen beschränken sich keinesfalls nur auf das Foltergefängnis Tuol Sleng, den Tötungsort Choeung Ek, die Gebäude des Tribunals. In einem Kino an der Uferstraße werben Plakate für den mit Oscars überhäuften Film »Killing Fields« und in Endlosschleife damit abwechselnd werden Dokumentarberichte über die Zeit gezeigt. Das Angebot des »Monument Bookshop« besteht wie das der Kioskbesitzer oder Straßenhändler an den Hauptstraßen zu zwei Dritteln aus wissenschaftlichen und erzählerischen Büchern über Pol Pot und die Herrschaft der Roten Khmer.

Wenn dieser Zeitpunkt der Übersättigung erreicht ist, empfiehlt sich die Flucht, die kein schlechtes Gewissen auslösen muss, denn am aufnahmefähigsten für Kambodschas Probleme mit der Vergangenheit und dem Versuch ihrer »Bewältigung« ist nur derjenige, der den Kopf frei hat. Es empfiehlt sich also ein Tag der Erholung – kein Problem, denn Phnom Penh ist die ideale Stadt dafür. Der ideale Ort, um einzutauchen in den Rhythmus eines Landes, das die Globalisierungshektik, die Allerweltsarchitektur und der Normierungswahn noch nicht zur Gleichförmigkeit eingeebnet haben.

Phnom Penh kann nicht mit bombastischen Sehenswürdigkeiten aufwarten, das Wort von der »Perle Südostasiens« war schon immer eine – gelinde gesagt – leichte Übertreibung: Phnom Penh ist jenseits seines Königspalast mit der Silberpagode und dem kolonialen, Art-Déco-verzierten Zentralmarkt Psar Thmel eher eine Stadt für den zweiten Blick. Ihre Attraktionen sind der Uferboulevard mit den gemächlich tuckernden Fährschiffen, die einen merkwürdigen Kontrast zum lebhaften, fast schon weltstädtischen Straßenverkehr bilden; die bröckelnden französischen Villen mit ihren verzierten Eisengitter-Balkonen; die breiten Boulevards und die kleinen Altstadtgassen, in denen sich Menschenmassen zwischen Gemüsemärkten und Garküchen entlangschieben, paradierend, plaudernd und probierend, was da an Leckereien so angeboten wird.

Schon sehr früh morgens erwacht diese Stadt, es ist die Zeit, in der auch in der heißen Jahreszeit eine angenehme Brise weht und den Körper kühlt, in der sich die hohe Luftfeuchtigkeit noch nicht klebrig auf die Haut legt und den Poren das letzte Quäntchen Salz entzieht. Die Zeit der Entspannung. Es gehört zu den großen Vergnügungen von Phnom Penh, sich schon kurz nach Sonnenaufgang mit einer Cyclo, einer Fahrradriksha, oder einem motorgetriebenen, aber gleichfalls offenen Tuk-Tuk durch die Straßen kutschieren zu lassen, sich treiben zu lassen zu einem beliebigen Ziel. Ein Vergnügen in der Preisklasse von einem bis zwei US-Dollar, abhängig von der Freundlichkeit des Fahrers, der Großzügigkeit des Passagiers.

Auf den Gehwegen jenseits der großen Querstraßen, dem Sisowath Quay, dem Norodom- und dem Monivong-Boulevard, balancieren die ersten Frühstückskunden ihre Tabletts zu dicht aneinander gedrängten Plastikstühlen. Viele Khmer essen schon zu dieser Stunde eine Nudelsuppe namens »Kuytiaw« mit Curry, Sojakeimlingen und Spinat, die kräftige kambodschanische Köchinnen aus Woks und Blechtöpfen herausschaufeln. Als Nachtisch dazu reicht man »Triab«, in Bananenblättern eingewickelte, gesüßte Reisröllchen. Aber fast überall wird auch angeboten, was eher dem westlichen Gaumen entgegenkommt und sich längst mit dem kambodschanischen Geschmack verbunden hat: Eier im Glas, ofenfrisches Baguette und frisch gepresste Säfte aus den Früchten der Saison, von

Papaya über Mango bis Grapefruit, Orange und Melone. Neben den Essensständen werben um die Frühaufsteher Blumenverkäufer, die ihre frischen Lotosblüten und Orchideen immer wieder mit Wasser besprengen und sich unter knallgelben oder glutroten, breit aufgespannten Segeltüchern vor der Sonne schützen.

Um diese Zeit hat sie noch längst nicht ihre ganze Kraft entwickelt, über dem Mekong und dem Tonle Sap liegt noch der Dunst, der sich zum Hügel mit seinem Heiligtum hin verdichtet. Die Morgenstunden sind die beste Zeit, um hinauf zum Wat Phnom zu wandern, zu der Pagode über Phnom Penh. Wat Phnom ist keines dieser Heiligtümer, wie wir sie so oft im Westen vorfinden, volksfern und angsteinflößend: Die Tempelanlage ist ein Treffpunkt für Jung und Alt, Liebespaare und Freizeitsportler, Strenggläubige und an Religion eher Uninteressierte, sozusagen eine Fortsetzung des Marktplatzes mit anderen Mitteln.

Eher nebenbei bitten die meisten Khmer hier um gute Schulnoten oder eine Beförderung im Beruf, opfern dafür Jasmingirlanden und Obst. Wer ein besonders gutes Werk tun will, kauft einen der in Käfigen gehaltenen Spatzen und lässt ihn frei – das hilft gegen zu viele schmerzliche Wiedergeburten, bringt den Spender dem Reichtum auf Erden wie dem Nirwana in der nächsten Welt einen Schritt näher (und macht die cleveren Vogelhändler reicher, die ihre Tiere so abgerichtet haben, dass sie nach wenigen Minuten zurückgeflogen kommen). Märchenerzähler, Jongleure und Softdrink-Verkäufer tragen dazu bei, dass sich gegen neun Uhr, wenn der Besucherstrom stark anschwillt und auch die Touristen aus ihren Minibussen steigen, die Atmosphäre am Wat wandelt. Dann wird aus dem eher intimen Volksfest ein rummeliger Zirkus – Zeit, das Heiligtum zu verlassen und sich Profanerem zuzuwenden, das allerdings gleichsam von göttlichen Kräften inspiriert und mit geradezu überirdischem Können vollendet wurde: Zeit, einzutauchen in Phnom Penhs Kulturschätze, die weit zurückführen bis nach Angkor und die Herrschaft der großen Könige. Zeit für das Nationalmuseum.

Den schlafenden Vishnu aus dem 11. Jahrhundert, die Statue von Jayavarman VII. aus dem 12. Jahrhundert, die Galerie der Buddhas und die Galerie der Göttinnen nebenan beschreiben die Reiseführer und erläutern die eifrigen lokalen Guides, die gegen ein kleines Honorar durch das Museum geleiten: das sind die Must-See-Sehenswürdigkeiten. Was sie selten erwähnen, sind die karmesinroten Säulen und die elegant geschwungenen Dächer des Gebäudes, das, unmittelbar neben dem Königspalast gelegen, selbst wie ein Palast wirkt; die üppig wuchernden Gärten, die schweren, geschnitzten Fensterläden und die verwinkelten Innenhöfe des Museums, aus denen der Blick immer wieder auf ein Kunstwerk im Innern fällt: auf eine elegante Dame aus Stein mit geschwungenen Hüften und üppigen Brüsten, deren lächelndes Gesicht mit den geschlossenen Augen wirkt, als genieße sie einen besonders schönen Traum; den Blick auf einen strengen Herrn, dessen vorgestrecktes Kinn und gerade Haltung entweder Eroberungswillen ausstrahlt oder patriarchalische Güte im Umgang mit den Untergebenen verheißt – das ist schwer auszumachen und vielleicht vom Künstler auch der Interpretation freigegeben. Auf einer Veranda laden alte Korbstühle zur Rast ein, Bougainvillea-Sträucher leuchten. Von irgendwoher bietet ein Museumswärter frischen Orangensaft an, weit und breit keine Touristengruppen. Auf einem Tisch liegen Zeitungen: Es gibt keinen besseren, keinen friedlicheren Ort in Phnom Penh, um lesend oder dösend der einsetzenden Mittagshitze entgegenzudämmern.

Vom Nationalmuseum ist es nicht weit zu den gemütlichen Cafés und Bistros am Uferboulevard, wo eine Mischung aus scharfer thai-kambodschanischer Küche auf der Basis von Reis und Meeresfrüchten, chinesischen vegetarischen Dim-Sum-Häppchen und klassischen französischen Fleischgerichten angeboten wird. Wer es etwas abenteuerlicher mag, kann in einer der Seitenstraßen von Straßenhändlern auch geröstete Grashüpfer bekommen, schwarze Käfer in einer Knoblauchsauce oder knusprig gebackene Tarantel. Am besten sind die herunterzuspülen mit einem »Toek Grolock«, einem Fruchtshake unter Zusatz von Eigelb. Oder man kann im Restaurant »Friends« leckere Tapas essen und dabei gleichzeitig ein bisschen Gutes tun: In dem freundlichen kleinen Lokal servieren ausschließlich rehabilitierte Straßenkinder, die hier eine gastronomische Ausbildung erhalten.

Zu den Annehmlichkeiten eines entspannten Nachmittags gehört in Phnom Penh für viele ein Einkaufsbummel – extrem billig auf dem Psah Tuol Tom Pong, dem sogenannten Russenmarkt, wo von Raubkopien neuer Hollywood-Filme bis zu alten Schiffschrauben alles zu bekommen ist. Wer auf teurere Souvenirs aus ist und sich nicht mit einem typischen Baumwollschal der Khmer, »Krama« genannt, begnügen will, den zieht es zu den Juwelieren, die hier mit einladenden Namen für ihre Shops werben, »Mister Sit Down« heißt einer der Favoriten für Kenner. Sie liegen dicht beieinander und doch ist Phnom Penh nicht gerade eine Stadt für Fußgänger: Motorradfahrer finden nichts dabei, während ihrer waghalsigen Überholmanöver über die ohnehin schmalen Gehsteige zu brettern, und oft sind die Trottoirs auch von Bettlern okkupiert. Die schicken Boutiquen und neuen Supermärkte von Phnom Penh dürfen nicht darüber hinwegtäuschen, dass laut einer Uno-Statistik noch immer jeder dritte Kambodschaner mit weniger als einem Dollar pro Tag auskommen muss.

Wenn von den Wanderungen durch die Stadt die Füße wund geworden sind, empfiehlt sich eine Massage. Phnom Penh bietet neben vielen dubiosen Massagesalons auch zahlreiche seriöse »Health Care Centers« an, in denen geschulte Kräfte wirken und für etwa 15 Dollar eine Stunde lang die Beine bearbeiten. Sie tauchen die Zehen in heiße, heilende Kräutertinkturen, die aussehen und riechen wie fauliger Schlamm. Aromatherapien stellen nach der Erholung den Wohlgeruch wieder her. Bei einem anschließenden Sundowner lassen sich dann die Kräfte für den Abend sammeln. Beispielsweise im »Maxine's«, einem der einfachen alten hölzernen Gästehäuser, die auf der anderen Seite des Flusses Angkor-Bier und auch Margaritas ausschenken und mit ihren gemütlichen, windschiefen Balkonen über dem träge dahinfließenden Wasser zu schweben scheinen. Oder man geht in eine der neuen Bars am schicken Uferboulevard wie etwa der futuristischen »Metro«, wo die Drinks in der Eiseskühle einer auf Höchstleistung eingestellten Klimaanlage das Dreifache kosten – ohne die Atmosphäre von »drüben« jenseits des Flusses, allerdings auch ohne die dortigen aggressiven Moskitos.

Vorbei an einem Plakat zur »Skyline des modernen Phnom Penh«, das den geplanten ultramodernen Hochhausturm »Gold Tower 42« eines südkoreanischen Investors anpreist; vorbei am fast schon stillgelegten Art-Déco-Bahnhof, von dem aus nur noch ganz wenige alte Dampfzüge Richtung Battambang losschnauben; eine Tuk-Tuk-Fahrt entlang der Rue Pasteur, der vielleicht schönsten aller Hauptstadtstraßen, eingetaucht in den allabendlichen Verkehrsstau zwischen einigen wenigen Lexus-Limousinen mit abgedunkelten Scheiben und einem Meer von Motorrädern. Neben dem Fahrer sitzt häufig die Freundin mit angewinkelten Beinen, sehr lässig und freihändig. Manchmal sogar eine ganze Familie, Mann und Frau und zwei Kleinkinder eingeklemmt dazwischen. Auf zu Phnom Penhs Abendattraktionen. Und das bedeutet an diesem Novemberabend 2008 nun doch wieder: vorwärts in die Vergangenheit.

In der Galerie »Reyum«, neben dem »Java« und dem »Meta« die beste am Platz, werden ganz besondere Fotografien aus den Zeiten der Roten Khmer vorgestellt. Im Nationaltheater nicht weit davon entfernt laufen die Proben für das erste kambodschanische Rock-Musical »Wenn Elefanten weinen«, eine Geschichte über die Liebe eines Pol-Pot-Opfers vor dem Hintergrund der Terrorzeiten. In den Räumen der niederländischen Hilfsorganisation TPO (»Transcultural Psychosocial Organization«) findet, auch in der Nähe, eine Diskussion mit westlichen und einheimischen Trauma-Spezialisten über die Verarbeitung der Khmer-Rouge-Verbrechen statt. Dreimal das gleiche Thema, dreimal mit unterschiedlichen Gesichtspunkten: Es ist einer dieser zahlreichen Abende mit den Geistern von Pol Pot.

Der Ehrengast in der Galerie, der Fotograf der ausgestellten Bilder, wirkt gar nicht glücklich oder gar triumphierend an seinem großen Tag, sondern wie ein Häufchen Elend. Immer wieder bittet er das Publikum bei seiner Ausstellungseröffnung an diesem Abend um Entschuldigung, stellvertretend für alle Kambodschaner, mea culpa, mea culpa, mea culpa. Dem Mann mit den traurigen Augen ist schon an seiner gebückten Körperhaltung anzusehen, wie schwer es ihm gefallen ist, zu der Vernissage zu kommen. Warum tut Gunnar Bergström sich das an? Warum bekennt er sich dazu, versagt zu haben – hat dieser Mann eine masochistische Ader, sind seine aufgestauten Schuldgefühle nun, nach über dreißig Jahren, aus ihm hervorgebrochen, glaubt er an eine Absolution, wenn er die Bekenntnisse über seine Schmach mit den hier versammelten Kindern der Killing Fields zu teilen versucht?

Der Schwede Gunnar Bergström war Ende zwanzig und ein aufstrebender Politiker der maoistisch angehauchten Linken in seinem Land, als ihn und drei seiner Kollegen Mitte 1978 das Angebot einer Informationsreise ins »Demokratische Kampuchea« erreichte. Pol Pot und Genossen, sonst wenig interessiert an der Weltmeinung, hatten sich zu diesem Zeitpunkt entschlossen, einem kleinen Kreis von ausgesuchten Sympathisanten eine Potemkinsche Version ihres Schattenreichs zu zeigen. Bergström durfte zwei Wochen lang durchs Land fahren und fotografieren. Der skandinavische Marxist ist damals schon mit der tiefen Überzeugung angereist, Kambodscha sei das Reich der Zukunft, Vorbild einer Entwicklung, der die gesamte Dritte Welt folgen und vor der sich der Westen verneigen sollte. Dementsprechend blauäugig suchte er sich auch seine Motive.

»Im Nachhinein kann man natürlich sagen«, er räuspert sich und verbessert dann den Satz, »*muss* man natürlich sagen, dass uns die Grenzen dessen, was wir sehen durften, hätten auffallen müssen. Und dass wir nicht kritisch nachgefragt haben.« Bergström fotografierte das, was er für Fortschritt hielt: einen neuen Brückenpfeiler, ausgehobene Dämme, Gemeinschaftsküchen – und immer wieder kollektive Landarbeit. Beim Abschlussdinner mit der Khmer-Rouge-Führungsspitze inklusive Pol Pot und Ieng Sary, bei dem es Garnelen gibt und Wein, hat der Schwede den Toast auf den glücklichen neuen Menschen ausgebracht.

Drei Jahrzehnte ist er nicht mehr zurückgekommen nach Kambodscha, obwohl oder wahrscheinlich gerade weil er so viel über das gelesen hat, was Historiker und Augenzeugen in der Zwischenzeit an Fakten über das Land zusammentrugen. Er hat die Fotos versteckt. »Ich schämte mich«, sagt er jetzt bei der Ausstellungseröffnung. Spätestens da wird klar, dass er diese Bilder-Show und das dazu vom Documentation Centre of Cambodia herausgegebene Buch mit seinen Kommentaren von damals und seinen Erkenntnissen von heute tatsächlich als eine Art Wiedergutmachung betrachtet. »Gunnar in the Living Hell« heißt die Ausstellung, ein Titel, der so gar nicht dem Charakter der freundlichen Fotos entspricht. Kopfschüttelnd stehen die jungen Khmer in der überfüllten Galerie, da kennen sie das Reich der Roten Khmer aus den Erzählungen ihrer Eltern aber ganz anders. Aber es fällt kein Wort des Vorwurfs gegenüber dem leichtgläubigen Schweden. Cola wird gereicht und auch eine Platte mit Häppchen.

Dankbar, fast gerührt, putzt der Stargast des Abends sich die Brille. Er hat sich, wenn man so will, durch seinen Lebenslauf rehabilitiert. Bergström ist nach seinem Kambodscha-Besuch nicht in die Politik gegangen, wie er es ursprünglich vorhatte, sondern hat sich bald in die Jugendarbeit gestürzt: Er leitet heute ein schwedisches Zentrum für Drogenabhängige. Und er hat mit seinem Bußgang nach Phnom Penh immerhin Abbitte geleistet, eine Geste, auf die Kambodscha bei der deutschen Linken noch wartet. Denn nicht nur Skandinavier wurden von den Roten Khmer vorgeführt, sondern auch die maoistischen Kräfte der Bundesrepublik. Im Dezember 1978, wenige Wochen vor der Niederlage der Khmer Rouge gegen die Vietnamesen, zog eine Abordnung des KBW (Kommunistischer Bund Westdeutschland) durch Kambodscha und pries die bahnbrechenden Erfolge der Genossen um Pol Pot. Diese hätten nicht nur »den Sozialismus entscheidend weitergebracht«, sondern – allen Ernstes – auch »die Malaria im ganzen Land ausgerottet«. Ein Fall politischer Blindheit oder doch schon einer für den Psychiater?

Von der merkwürdigen Vernissage weiter zum Haus der niederländischen Hilfsorganisation, wo die Spezialisten für Trauma-Verarbeitung auf mich warten. Es liegt in der derzeit hippsten Gegend der Hauptstadt, in Boeung Keng Kang I., wo zwischen restaurierten Villen hübsche Cafés und Bars um Kunden werben und alles so lässig und chic ist wie in den Künstlervierteln von Kalifornien –

was unter anderem daran liegt, dass viele junge Amerikaner und auch viele Westeuropäer hier Dienst tun. Die Gegend zwischen den Boulevards Monivong und Norodom, Sihanouk und Mao Zedong (nach Chinas blutrünstigem Revolutionär ist tatsächlich eine der zentralen Straßen benannt!) heißt im Volksmund »NGO-Ville«, weil sich fast nur gut finanzierte Nichtregierungsorganisationen und ihre Repräsentanten die Preise leisten können. Bei der niederländischen TPO sind heute zur Diskussion zusammengekommen: der kambodschanische Psychiater Dr. Muny Sothara, die Jung-Psychologin Sotheary Yim, gleichfalls aus Phnom Penh, und die deutsche Psychologin Judith Strasser, die den lokalen Kräften mit ihrer Arbeitserfahrung an der Freien Universität Berlin mit Rat und Tat zur Seite steht. Die Experten ziehen eine Art Zwischenbilanz ihrer Arbeit im kleinen Kreis, einer Diskussion, zu der sie mich freundlicherweise eingeladen haben.

Die Experten organisieren eine wöchentliche Radiosendung, in der Überlebende der Roten-Khmer-Zeit live von ihren Erlebnissen erzählen und sich später mit anderen austauschen können. Sie reisen durchs Land und beziehen auch ehemalige Rote Khmer in ihre Gespräche ein, frühere Soldaten, die Täter und Opfer gleichzeitig sind. Sie erklären den Menschen mit möglichst einfachen Bildern und Schautafeln, was Traumata sind und wie man versuchen kann, sie zu überwinden. Sie organisieren in der Provinz wie in der Hauptstadt Selbsthilfegruppen und betreuen die psychisch Schwerstkranken. Die Fachleute haben, wie Sotheary Yim sagt, dabei ein grundlegendes Problem: »Da jede Familie betroffen war, haben wir es nicht mit einzelnen traumatisierten Gruppen zu tun, sondern fast schon mit einem ganzen traumatisierten Volk.«

Wie äußert sich das im heutigen kambodschanischen Alltag?

Viele Menschen hätten Schuldgefühle, erläutert der Psychiater, weil sie nicht wüssten, wo ihre Liebsten zu Tode gekommen sind. Sie könnten deshalb nicht deren Grabplätze pflegen – sehr wichtig in der kambodschanischen Tradition. Sie seien ängstlich, manche gerieten bei jedem Pochen an der Tür in Panik, andere fielen in einen Schockzustand, wenn sie auch nur einen Blutstropfen sähen. »Weitere Symptome sind Alpträume, depressive Phasen, Wutanfälle aus geringstem Anlass. Besonders schlimm ist auch, dass die Menschen gar nicht wissen, dass sie krank sind und deshalb diese Symptome nicht bekämpfen können.« Auch die zunehmende Gewalt in den Familien stehe mit der Roten-Khmer-Zeit in Zusammenhang, ergänzt seine Kollegin Muny Sothara. Mehr als je zuvor, und vor allem entschieden mehr als in der Vor-Khmer-Rouge-Zeit, würden Frauen geschlagen, Kinder misshandelt.

Ist das alles wirklich Kambodscha-spezifisch? Wie können die Psychiater Traumata, die durch Verbrechen vor dreißig Jahren ausgelöst wurden, trennen von denen, die durch die derzeitige Job-Unsicherheit oder durch die Schikanen korrupter Polizisten und Beamten ausgelöst werden? Die deutsche Psychologin Judith Strasser, die schon in Guatemala Erfahrungen mit Traumatisierten gesammelt hat, sieht Überschneidungen, aber auch wesentliche Unterschiede. »Es gibt natürlich Ängste, die von heutigen gesellschaftlichen Verwerfungen ausgelöst sind, aber auch sehr vieles, was wir spezifisch auf die damalige Zeit zurückführen können«, sagt sie. Die Betreuung der Khmer-Rouge-Traumatisierten stehe am Anfang, man beginne gerade erst in mühseliger Kleinarbeit, wissenschaftlich aussagekräftige Zahlen zu ermitteln. Jahrelang habe es in Kambodscha kaum Psychiater gegeben und damit auch keine fachgerechte Hilfe. Die aber ist nach Ansicht der Expertin bitter nötig. »Jeder, der ein Trauma davongetragen hat, ist in der Gefahr, bei Krisensituationen später gleichfalls wieder ein Trauma-Opfer zu werden«, sagt sie.

Die Psychologen halten das Tribunal mit seiner Anklage gegen Hauptverantwortliche und der Aufarbeitung der Verbrechen theoretisch für eine gute Sache, es könne den Opfern ein Ventil für ihre aufgestauten Frustrationen geben. Praktisch aber erwarten die drei Experten wenig Positives vom Gerichtshof. »Dass Kambodscha verzeiht, aber nicht vergisst – das könnte das Ziel sein«, meint Muny Sothara. »Bei unseren Diskussionen in den Provinzen überwiegt allerdings die Skepsis, die Leute sagen uns, es dauere alles viel zu lange und es seien viel zu wenige Täter angeklagt.« Wie es weitergeht in Kambodscha? Da zucken die drei mit dem Schultern. Ratlosigkeit ist zu spüren. Umso mehr muss man bewundern, dass die Ärzte jeden Tag weitermachen, dass sie sich in ihre Arbeit verbeißen und die Hoffnung nicht verlieren, den Traumatisierten mit Beratung beistehen zu können.

So anerkennenswert die Arbeit der TPO ist, so sinnvoll beispielsweise die Initiativen des Deutschen Entwicklungsdiensts sind (der sich auch an dem Trauma-Projekt beteiligt), so bedenklich ist für Kambodscha insgesamt die Fremdbestimmung durch die wohlmeinenden Helfer. Dutzende internationale Organisationen haben sich nach dem großen Uno-Einsatz 1992 in Phnom Penh niedergelassen, Dutzende sind später dazugekommen und knüpfen nun ein Netz von Sozialdiensten, das vom Gesundheitsbereich über Kindergärten bis zur Altenbetreuung geht – Aufgaben, die Phnom Penh selbst leisten müsste. Dazu kommt die großzügige Alimentierung des Landes durch die Staatengemeinschaft. Die kambodschanische Regierung akzeptiert die Gelder von privaten wie internationalen Spendern gern, da sie selten mit Verpflichtungen verbunden werden – im Etat 2009 sind wieder über 600 Millionen US-Dollar »Entwicklungshilfe« aus dem Ausland eingeplant, das ist mehr als der kambodschanische Staat an ausländischen Investitionen anzieht. Für die kambodschanische Zivilgesellschaft aber ist zu viel Unterstützung der Regierenden kontraproduktiv: Die üppig fließenden und oft ohne jede Verpflichtung zur späteren Selbsthilfe gewährten Gelder belohnen eine inkompetente und korrupte Regierung, lähmen die Eigenverantwortlichkeit und sind dabei, Kambodscha in manchen politischen und sozialen Bereichen zu einem »Second-Hand-Country« zu machen. Zu einem Land aus zweiter Hand.

Immer wieder verlangen Entwicklungsexperten, die Vergabe der Gelder an konkrete Verpflichtungen zu knüpfen. Jetzt haben sich auch ausländische Diplomaten in Phnom Penh diesen Forderungen angeschlossen. Der französische Botschafter Jean-François Desmazières sagte bei einer Konferenz in Phnom Penh Ende 2008, es sei zwar »wegen der riesigen Wiederaufbaubedürfnisse« berechtigt gewesen, in den Jahren nach 1992 insgesamt fast acht Milliarden Dollar nach Kambodscha zu pumpen, aber das müsse nicht auf ewig so weitergehen. Noch deutlicher wurde der deutsche Botschafter Frank Marcus Mann bei einer Tagung in Phnom Penh. »Good governance«, eine saubere, effiziente Regierung sei eine »konstante Sorge« der internationalen Gebergemeinschaft. »Wir müssen Defizite ansprechen und die Regierung ermutigen, ihre Leistung in verschiedenen Bereichen zu verbessern, und dazu gehört auch die Korruptionsbekämpfung.« Ob solche Mahnungen die Regierenden von Phnom Penh allerdings sonderlich beeindrucken, ist fraglich.

2008 ist Kambodscha im Korruptions-Ranking des unabhängigen Berliner Instituts Transparency International weiter zurückgefallen und gehört nun zu den 15 korruptesten Staaten der Welt. Ob im lukrativen Hotel-Business, ob bei der Erdöl- und Gas-Exploration vor den Küsten des Landes oder dem Handel mit Tropenhölzern: Es gibt keinen Bereich, in dem Familienmitglieder des Premiers oder seine engsten Freunde nicht persönlich involviert wären. Besonders rücksichtslos gehen die Paten des Regimes bei der Konfiszierung von lukrativem Grund und Boden vor – nach Schätzung von Amnesty International sind derzeit 150 000 Kambodschaner von Zwangsevakuierungen bedroht. Auch die Menschenrechtsorganisation Human Rights Watch spricht von »katastrophalen Ausmaßen« der Landenteignung. Korrupte Richter würden dabei den Behörden mit frisierten Gutachten zur Hand gehen – wohl kein Wunder in einem Land, in dem die Herrschenden viele Hüte tragen, in dem die Gewaltenteilung nicht funktioniert und kein Staatsorgan wirklich unabhängig ist. In einem Land, in dem beispielsweise Dith Munthy, der Chef des Obersten Gerichtshofs, gleichzeitig Mitglied im permanenten Komitee der regierenden Cambodian People's Party (CPP) sein kann und damit sowohl dem Recht wie den Interessen des Premiers und Parteichefs Hun Sen dient.

Wohin man schaut, in der Exekutive, in der Legislative, in der Justiz und auch bei der »vierten Gewalt«, der Presse, zieht der Premier die Fäden. Kambodscha, sagen Einheimische wie Diplomaten und ausländische Beobachter übereinstimmend, ist Hun-Sen-Land, Hun-Sen-Lehen.

Wie aber schafft es dieser Mann mit den vielen Ehrentiteln, dieser Samdech Akka Moha Sena Padei Techo Hun Sen, »Durchlaucht und Hüter des heiligen Landes«, der von sich selbst so eingenommen ist, dass er allen Ernstes meint, er müsse »für den Friedensnobelpreis nominiert werden«, wie gelingt es ihm, immer wieder Wahlen zu gewinnen, und das sogar mit zunehmenden Mehrheiten? Wie hält sich dieser Hun Sen nunmehr schon fast ein Vierteljahrhundert an der Macht und bringt es zudem noch fertig, einigermaßen glaubhaft anzukündigen, er, der derzeit 58-Jährige, werde »noch mit neunzig Jahren Premier sein, denn niemand kann Hun Sen schlagen, nur Hun Sen kann Hun Sen schlagen«?

Als ich ihn Ende der Achtzigerjahre bei meinen Recherchen in Phnom Penh kennenlernte, hatte er sein ausgeprägtes Selbstbewusstsein schon entwickelt. Lässig saß er in seinem unspektakulären Büro, die weiße Schirmmütze ins Gesicht gezogen, das Sporthemd aufgeknöpft. Er war auf dem Weg zum Joggen und wollte, während er eine Zigarette mit der anderen anmachte (zum »Kettenraucher des Jahres« ernannte ihn strafend die Uno), nur einige allgemeine Gedanken zur kambodschanischen Nation loswerden. »Wir waren lange ein Spielball anderer. Aber so wird es nicht bleiben – ich werde dafür sorgen, dass man uns nicht mehr fremdbestimmt«, sagte der Premier. »Und ich werde die verschiedenen streitenden Khmer-Fraktionen im Land vereinen, eine gerechte Gesellschaft aufbauen.« Das Versprechen Nummer eins hat er im Ansatz gehalten, Versprechen Nummer zwei böse gebrochen.

Im Februar 2000, beim SPIEGEL-Interview, zeigte er sich dann nicht mehr nur selbstbewusst, sondern arrogant – und ging auf offenen Konfrontationskurs zur Uno: »Die internationale Gemeinschaft erkannte unsere Regierung nicht an. Erst jetzt, nachdem die Roten Khmer von uns vernichtet wurden, fordern die Großmächte ein Menschenrechtstribunal gegen diese Schlächter. Das ist doch scheinheilig. Ich misstraue der Uno zutiefst.« Angesprochen auf seine kommunistische Vergangenheit, gab Hun Sen folgende Parole aus: »Ich bin heute kein Ideologe mehr, ich bin ein Pragmatiker. Ich habe Kambodscha vom Krieg zum Frieden geführt, von der Diktatur zur Demokratie, von der Plan- zur Marktwirtschaft.«

In den Jahren 2007 und 2008 hat Hun Sen ausländischen Journalisten gar keine Interviews mehr gewährt – auf meine Anfragen ließ er sich »wegen dringender Amtsgeschäfte« und »mangelnder Zeit« entschuldigen. Der Ministerpräsident, so hieß es inoffiziell, nehme besonders die Korruptionsvorwürfe gegen ihn und seine Vertreter beim Gerichtshof übel. Außerdem wolle er jede inhaltliche Stellungnahme zum Tribunal vermeiden, nicht mehr angesprochen werden auf seinen langjährigen freundschaftlichen Umgang mit dem angeblich »bekehrten« Khieu Samphan. Hun Sen ahnt wohl, dass er von jedem kritischen internationalen Journalisten mit seinen Äußerungen aus dem Jahr 1998 konfrontiert würde (»Wenn wir sagen, dies war richtig und dies war falsch, können wir keine nationale Versöhnung erreichen. Wir müssen ein Loch bohren und darin die Vergangenheit begraben.«) Und ganz sicher will er auch nicht über seine eigene, geheimnisumwitterte Vergangenheit als Roter Khmer Auskunft geben.

Es gibt einen offiziell sanktionierten Lebenslauf, veröffentlicht in Broschüren der Partei, und der geht etwa so: Hun Sen wird 1951 als Sohn einer armen Bauernfamilie in der Provinz Kampong Cham geboren. Durch gute Schulleistungen gelingt es ihm, in einem Gymnasium in Phnom Penh aufgenommen zu werden. Doch kurz vor den letzten Prüfungen verlässt der junge Mann die Schule und schließt sich 1969 im Dschungel der Rote-Khmer-Guerilla an – der Putsch des von den Amerikanern unterstützten rechtsgerichteten Generals Lon Nol und dessen Menschenrechtsverletzungen haben ihn empört. Schnell steigt Hun Sen im Osten des Landes in der Parteihierarchie auf und wird stellvertretender Militärkommandant der Region. Bei Kämpfen mit Regierungstruppen wird er zweimal verwundet und verliert Anfang 1975 ein Auge. Als die Roten Khmer am 17. April 1975 Phnom Penh erobern, liegt er im Krankenhaus. Erst ein halbes Jahr nach deren Machtübernahme kommt er in die fast menschenleere Hauptstadt. Da ist Hun Sen nach eigenen Angaben »der Wahnsinn der Politik Pol Pots aufgegangen«. Er beschließt zu rebellieren.

Hun Sen sucht dann in den Ostprovinzen Gleichgesinnte. Er stößt auf zwei Männer, die ihn fortan politisch begleiten: Heng

Samrin und Chea Sim, die in der Militärzone nahe der vietnamesischen Grenze als Politkommissar beziehungsweise Parteisekretär der Roten Khmer tätig sind. Ihre gemeinsam geplante Rebellion wird verraten, bei den anschließenden blutigen Verfolgungen töten rächende Rote-Khmer-Kommandanten auch Hun Sens damalige Frau. Er läuft mit den Freunden zu den Vietnamesen über und gründet unter ihrer Führung eine »Einheitsfront zur nationalen Rettung Kambodschas«. Am 7. Januar 1979 fällt Phnom Penh in die Hände vorrückender vietnamesischer Truppen – Hanoi will das Land kontrollieren, aber nicht selbst regieren und greift auf die drei ehemaligen Mitglieder der Khmer Rouge als Führungsreserve zurück. Hun Sen, der jüngste von ihnen, wird mit 27 Jahren neuer Außenminister der »Volksrepublik Kambodscha«. Er ist zu dieser Zeit noch ein überzeugter Kommunist, ein treuer Vasall der Internationale.

Hat sich Hun Sen damals, in seiner Frühzeit als Kommandant der Roten Khmer, wirklich nicht das Geringste zu Schulden kommen lassen, wie die offizielle Geschichtsschreibung immer wieder betont?

Es gibt jedenfalls keine Dokumente oder Zeugenaussagen, die ihm die Beteiligung an Menschenrechtsverletzungen oder gar Massakern nachweisen würden. Das gilt auch für seine beiden Mitstreiter, die er nach seinem Aufstieg zum Premier 1985 elegant entmachtet hat (indem er sie auf hohe, aber eher zeremonielle Posten abschob, Heng Samrin ist heute Parlamentspräsident, Chea Sim führt den Senat). Auch im Umgang mit dem Prinzen Norodom Sihanouk zeigte Hun Sen seine Flexibilität und sein überragendes taktisches Geschick. Sihanouk hat den Konkurrenten um die Macht erst für einen vietnamesischen Lakaien und ein politisches Leichtgewicht gehalten, musste aber seine Meinung zumindest im zweiten Punkt später revidieren. Nur eine einzige Wahl hat Hun Sen in seinem Leben verloren, ausgerechnet den von den Vereinten Nationen organisierten Urnengang im Mai 1993, gegen die royalistische Funcinpec des Prinzen Norodom Ranariddh – bis heute spricht er von einer skandalösen Wahlfälschung und wettert gegen die damalige »skandalöse Uno-Besatzung«. Schon lange aber hat der Premier jetzt den Einfluss des Königshauses so weit zurückgedrängt, dass er es sich leisten kann, als überzeugter Royalist aufzutreten.

Er ist ein Autokrat, der kaum Skrupel kennt. »Bis vor kurzem hatten Hun Sens Kritiker die Tendenz, gewaltsame Tode zu sterben«, schreibt im Sommer 2008 der britische *Economist*. Zu denen, die unter ungeklärten Umständen ums Leben kamen, gehörte im Jahr 2004 beispielsweise der Gewerkschaftsführer Chea Vichea, den am helllichten Tage an einem Zeitungsstand in Phnom Penh eine Kugel traf. Die nachfolgende Verhaftung und Verurteilung zweier »Täter« war so offensichtlich manipuliert, dass die kambodschanische Justiz nach massiven Protesten von Menschenrechtsorganisationen und konkreten Boykottdrohungen der einflussreichen International Labour Organization die Verurteilten wieder freilassen musste (allerdings erst Ende 2008, als sie schon drei Jahre im Gefängnis gesessen hatten).

Die Zeit der schlimmsten Übergriffe gegen Regimegegner scheint vorüber, die Schergen der Regierungspartei sind zu subtileren Taktiken übergegangen, um Kritiker mundtot zu machen – sie sorgen mit Einschüchterungsmaßnahmen dafür, dass diese störenden Stimmen totgeschwiegen werden. Beim Wahlkampf im Sommer 2008 gibt es mit der Ausnahme eines unter ungeklärten Umständen erschossenen oppositionsnahen Journalisten keine offene Gewalt. Aber die Regierungspartei nutzt ihre Macht, um anderen Gruppierungen den Zugang vor allem zu den elektronischen Medien zu erschweren. Intendanten und leitende Redakteure werden unter Druck gesetzt, die Erfolge von Hun Sen »adäquat zu präsentieren« und natürlich werden auch Belohnungen für Wohlverhalten in Aussicht gestellt: Auslandsreisen mit dem Premier, Interviews, lukrative »Beraterverträge«. Internationale Wahlbeobachter monieren später zwar einige Unregelmäßigkeiten, nennen den Urnengang aber alles in allem eine Verbesserung gegenüber früheren Wahlen, die Stimmabgabe sei »so frei und ungestört wie nie zuvor« abgelaufen.

Das Ergebnis ist ein Triumph für Hun Sens Volkspartei CPP: Mit rund 60 Prozent der Stimmen kann sie ihren Abgeordnetenanteil im Unterhaus von 72 auf 90 erhöhen und besitzt nun eine bequeme Zweidrittelmehrheit im Parlament; die großen Verlierer sind die einst so mächtigen royalistischen Gruppierungen, die Funcinpec fällt von 26 Sitzen auf gerade noch zwei. Die CPP benötigt nun nicht mehr wie früher Koalitionspartner und kann praktisch alle Gesetze im Alleingang beschließen. Sie kontrolliert auch alle Pfründen, weshalb einige der Parlamentarier der nächstgrößten Parteien, allen voran die von Oppositionschef Sam Rainsy, schon mit einem Übertritt zur CPP liebäugeln: Kambodscha ist auf dem Weg zum Einparteienstaat.

Pen Dereth, ein in der ehemaligen DDR studierter »Berater« des Premiers, erklärt Kambodschas Regierungssystem folgendermaßen: »Jede Demokratie präsentiert sich eben anders. Wir sind eine konstitutionelle Monarchie, in der eine kommunistische Partei in einem freiheitlich-demokratischen System regiert.« Auf die Frage, ob denn Hun Sen, der so autokratisch auftritt, wirklich ein Demokrat sei, sagt Pen Dereth nach kurzem Nachdenken sehr diplomatisch: »Auf seine Weise schon.« Eine interessante Umschreibung für die Politmischung aus Klientelismus und Kleptokratie, die heute in Kambodscha herrscht.

Wenn es nicht, oder nur ganz marginal, eine Wahlfälschung war: Was hat die Kambodschaner dazu bewogen, der Partei des Premiers im Sommer 2008 so klar ihr Vertrauen zu schenken und jeder Veränderung eine Absage zu erteilen? Warum stört es offensichtlich nur eine verschwindende Minderheit, wenn Hun Sen seinem Familienclan und den Freunden die Bereicherung auf Staatskosten erlaubt, jetzt sogar für seine Tochter Hun Mana einen lukrativen Posten als »Sonderberaterin« eingerichtet hat?

Experten nennen vor allem drei Gründe: die Sehnsucht der Bevölkerung nach Stabilität, den ökonomischen Aufschwung und die Aufwallung patriotischer Gefühle durch eine Militäraktion aus dem Nachbarland. Das Timing der Wahl hätte für den Regierungschef nicht besser sein können: Im Jahr 2007 betrug das Wirtschaftswachstum über zehn Prozent und auch in der ersten Jahreshälfte 2008 boomte Phnom Penh trotz einer hohen Inflationsrate (bevor die internationale Wirtschaftskrise dann im Herbst auch Kambodscha voll erfasste und das erwartete Plus für 2008 unter fünf Prozent drückte). Hun Sen wurde nicht müde zu betonen, wie viele Straßen und Brücken er bauen ließ, wie viele Investoren er ins Land lockte.

Als seine besten Wahlhelfer aber erwiesen sich die Mitglieder der thailändischen Regierung. Nachdem die Unesco den Khmer-Tempel Preah Vihear an der Grenze zum kambodschanischen Weltkulturerbe deklarierte, hatte die Regierung des Nachbarstaates ihre Soldaten losgeschickt und Scharmützel um das 900 Jahre alte Bauwerk vom Zaun gebrochen, mit der absurden Begründung, Preah Vihear sei ein thailändischer Kulturschatz und stehe auf thailändischem Gebiet (nach den international anerkannten Grenzen »gehört« Bangkok allenfalls eine Treppe auf dem Weg zum Tempel). Soldaten auf beiden Seiten wurden verletzt, einige sogar getötet. Ein bizarrer Kleinkrieg begann, die erste militärische Auseinandersetzung in Indochina seit mehr als zwanzig Jahren. Der Instinktpolitiker Hun Sen erkannte sofort die Sprengkraft der Auseinandersetzung – und nutzte sie zum Aufpeitschen populärer nationalistischer Gefühle: »Nie werden wir unser Heiligtum Preah Vihear anderen überlassen.« So dachten und denken 99 Prozent aller Khmer.

Die Auseinandersetzungen um das Erbe der Roten Khmer und den Internationalen Gerichtshof wurde dagegen im Wahlkampf kaum erwähnt – ein Zeichen dafür, wie wenig die Kambodschaner irgendeiner Partei eine Aufarbeitung der dreißig Jahre zurückliegenden Khmer-Rouge-Zeit zutrauen; wohl auch ein Hinweis darauf, wie irrelevant für viele Jüngeren der so oft verschobene Prozess gegen die fünf Greise geworden ist. Dabei spielt sicher auch eine Rolle, dass die Hälfte der fast 14 Millionen Staatsbürger unter zwanzig Jahre alt ist.

Staatschef Hun Sen muss zur Zeit nichts und niemanden fürchten. Er kann es sich in seinem pfirsichfarbenen Herrenhaus draußen, 15 Kilometer außerhalb von Phnom Penh, zwischen Marmorsäulen und aufwendigen Louis-Quatorze-Möbeln gemütlich machen und auf dem gepflegten Rasen der an Versailles erinnernden Gärten sein geliebtes Golfspiel üben. Oder er kann in seinem Stadthaus nahe dem Unabhängigkeitsdenkmal die untertänig nickenden Minister zu Besprechungen zusammenholen. Ausländische Gäste empfängt »Durchlaucht Retter der heiligen Stätten« gerne im Hotel »Le Royal«, dann fahren schwarze Mercedes-Limousinen vor und ein extragroßer Sessel wird in den Ballsaal gerückt, der Patriarch vom Mekong mag es gern leicht erhöht, wenn er Hof hält. Er will ja nach eigenem Bekunden regieren, »bis er neunzig ist«; nicht auszuschließen, dass er sich vorher noch innerhalb der Familie nach einem Nachfolger umsieht. Neben der »Berater«-Tochter empfiehlt sich da auch Sohn Manith, der die amerikanische Militärakademie West Point absolviert hat.

In der Außenpolitik hat Hun Sen begonnen, die alte Schaukelpolitik König Sihanouks zu kopieren – wenn Peking nicht spurt und Kambodscha angemessen finanziell unterstützt, bringt er die USA mit ihren Wünschen nach einer Militärbasis ins Spiel. Muckt Washington auf und kritisiert ihn wegen seiner Menschenrechtsverletzungen, deutet er an, das chinesische Modell mit seinem Laisser-faire-Kapitalismus und einer Einparteienherrschaft zu favorisieren. Der Beweis dafür, dass die Taktik funktioniert, ist am kambodschanischen Haushalt 2009 zu sehen: Wie schon im letzten Jahr stellt das Ausland mehr als die Hälfte der Finanzmittel.

Hun Sen hat das Land geprägt: Man kann in Kambodscha durch Hun-Sen-Parks spazieren, wie dem in der Hauptstadt; man kann jede Menge Hun-Sen-Jubelbücher kaufen, ebenso wie Hun-Sen-Plakate. Aber Kambodscha ist dennoch weit davon entfernt, ein reiner Polizeistaat oder gar eine Diktatur nach nordkoreanischem Muster zu sein. Bei all seinem ausgeprägten Selbstbewusstsein ist Phnom Penhs starker Mann realistisch genug, nicht die Grundlagen der internationalen Hilfe zu gefährden und den Kampf gegen die innenpolitischen Gegner auf die Spitze zu treiben. Und sollte er gelegentlich in Versuchung geraten, den Bogen zu überspannen, gibt es trotz der noch gering entwickelten Zivilgesellschaft mutige Kräfte, die sich ihm entgegenstellen. Beispielsweise Gewerkschafter, die Ende 2008 gemeinsam mit einer Gruppe von Straßenverkäufern eine Demonstration gegen Behördenwillkür vor dem Amtssitz des Ministerpräsidenten organisierten. Oder Journalisten, die in respektablen Zeitungen wie der *Cambodia Daily* und der *Phnom Penh Post* zwar keine Fundamentalkritik am Regime üben und Hun Sen selten persönlich angehen, aber Machtmissbrauch und Korruption erstaunlich offen geißeln.

Das alles hilft, die Atmosphäre im Land relativ entspannt zu halten. Wenn man nicht gerade ein Haus bewohnt, das einem Prestigeprojekt der Regierung im Weg steht. Oder wenn man, wie die Ärmsten der Armen, seinen Lebensunterhalt vom »Smoky Mountain«, dem Müllberg vor den Toren Phnom Penhs bestreiten muss.

Neben den jüngst entdeckten Ölvorkommen vor der Küste könnte sich der Tourismus zur großen wirtschaftlichen Hoffnung des Landes entwickeln. Selbst im Krisenjahr 2008 hat er satte Zuwachsraten von über sechs Prozent erreicht, erstmals kletterte die Zahl der ausländischen Besucher über zwei Millionen. Darunter sind freilich einige, auf die das Land gut verzichten könnte – nach Kambodscha zieht es auch viele Päderasten. Fast wöchentlich werden westliche Diplomaten mit solchen Fällen konfrontiert, wobei lokale und internationale Menschenrechtsorganisationen die besonders verdächtigen Bars und Bordelle so stark ins Visier genommen haben, dass viele Kinderschänder mit Razzien rechnen müssen und kaum einer unentdeckt davonkommt. Ob sie auch bestraft werden, ist eine andere Sache. Manchen Ausländern gelingt es, sich bei den kambodschanischen Behörden freizukaufen und sich dann unbehelligt wieder ins Ausland abzusetzen. Oft ist es extrem schwierig, den Verdächtigen etwas nachzuweisen, wenn sie erst einmal in ihre westlichen Heimatländer abgeschoben wurden – Zeugen fehlen, Verfahren verlaufen im Sand. Einen ungewöhnlichen Schritt ging im Dezember 2007 ein Gericht in Kiel: Es ließ drei minderjährige Jungen aus Kambodscha einfliegen, um gegen ihren mit Aids infizierten Peiniger auszusagen. Matthias O., einschlägig vorbestraft, konnte so seiner Verbrechen überführt werden. Er wurde zu sechseinhalb Jahren Gefängnis verurteilt.

Auf der anderen Seite des Besucherspektrums – und in ihren Intentionen um Lichtjahre sympathischer – sind Touristen, die bei ihrem Aufenthalt neben Besichtigungen und Badefreuden dem Land auch freiwillig etwas von ihrer Arbeitskraft geben wollen, um zu helfen: »Voluntourism« ist in Kambodscha ein großer Trend. Sechs Prozent der Touristen kamen im Jahr 2006 als »Volunteers«, ehrenamtliche Helfer, ins Land, 2007 waren es schon elf Prozent, Tendenz stark weiter steigend.

Doch die Hilfsbereitschaft wird nicht immer in richtige Bahnen gelenkt; nach Ansicht von unabhängigen Experten kann diese Form des Gutmensch-Tourismus manchmal sogar kontraproduktiv sein. »Man muss sehr darauf achten, dass die wohlmeinenden Fremden nicht eine Arbeit machen, die, wie etwa der Bau von Schulen oder Gemeindehäusern, genauso gut und kompetent auch von Einheimischen erledigt werden könnte«, sagt Daniela Papi, Präsidentin einer Tour-Organisation in Phnom Penh. »Ein kurzfristiger Arbeitseinsatz von Ausländern hat selten eine langfristig positive Auswirkung für die lokale Bevölkerung.« Sie empfiehlt den einsatzwilligen Fremden eher, ihre Fähigkeiten, etwa Sprachkenntnisse oder ein besonderes organisatorisches Talent, unentgeltlich zur Verfügung zu stellen und Projekte nach Rücksprache mit ortskundigen Gruppen gezielt finanziell zu fördern, diese dann über Jahre zu unterstützen und ihre Effizienz zu kontrollieren.

Kambodschas touristische Gegenwart ist Angkor; die Tempel im Norden des Landes zählen zu den Weltsehenswürdigkeiten und sind über den internationalen Flughafen Siem Reap von vielen Ländern her direkt zu erreichen. Kambodschas touristische Zukunft könnte Sihanoukville werden, die Stadt des Südens, mitsamt seinem Umland, einer 435 Kilometer langen Küste zwischen Thailand und Vietnam. Dort liegen zwischen Mangroven und Palmen-Wäldern »postkartenperfekte Strände in einem unwahrscheinlichen und noch weitgehend jungfräulichen Paradies«, wie das amerikanische *Time Magazine* schwärmt. Jahrelang sei die »traumhafte« Gegend vor sich hingedümpelt, »nun hat es boom gemacht«, schreibt der sachkundige deutsche Reiseschriftsteller Andreas Neuhauser. Tatsächlich befindet sich die Costa del Cambodia für unternehmungslustige Touristen derzeit in einem (Fast-)Idealzustand: Sie ist noch ein Geheimtipp und doch schon so erschlossen, dass man am Festland und auf den vorgelagerten Inseln zwischen Unterkünften vom Viersterneluxus bis zur billigen Strandhütte wählen kann. Dabei lässt sich entdecken, was Kambodscha in einem Meer genormter Reiseziele noch so besonders macht.

Schon die dreieinhalbstündige Fahrt von Phnom Penh nach Sihanoukville führt das eindrucksvoll vor Augen. Die Nationalstraße 4 schlängelt sich durch endlose Reisfelder und Wiesen, auf denen Wasserbüffel weiden; Kinder in weißen Uniformen radeln zu ihren Dorfschulen, Mönche in Safrangelb ziehen schmale Feldwege entlang zu ihren Pagoden und schützen sich dabei mit braunen Schirmen vor der Hitze oder einem gelegentlichen Tropenschauer. Auf halbem Weg, an der höchsten Stelle eines bergigen Abschnitts, machen Taxichauffeure wie Busfahrer eine Zwangsrast: Sie müssen Ya-Mao, einer lokalen Gottheit, Opfer bringen: unreife Bananen, Weihrauch, kleine Geldscheine, Phallus-Symbole. Nur so ist eine unfallfreie Weiterreise garantiert, glauben die Khmer. Vom Pich-Nil-Pass führt die Straße dann in sanften Serpentinen hinunter zum Meer.

Die größte Stadt an der Küste ist architektonisch eher eine Enttäuschung: weit und breit keine Kolonialarchitektur, keine romantischen schmalen Gässchen. Das liegt daran, dass Sihanoukville erst Mitte der Fünfzigerjahre gegründet wurde, als eine Siedlung am Rande eines neuen Hafens, den Arbeiter aus einem gerodeten Dschungelstreifen an die Küste bauten. Seine erste Blütezeit erlebte der Ort dann Mitte der Sechziger. Der König fand Gefallen an Sihanoukville und machte den Bau eines repräsentativen Hotels zur Chefsache. Für das – heute nach langer Schließung wieder renovierte, aber immer noch etwas muffige – Hotel »Independence« suchte er sogar die Teppiche selbst aus. Während der späten Sechziger- und frühen Siebzigerjahre diente die Hafenstadt dann für Waffengeschäfte aller Art. Den Amerikanern genauso wie, mehr oder weniger heimlich, ihren Gegnern im Vietnamkrieg. Am direktesten in den Konflikt hineingezogen wurde Sihanoukville am 13. Mai 1975, als die Roten Khmer das US-Containerschiff »SS Mayaguez« kaperten und die Amerikaner mit Bombenangriffen auf den Hafen und seine Raffinerien antworteten. Zwei Tage dauerte der Piratenakt, dann wurden Schiff und Crew freigegeben. Aus US-Perspektive war das die letzte Schlacht des Vietnamkriegs.

Heute herrscht in Sihanoukville eine eher entspannte Strand- und Party-Stimmung – mit einigen Reminiszenzen an Woodstock und einem ersten Hauch von Waikiki, von großer, weiter Welt. Neben dem pompösen »Independence« zieht das schicke Beach-Ressort »Sokha« mit seinem eigenen Strandabschnitt betuchte Gäste an. Die Rucksacktouristen pendeln zwischen den feinsandigen Badeplätzen Serendipity, Ochheuteal und Otres, wo billige Restaurants frischen Fisch servieren und junge einheimische Unternehmer in ihren Palm-Hütten für einen Spottpreis das im Ort gebraute Angkor-Bier servieren. Dazu wird viel gekifft und zum Sonnenuntergang alten Hits gelauscht, Klassikern von Jimi Hendrix über Joe Cocker bis zu den Rolling Stones: »Along the watchtower«, »With a little help from my friends«, »As tears go by«. »Zeig mir, wo es so etwas sonst noch gibt auf der Welt«, sagt der weitgereiste Student Pierre aus Lyon, lässig auf einem Liegestuhl ausgestreckt, neben ihm seine deutsche Freundin Claudia aus Ludwigshafen. »Kambodscha heute, das ist so relaxed und so günstig wie Thailand in den Sechzigern, wie Vietnam in den Achtzigern.« Später am Abend trifft sich ein Teil der Backpacker-Szene in den Bars um die Weather Station Hill oder zieht sich in eines der erstaunlich schmucken und sauberen Gästehäuser zurück, die »Tranquility« heißen oder »Cloud Nine« und deren Zimmer schon für zehn US-Dollar aufwärts zu bekommen sind.

Für den Waikiki-Touch sorgen amerikanisch angehauchte »Ressort«-Hotelbunker wie das »Holiday Palace« – und die Zukunftsplanungen auf dem Reißbrett der Architekten. Die Politiker von Sihanoukville wollen die Region zu einem riesigen Urlaubsgebiet verwandeln, zu einer »Costa Cambodiana« wie die spanische Costa Brava. Chinesische Investoren sind dabei, ganze Küstenstriche aufzukaufen oder zu pachten, bestechen Beamte, ihnen das Land der Fischerfamilien zu überschreiben. Oft ist das nicht schwierig, weil keine schriftlichen Verträge über die Eigentümer von Grund und Boden existieren. Wenn sich die Einheimischen wehren, werden sie unter Druck gesetzt oder mit einem »finalen« Lockangebot von ein paar hundert Dollar abgespeist. Überall in und um Sihanoukville stecken Investoren derzeit ihre Claims ab, an anderen Stellen rollen sogar schon die Bulldozer und Bagger beginnen, Baugruben für riesige Hotelkästen auszuheben: Es ist Goldgräberzeit an der kambodschanischen Küste.

Aber nicht alles, was nach Fortschritt aussieht, muss auch Fortschritt sein, so nötig Kambodscha den Tourismus-Boom und die dadurch fließenden Gelder auch haben mag. Manche der Bauunternehmer nehmen nicht die geringste Rücksicht auf die Umwelt. Sie holzen wahllos Mangrovenwälder ab, gefährden die Vielfalt der Pflanzen- und Tierwelt. Ökologisch durchdachte Projekte, wie sie das australische Unternehmerehepaar Rory und Melita Hunter auf der Insel Song Saa mit einem harmonisch in die Landschaft eingepassten »Boutique Hotel« planen – 40 Zimmer, 15 Bungalows, Weinkeller und Buchladen –, wirken da wie eine exotische Ausnahme.

Vielleicht sind es die letzten glücklichen Jahre an der Küste, sicherlich die letzten verschlafenen Jahre. Wie verwunschen liegt die alte französische Provinzhauptstadt Kampot mit ihren Pfefferplantagen auf der Straße Richtung Vietnam. Die Farbe blättert von den rosarot, blau und grün gestrichenen Kolonialvillen am Fluss Stoeng Ko. Schaukelstühle laden vor kleinen Cafés zum Verweilen. Auf einem Hochplateau des Elefantengebirges in der Nähe dämmern die verwitterten Ruinen des ehemaligen »Casino Bokor« ihrer endgütigen Wiedereroberung durch die Natur entgegen. In Kep, dem ehemals mondänen Badeort ganz nahe an der Grenze zu Vietnam, wo erst der Indochina-Krieg mit den Amerikanern getobt hat und an dessen Villen sich dann die Roten Khmer vergingen, sind einige Ausländer hängen geblieben. Manche haben kleine Gästehäuser mit Holzbungalows und schönen Terrassen gebaut. »Le Bout du Monde« heißt eine dieser stimmungsvollen und abgelegenen Anlaufstellen für Freunde des Abseitigen sehr treffend: »Das Ende der Welt«. Unten am Hafen Kep bieten Fischerfrauen in breitkrempigen Hüten Krabben mit leuchtend blauen Scheren an, eine köstliche Delikatesse. Auf schwankenden Booten kann man sich nach Koh Toney hinüberfahren lassen, zur einsamen »Kanincheninsel« mit weißen Stränden, und sich dabei ein bisschen wie Robinson Crusoe fühlen.

Wem das noch nicht abenteuerlich genug ist, der sollte einen Eisenbahntrip auf einem Gefährt namens »Bidahn« versuchen, im Volksmund auch schlicht »Bamboo Train« genannt. Bei dem Verkehrsmittel auf Schienen handelt es sich nicht um einen konventionellen Zug (der verkehrt hier im Süden schon längst nicht mehr), sondern um ein selbst gebasteltes Konstrukt, eine Art Draisine.

Alte Männer geben sich wichtig und fachsimpeln, junge schütteln zweifelnd den Kopf, als wollten sie sagen: nein, so wird das nichts, Mädchen kichern verlegen. Aber dann legen an diesem Morgen in Kampong Trach doch alle gemeinsam Hand an: Auf zwei Schienen werden alte Panzerräder aufgestellt und darauf flache Bretterroste gehievt, die mit ihrer Größe von etwa vier auf zwei Meter aussehen wie Bettgestelle. Reisewillige Passagiere klettern auf die etwa einen halben Meter hohen Plattform, drücken mit ihrem Gewicht das Gefährt auf die Achsen und verleihen ihm ein wenig Stabilität. Angetrieben wird das Ganze durch einen rostigen Bootsmotor, der an der Seite angebracht ist. Der Fahrer wickelt eine Leine um den Starter, der Motor heult auf. Jetzt muss es schnell gehen. Manche springen noch im letzten Moment zu den drei schon Sitzenden und wuchten Kleinkinder und Reissäcke auf die Draisine. Dann setzt sich das abenteuerliche Gestell langsam in Bewegung. Nebenher laufend kassiert ein junger Mann für die 15 Kilometer lange »Privatstrecke« 1500 Riel, das sind etwa 40 Cent.

Es quietscht und holpert und schaukelt gefährlich hin und her, aber der Schienenstrang hält: ein Gleis als Symbol für ein ganzes Land, geschunden, überstrapaziert, aber offensichtlich unzerstörbar.

Ein ähnlicher Bambuszug verkehrt auch in einer anderen interessanten Region Kambodschas, nördlich der Hauptstadt gelegen: in der Nähe von Battambang. Dort besteht sogar das Risiko von Gegenverkehr, allerdings in überschaubarer Frequenz. Zweimal in der Woche fährt eine alte Lok mit vier angekoppelten windschiefen Passagierwagen die 300-Kilometer-Strecke von Phnom Penh in die

Provinzhauptstadt. An guten Tagen braucht Kambodschas einzige reguläre Eisenbahn zwölf Stunden für die Fahrt, 14 bis 16 Stunden sind allerdings häufiger. Die Draisinen-Künstler bekommen schon lange im voraus Nachricht von dem anschnaubenden Kontrahenten. Schnell bauen sie ihren Bretterrost nebst Bootsmotor und Rädern von der Schiene ab und schicken die Passagiere in eine Zwangspause. Dann winken die Individual-Eisenbahner den staatlichen Eisenbahnern zu und stellen ihr Gefährt anschließend wieder auf die Gleise – das flexibelste Nahverkehrssystem der Welt.

Die meisten Reisenden aus Phnom Penh kommen jedoch mit dem Bus, nicht mit der Eisenbahn in Kambodschas zweitgrößte Stadt Battambang. Sie liegt in einer fruchtbaren Region des Landes, der sogenannten »Reisschüssel«. Battambang spielt in den Khmer-Mythen eine große Rolle, »Ort des geheimnisvoll verschwindenden Holzstocks« bedeutet der Name und nimmt Bezug auf einen legendären König, der zaubern konnte. Die Geschlossenheit des Stadtbildes mit den Kolonialhäusern am Fluss Sangker, der bunte Zentralmarkt, aber auch die entspannte Freundlichkeit seiner Bewohner machen Battambang zu einem der angenehmsten Orte Kambodschas. Und Battambang ist ein idealer Ausgangsort, um das Leben auf dem kambodschanischen Land näher kennen zu lernen; gleich außerhalb der Stadt mit ihren 300 000 Einwohnern erstrecken sich weite Felder mit Dörfern und Gehöften, verstreut dazwischen Pagoden jüngerer Herkunft und Ruinen aus der Angkor-Zeit. Neben den Gaben für die Mönche opfern die Bauern auch den übernatürlichen Geisterwesen wie Neak Ta und den Arak, man kann schließlich nie wissen, wer mächtiger ist bei der Abwehr von Dürren und Überschwemmungen. »Kruasa«, die Familie, spielt eine zentrale Rolle im Leben jedes Khmer. Immer noch gilt Kinderreichtum auf dem Land als beste Altersvorsorge.

Aber auch in und um Battambang sind die Gräuel der Roten Khmer allgegenwärtig – durch die Geschichten der Kinder dieser Region, wie sie der Maler Vann Nath erzählt, Überlebender von Tuol Sleng. Und durch die Gedenkstätten. »Sie müssen unbedingt zum Wat Phnom Sampeou im Südwesten der Stadt«, sagt eine freundliche ältere Dame im kleinen Touristenbüro, als ich sie nach Sehenswürdigkeiten der Region befrage. »Waren Sie schon auf dem Tempelberg und in seiner furchtbaren Grotte?«, fragt beim Interview der Herr von der Provinzverwaltung.

Zwei kleine Pagoden liegen etwa 15 Kilometer außerhalb der Stadt auf einem steilen Hügel. Der Blick über die weite Landschaft ist beeindruckend, aber die heilige Stätte wirkt eher schlicht. Die makabre »Sehenswürdigkeit« hier sind die Killer-Höhlen der Roten Khmer. In Drahtkäfigen werden die Gebeine hunderter Ermordeter aufgebahrt, darunter die Schädel vieler Mönche, die von ihren Mördern von den Klippen gestürzt oder zu Tode gefoltert wurden.

Ausgerechnet von diesem Platz aus führt die Straße direkt zu einem der letzten Khmer-Rouge-Hauptquartiere, zu dem Ort, von dem alle sagen, er sei heute noch von den Familienclans ihrer Führer beherrscht: die Straße nach Pailin. Wobei von Straße keine Rede sein kann, die Route National 10 ist ein unzumutbarer Alptraum aus Schlaglöchern – weder die heutige Regierung Kambodschas noch die Erben der Roten Khmer in der Schmugglerstadt an der Thai-Grenze legen offensichtlich großen Wert auf Besucher. Vier Stunden dauert die Holper-Fahrt, bis Pailin in Sicht kommt. Reiseführer erwähnen den Ort meist gar nicht. Mit der Ausnahme des »Lonely Planet«-Guide. »Dieser kleinen, hübsch gelegenen Stadt mangelt es an Attraktionen, wenn man nicht gerade etwas von Edelsteinen versteht oder es besonders mag, mit alternden Massenmördern herumzuhängen«, heißt es da.

Der Blick aus dem mäßig attraktiven Null-Sterne-Hotel namens Hang Meas in der Ortsmitte geht über eine Lehmstraße und einen kleinen Teich zum Rathaus hinüber, das von mehreren Steinlöwen flankiert ist. Das Gebäude mit seinen Dutzenden Zimmern wirkt in seinen Dimensionen eher wie ein Ministerium in der Hauptstadt, so eindrucksvoll, als wolle es die besondere Bedeutung oder den Reichtum der hiesigen Bürger demonstrieren. Wenn man die Vorgeschichte Pailins als Khmer-Rouge-Hochburg kennt, könnte man beim Anblick der neuen Pagoden mit ihren vergoldeten Buddhas auf den Gedanken kommen, hier wollten Sünder für ihre frühere Taten Abbitte leisten. Ansonsten macht die Gemeinde mit ihren Wellblechhütten und den wenigen properen Häusern, den Juweliergeschäften und den Läden, die modernste Mobiltelefone anbieten, einen leicht überdurchschnittlichen, aber nicht luxuriösen Eindruck. Wären da nicht die zahlreichen superteuren Lexus-Geländewagen, die im Schritttempo und mit abgedunkelten Scheiben durch den Ort fahren, immer wieder die gleiche Strecke, als wollten sie etwas kontrollieren. Als wollten die Besitzer nach ihren Patrouillen wem auch immer Bericht erstatten. Beispielsweise über den seltsamen Ausländer, der gerade im ansonsten gähnend leeren Hotel des Ortes eingecheckt hat.

Die Edelstein-Minen der Gegend, von denen in älteren Reiseführern noch die Rede ist, sind heute weitgehend stillgelegt, die Vorkommen von Rubinen und Saphiren ausgebeutet. Die gerodeten Wälder der Umgebung zeigen, dass es auch mit dem Export von Tropenhölzern nicht mehr weit her sein kann. An den Tankstellen wird offensichtlich geschmuggeltes Benzin in großen Behältern verkauft; für die jungen Leute stehen ausgediente Fanta- und Cola-Flaschen mit Treibstoff bereit, den sie mit dem Mund ansaugen und in ihre Mofa-Tanks füllen. Das ist das Business der kleinen Leute von Pailin. Die »Großen« – und das sind immer noch die Clans der jetzt angeklagten Khmer Rouge-Führer – stopfen sich ihre Taschen auf ganz andere Weise voll. Sie machen Kasse mit Casinos.

Einige Kilometer außerhalb der Stadt, direkt am Grenzübergang zu Thailand, warten das »Diamond Crown«, das »Caesar« und das »Pailin Casino« auf die Spielsüchtigen. Sie kommen von der anderen Seite, aus dem Nachbarland, in dem Glücksspiel verboten ist. Ausgerechnet in der ehemaligen Hochburg der puristischen, Entsagung predigenden, Banken schließenden und Geld abschaffenden Steinzeitkommunisten klingeln nun die einarmigen Banditen, locken Blackjack und Poker, rollt die Kugel: Faîtes vos jeux! Noir oder rouge statt Khmer Rouge, Croupiers statt Killing Fields – willkommen in Pailin. Hier spielt Kambodscha Las Vegas.

Wie eine Fata Morgana wirken die Casinos und die modernen Hotelblöcke mit Namen wie »Flamingo« in der Dschungellandschaft. Die Erfolgreichen unter den Spielern haben Gelegenheit, in teuren Restaurants ihre Gewinne zu verjubeln. In angeschlossenen Bars und Massagesalons warten junge Damen in sehr knappen Tops und sehr kurzen Röcken. »Wem gehören die Hotels?«, frage ich. Das dürfe er nicht sagen, antwortet der Mann an der Rezeption eines der Luxushotels und flüstert dann, als uns keiner mehr beobachtet: »Der Familie Ieng Sarys.« Und die Spielhöllen? »Den Iengs natürlich, wie fast alles hier in der Gegend«, tuschelt der Croupier in einem der Casinos nach einem entsprechenden Trinkgeld. »Und was nicht dieser Clan besitzt, das kontrollieren die Sippen von Nuon Chea und Khieu Samphan.«

Sollte das zutreffen, wären vier der fünf Angeklagten im lukrativen – und im Übrigen völlig legalen – Casino-Geschäft involviert, die Brüder Nummer zwei, drei und neun der Roten Khmer. Eigentumsverhältnisse lassen sich in Kambodscha schwer überprüfen. Auf jeden Fall aber nachweisen lässt sich der Besitz von Villen und Grundstücken der ehemaligen kommunistischen Top-Kader in Pailin, die sich bis zu ihrer Verhaftung im Jahr 2007 alle mehr oder weniger durchgehend hier aufhielten.

Als mächtigster Mann gilt nach wie vor der Vizegouverneur der Provinz, Ieng Vuth. Der Sohn des ehemaligen Khmer-Rouge-Außenministers hat uns bei unserem Besuch im Vorjahr noch, auf seine Vermögensverhältnisse angesprochen, lässig entgegnet: »Ach, die Leute hier übertreiben alle gern.« Zu dem anstehenden Prozess vor dem Tribunal meinte er: »Daraus wird nichts werden, mein Vater hat sich nie etwas zu Schulden kommen lassen. Und zumindest anfangs hat das Volk die Roten Khmer doch als Befreier empfunden.«

Jetzt mag sich der Vizegouverneur gar nicht mehr öffentlich äußern. Ein Angestellter sagt im Garten der zweistöckigen Villa, Ieng Vuth sei auf einer Konferenz, er erwarte ihn erst spätabends zurück. Als wir am nächsten Tag wiederkommen, fühlt sich Ieng Vuth nicht gut und mag deshalb auch »respektierten alten Bekannten« kein Interview geben. »Bitte haben Sie dafür Verständnis.« Die mangelnde Auskunftsfreude mag an Anweisungen seines Vaters oder dessen Anwälte liegen, vielleicht erklärt sie sich aber auch aus dem Streit, der in diesen Tagen zwischen den Erben der Khmer-Rouge-Führer tobt. Die Iengs und die Nuons sind verkracht – es geht ums Geld, wen wundert's in diesen materialistischen Zeiten.

Wir fahren zur Villa des »Bruder Nummer zwei«, sie liegt außerhalb des Stadtkerns von Pailin, näher an den Casinos und der Grenze und neben dem Besitz von Khieu Samphan. Wann immer er wollte, konnte Nuon Chea zu Fuß hinübergehen nach Thailand. Er hat oft von dieser Möglichkeit Gebrauch gemacht und soll viel Bargeld im Nachbarland gebunkert haben. Das Haus mit der Gartenhütte und dem Gelände erweist sich dann als noch schlichter als der Besitz der Familie Ieng. Und doch geht es bei dem Streit um dieses Grundstück. Ly Kimseng, Nuon Cheas Frau, behauptet, die Iengs hätten ihr das Haus sowie den Grund und Boden vor zehn Jahren überschrieben und nun wolle die Familie den Besitz plötzlich wieder zurück, habe sie aufgefordert, unverzüglich auszuziehen. Nuon Cheas Frau sagt, sie denke gar nicht daran. Aber sie wolle ihren Mann in dessen »derzeit schwierigen Lage nicht belasten«. Während die beiden Rote-Khmer-Führer sich also – wie ihre Anwälte erzählen – bei ihrem wöchentlichen Gedankenaustausch hinter Gittern freundlich beraten, tobt in der Freiheit, am Gartenzaun der Verwandtschaft, ein bitterer Kampf.

Auf dem Rückweg nach Battambang warnt uns ein junger Mann aus dem Ort, dass wir bei Zwischenstopps vorsichtig sein sollten, noch immer seien Landminen rechts und links der Böschung ein Problem. Und er erzählt uns von den kambodschanischen Flüchen, die sich mit den Roten Khmer geändert hätten. Pol Pot & Co. dienen als Ausgangspunkt für neuartige Verwünschungen. »A ngoap« sagt man auf Khmer, wenn man dem Gegenüber besonders böse will, »Du sollst verrecken«; eine klassische Variante davon ist beispielsweise »A neak ta kadj ka«, »Der Geist Neak Ta soll Dir den Hals umdrehen«. Seit den Khmer-Rouge-Zeiten gehört jetzt auch ins Repertoire: »A ke kap« – »Du sollst durch den Schlag mit einer Axt sterben«, wie die Verdammten der Killing Fields. Oder eben auch: »A trov miin« – »Du sollst auf eine Mine treten.« Sprachinnovationen als Ausdruck einer verwundeten Zivilisation.

Nach einer Nacht der Erholung in Battambang und einem Abstecher in die größte Grenzstadt Poipet (noch mehr Casinos, noch mehr Massagesalons) führt uns die Nationalstraße 6 dann nach Angkor. Wie die Verbotene Stadt im chinesischen Peking, der Rote Platz in Moskau, die Pyramiden von Gizeh in Ägypten oder Machu Picchu in Peru ist Angkor ein Ort, der zur Rückkehr zwingt, auch wenn man ihn schon oft gesehen hat, ein Ort, ohne den eine Reise in dieses Lands nie vollständig sein kann.

Siem Reap, die Stadt, die Ausgangspunkt für die Besichtigungen ist, hat sich voll und ganz auf die Tempel von Angkor eingestellt. Elegante Galerien verkaufen alte Fotografien der Tempelanlagen Bayon und Ta Promh, ein neues Museum mit einer angeschlossenen Kaufhauspassage wirbt mit »1000 Buddhas in einem Raum«. Hotels entstehen zu Dutzenden und rücken den Heiligtümern inzwischen gefährlich nahe. Auch hier verdient Hun Sens Clan, denn der gesamte, sehr lukrative Verkauf von Eintrittskarten für das Gelände von Angkor liegt in seiner Hand.

Siem Reap ist Kambodschas am schnellsten wachsende Stadt. Aber Siem Reap hat sich mit seinem »Old French Quarter« und seinem traditionellen Markt trotz des Ansturms der Touristen und Geschäftsleute etwas von seinem Flair bewahrt. Vor allem nachts, wenn am Fluss die Lichter angehen und auch die Einheimischen zwischen den Essensständen und den Royal Independence Gardens flanieren.

Jede Woche zweimal hat in diesem Siem Reap auch eine der schillerndsten ausländischen Residenten von Kambodscha seinen Auftritt, heiß geliebt, hochgradig anerkannt, aber auch vielfach angefeindet. Für viele ist er ein Heiliger, für manche einfach nur eine Nervensäge: Beatocello, der mit bürgerlichem Namen Beat Richner heißt. Der Schweizer Arzt leitet die »Kantha Bopha Foundation«, eine karitative Organisation, die in Siem Reap mehrere Kinderkrankenhäuser unterhält. An seinen Showabenden spielt der 61-Jährige aus dem Kanton Aargau auf der Bühne sehr gekonnt

Bach-Kantaten auf seinem Cello, philosophiert über Kambodscha im Speziellen und die ärztliche Kunst im Allgemeinen und bittet um Spenden für sein Lebenswerk: Geld von den Reichen und Älteren, die seinen Ausführungen lauschen; Blut von den jungen Rucksacktouristen, die zur Gratisunterhaltung gekommen sind.

Richner ist ein Bär von einem Mann, meist gemütlich, manchmal grantig und immer so leicht zu begeistern wie zu reizen. Ein Show-Man mit Substanz, korpulent und eloquent. Ein Original, mit Haut und Haaren seinem Gastland verfallen.

Zum ersten Mal kommt er 1974 nach Kambodscha, im Auftrag des Schweizerischen Roten Kreuzes. Da tobt im Land ein Bürgerkrieg, die Roten Khmer sind auf dem Vormarsch, Doktor Richner muss fliehen. Zurück in der Schweiz entdeckt er seine zweite Befähigung neben der Pädiatrie: Er kann Kinder nicht nur körperlich heilen, sondern auch seelisch – er gibt den Musikclown und zeichnet als Beatocello auch Bücher für die Kleinen. Doch Kambodscha lässt ihn nicht los. Und so nutzt er 1991 die erste Gelegenheit zur Rückkehr in das südostasiatische Land, baut in Phnom Penh ein erstes Kinderkrankenhaus auf. Weitere folgten. Inzwischen liegt das Hauptaugenmerk Richners auf Siem Reap, wo er drei Hospitäler unterhält, in denen Kinder unentgeltlich behandelt werden. Für sein Wirken hat er viele Preise erhalten. Der alte und der neue kambodschanische König besuchten seine Einrichtungen, die Universität Zürich verlieh ihm die Ehrendoktorwürde, 2003 wurde er »Schweizer des Jahres«.

Allein im Jahr 2007 hat Richner mit seinem Team von über 2000 Ärzten und Pflegern (nur zwei davon sind Ausländer) über 20 000 chirurgische Eingriffe vorgenommen, 115 000 Kinder stationär und über eine Million ambulant behandelt – eine eindrucksvolle Leistung. Er scheut keine starken Worte, etwa wenn er von einem »schleichenden Genozid« in Kambodscha durch die mangelnde Gesundheitsfürsorge spricht und dafür ganz wesentlich auch die Regierenden verantwortlich macht: Tuberkulose, Dengue-Fieber und Aids grassieren tatsächlich unter den Ärmsten im Land, und auch negative Übertreibungen zur Gesundheitssituation können da ihren Sinn haben.

Richners Gegner hingegen werfen ihm vor, er stelle sich und seine Leistungen, etwa mit großformatigen und großspurigen Anzeigen in Zeitungen wie der *International Herald Tribune*, zu sehr in den Mittelpunkt (»Die Kantha-Bopha-Krankenhäuser kümmern sich um 85 Prozent der kambodschanischen Kinder«). Und bei seinem Kampf gegen die Weltgesundheitsorganisation WHO habe der Schweizer Doktor schon die Züge eines Michael Kohlhaas angenommen: Vehement streitet Beatocello gegen die Vertreter der Uno, die auch in armen Ländern wie Kambodscha für eine finanzielle Mitbeteiligung der Patienten plädieren und in der Dritten Welt zugunsten einer breit gefächerten, preiswerten Gesundheitsfürsorge auf moderne Hightech-Medizin weitgehend verzichten wollen. Dem setzt der Schweizer seine »Philosophie« entgegen: keine finanzielle Belastung der Ärmsten, medizinischer Fortschritt für alle.

Beide Standpunkte haben etwas für sich – wie verbissen und manchmal verbohrt Beat Richner seine Auffassung auch verteidigen mag, seiner Lebensleistung, seinen großen Verdiensten um Kambodschas Kinder tut das keinen Abbruch. Man wünschte sich, Kambodschas Kriegsversehrte hätten auch so eine starke Lobby.

Innerhalb der Tempelanlagen, an der Terrasse des Leprakönigs, hat sich an einem strategisch günstigen Kreuzungspunkt der Touristenströme, geschützt vom Schatten eines Baumes, auf Bastmatten eine Musikantengruppe niedergelassen. Es sind Körperbehinderte; einem alten Mann fehlen beide Beine, seiner Kollegin das rechte Bein und der Arm; einer Frau ist offensichtlich durch eine Schusswunde das halbe Gesicht zerstört worden; das vierte Mitglied der Band ist blind und sein linker Arm nur noch ein Stummel. »Wir sind Kriegsopfer«, steht auf Deutsch, Englisch und Japanisch auf einem Pappschild, das sie vor sich in die Erde gerammt haben, bevor sie jetzt ihre Instrumente auspacken. »Wir pflegen die traditionelle Khmer-Musik und betteln nicht für unsere Kinder. Danke für Ihre Spende!«

Und dann spielen sie, Lieder von der Liebe und vom Leid, Melodien und Texte, die damals wegen ihrer »Bürgerlichkeit« unter den Roten Khmer bei der Androhung von Todesstrafe verboten waren. Die »Takeh«, die dreiseitige Khmergitarre, weint unter den geübten Fingern des Mannes ohne Beine. Die »Sadev«-Trompete aus Tierhorn schluchzt aus dem Mund des Blinden. Die »Ken«, eine Art Panflöte aus Bambus, klagt aus dem, was von den Lippen des Schussopfers geblieben ist. Das Xylophon »Phiad« hat die Einarmige übernommen, tauscht es manchmal gegen ein Blatt aus, dem sie einen so herzzerreißenden Ton entlockt, dass nun auch die deutschen und japanischen Touristengruppen innehalten, die bisher zielstrebig hinter einem blauen beziehungsweise gelben Fähnchen ihren Führern gefolgt sind. Hastig kramen sie Dollarnoten aus den Taschen und legen sie vor dem Schild nieder.

»Sechs Dollar auf einen Schlag, so viel bekommen wir meist nicht an einem ganzen Tag zusammen«, sagt glücklich Koy Thuon, der Mann ohne Beine. Er hat eine Frau und fünf Kinder zu ernähren, von seiner mageren Staatspension sei das nicht möglich. Die anderen Mitglieder der Musikgruppe bekommen gar keine staatliche Unterstützung. Irgendwo sind ihre Anträge liegen geblieben oder ein korrupter Beamter hat das Geld in seine Taschen umgeleitet; die Khmer-Musik für Touristen sei ihre einzige Chance. Was erhofft sich die Behinderten-Band vom Tribunal in Phnom Penh? Haben sie erwogen, als Nebenkläger aufzutreten, Schadensersatz einzuklagen – oder haben sie womöglich noch gar nichts von dem Rote-Khmer-Gerichtshof gehört? »Doch, doch«, hätten sie, sagt die gesichtsverletzte Dame. Aber sie alle seien sehr skeptisch: »Die Schuldigen kommen ja doch immer davon, das Tribunal ist nur ein Trostpflaster, unfähig, die Vergangenheit aufzuarbeiten. Wir haben ein altes Khmer-Sprichwort, das heißt: Wenn ein Elefant gestorben ist, nimm keinen Korb, um ihn zu verdecken.«

Sie halten es lieber mit der Musik als Trost und Lebensinhalt. »Wir nehmen unseren Beruf sehr ernst«, sagt Koy Thuon, der früher einmal Lehrer war, bevor er auf der Flucht vor den Roten Khmer in ein Minenfeld geriet. Sie seien immer auf der Suche nach alten Melodien und legten Wert darauf, sie klassisch korrekt zu spielen. Manche Traditionen von früher seien verschüttet worden, aber die Alten in den Dörfern würden ihnen gern mit ihren Erinnerungen aushelfen. Das sei jetzt ihr Lebensinhalt. Herr Koy seufzt. Und weil er sich als ehemaliger Englischlehrer gern gewählt ausdrückt, überlegt er lange, bevor er den folgenden Satz formuliert: »You know, suicide is no option.«

Dass Selbstmord keine Alternative ist – da ist Roger Graham ganz anderer Meinung. Der Mann aus dem Ort Paradise in Kalifornien und langjähriger Besitzer eines Cafés in Kampot hatte im Jahr 2005 eine Geschäftsidee: Er gründete in Kambodscha eine »Assisted Euthanasia Society«, eine »Gesellschaft für Sterbehilfe«. Er warb auf seiner Website dafür, dass sich Euthanasie-Befürworter aus aller Welt bei ihm melden sollten. Gegen entsprechendes Honorar wollte er die Suizid-Willigen zu einer letzten Reise nach Kambodscha überreden und ihnen dort bei der Euthanasie assistieren – unter anderem mit einem Selbstmord-Kit, das alles Nötige enthielte. »Das ist in Kambodscha nicht verboten. Kommen Sie hierher nach Südostasien, das ist für ihre Wünsche das ideale Land!«, warb der 55-jährige Amerikaner.

Das Land der Killing Fields als Selbstmord-Paradies? Lange Zeit wussten die Behörden nicht so recht, wie sie darauf reagieren sollten. Vielleicht sahen einige Regierungsvertreter da tatsächlich ein Geschäftsmodell, an dem sie mitverdienen könnten. Die Behörden ließen Graham gewähren. Dann verübte eine von ihm betreute Britin tatsächlich im kambodschanischen Kampot Selbstmord. Ein Aufschrei ging durch die britische Presse, auch die *Cambodia Daily* berichtete, Kambodschas Regierung musste nun reagieren. Grahams Website wurde geschlossen, er selbst im Sommer 2006 des Landes verwiesen.

Dass es zum Freitod immer eine Alternative gibt: Wenn der Mann aus Kalifornien sich wirklich in seinem kambodschanischen Gastland ausgekannt hätte, wäre ihm das bewusst gewesen. Womöglich hat kein Land der Welt – mit der möglichen Ausnahme Israels – so viele Überlebenskünstler in seinen Reihen. Vor allem: so viele bewundernswerte Frauen.

ACHTES KAPITEL

DIE HOFFNUNG

»Unser Kampf zwischen Bordell,
Bühne und Boardroom«

Wie Kambodscha zum Positiven verändert werden könnte, ist bei Einheimischen wie bei Beobachtern aus dem Ausland umstritten. Wann das geschehen könnte, erscheint wenig gewiss. Nur über die Frage, *wer* den Staat in Fernost positiv beeinflussen und aus seinen schlimmsten Verirrungen befreien könnte, besteht weitgehend Einigkeit: Kambodschas Frauen. Sie kämpfen erfolgreich an vielen Fronten. In den Dörfern halten sie die Familien zusammen und sind bei der Reisernte mindestens genauso involviert wie ihre männlichen Partner. In den Städten bestimmen sie die häuslichen Finanzen, versorgen und erziehen die Kinder; immer mehr Frauen studieren und finden Jobs in Unternehmen und Ministerien. Sie bewahren Traditionen, die ihnen sinnvoll erscheinen, und schreiben manche mit ihrer Eigeninitiative fort. Sie beginnen sich, langsam aber sicher, gegen überkommene, unterdrückende Rollenmuster der kambodschanischen Gesellschaft aufzulehnen und Unrecht anzuprangern. Sie sind stark und selbstbewusst und sie setzen sich durch – oftmals gegen Widerstände, die unüberwindlich erscheinen.

Somaly Mam und Soth Som sind zwei dieser Frauen, beide leben und arbeiten hauptsächlich in Phnom Penh, obwohl sie das ganze Land bereisen. Sie kennen sich nicht und werden sich vielleicht nie kennenlernen, weil sie aus unterschiedlichen Gesellschaftsschichten stammen, unterschiedliche Interessen verfolgen und unterschiedliche Lebensplanungen haben. Aber sie verbindet dennoch mehr als sie trennt. Dies ist ihre Geschichte.

Somaly Mam ist gerade erst aus Deutschland zurückgekehrt, und wegen der Flughafenbesetzung, die in diesen Novembertagen 2008 Bangkok lahmlegt, nahm die anstrengende Reise besonders viele Stunden in Anspruch. Sie musste über den Pol nach Südkorea, dann erst ging es weiter nach Kambodscha. Aber sie ist aufgekratzt und glücklich und, wie sie etwas schüchtern sagt, »auch ein wenig stolz« – wie eine junge Dame nach der Verleihung ihres Schulabschlusses oder Meisterdiploms. Sie hat Fotos und Zeitungsausschnitte aus Berlin mitgebracht und breitet sie jetzt vor mir in ihrem Büro in einem unscheinbaren Haus am Stadtrand aus. Die *Bild-Zeitung* schreibt mit Riesenlettern: »Millionen-Preis für die Menschenwürde« und zeigt sie im schwarzen Abendkleid; das *Hamburger Abendblatt* staunt über eine »Gala für Menschenrechtlerin«; »Heldin aus den Bordellen« hat sie die *New York Times* genannt. Auf den Bildern in der deutschen Presse ist sie Hand in Hand, Arm in Arm, mit der Berliner Politik- und Kulturprominenz zu sehen. Bei der Gala im Konzerthaus am Gendarmenmarkt fehlte kaum jemand mit Rang und Namen.

»Dieser Mann ist besonders nett, ich habe nicht alles, was er auf Englisch zu mir sagte, genau verstanden, aber ich habe sofort gespürt, dass er aus dem Herzen spricht«, sagt Somaly Mam. Sie zeigt auf den Bundespräsidenten Horst Köhler, der ihr die Auszeichnung in Berlin verliehen hat. Unter den anderen, die da in Smoking und Fliege mit ihr in die Kameras lächeln, möchte sie noch Roland Berger hervorheben, den Unternehmensberater, der die Auszeichnung gestiftet hat; den »besonders witzigen, schlagfertigen« ehemaligen Außenminister Joschka Fischer und den Verleger Florian Langenscheidt; von den Damen sind ihr besonders Sabine Christiansen, die durch den Gala-Abend führte, Friede Springer, Maria Furtwängler und Maybrit Illner positiv in Erinnerung geblieben. Leider habe sie deren Einladung, als Gast in ihre Talkshow zu kommen, ausschlagen müssen, erzählt Somaly Mam. Dafür haben die drei Tage Berlin nicht gereicht.

Und bei aller Freude über die Ehre, bei allem märchenhaften Eintauchen in die deutsche Glamourwelt, bei aller Begeisterung über das Preisgeld – »eine Million Euro, das ist sensationell, das ist sogar mehr als ein Nobelpreisträger bekommt« – wollte sie doch schnell wieder zurück zu ihren Schutzbefohlenen nach Phnom Penh, Kampong Cham und Siem Reap. In ihre Welt. Zu den misshandelten Prostituierten, zu den verkauften Kindern.

Somaly Mam ist die Gründerin der Hilfsorganisation Afesip (»Agir pour les femmes en situation précaire« – Handeln für Frauen in Not) und fürchtet immer das Schlimmste: Sie kennt die kambodschanische Menschenhändlerszene aus eigener Erfahrung. Sie weiß, dass die Zuhälter und ihre korrupten Hintermänner mit Verbindungen in höchste politische Kreise nie aufgeben. Mehrfach schon sind sie in die Betreuungszentren eingedrungen, die Somaly Mam für die Mädchen eingerichtet hat, haben mit Waffengewalt die gerade erst Befreiten wieder in Bordelle verschleppt. Diesmal sei nichts in ihrer Abwesenheit passiert, versichern die Mitarbeiter der Chefin. »Na, Gott sei Dank«, sagt Somaly Mam, streicht sich die Haare zurück. Sie trägt sie in ihrer kambodschanischen Umgebung streng zurückgekämmt und zu einem Knoten zusammengebunden. Sie ist in Jeans und eine weiße Bluse gekleidet. Mit ihrem Lächeln, dem ebenmäßigen Gesicht und ihrer sportlichen Figur erinnert sie ein bisschen an die engelsgleichen Apsara-Figuren von Angkor – eine außergewöhnliche hübsche Frau, die aber so ganz anders aussieht als auf den Fotos aus Deutschland, wo ihr die Friseure die Haare für die festliche Feier zu Löckchen gezwirbelt haben, wo sie ein schulterfreies, schwarzes Kleid angezogen hatte.

Sie hat keine Zeit für Jetlag. Gleich nach ihrem Nachtflug aus Europa will sie eine ihrer Einrichtungen besuchen, und zwar das Zentrum im zweieinhalb Autostunden entfernten Kampong Cham. Am Ufer des Mekong steht dort das Betreuungshaus für die Minderjährigen, für die jüngsten der ehemaligen Sex-Sklavinnen. Sechzig Mädchen unter 18 Jahren sind dort in angemieteten Räumen der Hilfsorganisation untergebracht, bekommen Schulunterricht und psychologische Betreuung. Somaly Mam zieht es besonders zu einer Kleinen, zu einer Sechsjährigen, die sie erst vor wenigen Wochen nach einer Polizei-Razzia aus einem Bordell befreien konnte. Afesip hatte nach mehreren Tipps und einer eigenen Recherche die staatlichen Autoritäten davon informiert, dass in dem Eros-Center viele Minderjährige arbeiteten. Daraufhin wurde das Etablissement geschlossen.

Somaly hoffte anfangs noch, dass die Kleine nicht missbraucht worden war. Sie legte sich zu ihr und versuchte ganz behutsam, etwas von ihrer Geschichte zu erfahren. Die analphabetischen und bitterarmen Eltern, erzählte sie stockend, hatten sie im Norden des Landes an einen Menschenhändler verkauft, der sie dann in der Hauptstadt meistbietend weiterveräußerte: So war sie in dem Haus gelandet, in das viele Männer kamen. Auch zu ihr in ihr kleines Zimmer kamen. Sie habe Schmerzen im Unterleib, klagte die Kleine schließlich Somaly in der Nacht, nachdem sie etwas mehr Vertrauen gefasst hatte. Da ahnte die Menschenrechtlerin, dass etwas nicht in Ordnung sein konnte: Sie brachte das verstörte Mädchen ins nächste Krankenhaus. Ärzte bestätigten ihre schlimmsten Befürchtungen. Die Sechsjährige war nicht nur vergewaltigt, sondern auch mit HIV angesteckt worden. Seitdem schläft die Menschenrechtlerin, sooft sie nur kann, bei dem Mädchen. Und das will sie auch jetzt tun. Sie will ohne Begleitung von irgendjemanden aus ihrem Team, ohne Begleitung auch von Journalisten ins Zentrum fahren. Ganz allein. Um den Abend mit der Sechsjährigen zu verbringen, eng an sie gekuschelt. Manchmal nennt die Kleine ihre neu gefundene Vertraute »Mummy«. Dann muss selbst die hartgesottene Somaly Mam weinen. Sie, die bereits so viel gesehen, so viel erlitten hat.

Ihr eigenes Schicksal unterscheidet sich im Grunde nicht viel von dem des Mädchens – nur dass es ihr im Bordell bei all den Vergewaltigungen und demütigenden Übergriffen erspart blieb, mit einer schlimmen Krankheit angesteckt zu werden. Und dass sie mit eisernem Willen und einer großen Portion Glück dem Elend entkommen konnte.

Somaly Mam wird im äußersten Osten von Kambodscha geboren, in einem Dorf der Provinz Modolkiri, nicht weit vom vietnamesischen Hochland entfernt. Die Bewohner dieser rückständigen, dicht bewaldeten Region heißen bis heute in der Khmer-Sprache »Phnong«, was sich in etwa mit »Wilde« übersetzen lässt und durchaus nicht schmeichelhaft gemeint ist. Es könnte 1970 gewesen sein, vielleicht auch 1971, als sie zur Welt kam – so genau weiß sie das nicht. Sie wächst in ärmsten Verhältnissen auf, lernt ihre Eltern nie kennen. Sie erinnert sich als Kleinkind vage daran, bei ihrer Großmutter gewesen zu sein, allerdings verschwindet die eines Tages spurlos. »Ich lebte anschließend wie ein ungezähmtes Tier, schlief mal hier, mal da, ich hatte kein Zuhause. Meine Haare waren lang, mein Teint selbst für die dortige Gegend sehr dunkel, alle verspotteten mich. Ich musste hart arbeiten auf den Feldern, große Wasserkrüge schleppen, damit mir jemand etwas zu essen gab. Und doch war das noch der glücklichste Teil meiner Jugendzeit«, erzählt Somaly Mam mit nüchterner, emotionsloser Stimme und nippt an dem Tee, den sie sich von einer Mitarbeiterin hat bringen lassen.

Sie ist etwa zehn, als man sie einem alten Mann übergibt. Der sei ein entfernter Verwandter, sie dürfe ihn »Großvater« nennen, und er habe sich bereit erklärt, für sie zu sorgen. Für die Kleine ein Festtag: Sie träumt von einem Zuhause, von Zärtlichkeit – und von der Chance, vielleicht sogar einmal zur Schule gehen zu dürfen. Doch schnell wird sie enttäuscht. Der »Großvater« hält sich die Kleine wie eine Hausklavin, sie muss waschen, einkaufen, kochen, steht bei der Reisernte stundenlang im Schlamm und schuftet sich die Hände blutig. Aber das ist noch nicht alles. Ihr Peiniger fängt an, stark zu trinken und verfällt dem Glücksspiel. Er fesselt das Mädchen, wenn er sie »ungehorsam« findet, drischt mit einem Rohrstock auf sie ein. Und er schickt sie häufig zu einem Chinesen, dem er Geld schuldet.

Ob ihr Körper Teil der Rückzahlung ist, wird sie nie ganz sicher erfahren. Jedenfalls ist sie gerade zwölf, als der Mann sie vergewaltigt. Sie akzeptiert das zunächst wie ein Gottesgericht. »Ich wusste, dass ich meinen Mund halten musste. Das wurde von mir erwartet. Ich musste mich heimlich waschen, um mich von der Schande zu reinigen und konnte mit niemandem über die erlittene sexuelle Gewalt sprechen. Ich errichtete eine Mauer des Schweigens um mich herum, lebte wie eine Taubstumme. Das Schlimme ist: Bis heute habe ich Schwierigkeiten, irgendjemandem zu vertrauen – das ist die bittere Konsequenz von damals.«

Zur einzigen wirklichen Kontaktperson wird ein Dorfschullehrer, der gemerkt hat, wie wissbegierig und intelligent das Mädchen ist. Er lässt sie am Unterricht teilnehmen. Sie bekommt von ihm sogar eine Schuluniform und registriert voller Stolz, wie schnell sie die anderen in der Klasse bei den Aufgaben überholt. Doch mit 14 wird sie vom brutalen »Großvater« aus der Schule gerissen: Er hat mit Somaly Mam andere Pläne, hat sie weiterverschachert. Ein Ehemann sei für sie gefunden worden, teilt er dem Mädchen mit. Dieser Tham, ein Militärangehöriger und zwölf Jahre älter als sie, entpuppt sich schnell als der nächste Sadist in ihrem Leben. Er schlägt sie windelweich, als er merkt, dass sie keine Jungfrau mehr ist. Er ist rasend eifersüchtig, wenn andere Männer ihr auch nur einen Blick zuwerfen. Er will verhindern, dass sie eine eigene Arbeit sucht, »so etwas tut eine Frau nicht«. Doch da setzt sie sich zum ersten Mal in ihrem Leben durch: Sie nimmt einen Job als Krankenschwester an.

Neben der Malaria sind in Kambodscha die Minen das Hauptproblem. Regierungstruppen haben sie gelegt, um die Roten Khmer zu stoppen; die Guerilleros, um die Soldaten der regulären Armee von ihren Dschungelhauptquartieren fernzuhalten. Zwischen den Fronten, wie immer, die Zivilbevölkerung. Ohne jede chirurgische Ausbildung lernt Somaly, im Notfall selbst zum Skalpell zu greifen und Minenopfern Gliedmaßen zu amputieren. Sie stürzt sich in die Arbeit. Doch ihr Mann wird immer brutaler und unberechenbarer. Eines Tages ist sie so verzweifelt, dass sie eine Überdosis an Schlafmitteln nimmt. Sie überlebt.

Unter der Herrschaft der Roten Khmer waren die Nahrungsmittel immer knapp, ansonsten hat Somaly Mam, an jede Form von Misshandlung, von Rohheit, gewöhnt, keine Erinnerung an besondere Grausamkeiten. Die Khmer Rouge sorgten später sogar für eine Erleichterung in ihrem Leben. Als das Terrorregime längst gestürzt ist und Kambodscha im Bürgerkrieg versinkt, wird ihr Ehemann Tham mit seiner Einheit an die Grenze zu Vietnam verlegt, um gegen die versprengten Reste der Roten Khmer zu kämpfen. Er kehrt von dort nicht zurück.

Aber wieder nimmt Somalys Schicksal eine schreckliche Wende. Ihr »Großvater« bringt sie unter einem Vorwand in die Hauptstadt und verkauft die 18-Jährige an den Inhaber eines Bordells. Sie wehrt sich, will auf keinen Fall als Hure arbeiten. »Entweder du empfängst jetzt die Kunden, oder ich vergewaltige dich und schlage dich grün und blau«, schreit der Zuhälter sie an. »Wir werden ja sehen, wie lange du aufsässig bleibst.«

Sie gibt schließlich auf – und wird sich diese Schwäche nie verzeihen. Fünf, sechs Kunden am Tag werden zum Normalfall, die meisten sind Militärs oder Polizisten. Es sind rücksichtslose, gefühllose Männer, die sie wie einen Gebrauchsgegenstand benutzen. Einmal überredet sie einen halbwegs sympathischen Freier, sie aus dem Puff zu entführen, und flieht mit ihm bis nach Battambang. Am nächsten Tag verkauft er sie an Lastwagenfahrer weiter. Das ist der Tiefpunkt ihres Lebens, in den Billigtreffs riecht alles nach Schmutz und Sperma. Sie ekelt sich so, dass sie sich mit Wasser übergießt und abschrubbt, wann immer es geht. Bis heute, sagt Somaly Mam, habe sie dieses Trauma nicht ablegen können und neige dazu, zuviel Parfüm zu benutzen – selbst in den vornehmsten Villenvierteln der Welt, in den Luxushotels, in denen ihr ja nun gar nichts drohe, selbst bei einer Gala wie der in Berlin.

Man beschuldigt sie, einem Freier eine Kette gestohlen zu haben. Es ist eine Lüge. Sie kommt ins Gefängnis und wird auch dort vergewaltigt: eine Endlosschleife des Missbrauchs, der Demütigung. Sie ist damals überzeugt davon, nie mehr Gefühle für einen Mann empfinden zu können. Aber die schlimme Zeit im Gefängnis gibt ihr rätselhafterweise wieder Kraft – entweder, sagt sie sich bei ihrer Entlassung, gehe ich jetzt endgültig unter oder ich suche einen Ausweg.

Sie hat die Verhältnisse im Bordell genau beobachtet, hat registriert, dass da gelegentlich Ausländer auf ihren Lustreisen vorbeikommen. Zumindest einige sind nicht so brutal wie die Kambodschaner, sind ansprechbar. Somaly Mam, kühl und berechnend, hat nun aufgegeben, allein gegen die männliche Mafia zu kämpfen, sie glaubt nicht mehr an die Chance, einfach so davonzulaufen. Sie sucht einen Verbündeten, einen »barang«, einen Weißen. Sie lernt Pierre kennen, einen eher zurückhaltenden Mann: Er ist Biologe,

Sozialarbeiter, Träumer und Kambodscha-Schwärmer. Der Fremde ist sehr nett, sehr zuvorkommend, sehr zurückhaltend – und er verliebt sich in Somaly Mam. Mein Ticket in die Freiheit, denkt sie. Und: bloß keine Emotionen investieren.

1992 beschließen sie, gemeinsam ein kleines Restaurant zu eröffnen, in dem sie Sandwiches, Kaffee und Bier verkaufen. Es ist eine gute Zeit für solche Unternehmungen. Die kambodschanische Hauptstadt wimmelt inzwischen von Uno-Blauhelmsoldaten und anderen internationalen Helfern, die Geld ausgeben können. Doch lange können sie ihr Lokal, das sie »L'Ineptie« (»Die Dummheit«) genannt haben, nicht halten. Somaly Mam erklärt ihrem Partner ganz offen, sie sei nicht in ihn verliebt, aber sie wolle mit ihm zusammenbleiben – wenn er sie ehelichte und ihr so einen ausländischen Pass besorge. Somaly Mam und Pierre Legros beschließen zu heiraten und im Mai 1993 nach Frankreich zu gehen.

Somaly findet Frankreich kalt, die Schwiegermutter unfreundlich, die Mahlzeiten zu schwer und den Reis kaum essbar. Doch sie genießt die Freiheiten im Westen, die Kurse an der Volkshochschule, bei denen sie ihr Französisch verbessert, die langen Spaziergänge, die Möglichkeiten, unbeschwert einzukaufen (ohne die überall lauernde Gefahr, selbst »verkauft« zu werden). Als Pierre aber 1994 einen Job bei »Ärzte ohne Grenzen« in Kambodscha angeboten bekommt – er soll für die NGO Laboranalysen durchführen und unter anderem die rapide angestiegenen Aids-Fälle dokumentieren –, zögern sie nicht lange. Somaly Mam freut sich trotz all ihrer schrecklichen Erfahrungen auf die Rückkehr in ihr Vaterland, für Pierre ist das fernöstliche Königreich längst zur Traumheimat geworden. Sie lassen sich in Kratie nieder, der Stadt der Fluss-Delfine im Osten, die gleichzeitig ein Militärstützpunkt ist. Und ein Zentrum der Prostitution.

Somaly findet schnell Kontakt zu den Jüngsten der Mädchen auf dem Strich, alle Kinder noch, so um die 14 Jahre. Sie klärt sie über die Gefahren des ungeschützten Geschlechtsverkehrs auf, bringt ihnen Kondome mit. Ein Zuhälter drückt ihr auf offener Straße einen Revolver an die Schläfe und schreit sie an: »Du hast hier nichts zu suchen, du Schlampe, ich bringe dich um, wenn du nicht abhaust!« Im ersten Moment empfindet sie Todesangst. Dann geht sie aufs Ganze. Dreht sich zu ihm, schaut ihm fest in die Augen und sagt mit ruhiger Stimme: »Tu's doch. Dann kriegst du noch mehr Probleme, als du ohnehin schon hast.« Der Verblüffte lässt die Waffe sinken. Später gelingt es Somaly sogar, ihn verhaften zu lassen. Doch die Not in den örtlichen Bordellen wird deshalb nicht geringer. Immer wieder findet Somaly Mam bei ihren Besuchen Mädchen mit Brandwunden, die von den ausgedrückten Zigaretten der Freier herrühren, Schnittstellen von Messern, Striemen von Schlägen. Sie hilft, wo sie kann, aber sie sieht auch, dass sich an den Verhältnissen durch ihr Mitleid nichts Grundsätzliches ändert: Sie klebt im wahrsten Sinn des Wortes Heftpflaster auf lebensgefährliche Wunden.

Somaly Mam weiß, sie muss etwas tun; sie weiß nur noch nicht, was. In dieser Zeit der Unsicherheit empfängt sie ihr größtes Glück: Sie bekommt ein Kind. Das Paar nennt die Kleine Adana. Wieder so eine Laune des Exzentrikers an ihrer Seite, der alle kambodschanischen und französischen Namen verworfen und stattdessen auf den Atlas getippt und zwischen Paris und Phnom Penh auf eine türkische Stadt mit einem melodischen Klang gestoßen ist – Adana, nicht westlich, nicht östlich. Eine geglückte Mischung, wie das Baby.

1996 gründet das Ehepaar gemeinsam mit einem niederländischen Freund die NGO mit dem Namen »Afesip«. Es ist Somaly Mams Idee, die inzwischen erkannt hat, dass man Frauen in Not am Besten mit einer Kombination aus kambodschanischen und internationalen Anstrengungen helfen kann. Sie sucht Startkapital, unter anderem bei der Vertretung der Europäischen Union in Phnom Penh. Und muss viel Lehrgeld zahlen – Bürokraten reagieren langsam, wenn überhaupt. Erst wird der Antrag auf Fördermittel beiseite gelegt, zwischenzeitlich ist er ganz verschwunden. »Was wollen Sie überhaupt, es gibt doch so gut wie keine Prostituierten in Kambodscha«, sagt die französische Sachbearbeiterin in Phnom Penh. Da platzt Somaly, die doch diplomatisch werden wollte, der Kragen. »Madame, wahrscheinlich halten Sie sich ständig in klimatisierten Räumen auf, wie hier in Ihrem Büro oder den großen Hotels«, sagt sie. »Schön für Sie, doch das Land da draußen ist nicht air-conditioned. Verlassen Sie mal ihren goldenen Käfig und sehen Sie es sich an!«

Langsam geht es voran, Afesip bekommt die ersten Gelder zugeteilt. Sie können besser planen. Somaly Mam glaubt inzwischen, einzelnen, besonders schlimm zugerichteten Mädchen könne nur durch Befreiungsaktionen geholfen werden, jedenfalls bitten die Mädchen immer wieder darum. Sie holen bei Nacht und Nebel eine Prostituierte namens Srey aus dem Bordell. Da sie keinen Platz haben, wo sie die Drogenabhängige unterbringen können, verfrachtet Somaly die Kleine zu sich nach Hause. Die Afesip-Gründerin schildert die Situation im Rückblick so: »Bald kamen einige andere Mädchen dazu. Srey fiel ins Delirium, sie urinierte überall hin. Pierre war am Rande eines Nervenzusammenbruchs.« Auch Somaly sieht bald ein, dass die Betreuung zu Hause keine Lösung ist, dass sie ein Betreuungszentrum für die Ex-Prostituierten einrichten müssten. Ihre ersten Zuschüsse und die privaten Ersparnisse sind da schon aufgebraucht.

Der Film eines französischen Kamerateams verschafft Afesip Aufmerksamkeit, allmählich rollen die Spendengelder. Doch immer wieder gibt es schmerzliche Rückschläge. Zuhälter drohen, Samaly Mams Baby »wie ein Hähnchen zu grillen«, sollte sie den Prostituierten weiter »Flausen in den Kopf setzen«. Auch sie selbst erhält Todesdrohungen. Als die immer konkreter werden, raten ihr Freunde wie Offizielle, das Land zu verlassen. Sie flieht nach Laos, beschließt aber bald darauf, wieder zurückzukehren: Ministerpräsident Hun Sen hat ihr persönlich versichert, sie werde geschützt. Somaly Mam ist nicht sicher, was das zu bedeuten hat. Sie erlebt regelmäßig, wie die Zuhälter mit einflussreichen Ministern und Offizieren kungeln; auch einige bekannte Lokalgrößen sind unter den schlimmsten Bordellkunden. Einmal identifiziert eine Minderjährige sogar einen prominenten Politiker als ihren Peiniger, als der gerade eine flammende Rede gegen die »Geißel des Menschenhandels« hält.

Gefahr droht Somaly Mam nicht nur von der Unterwelt und ihren mächtigen Paten in Politik, Militär und Wirtschaft. Sondern auch von manchen der befreiten Mädchen. Eine blutjunge Prostituierte namens Sokhone, die sich mit HIV infiziert hat, wächst Somaly besonders an Herz. Sie bittet Somaly, doch bei ihr zu schlafen – und ritzt ihr eines Nachts mit einem Messer in den Arm, um ihr Blut mit dem Blut der Betreuerin zu mischen. Im letzten Augenblick gelingt es Somaly, sie daran zu hindern. »Warum tat sie das, wo doch mit großer Wahrscheinlichkeit das Virus dabei übertragen worden wäre? Vielleicht, weil sie sich nicht an denjenigen rächen konnte, die ihr Leben zerstört hatten. Womöglich wollte sie mich auch verletzen, um in ihrem Unglück nicht allein zu sein«, sagt Somaly bei unserem Treffen in ihrem Büro. Nachdenklich fügt sie hinzu: »So etwas macht mir Angst, das muss ich zugeben.«

Auf der Erfolgsseite ist zu verbuchen: Afesip kann von den Spendengeldern ein erstes Betreuungszentrum für geflohene oder von der Organisation befreite Prostituierte in der Nähe von Phnom Penh einrichten. Und Somaly Mam und ihr Ehemann Pierre bekommen eine zweite Tochter (später werden sie noch einen Jungen adoptieren). Auf der Misserfolgsseite: Sie spürt langsam, wie das gemeinsame Fundament ihrer Ehe bröckelt, wie sie auseinander driften. Und das ausgerechnet beim ersten großen internationalen Erfolg, den sie mit Afesip erringt: 1998 verleiht die spanische Königin Somaly Mam den prestigereichen Prinz-von-Asturien-Preis.

Zur Preisverleihung reist sie nach Spanien wie das kambodschanische Unterschichtskind, das sie ist: alte Jeans, formlose Bluse, eingerissene Sandalen an den Füßen – und wird für die Zeremonie herausgeputzt. Bekommt hochhackige Schuhe übergezogen, »die ersten in meinem Leben, denkbar unbequem, aber todschick«. Die Organisatoren stellen ihr auch ein kleines Schwarzes und Schmuck zur Verfügung, sie fühlt sich wie Aschenputtel, die zur Prinzessin wird. Und sie merkt, dass sie keinerlei Probleme damit hat, vor den Fotografen zu posieren und den Fernsehstationen Interviews zu geben. Sie hat auch keinerlei Hemmungen, mit den anwesenden Prominenten wie Nelson Mandelas Frau Graça Machel, der Friedensnobelpreisträgerin Roberta Menchu oder der EU-Kommissarin Emma Bonino zu kommunizieren, sie hat nicht mal Scheu vor den Unterhaltungen mit Mitgliedern des Königshauses. Somaly Mam, ganz und gar nicht als Star geboren, findet sich auf dem roten Teppich bestens zurecht – Pierre spielt da zwangsweise nur noch die zweite Geige. Er ist aufbrausend, leicht verletzt und deutlich weniger medienkompatibel als seine Frau. »Meinen Bauerntrampel« wird ihn Somaly Mam, die sich zur Härte gegenüber sich selbst wie zu ihrer nächsten Umgebung erzogen hat, später in ihrem Buch nennen.

Zurück in der vertrauten Hölle von Kambodscha gibt sie das Preisgeld und die Spenden aus Europa mit vollen Händen aus, mietet neue Räume für die geretteten Mädchen an, verpflichtet Lehrer und auch psychologische Betreuer. Obwohl diese nur ein geringes Gehalt beziehen oder sogar ehrenamtlich arbeiten, sind die finanziellen Reserven bald wieder aufgezehrt. Und im Jahr 2000 läuft das Projekt der Europäischen Union, durch das Afesip gefördert wurde, ganz aus. Sie brauchen dringend neue Hilfsgelder. Denn der Zustrom von Mädchen, die von Somalys Initiativen gehört haben und eine neue Chance suchen, wächst stark an. Zugleich häufen sich die Rückschläge. Polizisten, die vorgeben, Afesip zu helfen, machen sich an einige Mädchen heran und missbrauchen sie, bringen manche sogar zurück ins Bordell. Dort hat sich an der unmenschlichen Behandlung, an den Perversitäten, wenig geändert. Noch immer wird vielen jungen Frauen die Vagina zugenäht – meist sogar ohne Betäubung –, weil die Freier für »Jungfrauen« mehr bezahlen. Manche eher abergläubische Männer sind davon überzeugt, durch den Umgang mit Unberührten ihre Potenz zu steigern, manche eher pragmatischen Männer sehen sich so vor Aids geschützt.

Somaly Mam erfährt, dass auf sie in der Unterwelt ein Kopfgeld ausgesetzt ist. Sie überlegt, ob sie sich wieder ins Ausland absetzen, ob sie untertauchen soll. Dann entscheidet sie sich für den gegenteiligen Weg: Sie sucht die Öffentlichkeit, sie schreibt ihre Erfahrungen in einem Buch auf. »Tu das nicht, das macht dich in deiner Heimat endgültig zur Aussätzigen«, sagt eine ehemalige Prostituierte, die im Zentrum aushilft. Ihre offiziellen Ansprechpartner in der Politik und bei der Polizei reagieren ähnlich entsetzt. Aber Somaly Mam lässt sich nun von niemandem mehr beirren. Sie ist Anfang dreißig und fühlt sich endgültig erwachsen. Nächtelang bespricht sie Tonbänder und zwingt sich schmerzhaft und Schritt für Schritt zur Auseinandersetzung mit allen Aspekten ihres Lebens.

In einer Geste der Anerkennung widmet sie das Buch ihrem Mann Pierre, den sie manchmal als schwach und mutlos schildert, wenn sie ihn stark gebraucht hätte, aber von dem sie auch sagt, es gebe »Afesip ohne ihn nicht«. Ihre Ehe ist da schon gescheitert. Von ihrer kambodschanischen Heimat zeichnet sie ein sehr kritisches Bild: »In unserem Land gibt es das geschriebene Gesetz, das alle ignorieren, und das Gesetz des Geldes. Mit Geld kann man sich nicht nur Dinge kaufen, sondern auch Menschen. Und Richter. Am besten überlebt man, wenn man sich taubstumm stellt. Das haben die Kambodschaner zu Pol Pots Zeiten gelernt, und diese Haltung haben sie niemals ganz abgelegt. Wir leben in einer Gesellschaft, die alle Probleme unter den Teppich kehrt. Was ist unter den Roten Khmer passiert? Wir wissen es nicht, unsere Eltern kriegen die Zähne nicht auseinander, weil sie glauben, wenn sie mit uns reden, würden sie uns wehtun. Es ist wie eine Mauer.«

Und Somaly Mam nimmt auch keine Rücksicht auf sich selbst. Sie schreibt von dem »bohrenden Schmerz der Vergangenheit«, den sie nie abstreifen könne. Von ihren Rachegelüsten, die sie manchmal überlegen ließen, einen Vergewaltiger einfach niederzustechen. Von ihren Defiziten und Ängsten und der Unfähigkeit jemandem zu vertrauen, Eigenschaften, die auch daher rührten, dass sie schon »mit zehn Jahren wie eine Erwachsene handeln musste und nie, wirklich nicht ein einziges Mal in ihrer Kindheit spielen durfte«. Das autobiografische Buch »Le silence de l'innocence« (in Deutschland als »Das Schweigen der Unschuld« erschienen) bringt ihr den französischen »Cannet«-Preis, aber vor allem erhöhte internationale Aufmerksamkeit.

Sie wird in Italien und Frankreich ausgezeichnet, in Spanien erhält sie 2003 den Titel »Frau des Jahres«. Die amerikanische Regierung macht sie 2004 zur »Heldin im Kampf gegen den Menschenhandel«, später sagt sie auch vor einem Senats-Ausschuss aus. Bei der Eröffnungsfeier der Olympischen Winterspiele in Turin schreitet sie 2006 ganz in Weiß an der Seite von Sophia Loren und Susan Sarandon als »Botschafterin« durchs Stadion, wird »Hero of the Year« von CNN und in einer Privataudienz vom Papst empfangen. 2007 ist sie gleich bei drei internationalen Konferenzen Hauptrednerin – in Italien, in Singapur und in Spanien.

Und nun 2008 der Höhepunkt: der »Roland-Berger-Preis für Menschenwürde«. Als sie den ersten, nächtlichen Anruf aus Deutschland erhielt und man ihr die Preissumme nannte, hat sie an einen Scherz geglaubt und dann auch in der nachfolgenden Mail noch einmal andächtig die Nullen gezählt. Unfasslich diese Zahl: eine Million Euro, 1,3 Millionen US-Dollar. Am übernächsten Morgen erst haben sie es im Betreuungszentrum dann so richtig geglaubt, nachdem auch noch der deutsche Botschafter von Phnom Penh hoch und heilig versichert hatte, dass es sich um seriöse Gelder handelte, »kein Geld aus dem Casino, so etwas nehmen wir nämlich nicht«, sagt Somaly Mam. Sie feierte ausgelassen, mit ihrer Assistentin Sylor Lin, die von der Universität kommt, und all den ehemaligen Prostituierten, die inzwischen bei Afesip angestellt sind.

Ein paar Bilder hat sie gerahmt, und sie stehen oder hängen, manche etwas windschief oder nur gegen die Wand gelehnt, in ihrem bescheidenen Büro: Somaly Mam mit der spanischen und der schwedischen Königin, mit Hillary Clinton und Johannes Paul II., Plaketten von den amerikanischen Fernseh- und Popstars Barbara Walters und Queen Latifah, die Urkunde über eine amerikanische Ehrendoktorwürde. Ein Bild mit dem deutschen Bundespräsidenten und dem deutschen Preisstifter will sie jetzt hinzufügen; es wird eng an der Wand, vielleicht muss sie etwas austauschen. Das eindrucksvollste Foto allerdings, auch das Foto, das ihr am liebsten ist, wird sie nicht abhängen: Es zeigt Somaly Mam mit »ihren« Kindern, lachend und glücklich. Es ist aufgenommen in einem dieser seltenen Augenblicke des Unbeschwertseins, von dem es in ihrem Leben und in dem der Kleinen nur so wenige gegeben hat.

In all den Jahren ihrer Arbeit ist Somaly Mams Organisation zu einer beachtlichen Größe angewachsen. Sie umfasst nun ein Rehabilitationszentrum mit Lehr- und Ausbildungsplätzen in der Nähe von Phnom Penh, ein Ähnliches in Siem Reap und dann noch das Haus für die sechzig Minderjährigen in Kampong Cham; auch in Vietnam gibt es Betreuungseinrichtungen, da von dort viele Mädchen verschleppt und über das Transitland Kambodscha nach Thailand weiterverkauft werden. Afesip-Anlaufstellen finden sich in Europa ebenso wie eine neue, aus steuerrechtlichen Gründen in den USA angesiedelte »Somaly-Mam-Organization«. Insgesamt 4000 junge Frauen, schätzt die Gründerin, seien von ihr und ihren um die hundert Kolleginnen und Kollegen schon betreut worden. Derzeit sind es etwa 220 ehemalige Sexsklavinnen, die sich auf ein neues Leben vorbereiten.

Eine halbe Stunde von Phnom Penhs Stadtkern entfernt, gerade so weit auf dem bäuerlichen Land, dass Zuhälter vor Übergriffen zurückschrecken, liegt hinter einem Tor »Tom Dy«, eine Ansammlung kleiner, sauberer Häuser mit einem parkähnlichen Vorhof. 58 Mädchen eignen sich da auf gespendeten Rechnern Computer-Grundkenntnisse an, bekommen Unterricht in Englisch und können sich von Fachkräften als Näherinnen oder Friseusen ausbilden lassen. Sie haben ein Dach über dem Kopf und dürfen Besuch empfangen. Nur diejenigen Verwandten, von denen Somaly Mam aufgrund ihrer Nachforschungen weiß, dass sie am Verkauf der Mädchen beteiligt waren, haben keinen Zutritt. Und die Mädchen dürfen nicht nach Belieben ausgehen.

Die strengen Regeln haben Somaly Mam den Vorwurf eingebracht, die jungen Frauen zu »kasernieren«. Aber sie weiß aus ihren Erfahrungen, dass es ohne Einschränkungen nicht geht. »Bei den Minderjährigen sind wir strikt. Aber wenn eine der Erwachsenen nach mehreren Beratungsgesprächen wieder in ein Bordell zurück will, dann können wir sie natürlich nicht aufhalten.« Die Rückfall-Quote schätzt sie auf unter 25 Prozent. Und sie lobt auch neue, wenngleich noch unzureichende kambodschanische Gesetze gegen den Menschenhandel. Sie sieht kleine Schritte in die richtige Richtung. Regierungskorruption hin oder her, mit einer Ministerin hat sie sich sogar angefreundet. Somaly Mam ist keine Träumerin, die Kambodscha nur in Schwarzweißtönen sieht. Und sie weiß sich auf dem richtigen Weg, wenn sie von den lokalen Journalisten einmal dafür angegriffen wird, zu strikt in ihrem Kreuzzug zu sein und ein »natürliches Phänomen« wie die käufliche Liebe generell zu verdammen; und dann von anderen wieder dafür getadelt, dass sie sich »auf Deals mit den Autoritäten« einlasse.

Sie ahnt, dass da auch Neid auf ihre Erfolge mitschwingt. Als sie aus Deutschland zurückkommt, mustert sie ein Zöllner von oben bis unten und fordert hundert Dollar von ihr. Sie habe doch gerade eine Million »eingenommen«, das habe er in der Zeitung gelesen und nun wolle sie doch sicher etwas abgeben, damit er sie schnell durchwinken könne. Natürlich hat sie sich den Mann vorgeknöpft und ihm vor versammelter Mannschaft Bescheid gestoßen – ein Feind mehr in der kambodschanischen Männerwelt.

Somaly Mam ist nun, ob sie das will oder nicht, ein internationaler Star, eine bekannte Repräsentantin ihres Landes. Sie muss mit den Vor- und Nachteilen dieser Rolle umgehen. Sie hat den Teufelskreis des Schweigens durchbrochen. Sie hat sich gerettet, indem sie ihre Lebensaufgabe gefunden hat: andere zu retten. Sie hat gelernt, den Menschen in die Augen zu blicken und ihnen die Meinung zu sagen und auf ihren eigenen Rechten zu bestehen. Somaly Mam hat die Angst überwunden.

Und doch weckt der Ruhm in ihr gemischte Gefühle. Sie selbst spricht nicht darüber, Emotionen auszudrücken hat sie nie gelernt. Aber sie ist klug genug, um zu erkennen: Manchmal schmücken sich die Menschen, die da auftreten und große Worte schwingen, auch mit ihr; der Kampf gegen Menschenhandel und Kinderprostitution eignet sich vortrefflich als kleinster gemeinsamer Nenner internationaler Unterstützer. Auch der Musiksender MTV ist mit einem Beitrag gern dabei: »Haben Sie ein Mädchen, aber ein wirklich hübsches Mädchen, das von seiner Vergewaltigung erzählen kann?«, fragen die Pop-Journalisten an. Da muss sich Somaly Mam schütteln. Aber sei's drum. Wenn es der Sache dient, kommt sie den Medien entgegen – bis zu einer gewissen Grenze. Sie sagt wieder einen Auftritt in einem Studio zu, nimmt noch einen Preis an.

Sie verfügt immer noch über diese wunderbare Fähigkeit, den Schalter herumzulegen, Luxus und Glanz und Glitter abzustreifen und sich auf das zu stürzen, was für sie wirklich zählt: ihre Aufgabe. Die Mädchen, das spürt sie bei ihren Besuchen immer wieder, brauchen sie. Und die Mädchen mögen sie, es ist eine gegenseitige Zuneigung. Und eine gegenseitige Abhängigkeit. Das Fest der Feste für Somaly Mam im Jahr 2008 war übrigens nicht die Gala in Berlin, von der sie in höchsten Tönen schwärmt, sondern eine eher bescheidene Feier in einer Kleinstadt der südöstlichen kambodschanischen Provinz Svay Rieng. Dort hat eine junge Dame geheiratet, die Afesip erfolgreich im Zentrum bei Phnom Penh betreut und ausgebildet hat. Sie eröffnete gemeinsam mit ihrer Schwester einen »Salon für Schneiderei und Schönheitsfrisuren«. Und die Ältere der beiden verband dies mit ihrer Hochzeitsfeier, sie hatte bei der Suche nach der richtigen Lokalität für ihr kleines Geschäft einen örtlichen Zimmermann kennen- und liebengelernt. Wieder eine ehemalige Sexsklavin in die »normale« Gesellschaft zurückgeführt – den Triumph ließ sich Somaly Mam nicht entgehen und hat gern als Trauzeugin gewirkt und das Geschäft eröffnet.

Mit dieser versöhnenden Geschichte und dieser optimistischen Note würde man das Porträt dieser bemerkenswerten, schönen und erfolgreichen Frau gerne ausklingen lassen. Aber da ist noch etwas, eine dunkle, persönliche Seite ihres Kampfs, die sie nicht ausblenden kann. Ihre älteste Tochter hat Schreckliches erleiden müssen, und Somaly Mam kann sich schwerlich einreden, das stünde nicht in Zusammenhang mit ihrer Arbeit. Immer wieder hatte es Drohungen aus der Unterwelt gegen die Menschenrechtlerin gegeben, zwischenzeitlich umgab sie sich sogar mit Bodyguards; und gelegentlich weiteten die Mafiosi ihre Verwünschungen auch auf Somaly Mams Familie aus. Sie schob die Angst zur Seite, dass man ihren Töchtern etwas zufügen könnte, hielt sie dann doch für abwegig. Heute wirft sie sich vor, die Drohungen nicht ernst genug, den Personenschutz nicht auf die Kleinen ausgedehnt zu haben.

Es war im Jahr 2006. Das amerikanische Magazin *Glamour* hatte Somaly Mam gerade zu seiner »Heldin des Jahres« erkoren und

Marianne Pearl als Berichterstatterin nach Phnom Penh geschickt, die Frau des in Pakistan ermordeten *Wall Street Journal*-Reporters Daniel Pearl. Die beiden Frauen verstanden sich sehr gut, doch als die 13-jährige Tochter Somalys am zweiten Abend der Interviews die ganze Nacht nicht nach Hause kam, unterbrach die Kambodschanerin die Gespräche mit der Amerikanerin schnell. Sie ahnte, dass etwas Schlimmes passiert sein könnte: »Ich muss meine Tochter finden, und wenn ich bis ans Ende der Welt gehe.« Drei Tage – nichts. Somaly schrieb an den Polizeichef, an die Armeeführung, an den Ministerpräsidenten. Alle Sicherheitskräfte im Land, alle Polizeistationen bekamen Bilder des Mädchens zugestellt, die Grenzstationen wurden überwacht. Somaly Mam hatte einen schrecklichen Verdacht: Zuhälter wollten ihrer Tochter das antun, was sie in deren Milieu so oft erfolgreich verhinderte. Sie behielt Recht. Nach einer Woche fand die Polizei bei einer Razzia in einem Bordell von Battambang schließlich das völlig eingeschüchterte Mädchen; sie war missbraucht worden.

Die Betreuungsspezialistin Somaly Mam muss nun also auch in eigener, familiärer Sache behutsame Betreuungsarbeit leisten. Ihre Tochter wollte nur noch weg aus Kambodscha, sie käme mit diesem Land nicht mehr zurecht, erklärte sie ihrer Mutter. In der Zwischenzeit lebt der Teenager bei einer befreundeten Familie in Frankreich. Sie ist gut untergebracht. Ihre Mutter kann nur hoffen, dass der langwierige Heilungsprozess weiter Fortschritte macht. »Open end«, sagt sie.

Somaly Mam sieht nicht erst seit dieser persönlichen Tragödie ihre Heimat mit ambivalenten, mit liebevollen, aber auch mit bitteren Gefühlen. »Die Gewaltherrschaft und der lange Bürgerkrieg haben dieses Land moralisch zugrunde gerichtet. Die Khmer wissen gar nicht mehr, wer sie eigentlich sind. Natürlich – noch heute kann man, vor allem auf den Feldern, wunderbaren Menschen begegnen, die nicht zögern, jede Mahlzeit zu teilen. Aber in den Städten herrschen fast überall Korruption, Verbrechen und die Gier nach Geld. Ich bin eine gläubige Buddhistin, ich gehe in die Pagode und ich opfere, und doch frage ich mich oft: Wo sind die führenden Buddhisten, die uns glaubhaft eine von Entsagung geprägte Lebenseinstellung predigen? Wo sind die großartigen Traditionen der Khmer geblieben, von denen man so viel in Büchern liest?«

Fragt man Soth Som nach ihrem Lebensinhalt, dann sagt die resolute, muskulöse Frau mit den überraschend feingliedrigen Händen: »Es geht mir darum, die kambodschanischen Traditionen zu bewahren. Ein Volk kann nicht existieren, wenn es die Bande zu seiner Vergangenheit abschneidet.«

Ihr Spezialgebiet: das klassische kambodschanische Ballett. Vor einigen Jahren hat die internationale Gemeinschaft sie in ihrer Ansicht von der Einmaligkeit des Apsara-Tanzes bestätigt, er wurde von der Unesco in den Rang eines Weltkulturerbes gehoben. »Sie müssen sich das so vorstellen«, sagt Frau Soth. »Da ist eine Sprache von dreieinhalbtausend Wörtern, die aber nicht gesprochen, sondern Wort für Wort in Gesten aufgelöst wird. Und diese Bewegungen erzählen Geschichten – Geschichten von der Entstehung der Welt und der Schönheit ihrer Natur, von Freud und Leid, vom Krieg und der Liebe. Der Tempeltanz, das ist die alte, die neue, die immerwährende Seele Kambodschas.«

Soth Som ist Professorin an der Akademie für Schöne Künste, wo der Tanz im Hauptfach gelehrt wird. Sie betreut etwa vierzig Studentinnen in verschiedenen Semestern in Phnom Penh. Mindestens einmal im Halbjahr bricht die ganze Mannschaft zu den Wurzeln auf, dann ist es Zeit für »Feldforschung« in Angkor. Der Besuch der Tempel gehört für Jung und Alt zu den Höhepunkten der Ausbildung.

Die künftigen Apsara-Profitänzerinnen sollen in Angkor, sozusagen, ihre Vorfahren begrüßen und genau betrachten. Denn viele der klassischen Gesten sind an den Tempeln des Weltwunders in Stein gehauen, verewigt in Figuren, die so bildhübsch und so ebenmäßig sind, als fingen sie gleich an, sich im Kreis zu drehen und davonzuschweben. Die Apsaras sind himmlische Nymphen, die vor Urzeiten auf der Suche nach dem Elixier der Unsterblichkeit einem Ozean aus Milch entstiegen sind und deren Schönheit so vollendet war, dass weder die geblendeten Götter noch die Dämonen sie zur Frau haben wollten. Und so begannen sie der Legende nach zu tanzen, eine Bewegung, eine Geste anmutiger und betörender als die andere. Barbusig, mit schlanken Hüften und langen Beinen sind sie dargestellt, und mit einem rätselhaften Lächeln auf den Lippen. Keine Tänzerin gleicht einer anderen, mehr als 1850 Reliefs haben Experten gezählt. Ein Bilderbuch von steinerner Sinnlichkeit.

Und in diesem Reigen, eingebettet und umschlungen von Palmen und Würgefeigen und den mächtigen Wurzeln der Banyan-Bäume, umgeben vom Wassergraben der mittelalterlichen Weltstadt, bestaunen die Mädchen ihre Vorfahren, ihre Vor-Tänzerinnen. Manchmal treffen sie auch einen merkwürdigen Mann in blauen Latzhosen, der auf einem Gerüst steht und sich mit Pranken von Händen, aber durchaus nicht unzärtlich, den Göttinnen nähert, eine Spritze in der Hand. Der Mann heißt Hans Leisen und ist laut *Geo*-Magazin ein »Experte für komplizierte Fälle, eine Mischung aus Notarzt und Schönheitschirurg«, ein Mann, der sich auf die steinernen Wohlgestalten kapriziert hat. Über ein Jahrzehnt lang schon kümmert sich der Kölner Professor der Restaurierungs- und Konservierungswissenschaften hauptberuflich um die Apsaras. Gemeinsam mit einigen deutschen Studentinnen und einheimischen Hilfskräften injiziert Leisen den beschädigten Sandsteinfiguren Steinersatzmörtel in entstandene Risse. Es sind vor allem Umweltschäden, die an den Schönen fressen und sie von innen verwittern lassen. »Eine Spritze und Todkranke können noch Jahrzehnte leben und in bewährter Pracht strahlen«, sagt der Professor. Botox für die Apsaras.

Die jungen Tanz-Studentinnen von heute brauchen keine Mittel zur Straffung der Haut. Sie sind jung, alle zwischen 17 und 25 Jahre alt, und sie werden auch danach ausgesucht, ob ihre Schönheit sich mit der Schönheit der »Klassischen« messen kann. Schon zu dem Zeitpunkt, da sie sich um einen der begehrten Plätze an der Universität beworben haben, liegen viele Stunden Training hinter ihnen. Man beginnt mit sechs bis acht Jahren die Grundübungen zu lernen. Vor allem Kinder aus der Ober- und Mittelschicht entscheiden sich für diese Karriere, Töchter der Einflussreichen und der Gebildeten. Es sind Mädchen, die auf einem anderen Planeten leben als die Schützlinge von Somaly Mam. Die Parallelwelt von Phnom Penh mit ihren Zuhältern und Rotlicht-Bars und den grellgeschminkten Huren bleibt ihnen unbekannt, dafür sorgen schon die Väter und Mütter, die sie in der Regel von der Universität abholen.

Gebannt lauschen die Studentinnen, wenn ihnen ihre Professorin beim Ausflug nach Angkor von der Geschichte des klassischen kambodschanischen Balletts erzählt. Von den Zeiten des 11. Jahrhunderts, als die Apsara-Aufführungen ihre erste große Blütezeit erlebten; vom frühen 20. Jahrhundert, als die Tänzerinnen zum ersten Mal hinaus in die Fremde zogen und Frankreich im Sturm eroberten; von den tragischen Zeiten der Rote-Khmer-Zeit, als mit den Intellektuellen und den Mönchen und den »verweichlichten Städtern« auch die Könner der traditionellen Künste starben; von ihrer Auferstehung nach der Befreiung durch die Vietnamesen und die königliche Förderung; von den Herausforderungen durch die neuen Zeiten des Disco-Pop und der Rock-Oper.

Für Soth Som sind die Reliefs von Angkor Blaupausen ihrer heutigen Aufführungen. Sie zeigt ihren jungen Schülerinnen die besonderen Bewegungsabläufe anhand der Apsara-Bildnisse, es ist wie ein Lehr-Video in gefrorener Zeit. Besonderen Augenmerk richtet sie auf die dargestellten Musikinstrumente, von denen viele den heute gebräuchlichen bis aufs Haar ähneln: etwa die »tro khmae«, die dreisaitige Fiedel, oder die »skor arek« genannte Trommel. Die Apsaras waren auch zu den Blütezeiten von Angkor nicht nur in Stein gehauene Wunderwesen, ihre Geschichten wurden schon damals im »richtigen Leben« nachgespielt. Das königliche Ballett mit den schönsten und begabtesten Tänzerinnen des Landes hat in Kambodscha eine gut tausendjährige Tradition.

Als die Apsara-Truppe im Jahr 1906 zum ersten Mal nach Europa reiste und dort ihre Künste vorführte, war das eine Sensation. Halb Frankreich war auf den Beinen, um den »exotischen« König Sisowath mit seinem Gefolge von mehreren Dutzend Prinzessinnen und über hundert Tänzerinnen in Marseille und Paris zu sehen. »Es wirbelte nur so von schönen, eleganten Beinen, deutlich zu erkennen unter den bunten Sampots, die nur bis knapp unter die

Knie reichten. Sie bewegen sich majestätisch, ernst und zugleich nachsichtig, liebevoll, aber auch streng«, schwärmte damals ein begeisterter französischer Reporter. Und der große Bildhauer Auguste Rodin war so hingerissen, dass er alles um sich herum vergaß (nur nicht ganz das Gönnerhafte des Kolonialisten): »Die Friesen von Angkor erwachten vor meinen Augen zum Leben. Ich wusste gar nicht, wie ich diesen göttlichen Kindern, die für mich tanzten und mir Modell standen, danken sollte. Ich ging in die Nouvelles Galeries und kaufte einen Korb voll Spielzeug für sie, das sie sehr mochten. Welche Leere sie hinterließen! Ich wäre ihnen gern gefolgt und sie sprachen tatsächlich davon, mich mitzunehmen.«

Professorin Soth hat auch die beiden großen kambodschanischen Tanz-Legenden der Neuzeit kennen gelernt: Chea Samy und Bopha Devi. Mit diesen beiden verbinden sich die schönsten und schrecklichsten Stunden des Apsara-Balletts.

Chea Samy wurde 1925 als sechsjähriges Kind in den Palast von Phnom Penh eingeführt, zur Freude ihrer nicht besonders betuchten Eltern, die eine große, die vielleicht damals einzige Aufstiegschance für ihre Tochter sahen. Sie hatte unter tausenden Schülern einen Wettbewerb gewonnen, kam als Jüngste unter die Fittiche strenger Tanzlehrer. Das Apsara-Ballett genoss große Achtung unter König Sisowath Monivong, der von 1927 bis 1941 unter französischer Patronage im Palast herrschte. Das hatte auch mit der Liebe zu tun – die damalige Haupttänzerin war seine bevorzugte Mätresse. Chea Samy lernte schnell und wurde zur brillantesten Ballerina. »Sie war unglaublich grazil und fließend in ihren Bewegungen«, schwärmt Professorin Soth ihren Schülerinnen vor. Privat fand Chea ihr Glück mit Loth Suong, einem jungen Mann aus der Provinz Kampong Thom, der für einige Zeit auch seinen jüngeren, unscheinbaren und äußerst zuvorkommenden Bruder als »Hausgast« in die Palastwohnung mitbrachte – Saloth Sar, der sich später den Kampfnamen Pol Pot geben sollte.

Nach dem Tod König Sisowath Monivongs zog der junge Norodom Sihanouk in den Palast von Phnom Penh ein, auch er ein großer Fan der schönen Künste. Zwar galt die wahre Leidenschaft des Monarchen dem Film, doch er förderte den klassischen Tanz nach Kräften. Und er hatte noch ein »Hobby«: Sex. Nach eigenen Angaben kopulierte er »mit der Frequenz eines Kaninchens«, bevor er dann mit seiner jetzigen Frau Monique die Liebe seines Lebens fand. Aus einer dieser Verbindungen – mit einer ihm angetrauten Dame namens Neak – stammt die Prinzessin Bopha Devi, 1943 geboren. Schon als Fünfjährige macht sie die ersten klassischen Tanzschritte, acht Jahre später wird sie in das Königliche Ballett aufgenommen, wo inzwischen Chea Samy das Maß aller Dinge ist. Schnell erkennt die Ältere, dass da große Konkurrenz heranwächst, aber sie nimmt die Kleine neidlos unter ihre Fittiche. Gemeinsam führen sie den Apsara-Reigen in die Nähe der Vollendung. Die Bürgerliche und die Blaublütige tanzen für die Familie des Monarchen und ihre Gäste aus aller Welt, lernen Tschou En-Lai kennen, den chinesischen Premier, Charles de Gaulle und Richard Nixon, auch den äthiopischen Kaiser Haile Selassie. Sie werden zu nationalen Vorbildern – auch und ganz besonders für ein kleines, hochbegabtes kleines Mädchen aus Phnom Penh. Für Soth Som, die heutige Professorin, die vor dem Spiegel die Gesten und die Mimik nachzuahmen sucht.

Dann kommen die Roten Khmer und zerstören die Grundfesten der kambodschanischen Welt. Besonders verhasst sind ihnen die Sitten und Gebräuche am Hof und alle nationalen Traditionen. Die Tänzerinnen sollten es bald zu spüren bekommen, mit am schmerzlichsten von allen. Als Pol Pots Truppen Phnom Penh erobern und die Hauptstädter vertreiben, ist Chea Samy gerade fünfzig geworden, ein Tanz-Star auf dem Höhepunkt ihres Wissens; Prinzessin Bopha Devi ist 32 Jahre alt, eine Primaballerina im Zentrum ihrer Schaffenskraft; da ist Soth Som 14, ein aufsteigender Stern am Apsara-Himmel.

Vergleichsweise am besten hat es noch die Prinzessin getroffen. Sie hält sich zur Zeit der kommunistischen Machtübernahme in Paris auf und entnimmt den spärlichen Berichten aus der Heimat, dass da etwas Besorgniserregendes passiert. Sie fährt nicht nach Hause zurück, auch als ihr Vater zwischenzeitlich mit den Roten Khmer paktiert – so bleibt ihr das Schicksal von mehr als einem Dutzend königlicher Familienmitglieder erspart, die von den Radikalen umgebracht werden oder, in Lager verschleppt, an Krankheiten und Hunger sterben. Während ihres Exils fährt Prinzessin Bopha Devi immer wieder in die Flüchtlingslager an der thailändischen Grenze, versucht, mit möglichst allen Kontakt aufzunehmen, die dem Schreckensregime entkommen. Sie gibt Tanzvorführungen in den Lagern, um gerade bei den Jungen etwas von der Apsara-Tradition am Leben zu halten. Sie fragt nach alten Musikinstrumenten, nach Kostümen. Das sei alles verbrannt worden, sagen ihr die Flüchtlinge. Und alle Künstler würden besonders hasserfüllt verfolgt. Später wird sie erzählen, sie habe wenig Hoffnung gehabt, eine ihrer Kolleginnen wiederzusehen. »Doch eines war mir immer klar«, sagt sie. »Unsere Kultur durfte nicht so vom Erdboden verschwinden. Der Apsara-Tanz ist eine der Grundlagen unserer Nation.«

Chea Samy hat die Brutalität der Roten Khmer vom ersten Tag an am eigenen Leib gespürt. Gemeinsam mit tausenden Anderen wie in einer Viehherde aus der Hauptstadt vertrieben, erkennt sie rasch, dass sie nur eine Chance hat, wenn sie ihre bisherigen Lebensumstände verschweigt. Sie hat beobachtet, wie sich die jungen Khmer-Rouge-Kader besonders die Intellektuellen vornehmen. Sie kann nicht erzählen, dass sie bisher auf dem Land gearbeitet hat, ihre weichen Hände hätten die Lüge verraten. Aber sie lässt nicht erkennen, dass sie einem künstlerischen Beruf nachgegangen ist. Sie verschweigt ihre Fremdsprachenkenntnisse, ihr Interesse für Kultur und alle schönen Dinge. Eine proletarische Blumenverkäuferin sei sie gewesen, sagt sie. Sie fügt sich ein in die Kommune und pflanzt Reis. Tagaus, tagein. Nur nicht auffallen. Sie überlebt, wenngleich stark geschwächt. Sieben Tage und sechs Nächte lang schleppt sie sich nach dem Ende des Khmer-Rouge-Horrors bis zu einer Kleinstadt, wo sie von hilfsbereiten Menschen aufgepäppelt wird. Und noch einmal drei Monate. Dann wagt sie sich zurück nach Phnom Penh. Aber sie erkennt die Stadt kaum wieder. Ihr altes Haus ist abgebrannt. Die Räume, in denen sie die kostbaren Tanzkleider aufbewahrt hatten, sind nur noch tote Höhlen, durch die Ratten huschen. Von den Kolleginnen des Königlichen Balletts keine Spur mehr.

Auch für Soth Som, die jüngste der drei Tänzerinnen, wird die Zeit der Roten Khmer zum Überlebenskampf. Gelegentlich erzählt sie ihren Schülerinnen von den Leiden der berühmten Vorbilder. Über ihr eigenes Schicksal spricht sie eher selten, aber wenn sie es tut – wie jetzt, bei unserem Treffen in Phnom Penh –, hängt der Apsara-Nachwuchs an ihren Lippen. »Um mich herum waren so viele Tote, so viele Killing Fields, ich habe zwischendurch kaum mehr zu hoffen gewagt, dass ich es schaffe«, sagt sie. Und dass sie, wie Chea Samy, nicht eine Spur von Interesse an der klassischen Kunst zu erkennen gegeben habe. »Das wäre mein Ende gewesen.« In der Kommune Soth Soms wurden mehrere als »intellektuelle Volksfeinde« umgebracht, nur weil sie ihre Brillen nicht rechtzeitig versteckt oder weggeworfen hatten.

Soth Som hat im Jahr Eins nach den Roten Khmer Chea Samy wiedergetroffen, etwas später auch die Prinzessin. Gemeinsam haben sie versucht, andere Tänzerinnen zu finden. Es waren nicht viel mehr als eine Handvoll, die davongekommen waren, und auch bei den klassischen Musikern war die Überlebensrate nicht viel größer. »Viele haben sich durch ihre eleganten Bewegungen verraten, oder vielleicht auch, weil sie abends ein klassisches Lied summten«, meint Soth Som nachdenklich.

Als mühselig erwies es sich auch, Instrumente zu finden – immerhin ließen sich einige noch auftreiben. Fast aussichtslos war es mit den Kostümen. Kein einziges der kostbar gestickten, mit Goldfäden gewirkten und mit Silberpailletten versehenen Kleider hatte den Horror überstanden. Aus alten Mustern und aus dem Gedächtnis schufen sie das Traditionelle neu. Und dann war es eines Tages wieder so weit: Sie tanzten, auf improvisierter Bühne zunächst, dann vor einem größeren Kreis, schließlich auch wieder im Palast.

Chea Samy lehrte noch eine neue Generation von Studentinnen den klassischen Tanz. Sie starb 1997 als hoch angesehene Professorin im stolzen Alter von 75 Jahren. Prinzessin Bopha Devi übernahm nach und nach ihre Rolle und machte dann sogar Karriere in der Politik: Sie wurde Ende der Neunzigerjahre Kultusministerin und widmete sich in dieser Eigenschaft ganz besonders der Pflege der Apsara-Tradition; heute ist die rüstige 65-Jährige eine einflussreiche Senatorin und taucht trotz ihres engen Zeitplans gelegentlich noch als Überraschungsgast bei Tanzdarbietungen auf. Dann bekommt Soth Som jedes Mal feuchte Hände und hofft, dass ihre Elevinnen dem kritischen Blick und den hohen Ansprüchen der Könnerin standhalten.

»Erzählen Sie doch noch weiter von den alten Zeiten, Frau Professorin«, betteln die Studentinnen an diesem Abend in Phnom Penh. »Ach was, das kenne ich schon, Ihr wollt Euch doch nur vor dem Training drücken«, sagt Soth Som und wischt sich verstohlen eine Träne aus dem Auge. Sie steht auf von ihrer Bank, eine mittelgroße Frau mit einem durchschnittlichen Gesicht und einer Allerweltsfrisur, nichts würde an ihr auffallen, begegnete sie einem im Restaurant, in der Hotelhalle oder auf dem Markt. Aber hier, wenn sie sich prüfend über die jungen Tänzerinnen beugt, da strahlt die Künstlerin diese eindrucksvolle innere Schönheit aus, die durch Selbstbewusstsein und Vertrauen in das eigene Können entstehen.

»So nicht«, mahnt sie eine Apsara-Studentin und biegt deren Arm noch etwas rechtwinkliger um die Taille, öffnet vier Finger einen Tick weiter zu einer aufgehenden Lotosblüte. Allein den Lebenszyklus einer Pflanze darzustellen, erfordert ein Dutzend unterschiedliche Hand- und Fingerstellungen, und das ist nur ein winziger Teil vom »Tanzzyklus des Erschaffens der Natur«. Ein prüfender Blick. »So etwa«, sagt die Lehrerin, fast zufrieden. Und dann biegt und beugt sie noch einen Hauch, menschliche Knetmasse gleitet durch ihre Finger, bis sie endlich glücklich ist. »Genau so«, sagt sie und strahlt, die perfekte Bilderhauerin der Berührung.

Drei Stunden Training, das ist die kurze Version. Und am Abend eine Aufführung. Wie so oft wird sie in einem Hotel stattfinden, diesmal tanzen die kommenden Königlichen passend im Hotel »Le Royal« von Phnom Penh; sie werden die Uno-Delegation unterhalten, die wegen des Khmer-Rouge-Tribunals zum juristischen Inspektionsbesuch gekommen ist. So verdient sich das Apsara-Ensemble etwas Geld nebenbei, so können sie einzelne Figuren für die Abschlussprüfung vor Publikum üben.

Die Berufsaussichten sind nicht allzu rosig. Einige der Studentinnen werden wohl in das royale Ballett nachrücken, aber bei weitem nicht alle. An eine Aufstockung der professionellen Palast-Truppe ist nicht zu denken. Auch die Profis haben neben den Darbietungen bei Staatsbesuchen nur noch an manchen Feiertagen öffentliche Auftritte. »Eine kleine Renaissance des Nymphen-Tanzes« hat Soth Som allerdings in den letzten Jahren wahrgenommen. Mit den Bewerbungen fürs Studium geht es wieder leicht aufwärts – Statistiken, die Phnom Penhs Apsara-Professorin nur am Rande interessieren. »Viel wichtiger ist: Unsere kambodschanische Kunst lebt, das ist gesichert, und sie wird von Generation zu Generation weitergegeben.«

Die Mädchen haben Wickelrock und besticktes Trikot in der Umkleidekabine abgestreift und sind wieder in ihre Alltagskluft gekleidet: Jeans und Tops. Die 18-jährige Lin hat sich die Kopfhörer ihres Walkman angelegt, sie hört Latino-Pop von Shakira, dem kolumbianischen Star, deren MTV-Videos sie alle kennen. »Nicht schlecht, deren Hüftschwung«, sagt Lins Freundin Thirith und fügt dann lachend hinzu: »Sie sollte aber noch mal bei uns vorbeischauen, wenn sie ihre Bewegungen verbessern will.« Die Professorin schüttelt nur den Kopf – so, als wolle sie sagen: diese junge Leute und ihre geschmacklichen Verirrungen. Dann schwingt sie sich aufs Fahrrad, in Richtung eines der südlichen Vororte.

Soth Som wohnt in entgegengesetzter Richtung zu Somaly Mam. Die Eine will die kambodschanischen Traditionen bewahren und den Stolz auf das reiche kulturelle Mosaik des Landes wieder wecken. Die Andere würde gerne eine neue kambodschanische Tradition gründen und das Selbstbewusstsein all derer stärken, die es wagen, sich überkommenen und kriminellen Mustern entgegenzustemmen. Sie kennen sich nicht, und ob sie bei ihrer so unterschiedlichen Vorgeschichte eine gemeinsame Sprache finden würden, erscheint fraglich. Aber vielleicht hätten sie einander viel zu sagen.

Mehr jedenfalls als diese junge Dame, die nun auch in Phnom Penh studiert, aber die so anders über Traditionen denkt als die beiden – vielleicht kein Wunder bei einem Vater namens Pol Pot.

NEUNTES KAPITEL

DIE ZUKUNFT

»Fräulein Pol Pot mag nicht
erinnert werden«

Wenn sich die Vergangenheit, die Gegenwart und die Zukunft Kambodschas in einem Ort bündeln, wenn sie sich wie in einem Brennglas zeigen, dann ist es Malai. Manche nennen dieses Malai schaudernd »das Herz der Finsternis«, weil es einer der Plätze ist, an dem die Roten Khmer bis zuletzt ihre wahnsinnigen Menschenexperimente ausüben konnten – wirklich aufgegeben und von der Regierung Hun Sen übernommen wurde der Ort erst nach der völligen Auflösung der Organisation im Jahr 1999. Andere sagen, hier in Malai sei der Spuk immer noch nicht vorbei, hier lebten die Roten Khmer weiter, nicht mehr unter diesem Namen, aber mit einem Teil des alten Personals. Mit den Gedanken des verstorbenen »Bruder Nummer eins« – und mit seinen Genen.

Im Distrikt Malai, in der Provinz Banteay Meanchey, der malariaverseuchtesten, weltabgeschiedensten und gottverlorensten der 24 Provinzen des Königreichs Kambodscha, regiert Tep Khunnal, der frühere Privatsekretär und geheimnisvolle Vertraute von Pol Pot; er ist verheiratet mit Meas, der Witwe Pol Pots; und er zieht mit ihr gemeinsam in diesem Malai Pol Pots einziges Kind auf, seine Tochter, die Sitha genannt wird oder auch Patchata. Ganz so, wie es der furchtbare kambodschanische Schicksalsgott kurz vor seinem Tod angeordnet hat, und offensichtlich völlig unbehelligt von irgendwelchen Nachforschungen aus Phnom Penh.

Der Mitsubishi Pajero quält sich auf unglaublich holprigen Straßen von Pailin Richtung Norden. Es hat sich gelohnt, den teuren Geländewagen zu mieten, mit einem normalen Taxi wäre hier kein Durchkommen. Was auf den ersten Kilometern noch eine rote, staubige Piste ist, wird bald zum Meer von fast unüberwindlich tiefen Bodenwellen, die selbst mit dem Landrover kaum zu meistern sind. Mehr als 15 Stundenkilometer Durchschnittsgeschwindigkeit sind nicht zu schaffen, rechts und links der Piste zeugen liegen gebliebene Lastwagen von der Schwierigkeit der Strecke. Auf der Karte sieht es aus wie eine Neunzig-Minuten-Fahrt; aber bei diesen katastrophalen Bedingungen dehnen sich die kaum achtzig Kilometer zu drei, vier, dann fast fünf Stunden. Wenn der Fahrer es einmal ein paar Minuten lang fertig bringt, meinen Übersetzer und mich nicht so ganz unerträglich durchzurütteln, genießen wir die eindrucksvolle Landschaft. Es geht immer dicht an der thailändischen Grenze entlang, die hier sehr gebirgig ist, mal sind es zackige, fast kahle Haarnadeln, die in den Himmel ragen, mal weiche, von Tropenpflanzen besetzte Hügel; vorbei an kleinen Orten und dann wieder durch weite, smaragdgrüne Felder. Der Distrikt Malai, in dem wir uns nun schon befinden, gehört zu den überdurchschnittlich fruchtbaren des Landes. Er gilt auch für kambodschanische Verhältnisse nicht als reich, aber durchaus als wohlhabend. Neben Reis gedeihen hier auch Mais und Kassava.

In dieser Region fallen neben den satten Farben noch zwei Dinge auf: Parteiplakate und Minenschilder. In jedem Weiler, manchmal auch an Häusern, die einsam in der Landschaft stehen, werben Plakate für die regierende Kambodschanische Volkspartei. Während man in anderen Landesteilen wenigstens gelegentlich Schilder der diversen Oppositionsgruppierungen sieht, wirkt der Nordwesten des Landes wie ein Einparteienstaat, so, als seien die Alleinherrscher der Roten Khmer einfach von neuen Alleinherrschern abgelöst worden. Tatsächlich haben die Regierenden bei den Kommunalwahlen 2007 hier noch besser abgeschnitten als in anderen Landesteilen.

Immer wieder weisen Warnschilder auf die Gefährdung durch Minen hin, die in dieser Region offensichtlich besonders häufig ausgelegt wurden. »Achtung, nicht den Weg verlassen!«, steht da, Analphabeten sollen durch das Totenkopfsymbol abgeschreckt werden. Keine der Bürgerkriegsparteien hatte hier Hemmungen, die tödlichen Sprengstoff-Fallen auszulegen, »sie streuten sie in den

Boden wie Popcorn«, hatte uns ein westlicher Diplomat warnend in Phnom Penh gesagt. Gelegentlich verkündet am Wegrand auch einen Erfolg: »This minefield was cleared«; es bleibt nur zu hoffen, dass die Minenhunde der Uno gemeinsam mit lokalen Sprengexperten ganze Arbeit geleistet haben. Wir verspüren keinerlei Lust, das zu testen. So weichen wir auch bei den kurzen Stopps zum Ausruhen und Beinevertreten keinen Meter von der Piste ab.

Schließlich ist es geschafft: Der kleine Ort Malai liegt vor uns. Wie verabredet, wartet mit einem freundlichen Winken Distriktgouverneur Tep Khunnal am Eingang der Präfektur auf uns. Der ehemalige Sekretär Pol Pots, der Mann mit der vielleicht erstaunlichsten Karriere im neuen Kambodscha. Der Vorhof des schlichten Hauses ist so säuberlich gekehrt, dass sich vom Boden essen ließe. Es ist überhaupt alles sehr schmuck und sehr ordentlich in Malais Amtsgebäude Nummer eins; draußen schneeweiße Wände, ein Flaggenmast; drinnen eine Kambodscha-Karte nebst Bildern des jetzigen und des früheren Königs.

Und auch der Gouverneur passt perfekt ins Bild. Er steht kerzengerade da wie bei einem Parteiempfang, sein Händedruck ist fest und strahlt Autorität aus. In seinem frisch gebügelten blauen Hemd steckt ein silberner Füllfederhalter, die schlichte schwarze Pluderhose und die Sandalen sollen wohl Volksnähe demonstrieren. Vom ersten Moment unserer Begegnung an ist klar, dass dieser Mann nichts dem Zufall überlässt. Seine kleine runde Brille, der sorgfältige Haarscheitel, seine feingliedrigen Hände und seine bedächtige, auf Fallen lauernde, Fallen stellende Art zu formulieren verleihen ihm die Aura eines asketischen Intellektuellen, eines Politkommissars. Obwohl ihm der schwarze Schnurrbart fehlt, erinnert Tep Khunnal in Haltung und Tonfall an den russischen Revolutionär Leo Trotzki.

Er wirkt jünger als seine 56 Jahre. Er spricht, wie sich schnell herausstellt, fließend Englisch, möchte das Gespräch aber lieber auf Khmer führen. Um »präziser« zu sein, wie er formuliert, aber wohl auch, um sich seine Antworten länger und besser überlegen zu können. Er wolle alle Fragen gewissenhaft beantworten, sagt Tep Khunnal ernst, aber keinesfalls defensiv oder gar eingeschüchtert.

Er habe schon lange keine Interviews mehr gegeben und habe es sich nach meinem Anruf auch lange überlegt, »aber da Sie nun, in den letzten Tagen des Jahres 2008, von so weit her gekommen sind, aus der Heimat von Marx und Engels ...« Er bittet in den Konferenzraum, holt aus der neben ihm auf einen Stuhl platzierten braunen Aktentasche einen Block, schlägt das Deckblatt präzise um. Er greift zum Ersatzfüllfederhalter aus der Seitentasche, legt ihn genau rechtwinklig neben vier ohnehin schon auf dem Tisch platzierte gespitzte Bleistifte und einen Radiergummi, sehr sauber, sehr ordentlich sieht das aus, wie eine kleine zum Appell angetretene Truppe.

»Schießen Sie bitte los mit ihren Fragen«, sagt der ehemalige Sekretär Pol Pots. Oder ob er selbst erst einmal etwas zum Tribunal von Phnom Penh sagen dürfe?

Bitte sehr, zum Tribunal drängen sich ja Fragen an ihn auf. Er deutet ein kleines Lächeln an, als wolle er sagen: Dachte ich mir's doch. Nein, von den Ermittlern des ECCC sei noch keiner in Malai gewesen, weder von den internationalen noch von den nationalen, sagt er dann. »Warum auch? Wenn sie noch kommen sollten, werden alle aussagen, die auf ihren Listen stehen. Und ich würde selbstverständlich auch Rede und Antwort stehen, obwohl ich nicht wüsste, wie ich ihnen weiterhelfen kann, und obwohl ich Schwierigkeiten habe zu begreifen, was das Ganze soll.« Tep Khunnal hält die gerichtliche Aufarbeitung der Khmer-Rouge-Herrschaft für eine Verschwendung von Zeit und Geld, daraus will er keinen Hehl machen. »Aber ich vertrete eine Regierung, die dem zugestimmt hat. Also werde ich auch nichts gegen das Gerichtsverfahren sagen, es mag für die internationale Gemeinschaft ja von Bedeutung sein. Von welchen Verbrechen da die Rede ist, weiß ich allerdings nicht.«

Welche Verbrechen – was meint er mit dieser Bemerkung? Mindestens 1,7 Millionen Menschen, die in knapp vier Jahren Regierungszeit der Khmer Rouge gestorben sind, die Killing Fields, das Folterlager S-21, dafür soll keiner verantwortlich sein, zur Rechenschaft gezogen werden?

»Die Revolution war richtig, das glaube ich auch heute noch im Rückblick, und Pol Pot war ein Idealist, der es gut meinte. Er war ein Führer, der seine Entscheidungen schnell traf und tatkräftig durchsetzte. Und mit den meisten seiner Entscheidungen lag er richtig«, sagt Pol Pots ehemals engster Mitarbeiter, Stiefvater seiner Tochter, Ehemann seiner Witwe, mit sanfter, melodischer Stimme, die das Ungeheuerliche seiner Aussagen noch verstärkt.

An der Decke jagen sich zwei Geckos; Mücken schwirren durch die offene Tür. Ansonsten herrscht am Sitz der Provinzverwaltung absolute Ruhe. Auch auf der nahen Straße kein Verkehr, als sei dieses Malai abgeschnitten vom Rest der Welt, eine Insel des Vorgestrigen. Der Gouverneur verrückt die Bleistifte auf dem langen Tisch, aber nur millimeterweise, um wenige Grad Nord, und alle militärisch korrekt in die gleiche Richtung: Diese Armee ist nicht in Auflösung.

Die Pol-Pot-Lobrede ist verklungen, hat mir den Atem geraubt. Danach fällt es schwer, eine Anschlussfrage zu stellen. Und irgendwie denkt Tep Khunnal doch, dass er noch etwas sagen muss zu den Roten Khmer, einen Hauch mehr erklären, was damals passiert ist und warum, seine Aussagen ein bisschen relativieren. Vielleicht hat er das Entsetzen und die Wut auf dem Gesicht meines Übersetzers gesehen, der seine gesamte Familie in den Horror-Jahren verloren hat. »Es ist nicht so, dass wir bestimmte negative Aspekte der Revolution negiert hätten. Wir nahmen die Tötungen durchaus wahr«, sagt der milde Herr Tep. »Aber wir wussten im Einzelfall nicht, wer sie begangen hatte, von wem die Befehle stammten.«

Zum Beispiel vom »Bruder Nummer eins«, von Pol Pot, dem Chef der Bewegung – seinem Chef und engen Freund, dem doch nach Ansicht aller Historiker kaum etwas entging, was bei den Roten Khmer passierte?

»Ich will nicht ausschließen, dass auch unser Führer es einmal für nötig gehalten hat, strafend durchzugreifen«, sagt Tep Khunnal, jedes seiner Worte wägend. »Aber an sich war das nicht seine Art. Er achtete immer darauf, dass die Parteilinie korrekt durchgehalten wurde. Wir haben nicht vorausgesehen, dass sich nach der Befreiung Kambodschas unter den Bauern, unter den Trägern der Revolution, eine neue feudalistische Schicht bilden würde, die sich an den Städtern rächen wollte.«

War es nicht vielmehr so, dass die furchtbaren »Säuberungen« direkt von der Khmer-Rouge-Spitze angeordnet wurden, dass der »Bruder Nummer eins« sogar noch in seinen letzten Lebensjahren Morde anordnete, unter anderem an seinem früheren Freund Son Sen und dessen Familie?

Nachdenklich wiegt Tep Khunnal den Kopf. Dann erklärt er geduldig, als stünde er vor der Prüfungskommission der Partei oder dem Vorsitzenden eines Untersuchungsausschusses, die Schwierigkeiten eines politischen Kampfs. »Ich weiß natürlich von dem Mord an Son Sen 1997, das war eine höchst bedauerliche Sache. Bis heute ist es meines Wissens ungeklärt, wer wirklich den Auftrag dazu gab. Pol Pot hat mir das nicht erläutert.«

Was hat der »Bruder Nummer eins« dann erläutert? Vielleicht die Notwendigkeit des Foltergefängnisses S-21, den Tod der über 14000 Menschen allein in dieser Hölle?

Nun wird der Distriktgouverneur doch etwas ungehalten. »Ich will jetzt nicht mehr über diesen Aspekt der Rote-Khmer-Zeit sprechen. Ich war an der Ausarbeitung von Parteibeschlüssen nicht beteiligt. Ich habe nur Pol Pots Worte dokumentiert, seine Gedanken protokolliert. Ich wollte nichts anderes sein als ein Mann im Dienste einer guten, einer gerechten Sache. Ein perfekter Sekretär.«

So vieles an Tep Khunnals Karriere erinnert an die Lebensläufe der bedeutendsten Khmer-Rouge-Führer. Wie Khieu Samphan, Ieng Sary und Pol Pot hat auch er in Frankreich studiert, allerdings ein knappes Jahrzehnt später. Tep Khunnal stammt aus einfachen Verhältnissen und ist in der mittelkambodschanischen Provinzstadt Pursat nahe des Tonle Sap-Sees aufgewachsen. Sein Vater, ein kleiner Eisenbahnangestellter, lehrte ihn »patriotische Gefühle« und »Hass auf unsere vietnamesischen Erbfeinde«. Mit diversen Stipendien schaffte es der begabte Junge bis an die Universität von Toulouse in Südfrankreich. Anders als sein späteres Vorbild Pol Pot bestand er alle Examina. Doch sein Fachbereich – das Ingenieurwesen – schien ihm bald weit entfernt von den drängenden Problemen Kambodschas. Tep Khunnal verfolgte »mit riesigem

Interesse und großer Sympathie« die politischen Umwälzungen in seiner Heimat.

Als die Roten Khmer die Macht übernahmen, war er Feuer und Flamme und entschloss sich, sein Leben der Bewegung zu widmen: »Ich war überzeugt davon, dass der Kommunismus die Lösung für meine rückständige Heimat darstellte – und ich bin es heute noch, wenngleich man die Gedanken der Roten Khmer wohl etwas der neuen Zeit anpassen muss.«

1977 zog es Tep Khunnal zurück nach Phnom Penh. Er brachte vormittags den Schülern Mathematik bei und agitierte abends als glühender Revolutionär im Auftrag der Parteiorganisation Angkar »gegen die sozialen Ungerechtigkeiten der Welt«. Der brillante junge Mann muss schnell aufgefallen sein, er war ein guter Organisator, ein überzeugender Redner, ein bedingungslos loyaler Kämpfer für die Sache. Er arbeitete sich die Parteihierarchie hoch und lernte die gesamte Führungsspitze der Roten Khmer kennen. Kurz bevor die Vietnamesen in Phnom Penh einmarschierten und das grausame Menschenexperiment beendeten, floh Tep Khunnal an der Seite des Außenministers Ieng Sary ins Dschungelhauptquartier und schloss sich dort dem Untergrundkampf an.

Da die Vereinten Nationen der neuen Regierung in Phnom Penh unter dem Druck der USA und Westeuropas die Anerkennung verweigerten, wehte in New York weiter die Fahne der Roten Khmer. Um das »Demokratische Kampuchea« international zu repräsentieren, suchten die Steinzeitkommunisten – bald auch wieder mit König Sihanouk alliiert – international vorzeigbare Repräsentanten. Sie fanden unter anderem Tep Khunnal und stellten ihn in die erste Reihe. Der Intellektuelle mit besten Kenntnissen des Französischen und des Englischen wurde 1980 Vizebotschafter bei der Weltgemeinschaft. Mit seiner damaligen Frau, einer kambodschanischen Journalistin, und seiner kleinen Tochter bezog Tep Khunnal ein Appartment in Manhattans 47. Straße, er konnte zu Fuß ins Uno-Hochhaus am East River gehen. Fast zwölf Jahre lang lebte er in New York. Es war »eine glückliche Zeit«, wie er im Rückblick sagt, aber die Idee, in den USA zu bleiben, sei ihm in keiner Minute gekommen. »Ich beobachtete dort die Auswüchse des Kapitalismus. Mein Herz schlug immer für Kambodscha und seine sozialistischen Experimente.«

Seine damalige Familie sah die Dinge anders. Als Tep Khunnal der Ruf zurück in die Heimat erreichte, wollte sie ihm nicht folgen. Seine Frau hatte zwischenzeitlich eine Anstellung als Redakteurin beim glamourösen *Food & Wine Magazine* gefunden, seine Tochter war völlig amerikanisiert. Sie erklärten ihn für verrückt, als er ihnen erzählte, nun ginge es für alle gemeinsam in den kambodschanischen Busch. »Leider haben die beiden dann jeden Kontakt abgebrochen, dabei hätte ich gern gewusst, wie sich mein Kind entwickelt«, sagt Tep Khunnal bei unserem Gespräch mit der ihm eigenen, mit warmem Timbre intonierten Eiseskälte. »Es war ein harter Schnitt, ein Schnitt, der mir wehtat, aber er musste im Interesse der höheren Sache sein.«

Zurück in Kambodscha beriefen ihn Pol Pot & Co. in den Lenkungsausschuss der Partei und machten ihn 1992, bei den Allparteienverhandlungen mit der Uno, zum militärischen Chefrepräsentanten der Roten Khmer. Die Vereinten Nationen, die in Phnom Penh praktisch die Regierungsgeschäfte übernommen hatten, beklagten sich immer wieder über die Roten Khmer, deren Bruch des Waffenstillstands, deren Weigerung, wie vereinbart die Waffen abzugeben. »Pol Pot wollte die Chance zur nationalen Versöhnung suchen«, behauptet Tep Khunnal bis heute. »Aber die anderen kambodschanischen Gruppierungen und die Weltgemeinschaft verweigerten sich diesem Weg.«

Als die Roten Khmer dann endgültig verboten und die Bewegung danach auch militärisch in die Enge gedrängt wurde, floh Tep Khunnal 1994 mit Khieu Samphan (»ein feiner, freundlicher, sehr friedlicher Zeitgenosse«) und Pol Pot in die letzte Festung Anlong Veng. Dort holte ihn der »Bruder Nummer eins« bald an seine Seite, gab ihm sogar eine Hütte unmittelbar neben seinem Haus. »Er wollte, dass ich jeden Tag mit ihm verbrachte, ihm als persönlicher Sekretär diente. Das hat mich sehr stolz gemacht.«

Kaum vorstellbar, dass Tep Khunnal in dieser Funktion nichts von den mörderischen Kämpfen innerhalb der Organisation mitbekommen haben könnte. Aber er behauptet, etwas anderes hätte seine ganze Zeit in Anspruch genommen: die Niederschrift von Pol Pots Memoiren. Kein Nachmittag verging, ohne dass ihm der »Bruder Nummer eins« mehrere Stunden diktierte, gemütlich auf seiner Terrasse in seinem Rattan-Stuhl ausgestreckt, mit einem Drink in der Hand, zwischen sorgfältig in Kokosnussschalen gezüchteten Orchideen. Als ein kleines Idyll erinnert Tep Khunnal das Haus an den Klippen in den Damrek-Bergen, mit der weiten Aussicht bis hinüber nach Thailand.

Manchmal nahm Pol Pot auch seine kleine Tochter auf den Schoß – nachdem die erste Frau an seiner Seite den Verstand verloren hatte, heiratete er 1985, einige Monate nach seinem sechzigsten Geburtstag, noch einmal. Wie üblich war er dabei sehr gezielt vorgegangen, hatte sich mehrere hübsche Landestöchter vorführen lassen und dann die schönste ausgewählt, eine 25-jährige Bäuerin namens Meas. Ein Jahr später kam ihre gemeinsame Tochter zur Welt. Der Rote-Khmer-Chef, Zerstörer aller kambodschanischen Traditionen, nannte sie ausgerechnet Sitha, so wie die Prinzessin aus dem klassischen kambodschanischen Tanz. »Pol Pot war ein sehr fürsorglicher Vater, der seiner Kleinen alles durchgehen ließ«, glaubt der Mann, der ihm damals am nächsten stand, beobachtet zu haben.

Währenddessen nahm das Buch mit den persönlichen Erinnerungen und politischen Bewertungen des »Bruder Nummer eins« Gestalt an. Informationen über die Entstehungsgeschichte der Roten Khmer, über die führenden Genossen, die ausländischen Freunde und Feinde – mit seiner klaren, akribisch genauen Handschrift hielt Tep Khunnal die Pol-Pot-Memoiren für die Nachwelt fest, 18 dicht beschriebene Kladden umfasste schließlich das Vermächtnis. Doch laut Aussagen des Sekretärs überstand keine Zeile davon einen Überraschungsangriff der Regierungstruppen auf Anlong Veng; die Hütte des Pol-Pot-Vertrauten ging in Flammen auf. Damals habe er die Schriften nachlässigerweise in seinem Schreibtisch aufbewahrt und sei beim Feuerbeschuss in Panik geflohen, sagt Tep Khunnal im Rückblick. »Für Historiker ist es sicher ein unersetzlicher Verlust.«

Nachlässigkeit, Panik – ausgerechnet bei ihm, dem vorbildlichen, an alles denkenden Sekretär? Ist das glaubhaft? Oder hat

Tep Khunnal die Lebenserinnerungen irgendwo versteckt? Hält er angebliche Enthüllungen über den heutigen Premier Hun Sen, von denen Experten sprechen, etwa bewusst zurück, erklärt sich so seine Straffreiheit, seine erstaunliche Karriere im Reich der neuen Herren?

»Nie, nie, nie habe ich mir so etwas zu Schulden kommen lassen«, sagt Tep Khunnal, nun etwas lauter und im Brustton der Überzeugung. »Diese Verschwörungstheorie ist ebenso absurd wie die andere, die gelegentlich kolportiert wird, nämlich, dass mir Pol Pot Berge von Gold vermacht hätte. Um es ganz klar zu sagen: Ich habe von ihm nie finanziell profitiert.«

Aber Pol Pot hat ihm viel abverlangt: Als der Boss der Roten Khmer merkte, dass seine körperlichen Kräfte nachließen, holte er ihn eines Tages im Jahr 1996 zu sich und äußerte den dringenden Wunsch, Tep Khunnal möge sich nach seinem Ableben um seine Frau Meas und Tochter Sitha kümmern. Der Sekretär sagte sofort zu: Der Wunsch des Chefs war ihm immer Befehl.

Dann kam noch ein bizarrer Tiefpunkt in seiner Karriere, den er »nur der Vollständigkeit halber und sehr ungern erwähnt«, wie er sagt: Tep Khunnal musste nach der Entmachtung Pol Pots auf Befehl des neuen starken Mannes Ta Mok beim Schauprozess gegen »Bruder Nummer eins« aussagen. »Das Ganze war eine Farce. Ich reihte einige Belanglosigkeiten aneinander und ich bin sicher, Pol Pot verstand, dass ich ihm keinen Gefallen damit getan hätte, wäre ich zum Held geworden.« Allerdings kam es nicht mehr zu einer Aussprache zwischen den beiden – Pol Pot blieb bis zu seinem Tod am 15. April 1998 unter Hausarrest, *incommunicado*. Nur zweimal haben sich die beiden noch kurz gesehen.

Nach dem Tod Pol Pots löst Tep Khunnal sein Versprechen ein. Er bringt Meas und das zwölfjährige Mädchen Sitha unmittelbar nach Verbrennen der Leiche über die Grenze auf die thailändische Seite, lässt dann seine Kontakte spielen und nachfragen, wohin er sich in Kambodscha zurückziehen könnte. Er denkt an einen Ort weitab von Phnom Penh, an eine Region, in der ehemalige Rote Khmer Einfluss haben. Er denkt an Pailin und entscheidet sich dann – offensichtlich in Absprache mit den Autoritäten – für das noch entlegenere Malai. Für das Ende der Welt. Er lässt sich von seiner Frau im fernen Amerika scheiden und heiratet, sieben Monate nach Pol Pots Tod, dessen Witwe. »Pflichtbewusstsein, keine Liebe«, sagt er knapp. »Es hätte merkwürdig ausgesehen und wäre gegen jede Etikette gewesen, hätten wir nur so zusammengelebt.«

Tep Khunnal sieht sich in Malai um und überlegt, wie er die Revolution mit anderen Mitteln fortsetzen und sich selbst seinen Lebensunterhalt sichern kann. Er zieht im Ort einen Reishandel auf und kauft – von bis heute ungeklärten Geldern – eine Mühle. Er sorgt dafür, dass Sitha in der Provinzstadt Sisophon bei Freunden wohnen und eine gute Schule besuchen kann. Er bekommt mit Meas dann noch eine eigene Tochter, eine späte Nachzüglerin. Im Jahr 2002 wird er schließlich von der Regierungspartei zum Distriktgouverneur ernannt, politisch verantwortlich für etwa 40 000 Menschen, in seinen Alltagsentscheidungen weitgehend autark. Jetzt kann er fortfahren mit sozialistischen Experimenten.

Tep Khunnal hat sich weitergebildet, durch Bücher wie die des deutschen Sozialreformers und Vaters genossenschaftlicher Organisationsformen, Friedrich Wilhelm Raiffeisen (1818 bis 1888); auch durch Werke japanischer Wirtschaftswissenschaftler. Jeden Tag hört er in seinem Kurzwellenradio nicht nur die Nachrichten der BBC, sondern auch den Fachbericht aus der Landwirtschaft.

»Ich war früher bereit, jedes Mittel einzusetzen. Heute denke ich, Gewalt sollte nur im Notfall angewendet werden, dann, wenn die Leute ihren eigenen Interessen allzu klar zuwiderhandeln«, sagt er. Wann das der Fall ist, bestimmt selbstverständlich Tep Khunnal. Der Distriktgouverneur will nicht zurück zu den Zwangskommunen der Rote-Khmer-Zeit, sieht aber die sozialistische Planwirtschaft generell in keiner Weise diskreditiert. »So wie die Kibbuzim in Israel« stellt er sich die Reisfarmen in Malai vor und fordert die Bauern in seiner Region bei öffentlichen Reden immer wieder dazu auf, sich zusammenzuschließen. Er hat eine »Bauern-Genossenschaft« gegründet und nimmt nur die gemeinschaftlich erwirtschafteten Feldfrüchte zur Bearbeitung in seiner Fabrik an.

Im Vergleich zum Blut-und-Boden-Sozialismus der Roten Khmer ist das sicher ein großer Fortschritt, mit demokratischen Vorstellungen allerdings hat es wenig zu tun. Und Tep Khunnal muss zu seinem großen Bedauern feststellen, dass Kambodschas Geschichte einige seiner Schäfchen misstrauisch gemacht hat gegenüber jeder Art von Zwangsorganisation, dass der Individualismus nicht ganz totzukriegen ist. Ein halbes Dutzend Bauern hat angefangen, ihre Produkte direkt über die nahe Grenze nach Thailand zu bringen und dort auf eigenes Risiko zu verkaufen.

Tep Khunnal hat etwas von einem unerbittlichen Volkskommissar, von einem Asketen; wie alle Anhänger einer reinen Lehre legt er keinen Wert auf Luxus und Gemütlichkeit – oder möchte zumindest den Gästen diesen Eindruck vermitteln. Der Ventilator in der Amtstube des Distriktverwalters bleibt bei unserem Gespräch trotz der brütenden Hitze außer Betrieb. Unter dem zustimmenden Geschmatze der Geckos attackieren uns die Moskitos zunehmend unverfroren. Es ist ihr Tag.

Was hat Pol Pots Sekretär seiner Stieftochter über ihren Vater, was über die Killing Fields erzählt? Spricht er mit seiner Frau Meas über ihren früheren Mann? Teilt er mit seinem leiblichen Kind die Erfahrungen aus der Roten-Khmer-Zeit?

Längst ist Tep Khunnal bei der Beantwortung der Fragen direkt ins Englische übergegangen – diese drei Fragen aber lässt er sich noch einmal ins Khmer übersetzen. Wohl um bei dem heiklen Thema Zeit zu gewinnen. »Meiner Stieftochter habe ich die Wahrheit erzählt: Dass sich ihr Vater sehr um sie gesorgt hat, dass er ein fürsorglicher Mensch war, jedenfalls ihr gegenüber. Dass er sicher auch politische Fehler gemacht hat, aber dass sie nicht alles glauben soll, was die Leute ihr möglicherweise erzählen. Aber darüber haben wir nur ein einziges Mal gesprochen und sie hat keine Fragen gestellt. Ansonsten beschäftigen wir uns nicht mit der Vergangenheit.« Tep Khunnal glaubt auch nicht, dass die Mutter mit Sitha über die Politik der Roten Khmer diskutiert, dass sie das Thema auch nur erwähnt. Sie habe ihre Tochter lediglich darüber informiert, dass Pol Pots Gedanken auf dem Sterbebett Sitha gegolten hätten, die Tochter solle ordentlich lernen und ein anständiger Mensch werden. Tep Khunnal legt Wert darauf zu betonen: Für ihn spiele die kambodschanische Vergangenheit bei der Erziehung seines leiblichen Kindes überhaupt keine Rolle – er wisse noch nicht einmal, ob die heute Zehnjährige mit dem Begriff Rote Khmer etwas anfangen könne, ihn je gehört habe.

Ob der eifrige Nachrichtenkonsument Tep Khunnal wohl die BBC-Sendungen über die Killing Fields und die Massenmorde der Khmer Rouge gehört hat, die jetzt zum Start des Tribunals gesendet werden?

Er schüttelt den Kopf. Er will mit so etwas nicht konfrontiert werden, wehrt sich gegen »gezielte ausländische Erfindungen« über »angebliche Massaker«. Dabei spricht viel dafür, dass er in seiner herausgehobenen Stellung als Pol Pots Sekretär und Mitglied der KP-Planungskommission persönliche Kenntnis von Verbrechen hatte. Tep Khunnal gehört zumindest zum weiteren Kreis derer, die vor dem ECCC-Gerichtshof angeklagt werden könnten. Dass er noch nicht einmal vernommen wurde, dass er nach wie vor ein hohes Regierungsamt bekleidet, deutet auf einen Deal hin, den er mit den Regierenden in Phnom Penh getroffen hat. Aber nachzuweisen ist ihm nichts. Und deshalb gilt für Tep Khunnal das, was er und seine Roten Khmer den Menschen zeitlebens verweigert haben: die Unschuldsvermutung.

Nein, er möchte nicht, dass wir sein Haus in Malai besuchen, seine Frau und die Töchter kennen lernen. »Bitte verstehen Sie das, es richtet sich keinesfalls gegen Sie persönlich«, sagt der vollendete Sekretär, sanft und höflich wie immer. Nur so viel könne er verraten, die ältere Tochter halte sich derzeit nicht in Malai auf. Sie sei jetzt 22 Jahre alt und studiere schon mehrere Semester lang, sie sei eine »gute, aber keine brillante Schülerin, wie einst ja auch ihr leiblicher Vater«; wo und was sie studiere, wolle er nicht sagen. Aber ein- bis zweimal im Semester besuche er sie in Phnom Penh, dann gingen sie in ein kleines, bescheidenes Lokal, nur sie zu zweit: »Ich lege größten Wert auf unser Privatleben.« Privatleben: Schon wieder etwas, das er anderen nie zugestand, das er im Sinne der Khmer Rouge brutal bekämpfte. Schon wieder etwas, was man mit ihm nicht diskutieren kann.

Einige gemeinsame Fotos noch vor dem Auseinandergehen? Aber sicher, dafür ist er zu haben. Er packt die Bleistift-Armee zusammen, verstaut sie in seiner Aktentasche, zieht den Reißverschluss zu. Dann baut er sich auf, fast wirkt das so wie früher bei den Bildern des Zentralkomitees. Er zupft das Hemd zurecht, ein strenger Blick in die Kameras, Genosse Trotzki lässt grüßen. Beim Abschied sagt der sonst sehr berechenbare Tep Khunnal dann doch noch etwas Überraschendes. Er antwortet auf eine nie gestellte Frage zu einem Thema, in dem man den kambodschanischen Mustersekretär und Volkskommissar nicht gerade zuhause wähnt: »Vielleicht glauben Sie es mir nicht, aber ich bin ein sehr zufriedener Mensch. Ich habe hier in Malai mein Glück gefunden.«

Wir fahren zum Hauptplatz der kleinen Provinzstadt. Was sich im Gouverneursgebäude schon angedeutet hat, findet hier seine Fortführung: Malai wirkt ordentlicher, sauberer, aufgeräumter als andere kambodschanische Orte. Keine alkoholgeschwängerten Bars, keine dubiosen Karaoke-Schuppen – und viele auffallend dezent gekleidete Menschen: Der Distrikt Malai ist ein fast sozialistisch anmutender, züchtiger, gegenüber modernen Techniken und Modeerscheinungen skeptischer, auf seine strenge Moral stolzer Staat-im-Staat. Unwillkürlich fühlt man sich an einige der erzkonservativen, von einer Sekte geprägten Landstriche im US-Staat Pennsylvania erinnert: Malai ist so etwas wie das kambodschanische Amish-Land.

Alle im Ort, die wir nach Tep Khunnal fragen, zeigen mit dem Daumen nach oben, soll heißen: Der Mann ist in Ordnung, der tut etwas für uns. Im Übrigen halten sich die Bewohner Malais gegenüber Fremden zurück, man ist misstrauisch und bleibt gern unter sich. Ein Kunde in der Ortsapotheke, der wie alle hier nicht seinen Namen nennen will, formuliert es so: »Das ist ein seltsamer Heiliger, der uns mit seinen ständigen Belehrungen gelegentlich auf den Geist geht. Und angeblich war er früher ja ein richtig bedeutender Khmer-Rouge-Kader, was nichts Gutes bedeutet. Aber immerhin: Er beklaut uns nicht, und ich glaube, er holt in Phnom Penh alles an Geldern für uns heraus, was möglich ist.« Fast sei es dem Distriktvorsteher gelungen, die neue Zeit ganz von ihrem Ort fernzuhalten, erzählt der Mann, aber doch nicht ganz. Das Laster ist in der Form von Drogen nach Malai gekommen, in Form von aus Thailand geschmuggelter billiger Methylamphetamine. Die jungen Leute, die noch nicht von hier geflohen und in die kambodschanischen Städte wie das quirlige Poipet am größten Grenzübergang zu Thailand gezogen sind, nehmen die Aufputschmittel in unkontrollierten Mengen – ein gefährlicher Stoff gegen die gähnende Langeweile.

Wir lassen uns das Haus zeigen, in dem Tep Khunnal mit seiner Frau und den Kindern lebt. Es ist das gepflegteste aller gepflegten Häuser im Ort. Die Einfahrt säumt eine penibel geschnittene Hecke, rechts und links stehen Blumentöpfe. Eine Frau in einem langen schwarzen Rock und einer grauen, traditionellen Bluse steht am Fenster, duckt sich aber gleich wieder weg. Möglicherweise hat Tep Khunnal schon telefonisch Bescheid gesagt, dass Fremde in der Stadt sind. Von den beiden Mädchen keine Spur. Doch wir glauben zu wissen, wo sich Pol Pots Tochter aufhält, wo sie studiert und wo wir sie vielleicht treffen können.

Im Dezember 2004 hat Pol Pots Tochter ihr bisher einziges Interview gegeben, wenn man es denn so nennen will. Sie beantwortete in knappen Sätzen einige Fragen der Reporter Lor Chandara und Wency Leung von der Zeitung *Cambodia Daily*, die sie in ihrer Schule in Sisophon aufgespürt hatten. Als die Journalisten wissen wollten, was sie noch von ihrem Vater weiß, sagte sie: »Ich erinnere mich, dass ich früher als Kleinkind auf seinem Schoß saß und mit ihm gespielt, ihn geküsst habe.« Sie habe nach dem Tod ihres Vaters oft von ihm geträumt, fügte sie hinzu. Sie bringe regelmäßig den Mönchen Opfergaben in die Pagode, wie es sich gehöre, und sie bete für ihn. »Ich würde ihn gern in einem nächsten Leben treffen und dann mehr Zeit mit ihm verbringen – wenn es ein nächstes Leben gibt.«

Die Journalisten schildern die damals 18-Jährige als höflich, zurückhaltend und bei ihren Klassenkameradinnen beliebt. Sie trug wie alle anderen eine schlichte Schuluniform, bestehend aus einem langen dunklen Rock, einer blütendweißen und frisch gestärkten Bluse, Sandalen mit Gummisohle; die Schultasche hatte sie sorgfältig über die Schultern gehängt wie einen wichtigen Besitz. Ein hübscher Teenager mit zurückgekämmtem Haar und einem oft etwas scheuen, mysteriösen Lächeln, bei dem sie das markante Kinn stets etwas vorschob – die Ähnlichkeiten mit ihrem Erzeuger sind unübersehbar. Klassische kambodschanische Literatur sei ihr Lieblingsfach, sagten ihre Lehrer; sie selbst nannte Sport als angenehm, »Chemie, Physik und Mathe dagegen ausgesprochen schwierig«. Ansonsten freue sie sich auf die Universität in Phnom Penh, sie gehöre gemeinsam mit neun anderen zu der Minderheit ihrer Schulklasse, die fürs Studium in der Hauptstadt ausgewählt worden seien. Freundliche Worte fand Fräulein Pol Pot auch noch für ihren Stiefvater Tep Khunnal und die Mama, den beiden habe sie viel zu verdanken. »Ihnen in Malai zur Hand zu gehen, das ist mein oberstes Ziel«, formulierte sie, ganz braves Kind.

Zum Schluss des kurzen Gesprächs mit den kambodschanischen Journalisten vor gut vier Jahren verriet sie auch ihren Berufswunsch. »Ich will Buchhalterin werden und dafür Betriebswirtschaft studieren, so dass ich das Geld in meiner Familie zusammenhalten kann«, sagte sie – eine sehr seltsame Karriereentscheidung für eine junge Frau, deren Vater in Kambodscha das Geld abgeschafft hat, der die Banken zerstören ließ und die Wirtschaftsprüfer, Finanzrevisoren und Buchhalter wie alle Intellektuellen mit Spezialkenntnissen besonders grausam verfolgte.

Ob das Mädchen denn von ihren Schulkameradinnen nicht auf den Vater angesprochen werde, haben die Reporter noch gefragt. Aber nein, entgegneten Schuldirektor Cheam Sok und Lehrer Chhun Huy wie aus einem Mund. Die anderen in der Klasse wüssten gar nichts von ihrer besonderen Herkunft, und so sollte es auch bleiben. Die Schülerin sei unter dem »unverdächtigen« Namen »Sar Patchata« eingeschrieben. Und was hat sie in ihrer Schulzeit über die Roten Khmer und ihren Anführer Pol Pot erfahren? »Gar nichts«, sagte ihr Lehrer, der während der drei Jahre, acht Monate und zwanzig Tage, die das Terrorregime der Roten Khmer dauerte, mehrere Familienmitglieder verloren und selbst schwer gelitten hatte. Die Ära der Khmer Rouge würde im Unterricht ausgeklammert. Es gebe keine Schulbücher, die diese Periode Kambodschas behandelten, es gebe aber auch keine Fragen der Schüler dazu. »Wir müssen uns nicht an der Vergangenheit orientieren, wirklich wichtig ist nur die Zukunft«, sagte Schuldirektor Cheam Sok den kambodschanischen Reportern. »Ich bin der festen Überzeugung, dass die junge Generation nicht für die Taten der älteren Generation zur Rechenschaft gezogen werden darf.«

Aber sollen die Jüngeren deswegen gar nicht wissen, was in der Zeit ihrer Eltern geschehen ist? Soll Sitha alias Patchata alias Fräulein Pol Pot abgeschirmt werden, verschont werden von der Wahrheit über ihren Vater, den schlimmsten Massenmörder des 20. Jahrhunderts neben Hitler und Stalin?

Das einzige Kind des »Bruder Nummer eins« ist nach der mit mittelprächtigen Noten bestandenen Abschlussprüfung am Gymnasium von Sisophon in die Hauptstadt gezogen und hat – nach Aussage von einem sehr guten Bekannten – gemeinsam mit vier Freundinnen aus ihrer Heimatregion eine kleine Wohnung bezogen. Sie studiert nun tatsächlich Betriebswirtschaft und Management, und zwar an der besten Universität des Landes, einer privat betriebenen Lehranstalt, in die vor allem amerikanische Sponsorengelder fließen. Die Pannasastra University of Cambodia, PUC genannt und in zentraler Lage nur einige hundert Meter vom Königspalast gelegen, gilt als ausgesprochen elitär und teuer. Ihre Leitung vergibt nur wenige Stipendien an besonders brillante Studenten. Bei der Vergabe dieser Gelder soll die sonst landesübliche Vetternwirtschaft keine Rolle spielen, heißt es unter Kennern; selbst die Kinder hochrangiger Politiker müssten durch Leistung überzeugen, wer sich schlecht benehme oder intellektuell stark abfalle, müsse mit dem Ausschluss rechnen.

Welche Kriterien das einzige Kind Pol Pots erfüllt hat, um an der Elite-Uni aufgenommen zu werden, ist unklar. Fest steht, dass ihr einflussreicher Stiefvater mit Seiner Exzellenz Dr. Kol Pheng, dem Gründer der Universität und langjährigen Erziehungsminister, eng befreundet ist; man kennt sich aus den USA. Dort studierte Kol Pheng in Missouri, arbeitete danach bei George Bush Senior in Texas und hat in diesen Jahren öfter den Uno-Gesandten Tep Khunnal in New York besucht. Die unterschiedliche ideologische Ausrichtung stand der gegenseitigen Sympathie dabei offensichtlich nicht im Wege. Während Herr Tep zum Intimus des Khmer-Rouge-Führers im Untergrund wurde, pflegte Herr Kol seine Kontakte zum US-Präsidenten und rief 1998, im Todesjahr von Pol Pot, gemeinsam mit einigen anderen in den Vereinigten Staaten promovierten Kambodschanern in Phnom Penh die prestigeträchtige Privatuniversität ins Leben.

Die Lehrsprache der Hochschule ist Englisch, gegenwärtig sind 4000 Studenten eingeschrieben. Das Motto der TUC lautet: »We are committed to excellence«. Ministerpräsident Hun Sen lässt es sich nicht nehmen, alljährlich zu den Graduierungsfeierlichkeiten persönlich zu erscheinen und den Besten Preise zu übergeben. Selbstverständlich ist auch der Institutsgründer anwesend, der inzwischen zu einem der »Senior Ministers« befördert wurde: Die Pannasastra-Universität ist so etwas wie die Kaderschmiede des modernen Kambodscha geworden. Betriebswirtschaft gehört zu den wichtigsten Fachbereichen. »Lessons in leadership« und »Dynamics of globalization« heißen zwei der Kurse, die im Winterhalbjahr 2008/2009 angeboten werden. Geschichte gehört nicht zu den Studiengängen. Aber zu einer Informationsveranstaltung der Presseabteilung des Rote-Khmer-Tribunals im August 2008 fanden sich in der schönen Aula der Universität immerhin 200 Interessierte ein.

Fräulein Pol Pot ist nicht unter ihrem richtigen Namen eingeschrieben; weder ihr ursprünglicher Name Sitha noch ihr später verwendeter Name Patchata tauchen in den Immatrikulationslisten der Universität auf, und auch unter Tep, Saloth und Sar müsse man nicht suchen, hat uns schon ihr Stiefvater gesagt. Von einer Tochter des ehemaligen Khmer-Rouge-Chefs weiß man auf dem Campus nichts. »Und wenn sie hier studieren sollte, wen interessiert's«, sagt einer. Doch die fünf Mädchen aus Malai sind bei manchen Kommilitonen im Fachbereich bekannt, sie belegen Kurse in Management und Englisch, gelten als besonders hübsch, aber auch als sehr zurückhaltend. Sie kämen anders als die meisten nicht mit dem eigenen Auto oder dem modernen Motorrad, sondern mit diesen altmodischen Mofas, erzählen die Studenten. Ja, er wisse auch von welcher besonderen Studentin wir redeten, sagt dann einer der jungen Männer nach längerem Zögern. Er kenne ihren Freund.

So ist es immer in Kambodscha. Ein Bekannter reicht einen zum nächsten Bekannten weiter, wenn man denn nach einigen Stunden des gemeinsamen Kaffeetrinkens als vertrauenswürdig genug erachtet wird. So lerne ich über Umwege einen Kontaktmann kennen, wir sprechen über thailändische Übergriffe, die Fußballmannschaft von Bayern München und lästern über die korrupten Polizisten und die unverschämten Restaurantbesitzer von Phnom Penh mit ihren Fantasiepreisen. So tastet man sich über Umwege an das eigentliche Thema heran. Ja, sagt der junge Mann schließlich, er sei nicht nur ein Kommilitone der Pol-Pot-Tochter, sondern auch deren Freund. Präziser gesagt: Er sei ihr Freund gewesen. Die Beziehung sei kürzlich auseinandergegangen.

Am Anfang ihrer Studentenzeit in Phnom Penh ist sie nach seinen Aussagen ein bescheidenes, liebenswertes Mädchen gewesen, »die bei weitem Attraktivste aus der Malai-Gruppe«. Sie haben viel gemeinsam gelacht. Er hat ihr seine Lieblingsplätze am Flussufer gezeigt, sie in die Studentenbars eingeführt, mit ihr im Hun-Sen-Park Händchen gehalten. Irgendwann einmal hat sie ihn gefragt, ob es ihn störe, dass sie einen berühmten, einen berühmt-berüchtigten Vater habe. Nein, hat er gesagt. Er ist ein nüchterner Typ, keiner, der »an die Vererbbarkeit von bösen Genen oder einen ähnlichen Schwachsinn glaubt«. Aber er hat seinen Onkel und mehrere Tanten in der Rote-Khmer-Zeit verloren und er weiß aus den kurzen, bruchstückhaften Erzählungen der Eltern, dass es damals sehr schlimm gewesen sein muss. Er hat das Foltergefängnis von Tuol Sleng besucht, auch die Killing Fields. Sie hingegen will davon nichts wissen; sie will die Vergangenheit ausblenden.

Am Anfang ihrer Beziehung stört ihn das nicht. Später schon ein wenig, vor allem als sie voller Verachtung über »dieses unsinnige« Tribunal zu den »angeblichen Verbrechen meines Vaters« herzieht. Aber er ist verliebt, will sie nicht verlieren. Er hilft ihr bei den Englischübungen, mit denen sie immer Schwierigkeiten hat. Gemeinsam reden sie gelegentlich von New York und Neuseeland, Sitha erzählt, das seien die Orte, die ihren vielgereisten Stiefvater am meisten beeindruckt hätten. Diese Plätze werden wir eines Tages besuchen, versprechen sie sich, wenn sie auf der Parkbank von einer gemeinsamen Zukunft träumen.

Nach und nach aber entgleitet dem jungen Mann seine Geliebte. Sie beginnen, sich über Kleinigkeiten zu streiten. Sitha, die erst so Schüchterne, habe sich nach und nach einen neuen Freundeskreis gesucht, »die Reichen und Schönen und Mächtigen«, wie ihr Freund sie nennt. Er sieht Sitha im Sportwagen eines bekannten Playboys, Sohn eines Generals. Dann auch einmal in Begleitung eines Jungpolitikers, der sie in eines der teuersten Restaurants der Hauptstadt führt. Zu diesen »Großen« gehört er nicht, solchen Luxus kann er ihr nicht bieten.

Meistens feiern die Reichen unter sich, Partys nur nach interner Ansage in verschwiegenen Privatvillas oder in irgendwelchen Clubs, die zu dieser Gelegenheit für die Allgemeinheit geschlossen werden. Wenn es stimmt, dass Fräulein Pol Pot sich nun in der kambodschanischen Hautevolée, unter den Reichsten der Einflussreichsten bewegt, ist kaum an sie heranzukommen. Doch noch einmal haben wir Glück, ein kambodschanischer Journalistenkollege und ich erfahren von einer Hochzeit, zu der auch Fräulein Pol Pot – sie nennt sich jetzt wirklich ganz anders – erwartet wird. Sie kommt tatsächlich, an der Seite eines Ministersohns. Sie trägt nun nicht mehr unscheinbare Kleider wie zu ihren Abiturstagen in der Kleinstadt Sisophon und wie zu Anfang ihres Phnom-Penh-Studiums. Sie tanzt im schulterfreien Glitzerleid, das kurzgeschnittene Haar ist leicht blondiert. Sie ist eine Schönheit.

Nein, sagt sie, keine Interviews. Und auch keine Fotos. Sie wolle sich nicht mit der Vergangenheit beschäftigen, sie wolle keine Auskünfte über ihre Eltern geben, sie wolle nichts über ihre heutigen Freunde erzählen, und sie wolle auch ihre Zukunftspläne für sich behalten. Sie möchte nur eines, sagt die resolute junge Dame und stemmt die zierlichen Arme in die Hüfte: in Ruhe gelassen werden. Ein Wunsch, den zwei herbeigeeilte junge Herren mit ihren kräftigen Leibwächtern durchaus entschieden unterstreichen. Sie gehören zu dem Ministersohn, sie sind Angestellte der Regierung. Sie sind Befehlsempfänger des Premiers, jenes Mannes, der womöglich ein unangenehmes Geheimnis aus seiner Zeit als Leutnant der Roter Khmer mit dem Sekretär des ehemaligen »Bruder Nummer eins« teilt und alles tut, damit es unter dem Teppich bleibt.

Pol Pots Tochter, von ihrem Stiefvater, dem Pol-Pot-Sekretär protegiert, nun in den Armen der Hun-Sen-Leute: So schließt sich ein Kreis, der womöglich nie wirklich geöffnet wurde.

In Kambodscha seien alle so eng miteinander verstrickt, dass es keiner wage, wirklich aufzuräumen, meint die Landeskennerin und *Zeit*-Reporterin Kerstin Kohlenberg, die als erste Ausländerin 2005 in Malai recherchiert hat. »Dass (in Sachen Vergangenheitsbewältigung) immer noch nichts passiert ist, liegt daran, dass Pol Pot im Lauf der Jahre einfach zu viele Verbündete hatte. Der jetzige Premier ist ein ehemaliger Kommandant der Roten Khmer. Und auch die USA unterstützten sie lange. Tep Khunnal ging als Uno-Vizebotschafter der Roten Khmer nach New York – ein Jahr nachdem Vietnam sie besiegt hatte und ihre Gräueltaten bekannt geworden waren. Keiner wagt die Kette zu zerreißen, in der alles so ist, wie es ist, in der nichts böse ist.«

Für den australischen Historiker und Kambodscha-Fachmann David Chandler hat sich das Reich der Roten Khmer einer Mischung aus lokal kambodschanischen, international kommunistischen, und damit importierten, Ideologien bedient und daraus etwas schrecklich Eigenständiges gebraut: »Als Amalgam allerdings war es einmalig.« Deshalb hält Chandler es für müßig, die Aufarbeitung der Geschichte des fernöstlichen Landes mit der Aufarbeitung von Völkermorden in anderen Staaten zu vergleichen. »So wie Kambodscha seinen eigenen Weg in die Katastrophe gefunden hat, muss es auch seinen spezifischen Weg aus ihr herausfinden.«

Ben Kiernan, der amerikanische Yale-Professor und Gründungsdirektor des dortigen Genozid-Forschungsprogramms, fasst seine Erkenntnisse so zusammen: »Rassistische wie totalitäre Ambitionen spielten (beim Aufstieg der Roten Khmer) eine große Rolle.

Trotz einer unterentwickelten Wirtschaft hat wahrscheinlich niemals ein Regime der Weltgeschichte dermaßen absolute Macht über seine Bürger ausgeübt. Deshalb sind die Wunden so schwer zu heilen: Es gab und gibt in der kambodschanischen Geschichte eine Tendenz zum totalen Gehorsam.«

Nach meinen zahlreichen Reisen haben sich all diese klugen Erklärungen der Experten in meinen Augen als richtig oder doch zumindest diskussionswürdig herausgestellt – und zugleich als unbefriedigend erwiesen. Es existieren so viele Elemente und Entwicklungen, die in Kambodscha eine Rolle gespielt haben und immer noch spielen, die Teil eines Puzzles sind und die doch, auch wenn man sie zusammensetzt, kein vollständiges Bild ergeben.

Die Vorgeschichte des Landes mit den Reliefs von Angkor und den in Stein gemeißelten Grausamkeiten: verstörend, aber doch wohl kein »Menetekel« für eine Jahrhunderte später stattfindende Khmer-Rouge-Katastrophe – dazu sind auf zu vielen ägyptischen oder mexikanischen Bauwerken vergleichbar brutale Racheakte verewigt. Die Kolonialgeschichte mit französischen Übergriffen, die militärischen Begehrlichkeiten der Nachbarn, schließlich die unentschuldbaren amerikanischen Bombardements, das Auseinanderklaffen zwischen Reich und Arm, Stadt und Land – alles schwere Belastungen für eine friedliche Entwicklung zur Demokratie, aber doch keine Blaupause für den totalen Zusammenbruch aller Wertesysteme, für einen Genozid am eigenen Volk.

Vielleicht war es eine Mischung aus all den genannten Faktoren, verbunden mit dem mörderischen Willen und der Durchsetzungskraft einer Handvoll radikaler Revolutionäre, deren Wahn vom neuen Menschen zusammentraf mit einer Erosion aller staatlichen Institutionen und traditionellen Glaubensvorstellungen – eine historisch äußerst seltene, aber leider, wie etwa der spätere Völkermord in Ruanda zeigte, nicht einmalige Konstellation, die das absolut Böse möglich machte. Wirklich erklären lässt sich der Abstieg eines weitgehend sanften und friedlichen Landes in ein Inferno Danteschen Ausmaßes aber auch auf diese Weise nicht, jedenfalls nicht vollständig. Für mich wird immer ein bestimmtes Maß an Hilflosigkeit, an Ratlosigkeit bleiben, wenn es um »das

Phänomen Rote Khmer« geht. Und wäre bei der Aufarbeitung der fernöstlichen Geschicht nicht doch so etwas wie eine südafrikanische »Wahrheits- und Versöhnungskommission« möglich gewesen? Der Versuch, Opfer und Täter bei öffentlichen Anhörungen in einen Dialog zu bringen, jedenfalls jenseits der Hauptschuldigen?

Womöglich erschließt sich Kambodscha am ehesten anhand von einzelnen kambodschanischen Lebensgeschichten. Beispielsweise anhand von Fräulein Pol Pots Schicksal – und ihrem mangelnden Gespür für Vergangenheit.

Ihre Art, mit den Dämonen der Khmer-Rouge-Zeit fertig zu werden, besteht offensichtlich darin, sich nicht mit diesen Dämonen konfrontieren zu lassen – ganz in dem Sinne, wie der Stiefvater und die Mutter es ihr nahe gelegt haben. Und so wird Fräulein Pol Pot vielleicht auch nie die Geschichte des besten Freundes ihres Vaters erfahren, die Geschichte, die den »Bruder Nummer eins« und seine Zeit vielleicht besser charakterisiert als alle anderen: die Geschichte von Siet Chhe.

Wenn dem Führer der Roten Khmer außer Frau und Tochter jemals jemand persönlich nahe gestanden hat, dann dieser Siet Chhe alias »Tum«. Die beiden kennen sich aus der Mittelschule, Tum ist sechs Jahre jünger als sein Vorbild, vergöttert ihn von frühester Jugend an. Ursprünglich als Mönch ausgebildet, entdeckt er unter Anleitung von Pol Pot den Marxismus, arbeitet einige Zeit an seiner Seite als Lehrer in Phnom Penh. Gemeinsam verlassen sie die Hauptstadt und gehen 1963 in den Untergrund. Im Guerilla-Hauptquartier »Büro 100« vertiefen sie ihre Freundschaft, wann immer Pol Pot in der geheimen Parteihierarchie aufrückt, ist Siet Chhe nicht weit dahinter. Als der »Bruder Nummer eins« im Dschungel an Malaria erkrankt und immer wieder von schweren Fieberanfällen geschüttelt wird, pflegt Tum ihn aufopferungsvoll. Kein Blatt Papier habe zwischen die beiden gepasst, schildern Genossen von damals die Beziehung der beiden. Pol Pot macht seinen besten Freund zum Regionalsekretär der östlichen Zone, dann zum Logistikchef im Generalstab und nimmt ihn 1975 sogar zu seiner wichtigsten Auslandsreise mit, in die

Volksrepublik China: Sie treffen Mao Zedong, erläutern gemeinsam ihre Politik für Kambodscha.

Dann kommen die großen Säuberungen, auch führende Parteikader sind nun nicht mehr sicher. Im April 1977 wird Siet Chhe entmachtet und ins Lager S-21 eingeliefert. Ob es an seiner buddhistischen Vergangenheit liegt, ob ihm die militärische Situation an der Grenze angelastet wird, ob es sich um ein Machtkomplott neidischer Parteikonkurrenten handelt – bis heute tappen Historiker im Dunkeln. Für Tum selbst, damals 55 Jahre alt und auf der Höhe seiner Karriere, muss der Sturz völlig unerwartet gekommen sein, noch Tage nach der Einlieferung ins Foltergefängnis Tuol Sleng glaubt er an ein Missverständnis. Zunächst verlangt er forsch nach einer Gegenüberstellung mit anderen Parteioberen; richtet dann noch ziemlich selbstbewusst eine Petition an die »höheren Brüder«; bittet schließlich untertänig um einen solchen Kontakt. Alles abgelehnt. Wie ein lähmendes Gift muss ihn in seiner winzigen Zelle die Verzweiflung gepackt haben, die Todesangst. Da versucht er es noch einmal mit einem Schreiben direkt an den mächtigen Freund, an den besten Kumpel, an Pol Pot.

»In meiner ersten Woche in S-21 bin ich nur angekettet worden, es gab keine Übergriffe. Aber die Verantwortlichen sagen mir, nach fünf bis sieben Tagen beginne Phase zwei, die Folterungen. Geliebter Bruder, ganz gleichgültig, was die Genossen mit mir tun, ob sie mich schlagen, meine Knochen in Stücke brechen, es gibt nichts Neues zu berichten. Ich werde der Partei gegenüber immer loyal sein, bis zum Ende.« Und dann ringt sich Tum zu einem dringenden Appell durch: »Bitte rette Deinen jüngeren Bruder rechtzeitig! Ich wäre glücklich, wenn ich mit meiner Frau und meinen Kindern auf einer Kollektivfarm Reis anbauen dürfte, ich brauche keine offizielle Position. Lass mich einfach nur leben!«

Bei der Prominenz des Häftlings ist es sehr wahrscheinlich, dass Anstaltsleiter Duch das Schreiben weitergeleitet hat, schon um sich abzusichern. Aber die Akten enthalten keine Antwort Pol Pots. Kein Wort zu seinem Freund, der ihm das Leben gerettet hat. Da ist nur das große, mitleidlose Schweigen. Und so weiß der Leiter von S-21, dass er sich mit Siet Chhe alles erlauben kann.

Die schweren Folterungen setzen im Mai 1977 ein. Der Delinquent bleibt bei seiner Aussage, er sei fälschlich beschuldigt worden, dann gibt er einige Namen möglicher »Verräter« preis. Siet Chhe hat die Ausweglosigkeit seiner Situation erkannt. Er hat nun nur noch eine Bitte: »selbst seiner Existenz ein Ende machen zu dürfen«. Doch Herr über Leben und Tod in Tuol Sleng ist nur Duch. Er denkt sich einen neuen, perfiden Plan im Umgang mit dem renitenten Gefangenen aus, der offensichtlich noch immer nicht ganz gebrochen ist. »Schreib die Geschichte auf, wie du deine Tochter sexuell missbraucht hast. Es hat keinen Zweck, dies zu leugnen, denn wir haben Zeugen«, heißt es in einer Aufforderung der Gefängnisleitung an den Häftling, die sich in den Akten des Documentation Center of Cambodia findet. »Lass deinen Körper doch nicht wegen solcher Lappalien noch mehr Schmerzen leiden.«

In Tuol Sleng haben alle alles gestanden, um den Qualen zu entgehen. Es gibt nur ein einziges Dokument des Widerstehens: die folgenden Zeilen, die Antwort von Siet Chhe:

»Verehrte Organisation! Dies ist mein Report über meine Tochter, das einzige Mädchen unter meinen vier Kindern, und ich gestehe: Ich habe sie ganz besonders in mein Herz geschlossen. Wenn ich sie während meiner Reisen sah, habe ich ihren Kopf und ihre Schultern berührt und sie in den Arm genommen, mit der Liebe und der Fürsorglichkeit eines Vaters. Was ihre Sexualmoral angeht, bin ich sicher, sie ist ein normales, verantwortungsvolles Kind. Die Anschuldigungen, ich hätte mich an meiner eigenen Tochter vergriffen, sind lächerlich. Ich wünsche ihr, dass sie einen aufrechten und anständigen Revolutionär trifft, mit dem sie ein politisch und moralisch sauberes Leben führen kann. – Sollte mir in meinen Berichten ein Fehler unterlaufen sein, bitte ich die Organisation um Vergebung.«

Duch und seine Schergen quälten Tum noch fünf Monate. Ein Inzest-Geständnis konnten sie ihm nicht abzwingen. Dann brachten sie Tum auf die Killing Fields, töteten ihn mit einem Schlag gegen den Nacken und stießen ihn in die Grube. Sie hatten gedacht, jedem Menschen alles Menschliche austreiben zu können.

Sie irrten.

	KAMBODSCHA	DEUTSCHLAND
Fläche	181 035 km²	357 022 km²
Einwohner	14 Millionen	82 Millionen
Bevölkerungsdichte	75 Einwohner pro km²	230 Einwohner pro km²
Bruttoinlandsprodukt		
2007 absolut	8,4 Mrd US$	3197,029 Mrd US$
2007 pro Kopf	1900 US$	40415 US$
Lebenserwartung	54 Jahre	75 Jahre
Religion	90 % Buddhisten	32 % Katholiken
	2 % Muslime	32 % Protestanten
	2 % Christen	4 % Muslime

DANKSAGUNG

Ohne die Mithilfe engagierter kambodschanischer Helfer und Gesprächspartner hätte dieses Buch nicht zustande kommen können. An erster Stelle möchte ich meinen Kollegen Saing Seonthrith von der *Cambodia Daily* nennen, der dem Projekt mehrere Urlaube opferte, die schwierigsten Kontakte herstellte und mich mit seinem journalistischen Gespür und seiner Sachkenntnis immer wieder auf die richtige Spur setzte. »Rith« gehört zu den bewundernswerten Kämpfern gegen alle Schicksalsschläge, von denen dieses Buch wesentlich handelt: Er hat seine gesamte Familie durch die Roten Khmer verloren; er hat sich nicht nur selbst unter schwierigsten Bedingungen durchgebissen, sondern von seinem bescheidenen Gehalt auch Gelder für eine Englisch-Schule abgezweigt, in der er in seiner Freizeit Unterschichtkindern Sprachkenntnisse vermittelt. Ebenfalls mit Rat und Tat beigestanden haben mir mehrere Kollegen von der *Phnom Penh Post*; auch Elena Lesley, deren »KR Tribunal Blog« auf der Website der Zeitung das Nonplusultra der Gerichtsbeobachtung beim Rote-Khmer-Prozess darstellt.

Somaly Mam und Vann Nath gehören zu den Interviewpartnern, die mich mit ihren (Über-)Lebensgeschichten besonders beeindruckt haben; weitergeholfen mit ihren Einsichten haben mir auch der DC-CAM-Chef Youk Chhang, und – weit über seine berufliche Verpflichtung hinaus – der ECCC-Pressesprecher Reach Sambath. Mein besonderer Dank gilt ferner den Psychologen Muny Sothara und Sotheary Yim, die von ihren intimen medizinischen Erfahrungen mit Trauma-Patienten berichteten. Nicht alle kambodschanischen Gesprächspartner wollten namentlich erwähnt werden. Danke auch für ihr Vertrauen, unter für sie schwierigen persönlichen Bedingungen mit mir zu reden.

Von den in Kambodscha lebenden Deutschen haben mir besonders die engagierten Chefs des Deutschen Entwicklungsdiensts geholfen, Landesdirektor Wolfgang Möllers und Koordinator

Andreas Selmeci; ferner die Psychologin Judith Strasser, die Juristen Silke Studzinsky und Jürgen Aßmann. Der deutsche Botschafter in Phnom Penh, Frank Marcus Mann, gehört zu den kundigen Diplomaten, die man sich als Repräsentanten Berlins wünscht, und stand mir mit wertvollen Tipps zur Seite. Sein kambodschanischer Kollege Chem Widhya in Berlin hat mir seine persönliche Geschichte anvertraut und mir im Rahmen seiner Möglichkeiten – er ist der frühere Privatsekretär des heute allmächtigen Premiers Hun Sen – weitergeholfen.

Besonderer Dank gebührt deutschen Freunden, die Kambodscha sehr gut kennen: allen voran Angela Terzani, mit deren verstorbenen Mann Tiziano ich während unserer gemeinsamen Zeit als Fernostkorrespondenten viele Diskussionen über das Land und seine Geschichte führen durfte und der von Kambodscha, wie ich weiß, genauso fasziniert war wie ich es bin; dem unverwüstlichen Krisen-Reporter Christoph Maria Fröhder, der als einziger deutscher Journalist den Einmarsch der Roten Khmer in Phnom Penh erlebte und seine Filme nach vier Wochen in der französischen Botschaft und einer anstrengenden Evakuierung in einer Armbinde aus Gips herausschmuggelte – auch ihn hat es später wieder nach Kambodscha zurückgezogen. Beim SPIEGEL gilt mein Dank vor allem der Chefredaktion für ihre Großzügigkeit; der Kollegin Britta Sandberg, ohne deren charmant formulierte, in der Sache harte Fragen unser gemeinsames Interview mit dem Anwalt Jacques Vergès sicher nicht so ergiebig gewesen wäre; dem Asienspezialisten Rainer Szimm von der Auslandsdokumentation für seine Fähigkeit, besondere Dokumente zu finden und mir zugänglich zu machen. Für die Betreuung des Buches danke ich Angelika Mette, zuständig für SPIEGEL-Bücher, und meiner Lektorin Karen Guddas bei der Deutschen Verlags-Anstalt in München für die kritische Durchsicht des Manuskripts. Sollten sich im Text sachliche Fehler eingeschlichen haben, geht das ausschließlich auf mein Konto.

Ohne meine Familie wäre dieses Buch nicht möglich gewesen. Meine Frau Marieanne hat auf verschiedenen Kambodscha-Reisen wichtige Recherchen gemacht und mich bei mehreren sensiblen Terminen begleitet, vor allem zu Somaly Mam und den Vergewaltigungsopfern. Mein Sohn Tobias hat mehrere Kapitel gegengelesen und mir mit seinen präzisen Anmerkungen etliche Fehler erspart. Meine Enkelkinder Janis und Maya waren die ideale Ablenkung für dringend benötigte, »Kambodscha-freie« Stunden.

LITERATURVERZEICHNIS

Dies ist eine Auswahl der wichtigsten Bücher über Kambodscha, die ich empfehlen kann:

Denise Affonço: *Der Deich der Witwen.* Verlag C. H. Beck, München, 2009.

Jack Anderson/Bill Pronzini: *The Cambodia File.* Sphere Books Ltd, London, 1983.

Ariane Barth/Tiziano Terzani: *Holocaust in Kambodscha.* SPIEGEL-Buch, Rowohlt Verlag, Reinbek, 1980.

Elizabeth Becker: *When the War Was Over.* Simon and Schuster, New York, 1986.

François Bizot: *The Gate. With a Foreword by John le Carré.* Vintage Books, London 2004.

John le Carré: *Eine Art Held.* Hoffmann und Campe Verlag, Hamburg, 1977.

Nayan Chanda: *Brother Enemy. The War after the War. A History of Indochina since the Fall of Saigon.* Harcourt Brace Jovanovich, San Diego, 1986.

David P. Chandler: *Brother Number One. A Political Biography of Pol Pot.* Westview Press, Boulder/Colorado, 1992.

David P. Chandler: *Voices from S-21. Terror and History in Pol Pot's Secret Prison.* University of California Press, Berkeley, 1999.

John D. Ciorciari (Ed.): *The Khmer Rouge Tribunal.* Documentation Centre of Cambodia, Phnom Penh, 2006.

Nic Dunlop: *The Lost Executioner. A Story of the Khmer Rouge.* Bloomsbury, London, 2005.

Khamboly Dy: *A History of Democratic Kampuchea (1975–1979).* Documentation Centre of Cambodia, Phnom Penh, 2007.

Meng-Try Ea/Sorya Aim: *The Testimony of Young Khmer Rouge Cadres at S-21*, Documentation Centre of Cambodia, Phnom Penh, 2001.

Tor Farovik: *In Buddhas Gärten. Eine Reise durch Vietnam, Kambodscha, Thailand und Birma.* Frederking & Thaler, München 2006.

Erich Follath: *Die letzten Diktatoren. Als Reporter bei den Tyrannen unserer Zeit.* Knaur Taschenbuch, München 1993.

Amitav Ghosh: *Zeiten des Glücks im Unglück.* Blessing Verlag, München, 2006.

Madeleine Giteau: *Angkor.* Verlag W. Kohlhammer, Stuttgart, 1976.

Alexander Goeb: *Kambodscha. Reisen in einem traumatisierten Land.* Brandes & Apsel, Frankfurt 2007.

Karl-Heinz Golzio: *Geschichte Kambodschas. Das Land der Khmer von Angkor bis zur Gegenwart.* Verlag C. H. Beck, München, 2003.

Ian Harris: *Buddhism under Pol Pot.* Documentation Centre of Cambodia, Phnom Penh, 2007.

Stephen Heder/Brian D. Tittemore: *Seven Candidates for Prosecution. Accountability for the Crimes of the Khmer Rouge.* Documentation Center of Cambodia, Phnom Penh, 2004.

Ben Kiernan: *Genocide and Democracy in Cambodia: The Khmer Rouge, the United States, and the International Community.* Yale University Press, New Haven, 1993.

Ben Kiernan: *The Pol Pot Regime. Race, Power, and Genocide in Cambodia under the Khmer Rouge 1975–79.* Yale University Press, New Haven, 2008.

Suzannah Linton: *Reconciliation in Cambodia.* Documentation Center of Cambodia, Phnom Penh, 2004.

Somaly Mam: *Das Schweigen der Unschuld. Mein Weg aus der Kinderprostitution und der Kampf gegen die Sex-Mafia in Asien.* Ullstein Taschenbuch, Berlin, 2007.

Vann Nath: *A Cambodian Prison Portrait. One Year in the Khmer Rouge's S-21.* White Lotus Press, Bangkok, 1998.

Andreas Neuhauser: *Kambodscha. Handbuch für individuelles Reisen und Entdecken.* Reise Know-How Verlag, Bielefeld, 2008.

François Ponchaud: *Cambodia, Year Zero.* Holt, Rinehart & Winston, New York, 1978.

Nick Ray/Daniel Robinson: *Cambodia.* Lonely Planet Publications, 2008.

Sam Samnang: *Kulturschock Kambodscha.* Reise Know-How Verlag, Bielefeld, 2005.

Peter Schier/Manola Schier-Oum: *Prince Sihanouk of Cambodia. Interviews and Talks with Prince Norodom Sihanouk*. Mitteilungen des Instituts für Asienkunde, Hamburg, 1980.

Peter Scholl-Latour: *Der Tod im Reisfeld. Dreißig Jahre Krieg in Indochina*. Wilhelm Heyne Verlag, München, Neuausgabe Taschenbuch, 1989.

William Shawcross: *Sideshow. Kissinger, Nixon, and the Destruction of Cambodia*. Simon and Schuster, New York, 1979.

Gail Sheehy: *Mom. Heimkehr in ein fremdes Land*. Knaur Taschenbuch, München, 1989.

Philip Short: *Pol Pot. Anatomy of a Nightmare*. Henry Holt and Company, New York, 2004.

Norodom Sihanouk: *Indochina von Peking aus gesehen. Mit einem Vorwort von Klaus Mehnert*. Deutsche Verlags-Anstalt, Stuttgart, 1972.

Norodom Sihanouk: *War & Hope. The Case for Cambodia*. Sidgwick & Jackson, London, 1980.

Michael Sontheimer: *Kambodscha – Land der sanften Mörder*. rororo aktuell, Rowohlt Taschenbuch Verlag, Reinbek, 1990.

Molyda Szymusiak: *The Stones Cry out. A Cambodian Childhood 1975–1980*. Sphere Books Ltd, London, 1987.

Chou Ta-kuan: *Sitten in Kambodscha. Über das Leben in Angkor im 13. Jahrhundert*. Angkor Verlag, Frankfurt, 2006.

Tiziano Terzani: *Asien, mein Leben. Die großen Reportagen. Herausgegeben von Angela Terzani und Dieter Wild*. Deutsche Verlags-Anstalt, München, 2008.

Tiziano Terzani: *Das Ende ist mein Anfang. Ein Vater, ein Sohn und die große Reise des Lebens*. Deutsche Verlags-Anstalt, München, 2007.

Loung Ung: *Der weite Weg der Hoffnung*. Fischer Taschenbuch, Frankfurt, 2006.

Michael Vickery: *Kampuchea: Politics, Economics and Society*. Frances Pinter, London, 1986.

Die interessantesten Internet-Seiten über Kambodscha:

www.kambodscha-info.de
  (deutsch, gut für einen ersten Überblick)
www.norodomsihanouk.info
  (englisch, die persönliche Homepage des Ex-Königs mit Biografie,
  Kommentaren und Liedern des Ex-Monarchen)
www.phnompenhpost.com
  (englisch, die Zeitung des jeweiligen Tages, vollständig und schon
  jeweils am Abend des Erscheinens)
www.cambodiadaily.com
  (englisch, die andere kambodschanische Tageszeitung, immer interessant, aber meist nicht so aktuell und nur mit einigen ausgesuchten
  Tagesbeiträgen)
www.eccc.gov.kh
  (englisch, französisch, khmer – die offizielle Website des Tribunals)
www.angkorguide.de
  (deutsch oder englisch, detailliert und engagiert, alles über Angkor)
www.phnom-penh.diplo.de
  (deutsch, aktuelle Informationen der Deutschen Botschaft Phnom
  Penh)
www.cambodia.org
  (englisch, Offiziöses aus Phnom Penh, aber mit vielen interessanten
  Links)

PERSONENREGISTER

Adana (älteste Tochter Somaly Mams) 316, 325
Aljechin, Alexander A. 268
Anand, Viswanathan 268
Arafat, Jassir 249
Aßmann, Jürgen 32, 205–208
Asis, Tarik 234, 253
Augstein, Rudolf 149
Auriol, Vincent 114

Bagosora, Théoneste 205
Barbie, Klaus 32, 234f., 251f., 254
Becker, Elizabeth 179
Berger, Roland 309, 321
Bergström, Gunnar 278–280
Bin Laden, Osama 236f.
Bizot, François 22, 63, 218–220
Blunk, Siegfried 207
Bongo, Omar 234, 255
Bonino, Emma 319
Bopha Devi 329–333
Bouhired, Djamila 233, 242–244, 246, 251
Brando, Cheyenne 235
Brando, Marlon 235
Brecht, Bertolt 27
Breschnew, Leonid 124
Breughel, Pieter 76
Brzezinski, Zbigniew 138
Buckk, Detlev 18
Buon Chan 14
Bush, George W. junior 236f.
Bush, George W. senior 350

Caldwell, Malcolm 179f.
Carlos (Ilich Ramírez Sánchez) 32, 234f., 253
Chan Kim Srun 224
Chandler, David 182, 223, 355
Chea Leang 203f., 207, 213
Chea Samy 141, 329–332
Chea Sim 287
Chea Vichea 288
Cheam Sok 350f.
Chhay Kim Hour 216
Chhun Huy 350
Chou Ta-Kuan 82
Christiansen, Sabine 309
Chum Mey 13, 209
Clinton, Hillary 321
Couve de Murville, Maurice 264

Dante Alighieri 76
Dean, John Gunther 127
Déby, Idriss 234, 255
de Gaulle, Charles 121, 238, 330
Deng Xiaoping 143, 135
De Quincey, Thomas 254
Desmazières, Jean-François 283
Diderot, Denis 238
Dith Munthy 284
do Cuoto, Diego 78
Dostojewski, Fjodor M. 247
Downing, Rowan 213
Duch (Kaing Guek Eav) 31, 33f., 39f., 43f., 46–50, 54, 58–60, 63,

194, 202, 208–213, 215–230,
  257, 263, 358f.
Dudman, Richard 179
Dunlop, Nic 215f., 225f.

Eichmann, Adolf 14, 17
Engels, Friedrich 164, 241, 338
Euwe, Max 268
Evans, Damian 83
Eyadéma, Gnassingbé 234, 255

Fischer, Bobby 268
Fischer, Joschka 309
Furtwängler, Maria 309

Gide, André 247
Giteau, Madeleine 82, 84, 90
Goldstone, James 200
Graham, Roger 307
Guevara, Ernesto »Che« 233, 246

Haile Selassie 330
Hang Pin *siehe* Duch
Heder, Steve 200
Heng Samrin 286f.
Him Huy 35, 43, 55–62
Hitler, Adolf 25, 148, 190, 236f.,
  351
Holst, Insa 82, 85, 90
Ho Tschi minh 70, 171, 180
Hou Yuon 176, 240, 245, 250, 256
Hu Nim 176
Hun Mana 289
Hun Manith 291
Hun Sen 16ff., 30, 33, 51, 61, 63,
  138–140, 142–146, 150, 182, 184,
  197f., 200f. 203f., 224, 229, 259,
  270, 284–292, 303, 317, 335, 344,
  352, 355

Huot Vuthy 213
Hussein, Saddam 209, 212, 234,
  253

Ieng Sary 16, 31f., 46, 54, 69, 114,
  125f., 128, 134, 143, 165f., 169,
  173, 176, 180, 182f. 194–197,
  210f., 227, 241, 250, 279, 301,
  340f.
Ieng Thirith 16, 31f., 164f., 194,
  211, 227
Ieng Vuth 301
Illner, Maybrit 309

Jayavarman II. 74
Jayavarman VII. 74, 90, 92, 275
Jeanne d'Arc 236
Johannes Paul II. 321
Jürgens, Curd 131

Kaing Guek Eav *siehe* Duch
Kang Sheng 222
Kar Savuth 15, 213
Karpow, Anatoli J. 268
Kasparow, Garri 268
Khieu Ponnary 164f., 167, 182
Khieu Samphan 16, 31f., 39, 114,
  119, 121, 126, 129–133, 144, 148,
  161–165, 173, 194, 196f., 210f.,
  224, 227, 231, 234f., 237, 239–
  241, 243–246, 248, 250, 255–265,
  269–271, 286, 301f., 340, 342
Khieu Thirith *siehe* Ieng Thirith
Kiernan, Ben 355
Kim Il Sung 106, 129, 145
King, Henry 211
Kissinger, Henry 32, 122f., 127,
  138, 172, 262f.
Kith Eng 36

Kohlenberg, Kerstin 355
Köhler, Horst 309
Kol Pheng 351f.
Kong Duong 15
Kopp, Magdalena 253f.
Kossygin, Alexei 124f.
Koy Thuon 306
Kramnik, Wladimir B. 268
Kropotkin, Pjotr Alexewitsch 166

Lahuis, Katinka 213
Langenscheidt, Florian 309
Lapel, Christopher 224
le Carré, John 63, 205
Le Duan 171
Legros, Pierre 315
Leisen, Hans 327
Lenin (Wladimir Iljitsch Uljanow) 241
Le Pen, Jean-Marie 242
Lon Nol 36, 47, 121, 123–127, 145, 171, 173f., 217, 250, 286
Lor Chandara 349
Loren, Sophia 321
Loth Suong 141, 159, 163, 165, 167, 189,
Ludwig XIV. 147
Ly Kimseng 302

Machel, Graça 318
Mailer, Norman 247
Malraux, André 249, 264
Mandela, Nelson 318
Mann, Frank Marcus 284
Mann, Thomas 247
Mao Zedong 27, 40, 106, 114, 126, 129, 133, 148, 157, 164f., 171, 173, 179f., 217, 233, 242, 246f., 266, 281, 294, 357

Marx, Karl 164, 217, 241, 338
Maugham, Somerset 79
Mauriac, François 247
Maxwell, Thomas Stuart 73
Meas (zweite Ehefrau Pol Pots) 182, 335, 343–346
Menchu, Roberta 318
Milošević, Slobodan 234, 253, 264
Mitterrand, François 243
Molière (Jean-Baptiste Poquelin) 109
Monique (Ehefrau Norodom Sihanouks) 116, 123, 128, 138, 330
Montaigne, Michel de 238
Monychenda Heng 15
Mouhot, Henri 78f.
Moulin, Jean 252
Moussaoui, Zacarias 213
Muny Sothara 281f.

Neak (Mutter Bopha Devis) 330
Neuhauser, Andreas 293
Ney Thol 213
Nhem En 18, 34, 44–56, 59, 182
Nietzsche, Friedrich 238
Nil Nonn 11f.
Nixon, Richard 22f., 122, 127, 172, 262, 330
Norodom 99
Norodom Ranariddh 138, 143f., 197, 287
Norodom Sihamoni 145
Norodom Sihanouk 17, 30, 36, 103–149, 161, 163, 166, 168, 170–172, 180f., 192, 210, 217, 229, 244f., 250, 247f., 260, 270, 281, 287, 291, 329, 341
Nuon Chea 16, 31f., 46, 59, 144, 194, 197, 210, 224, 227, 257, 259, 301f.

Orsini, Raimondo 131

Papi, Daniela 293
Pearl, Daniel 325
Pearl, Marianne 325
Pen Dereth 289
Pétain, Philippe 112, 239
Petit, Robert 203–205, 213
Podgorny, Nikolai 124
Pol Pot, Fräulein 18
Pol Pot (Saloth Nhep) 18
Pol Pot (Saloth Sar) 16, 25–28, 30 f., 33, 40 f., 44, 46, 50–55, 68 f., 100, 103, 105, 114, 119, 122, 126, 128 f., 132 f., 135, 138, 140–142, 144, 147–191, 196 f., 214, 216, 223 f., 237, 240 f., 246, 250 f., 256–259, 261 f., 273, 278–280, 286, 302, 320, 329 f., 334 f., 337–340, 342–347, 349–352, 355, 357 f.
Ponchaud, François 62
Post, Jerrold M. 190
Prak Kimsan 213
Preah Tong 80
Prüfer, Benjamin 18
Putin, Wladimir 118

Queen Latifah (Dana Elaine Owens) 321

Raiffeisen, Friedrich Wilhelm 345
Rajendravarman VII. 92
Reach Sambath 227
Reusch, Pamela 32
Richner, Beat (»Beatocello«) 303–305
Rimbaud, Arthur 241
Robespierre, Maximilien de 238

Rodin, Auguste 110, 329
Roux, François 15, 213

Sa Sovan 270
Salameh, Hassan Ali 249
Saloth Chhay 158, 160, 167, 178 f.
Saloth Loth 157
Saloth Nhep 153, 155–160, 163, 166–168, 172 f., 177, 179, 185–189
Saloth Sar *siehe* Pol Pot
Saloth Sarieng 153
Saloth Seng 153
Saloth Suong *siehe* Loth Suong
Sam Rainsy 289
Sao Pheum 251
Saodi Ouch 12
Sar Patchata *siehe* Sitha
Sarandon, Susan 321
Schacht, Hjalmar 264
Scharf, Michael 212
Schroeder, Barbet 244
Schultz, George 138
Shakespeare, William 147, 164, 236
Shimano Kenryo 78
Short, Philip 133, 160, 170
Šešelj, Vojislav 212
Siet Chhe (»Tum«) 357–359
Sinet, Maurice (Siné) 244
Sitha (Tochter Pol Pots) 54, 182, 187 f., 343–346, 351–355
Sisowath I. 99, 110, 159, 328
Sisowath Monireth 109
Sisowath II. Monivong 99, 329
Sisowath Thomico 210
Smoltczyk, Alexander 269
Sok An 204
Sok Chaer 203

Somaly Mam 308–325, 328, 334
Son Sann 137
Son Sen 54f., 181, 183, 306, 223f., 340
Soth Som 326–334
Sotheary Yim 281
Spassky, Boris W. 268
Soros, George 230
Springer, Friede 309
Srindravarman 92, 94, 98
Stalin, Josef 25, 165, 190, 241, 351
Steinitz, Wilhelm 268
Strasser, Judith 281f
Studzinsky, Silke 13, 32, 208f., 213, 362
Suramarit 111
Suryavarman II. 75, 92, 95
Suong Sikoeun 189
Sylor Lin 321

Ta Mok 52–54, 183–185, 344
Tep Khunnal 182, 189, 197, 335, 337–350, 352, 355
Terzani, Tiziano 67, 77, 148, 362
Thayer, Nate 184, 226
Tito, Josip Broz 132, 165
Tou Samouth 169
Trotzki, Leo 337, 348
Tschombé, Moïse 234, 255
Tschou En-lai 125, 129, 330
Tum *siehe* Siet Chhe
Tuol Sleng 12f., 18

Udayadityavarman II. 92
Um Sok 186

Vann Nath 13, 18, 34–44, 56, 59f., 209, 298
Vergès, Jacques 32, 164, 189, 231–271, 362
Verlaine, Paul 164
Voltaire (François Marie Arouet) 254
Von Vet 210, 224

Walters, Barbara 321
Wency Leung 349
Wilde, Oscar 108, 254

Xi Jinping 17

Yim Phim 16
Youk Chhang 229–231
Young Moeun 189

Bildnachweis

AFP: 5
AFP / Chor Sokounthea: 4
AFP / Tang Chhin Sothy: 8
Anzenberger / Mario Weigt: 21
AP / David Longstreath: 6
AP / Heng Sinith: 18
Bildagentur Huber: 12
blickwinkel / mm-images: 2
BrauerPhotos / Stephan Schraps: 19
Gamma / Studio X: 7
Interfoto: 13
LAIF / Jörg Modrow: 17
Picture Press / Per-André Hoffmann: 24
Reuters: 3, 14
Der SPIEGEL / Erich Follath: 1, 9, 10, 15, 20, 22
Der SPIEGEL / Kai Jünemann: 16
Xinhua: 11

Mit Tiziano Terzani in eine verlorene Welt

Tiziano Terzani
Meine asiatische Reise
Fotografien und Texte aus einer Welt,
die es nicht mehr gibt
304 Seiten mit ca. 300 Fotos, gebunden
ISBN 978-3-421-04492-1

Tiziano Terzani war nicht nur ein großartiger Reporter, sondern auch ein begabter und äußerst produktiver Fotograf. Sein Sohn Folco hat eine Auswahl von 300 Fotografien aus Asien zusammengestellt, Bilder einer vergangenen Epoche von oft bezaubernder Schönheit, die zusammen mit Texten Terzanis hier überwiegend erstmals präsentiert werden.

www.dva.de

Das Standardwerk zur Geschichte der RAF - erweitert und aktualisiert

896 Seiten
mit s/w-Fotos
ISBN 978-3-442-15597-2

»Wer immer sich über die RAF ein Bild machen will,
er wird den Aust lesen müssen.«
DIE ZEIT

Überall, wo es Bücher gibt und unter www.goldmann-verlag.de

Aufstand des Gewissens

Aktualisierte Ausgabe
352 Seiten
ISBN 978-3-442-15513-2

»Es kommt nicht darauf an,
den Menschen der Dritten Welt mehr zu geben,
sondern ihnen weniger zu stehlen.«
Jean Ziegler

Überall, wo es Bücher gibt und unter www.goldmann-verlag.de

Die ganze Welt des Taschenbuchs
unter
www.goldmann-verlag.de

Literatur deutschsprachiger und
internationaler Autoren,
Unterhaltung, Kriminalromane, Thriller,
Historische Romane und Fantasy-Literatur

Aktuelle **Sachbücher** und **Ratgeber**

Bücher zu **Politik, Gesellschaft,
Naturwissenschaft** und **Umwelt**

Alles aus den Bereichen **Body, Mind + Spirit**
und **Psychologie**

Überall, wo es Bücher gibt und unter www.goldmann-verlag.de

Goldmann Verlag • Neumarkter Straße 28 • 81673 München